| 그림으로 보는 세계 신화 보물전 |

신화를 알면
역사가 보인다

| 그림으로 보는 세계 신화 보물전 |

신화를 알면 역사가 보인다

길가메시로부터 토르와 제우스에 이르는
전 세계 신화 모험의 여정!

아이템하우스

| 머리말 |

신화, 인간과 자연의 불가사의한 힘에 관한 인류문명 발생사(發生史)

인류 시원(始原)의 뿌리를 더듬는
전 세계 신화의 오아시스를 찾아서

　신화는 인간이 이 땅에 삶의 터를 마련하고 역사를 만들어 갔던 시기보다 더 오래전 이야기들이다. 그만큼 까마득히 먼 어느 시점의 이야기인 최초의 신화는 인간의 의지로는 어찌해 볼 여지가 없는 불가사의와 위험과 경이로 가득차 있던 오래전 어느 때부터 시작됐다.
　《신화를 알면 역사가 보인다》는 5대양 6대주의 20여 개 신화를 아우른 전 세계 신화문명 서사시이다. 사실 신화에 담긴 이야기는 인간의 척박한 자연환경에 대한 생존과 초인적인 존재에 대한 공포와 숭앙의 다양한 이야기가 내재돼 있다. 신화의 이야기들은 그래서 같은 듯 다른 저마다의 결과 뿌리로 역사가 말하지 못하는 신비한 그 오랜 날로부터, 역사에서 지워져 버린 패자(敗子)들의 역사까지를 상상하게 하는 인류문명 탐구서이다.
　아시아에선 메소포타미아, 이집트, 페르시아, 인도, 중국, 일본, 태국, 베트남, 필리핀, 몽골, 티벳의 신화가 각각 같은 듯 다른 창세 신화와 영웅 서사시, 자연 신화, 홍수 신화로 역사가 담지 못한 신비한 영역까지 독특한 상상의 나래를 펼쳐 보인다.
　유럽에선 그리스와 발트 해, 슬라브, 켈트, 핀란드, 북유럽의 영롱한 미지의 세계가 영웅과 신들의 수천 년 전설의 보검으로 맞부딪치며 끝을 알 수 없는 천혜의 땅끝까지 상징과 서사의 파노라마를 거침없이 펼쳐내고 있다.
　그리고 아프리카에선 줄루족, 도곤족, 폰족, 거인족 등 대륙의 정글과 밀림 속을 헤집고 다니며 자연과 동물의 세계를 넘나들던 용사들의 거칠 것 없는 모험과 동물신, 곡물신의 기기묘묘한 독특한 신화가 태곳적 아프리카의 신비를 그대로 전해 준다.
　여기에 아메리카 원주민들의 신화를 통해 인디언과 마야인, 잉카인, 에스키모의 자연과 더불어 살고자 했던 순수한 아메리카의 꿈을 우주와 교감하는 그들의 오색창연한 세계를 그대로 만나볼 수 있다.

중동 · 아시아 · 북유럽 · 그리스 · 아프리카 · 아메리카의
너무 다른 창조의 원천을 찾아서

　우리가 흔히 어떤 민족이나 부족의 불가사의한 이야기를 '신화'라고 부르는 것은 해당 부족민에게는 종교로 신성시될 수 있다. 결국 우리가 신화라고 부르는 이야기들은 대개는 천지창조에 관

한 이야기이다. 창조 신화는 세계의 기원과 신들의 탄생, 그리고 결국에는 인류의 탄생을 설명한다. 예컨대 북유럽 사람들은 토르가 망치를 던져서 천둥과 번개가 친다고 믿었다. 창조 신화와 성격은 유사하지만 그 목적이 또 다른 신화는 바로 사회나 국가의 성립을 설명하는 '건국 신화'이다. 건국 신화에는 시조가 신의 직계자손이라는 우월의식이 깔려 있는 경우가 많다. 예를 들면, 이집트 신화에 대한 이해 없이 이집트의 역사와 문화를 이해한다는 것은 불가능하다. 대부분의 고대 문명(이집트, 중국, 메소포타미아 등)은 종교와 국가가 하나인 신권정치를 펼쳤다. 그러기 위해서 건국 신화는 필수적이었다. 또한 유럽 문명을 탄생케 한 로마에서도 그들만의 건국 신화가 필요했고 섬나라만의 독특한 세계를 영위해 가야 했던 일본에도 건국 신화가 필요했을 것이다.

책에는 신화가 발생한 지역의 자연적, 우주론적 상황에 따라 각기 다른 창조 신화가 존재한다. 인도에는 신의 초월적 영성을 중요시하는 베다 창조 신화가, 중국에는 중국인의 정신세계가 잘 반영된 반고 신화가, 북구에는 열악한 자연조건을 극복해내기 위한 그들만의 천지창조 신화가, 아메리카 마야인에겐 우주와 교감하는 마야 창조 신화가, 아프리카 거인족에겐 자연과 더불어 살아야 하는 원주민의 창조 신화가 각각 신화의 존재이유를 그들만의 생존방식으로 해석하고 있다.

신화를 신화답게 빛내는
영웅서사 신화의 본격 로드어드벤처

뭐니 뭐니 해도 독자들이 신화의 세계에 열광하며 흥미로운 모험의 여정에 빠져들 수 있는 건 인간으로서는 할 수 없는 대담하고 신비로운 무용담을 펼쳐 대는 신화 속 영웅들의 대서사시 때문이다. 그 중에서도 요즘 젊은 독자들 사이에서 선풍적인 사랑을 받고 있는 북유럽 신화 속 영웅들은 묠니르라는 어마무시한 망치를 휘두르며 너무나 인간적인 모습을 보여 주는 토르의 대활약이나 험담꾼 로키의 미워할 수 없는 매력 같은 살아 숨쉬는 영웅 캐릭터의 변화무쌍한 모험활극 때문일 것이다.

이처럼 영웅서사 신화가 어느 신화에나 어김없이 등장하는 이유는 신들의 존엄과 초월적 능력을 과시하기에 영웅활극만큼 훌륭한 이야기의 힘도 드물기 때문이다. 그래서 메소포타미아 신화엔 길가메시와 이슈타르 여신, 마르두크가 대활극을 펼치고 이집트 신화에선 마트 여신이 무

대를 누비고 다닌다.

하지만 이 모든 영웅들보다 우리의 뇌리에 가장 선명하게 박힌 영웅 하면 그리스 신화의 헤라클레스와 페르세우스 영웅을 들 수 있을 것이다. 여기에 중세 기사도로 유명한 쿠 훌린과 핀 마쿨, 메브 여왕의 세상을 뒤흔든 무용담은 아일랜드의 한 수도원에서 쓰였던 《침략의 서》, 《얼스터 전설》, 《페니언 전설》, 《마비노기온》 등 네 권의 신화 모음집이 있었기 때문에 오늘날까지 우리에게 알려질 수 있었던 것이다.

자연과 더불어 살고자 했던
원주민들의 자연친화 신화의 원류

전통적으로 아프리카인은 자연의 모든 곳에 신이 존재하며, 산이나 강, 태양과 같은 자연의 존재 속에 신이나 정령이 깃들어 있다고 생각했다. 아프리카 신화에서 공통적으로 자주 언급되는 이야기 주제는 '자연 속에 함께하는 수많은 신의 이야기, 수호 정령 이야기, 장난꾸러기 동물신 이야기, 특별한 영적 능력을 지닌 사람 이야기, 뼈나 조각상, 특이한 돌에 깃든 영적인 이야기들'이 주로 구비 전승되고 있다.

딩카족은 아프리카 남수단의 나일 강 유역에 소를 방목하며 살아가고 있는 민족이다. 딩카족은 소를 위주로 하는 목축과 농경을 생업으로 삼고 계절에 따라서는 늪에서 고기잡이를 하기도 한다. 딩카족은 자신들이 기른 소에 극진한 애정을 쏟아붓고 그것으로 자긍심을 갖는다. 이들 사회에서 소를 찬미하는 신화나 노래가 많은 것도 이런 연유에서이다.

아시아 신화에 등장하는 필리핀의 피부색의 신화나 하이누웰레 신화, 곡물 기원 신화 등도 자연속에서 농사짓고 정착해 살던 원주민들의 자연친화사상을 엿볼 수 있는 흔치 않은 자연친화 신화가 될 것이다. 또한 폴리네시아 신화에 등장하는 물고기 신에 대한 묘사나 이누이트 신화의 자연숭배사상도 열악한 자연조건 속에서 자연과 더불어 평화로운 세상을 살고자 했던 인간의 소박한 소망이 담겨 있는 소중한 신화 기록이 아닐 수 없다.

신화에는 수만 년 전 인간 앞에 주어졌던 이해할 수 없는 자연의 모든 현상들을 신과 여신, 영

웅의 이야기로 투사(透寫)해 해결하고자 했던 불완전한 존재의 간절한 바람이 담겨 있다. 그 이야기 속에서 우리가 과학적으로 규명했던 지금의 자연현상은 그 당시에는 공포와 혼돈의 무서운 괴담(怪談)이기도 했을 것이다. 그래서 그때 사람들은 천둥과 지진, 계절 변화, 비, 일식과 월식에 모두 신이 개입하여 일어났다고 생각했다.

 인간의 한계와 초월의 세계가 고스란히 담겨 있는 신화의 역사는 그래서 문명의 역사와 함께 손을 잡고 나란히 나아갔다. 그 신화를 만들었던 이집트, 메소포타미아, 중국, 그리스, 인도 등의 고대 문명은 인류 문명 발전의 중요한 변곡점이 된 바퀴, 영, 문자, 청동, 유리, 화약, 종이, 맥주 등을 만들어 냈다. 그리고 바로 그 옛사람들이 신화도 '발명'하여 그들의 문명과 나란히 손잡고 나아가게 했다. 옛날의 전설은 아직도 우리의 삶에 언어, 꿈, 예술, 문학, 심리, 역사, 종교에 살아남아 큰 영향력을 행사하고 있다.

 이제 우리는 현대라는 신화의 세계에서 우리의 영혼에 깃들어 있는 신과 인간의 까마득한 서사의 세계를 찾아 나만의 길가메시 여정을 떠나 볼 시점에 이르렀다. 이 책과 함께 마음껏 신비의 세계를 탐험하는 눈부신 여정을 기원해 본다.

신화를 알면 역사가 보인다

머리말
004

제 1 장
메소포타미아 문명의 신화를 찾아서

1. 수메르 신화
016

2. 메소포타미아 홍수 신화
020

3. 길가메시 신화
023

4. 오리엔트의 여신 이슈타르
032

5. 티아마트와 마르두크 신화
037

제 2 장
이집트 문명의 신화를 찾아서

6. 이집트 창세 신화
042

7. 마트 여신의 깃털
044

8. 천공을 떠받치는 누트 여신
048

9. 오시리스 신화
052

10. 호루스 신화
058

11. 불사조 피닉스
063

12. 하토르와 세크메트
066

13. 저승의 신 토트와 아누비스
069

제 3 장
페르시아 문명의 신화를 찾아서

14. 바루나와 미트라
074

15. 페르시아 창세 신화
078

16. 로스탐의 칠난도
082

17. 파리둔과 자하크
087

18. 키루스 대제의 신화
092

제 4 장
인도 문명의 신화를 찾아서

19. 베다 창조 신화
096

20. 전쟁의 신 인드라
100

21. 물의 신 바루나
103
22. 브라만교의 창조 신화
106
23. 힌두교 신화
111
24. 비슈누와 불사의 감로수
113
25. 비슈누의 아바타라
119
26. 시바와 사티
125
27. 가네샤 탄생 신화
131

제 5 장
중국 문명의 신화를 찾아서

28. 반고 창조 신화
136
29. 인간을 창조한 여와
138
30. 복희와 여와
140
31. 삼황오제
146

32. 치우 신화
149
33. 예(羿) 신화
153

제 6 장
헤브라이 문명의 신화를 찾아서

34. 바알 신화
158
35. 바알과 아나트
161
36. 하늘의 활
164
37. 몰렉 신화
167
38. 헤브라이 천지 창조 신화
171
39. 인간의 창조와 추방
174
40. 유대의 시조 아브라함
177
41. 야곱과 라헬
181
42. 요셉의 성공기
186

43. 아랍 신화의 변천
193

제 **8** 장
동유럽·슬라브 문명의 신화를 찾아서

53. 발트 신화
252

54. 슬라브 신화
257

제 **7** 장
북유럽 문명의 신화를 찾아서

44. 북구의 천지 창조
202

45. 신들의 주신 오딘
205

46. 토르의 망치 묠니르
210

47. 사랑의 여신 프레이야
214

48. 로키의 악담
220

49. 토르와 우트가르드
228

50. 신들의 멸망 라그라로크
234

51. 핀란드 창조 신화
239

52. 배이내뫼이넨과 영웅들
241

제 **9** 장
아메리카 문명의 신화를 찾아서

55. 이누이트 신화
268

56. 아메리카 인디언의 창세 신화
273

57. 아스테카의 신화
283

58. 마야 창조 신화
290

59. 마야 달력의 신화
296

60. 잉카 신화
299

제 10 장
폴리네시아 문명의 신화를 찾아서

61. 마우이 신화
308

62. 모아이 석상
318

63. 화산의 여신 펠레
322

제 11 장
아시아 문명의 신화를 찾아서

64. 라마끼안
326

65. 살아 있는 신 쿠마리
335

66. 여러 피부색의 신화
339

67. 하이누웰레 신화
346

68. 락 롱 꾸언과 어우 꺼
349

69. 곡물 기원 신화
354

70. 일본 건국 신화
359

71. 천둥의 검신 타케미카즈치
363

72. 몽골의 영웅 신화
366

73. 알랑고아 신화
370

74. 시베리아 신화
376

제 12 장
아프리카 문명의 신화를 찾아서

75. 아프리카 부족의 신화
380

76. 줄루 탄생 신화
387

77. 요루바 신화
390

78. 도곤족의 미스터리 신화
393

79. 폰족 탄생 신화
396

80. 거인족의 창세 신화
400

제 13장
켈트 문명의 신화를 찾아서

81. 에린 침략의 서
404

82. 쿠 훌린 영웅 신화
411

83. 쿠 훌린과 메브 여왕
418

84. 쿠 훌린의 최후
427

85. 영웅 핀 막 쿠월
434

86. 더베드의 왕 푸일
442

87. 리르의 딸 브란웬
446

88. 리르의 아들 마나워단
449

89. 마소누이의 아들 마스
452

90. 아서 왕 신화
460

91. 니벨룽의 노래
466

제 14장
그리스-로마 문명의 신화를 찾아서

92. 펠라스고이 신화
474

93. 그리스의 창세 신화
478

94. 신들의 전쟁
483

95. 프로메테우스와 판도라 신화
489

96. 페르세우스 영웅 신화
494

97. 오이디푸스의 비극
508

98. 아이네이아스 신화
515

99. 로물루스 신화
522

100. 사비니 여인들의 납치
533

| 신화를 알면 역사가 보인다 |

제 **1** 장

메소포타미아 문명의 신화를 찾아서

　메소포타미아는 오늘날의 이라크 지역에 위치했던 인류 최초의 문명지역으로, 약 1만 년 전에 세계 최초의 정착촌이 들어서기에 더없이 좋은 환경을 갖추고 있었다. 일찍이 그리스 문화사가들이 '두 개의 강'이란 뜻의 메소포티아(Mesopotia)로 부르게 된 유래가 된 티그리스 강과 유프라테스 강이 흐르는 이 지역은 원래는 불모의 평원지대였지만, 사람들이 자연의 영향으로 범람하고 마르는 이 두 강에 수로와 운하를 만들어 관개(灌漑)를 하면서 옥토로 변하게 되었다.

　메소포타미아 지역의 주요 신화로는 수메르 신화를 비롯하여 아카드, 아시리아, 바빌로니아의 신화가 있다.

　메소포타미아 신화의 중요한 모티브가 된 것은 인간의 힘으로는 어떻게 막을 도리가 없는 대홍수와 강의 범람이었다. 신화에서는 이러한 자연재해에 대한 대책을 논의하는 신들이 등장하는바, 작은 신들은 매년 범람하는 유프라테스 강과 티그리스 강의 침적토를 파내고 그곳에서 농사를 지어야 했다. 이러한 내용들은 수메르판 홍수 신화와 메소포타미아 홍수 신화를 비롯해 티그리스·유프라테스 강 하류지역의 홍수, 혹은 페르시아만의 해일을 소재로 하고 있는 신화에 주요 내용을 이루고 있다.

　특히 메소포타미아 홍수 신화는 헤브라이 홍수 신화보다 더 오래되어 헤브라이 홍수 신화에 영향을 준 것으로 알려졌다. 아시리아어판《아트라하시스 이야기》도《구약 성서》<창세기>의 노아에 해당되는 주인공에 관련된 홍수 이야기를 다루고 있다.

　또한 메소포타미아 신화 중 후세에까지 널리 알려진 길가메시 신화는 기원전 7세기 니네베의 아슈르바니팔 왕궁 서고(書庫)에서 출토된, 12개의 점토서판(粘土書板)이 그 전거(典據)가 된다.

　길가메시는 수메르·바빌로니아 등 고대 동양 여러 민족 사이에 알려진 전설적 영웅이다.

　수천 년 동안 메소포타미아는 작은 왕국들(그 중 일부는 아주 호전적인)이 번갈아가며 점령하고 지배했는데, 그 중 중요한 민족이 수메르인, 바빌로니아인, 히타이트인, 아시리아인, 페르시아인들이 초기의 제국을 세운 민족들이었다. 이들 제국이 일어서고 스러지는 것과 발맞추어 권력 이동이 일어나고 문명이 발달하게 된다.

　메소포타미아 신화는 고대 메소포타미아인들이 서로 싸움을 벌이는 신들, 용을 죽이는 영웅, 최초의 영웅, 육욕이 넘치는 사랑의 여신 등을 등장시켜 상상력 넘치는 풍부한 신화를 만들어냈다.

|1| 수메르 신화

■ 메소포타미아 신화 ■

메소포타미아 지역 신화는 수메르 신화를 비롯하여 아카드, 아시리아, 바빌로니아의 신화를 포함하고 있다. 메소포타미아 신화는 다른 말로 수메르 신화로도 불리는데, 이는 두 신화의 뿌리가 같은 데서 비롯된다. 즉 아카드, 아시리아, 바빌로니아의 신화는 내용과 신들의 이름은 각기 다르지만 기본적인 틀은 수메르 신화의 뿌리에서 뻗어 나왔다.

　대부분의 고대인들처럼 수메르인들은 자연을 두려워하여, 자연에 인격을 부여하고 신으로 추앙했다. 수메르의 아버지 신은 '안'으로 두 명의 아내를 거느렸는데, 하나는 심연 혹은 지하수를 관장하는 남무 여신이며 다른 하나는 대지의 여신 '키'였다.

　수메르 신의 계보에는 남무를 가리켜 '하늘과 땅을 낳은 어머니'라고 표현한 문자 점토판이 있다. 이 기록을 유추해 보면 남무가 하늘의 안과 대지의 키를 낳은 모친이 아니었을까 하는 설이 있고, '사람들이 범람하는 유프라테스와 티그리스 강이 아닌 지하수로 생명을 이어 간다'는 의미라는 또 하나의 설이 있다.

　하늘의 신 안은 대지의 여신 키와의 사이에서 엔릴과 닌후르쌍을 낳았다. 엔릴은 '바람의 주인'이라는 의미이며, 하늘과 땅 사이의 바람 혹은 대기를 의미하는 신이다. 엔릴의 누이인 여신 닌후르쌍은 산기슭 언덕의 여신으로, 산기슭에 위치한 작은 언덕들을 말한다.

수메르 문명_바빌로니아 남부에 위치하며, 세계 최고의 문명이 발생한 지역·민족 또는 그 문명을 총칭하는 명칭이다.

엔릴과 닌릴_바람의 여신인 닌릴은 도시국가 니푸르의 수호여신이다. 그녀는 엔릴에게 겁간을 당한 후 그의 아내가 된다. 엔릴과의 사이에서 태양의 부분적인 신이며 지하세계를 주도하는 신 네르갈과 달의 신인 난나를 낳는다.

그녀는 '모든 자식들의 어머니'라는 칭호를 가졌으며 어머니 신이자 산파 여신인 닌투이기도 하다.

신화의 세계에서 신들은 근친상간도 서슴없이 벌인다. 신들에게는 그것이 죄가 아니며, 힘을 합쳐 새로운 것을 창조하는 생명행위인 것이다. 이를 반영하듯 형제자매간인 엔릴과 닌후르쌍 사이에서 천둥을 의미하는 전쟁 신 닌우르타가 태어났다.

엔릴의 아내는 바람의 여신 닌릴이었다. 그는 처녀 닌릴을 배에 태워 강에 띄우고, 그곳에서 그녀를 범하여 '밝고 외로운 떠돌이' 달의 신 쑤엔을 낳았다. 그 후에 그는 세 사람으로 변장하여 각각 닌릴과 관계를 갖고 기쁨에서 나온 젊은이 네르갈, 긴 측량줄의 주인 닌아주, 강의 감독관인 엔비루루를 낳았다. 이 셋은 아버지의 권능을 받고 지하로 내려가 저승의 신들이 되었다.

하늘 신 안은 다른 아내인 지하수 여신 남무와의 사이에서 지하수와 연못의 신 엔키를 낳았다. 지하수란 민물과 연못 등을 의미하는 것이기도 했다. 이 엔키는 지혜의 신이기도 했다. 엔키는 담갈눈나를 아내로 맞아 마귀를 쫓는 사제 아쌀루히를 낳았다. 또한 엔키는 양의 수호여신 두투르와 관계를 가져 포도주의 여신 게쉬틴안나와 양치기 두무지(탐무즈)를 낳았다. 두무지는 달의 신 난나의 딸인 금성의 여신 이난나와 결혼하여 부부가 된다.

이후 신들의 아버지인 하늘 신 안은 하늘로 올라가며, 최고 신의 위치는 유지하지만 신들 사회에서의 최고 결정자 역할은 자식들에게 물려준다. 그

수메르 도시 상상도_수메르 도시는 하늘 신 안을 제외하고 여섯 신이 수메르의 여섯 도시를 나누어 수호하는 신이 되었다.

후에 최고 신격의 지위는 안의 아들 엔릴에게 돌아갔다.

수메르의 신들 중에 세상의 운명을 결정하는 일곱 명의 고위신이 있었다. 이 일곱 신들은 각각 운명을 결정하는 서열이 다 달랐다. 하늘 신 안을 제외한 다른 여섯 신들은 각각 수메르의 주요 도시 여섯 곳을 수호하는 신이었다.

인간은 지혜의 신 엔릴에게서 태어났다. 그런데 슬프게도 인간은 신들의 노역(勞役)을 대신하기 위해 만들어진 존재였다. 태초에 작은 신들은 먹고살기 위해 직접 일을 해야 했고, 아눈나키라고 불리는 50명의 큰 신들은 작은 신들을 감시하는 존재였다.

작은 신들은 매년 범람하는 유프라테스 강과 티그리스 강의 침적토를 파내고 그곳에서 농사를 지어야 했다. 고된 노역에 지쳐버린 작은 신들은 지혜의 신 엔키를 원망하기 시작했다. 결국 작은 신들은 호미와 흙을 나르는 바구니 따위의 연장들을 부수고 반란을 일으켰다. 반란이 일어나자 엔키는 그의 어머니 남무의 조언을 받아들여 신들의 노역을 대신할 다른 존재를 만들기로 했다. 그는 우선 점토를 빚어 출산의 모신(母神)들을 창조하고, 그녀들과 의논한 끝에 인간을 만들기로 결심한다.

진흙으로 빚어 인간을 만들기 위해서는 신의 능력이 서려 있는 '이름 있는 피'가 필요했다. 엔키는 반란을 일으킨 작은 신들의 우두머리 웨일라를 잡아 죽인 후 그 피를 점토와 섞어 인간을 만들었다. 인간(아윌라)이라는 단어는 웨일라의 이름에서 나왔다고 한다.

엔키는 일곱 명의 출산의 여신들의 도움을 받아 인간을 창조한 후 인간들에게 대신 노역을 맡겼다. 이런 하찮은 이유로 창조되었을지라도 인간들은 열심히 노동하고 성과물을 신에게 바쳐야 했다. 이로써 신들은 인간이 바친 제물을 기뻐하고, 엔키는 신들에게 '창조자'라는 의미의 누딤무드라는 칭호를 내려주었다.

문명의 요람에는 어떤 특별한 것이 있을까?

세계사의 첫 페이지를 장식하는 인류 문명의 발상지에 관한 내용에는 '비옥한 초승달 지대', '문명의 요람', '함무라비 법전', '느부갓네살의 공중 정원' 같은 단어가 눈에 들어온다. 인류 문명이 시작된 메소포타미아 지역에 살았던 사람들과 제국들이 이룬 놀라운 업적들을 표현한 단어들이다. 그렇다면 이 지역이 그렇게 특별한 이유라도 있는가?

세계사에서 '문명의 발상지'로 묘사되는 소위 '비옥한 초승달 지대'는 고대 메소포타미아를 일컬으며 이 지역은 오늘날의 이라크와 시리아, 터키 남부에 걸친 긴 초승달 모양의 강 유역을 이루고 있다. 메소포타미아 유적으로 가장 오래된 마을 유적은 9,000년 전에 자그로스 산맥 기슭에 세워졌던 마을이었다. 문명의 요람에 해당하는 이 지역은 동쪽으로는 자그로스 산맥에서 서쪽으로는 시리아 사막까지, 남쪽으로는 페르시아 만의 습지 저지대에서 북쪽으로는 토로스 산맥의 고원지대에 이르는 광활한 지역으로 길게 뻗어 있다. 이라크 북부의 자르모 같은 초기 공동체는 사해 근처에 있었다는 《성서》 속 도시 예리고나 티그리스·유프라테스 강 계곡 가장자리에 위치한 시리아의 텔 하무카르, 터키의 차탈휘유크와 함께 세계에서 가장 오래된 정착촌 중 하나이다.

이 지역은 사막과 산악지대, 고원지대가 펼쳐져 있어 자연적으로 그리 좋은 조건은 아니지만, 건조한 기후에도 불구하고 물이 풍부해서 세계 최초로 밀과 보리를 재배한 지역이면서, 동물을 가축화하고, 염소와 돼지와 양을 키운 조악한 진흙집이 밀집한 공동체 마을이었다. 기원전 6000년경에 이들 초기의 농부 중 일부가 남쪽으로 이주해 장차 바빌론이 들어설 곳과 페르시아 만 사이에 자리를 잡았다. 강에 이끌린 그들은 고대 메소포타미아의 심장부인 티그리스 강과 유프라테스 강 사이의 평야 남단(오늘날의 바그다드와 바스라 사이 지역)에 정착했다. 메소포타미아의 강들은 때때로 범람했고, 농부들은 마른 땅에 물을 대기 위해 관개 운하를 파기 시작했다. 이러한 노동집약형 농사를 짓기 위해서는 협력이 필수적이었고, 이에 따라 사회적 질서가 생겨나기 시작했다.

농업기술이 발달함에 따라 인구는 더욱 늘어났고, 노동의 분화가 더 복잡하게 일어났다. 사회적 계급이 생겨났고, 생산과 교역의 관리를 주도하는 지배층이 출현했다. 이들의 수요에 따라 원자재가 부족해지자 교역이 중요해졌고, 강을 따라 교역로가 점점 확대되어 갔다. 그러다가 결국 주요 나루터를 지배하는 것이 경제적, 군사적, 정치적 권력의 원천이 되었다.

기원전 5000년경에 유프라테스 강가에 위치한 에리두라는 곳에 정착촌이 형성되기 시작했다. 이곳 사람들은 최초로 도시를 건설했을 뿐만 아니라 최초의 성당을 지은 것으로 알려졌다. 기원전 3500년 이전 어느 시기에 새로운 집단이 이주해 와 유프라테스 강가에 정착했다. 이들이 정착한 지역이 수메르라 알려지게 되었고, 이들이 만든 문명이 바로 수메르 문명이다.

|2| 메소포타미아 홍수 신화 ■ 메소포타미아 신화 ■

헤브라이 홍수 신화보다 더 오래된 메소포타미아 홍수 신화는 최초의 홍수 신화이다. 아시리아어판 홍수 신화는 《길가메시 서사시》 제11 서판(書板)에 하나의 에피소드로 나오고 있는데, 1914년에 수메르어판 홍수 신화의 단편이 발견됨으로써 아시리아 홍수 신화보다 메소포타미아 홍수 신화가 더 오래된 것임이 판명되었다.

 수메르 신들의 실권자 엔릴은 지상에서 벌어지는 인간들의 난잡한 성행위로 혼혈이 늘기 시작하자 분노했다. 더욱이 일부 신들도 인간들과 가담하여 이런 추잡한 일을 벌이자 엔릴은 더 이상 두고 볼 수 없었다.

 엔릴은 지상에 대홍수를 일으켜 인간을 멸종시키고자, 자신들은 우주선을 타고 지구 밖으로 나갈 계획을 세웠다. 이 계획은 인간에게 누설되지 않도록 신들에게만 비밀리에 알렸다. 엔릴의 계획에 대부분의 신들은 찬성했으나 인간 창조에 관여한 엔키는 어떻게든 인간을 살리려고 하였다.

 엔키는 인간에게 비밀을 직접 누설하면 안 되었기에 자신의 충실한 사제이자 도시의 왕이었던 아트라하시스를 갈대 벽 밖에 세워두고 '갈대 벽'에 혼잣말을 하여 그가 엿듣게 하는 편법으로 홍수가 일어날 것이라는 사실을 알려준다. 동시에 아트라하시스에게 가로, 세로, 높이가 같은 정육면체의 이층구조인 방주를 만들라고 지시한다.

 엔키의 지시를 받은 아트라하시스는 마을 사람들과 함께 방주를 건조하였다. 그리고 마을 사람들과 동원할 수 있는 동물들을 모두 배에 태우고 하늘에서 해가 뜰 때 그 배의 문을 봉했다. 얼마 후 신들이 로켓으로 추정되

엔릴_수메르에서는 아누(하늘의 신)와 엔키(땅 또는 물의 신)에 버금가는 신으로, 하늘·바람·폭풍우 등을 지배하고 또한 인간의 운명도 다스린다.

는 물체를 이용해 우주로 대피하면서 지구에 대홍수가 시작됐다. 홍수는 그날부터 40일간 계속돼 온 세상을 물바다로 만들어버렸다. 대홍수의 피해는 워낙 어마어마하고 비참해서 인간을 낳은 산파의 여신 닌후르쌍조차 엔릴의 말에 찬성한 것을 후회하며 오열할 정도였다.

아트라하시스 부부는 맨 처음 비둘기를 날렸으나 비둘기가 다시 돌아와 물이 덜 빠진 것을 알았고, 다음으로 제비를 날렸으나 제비도 다시 돌아와 물이 채 다 빠지지 않은 것을 알았다. 부부는 마지막으로 까마귀를 날려 까마귀가 돌아오지 않자, 드러난 뭍에 배를 정박하고 방주의 동물들 중 하나를 잡아 하늘에 제사를 드렸다. 그러자 비축해 둔 식량이 다 떨어졌는지 굶주림에 시달리던 신들이 주변에 파리떼처럼 몰려들었다.[수메르 신화에서는 인간이 일을 해서 제사를 바쳐야 신들도 먹고살았다고 한다.]

대홍수가 끝나고 우주에서 지구로 돌아온 엔릴은 지상에 살아남은 인간이 있음을 알고 엔키를 추궁한 끝에 그가 비밀의 맹세를 어겼음을 깨닫고 분노한다. 하지만 엔키는 "나는 맹세를 어기지 않았다. 다만 어떤 대단히 현명한 인간이 자신의 감각과 지혜를 통해 스스로 신들의 비밀을 깨달

엔키의 지시_엔키는 인간인 아트라하시스에게 대홍수가 날 것을 알려줘 배를 만들도록 한다. 윌리엄 블레이크의 작품.

은 것이다. 이제 그의 처우에 대해 상의해보도록 하자!"는 식의 납득할 만한 달변으로 엔릴을 달랬다.

　인간이 없어지면 자기들도 굶는다는 걸 깨달은 신들은 아트라하시스 부부에게 영생을 약속하며 신들의 낙원인 '딜문'에 거처할 권리를 부여했다고 한다.

　아시리아어판 홍수 신화는《길가메시 서사시》제11 서판(書板)의 얘기 중의 에피소드로 나오고 있는데, 1914년에 수메르어판 홍수 신화의 단편이 발견되어 메소포타미아 홍수 신화가 아시리아 홍수 신화보다 기원이 더 오래된 것임이 판명되었다. 이것은 현실적으로 자주 일어났던 티그리스·유프라테스 강 하류지역의 홍수, 혹은 페르시아 만의 해일을 소재로 하고 있는 것으로 생각된다.

　특히 메소포타미아 홍수 신화는 헤브라이 홍수 신화보다 더 오래되어 헤브라이 홍수 신화에 영향을 준 것으로 알려졌다. 아시리아어판《아트라하시스 이야기》도《구약 성서》〈창세기〉의 노아에 해당되는 주인공에 관련된 홍수 이야기를 다루고 있다.

|3| 길가메시 신화

■ 메소포타미아 신화 ■

길가메시 신화는 기원전 7세기 니네베의 아슈르바니팔 왕궁 서고(書庫)에서 출토된 12개의 점토서판(粘土書板)이 그 전거(典據)가 된다. 1862년에 영국의 조지 스미스가 이 서판의 내용을 공표함으로써 전 세계에 알려지게 되었다.

　우루크는 몸의 3분의 2가 신이고 3분의 1은 인간인 길가메시 왕이 다스리고 있었다. 길가메시 왕은 매우 잘생기고 총명한 데다 엄청난 힘을 가지고 있었다. 그는 늘 세상에서 자신이 가장 강하다는 자만에 빠져 싸움 잘한다는 남자들을 찾아가서 두들겨 패고, 초야권을 발동시켜 결혼하는 처녀들의 첫날밤을 자신이 치르는 등 갖은 악행을 일삼았다. 그의 행패에 백성들은 하늘의 신 아누에게 길가메시를 벌해 달라고 호소했다. 그러자 아누는 신들과 의논을 했는데, 신들은 길가메시가 너무 강해서 반대로 자신들이 당할 수도 있으니 길가메시보다 더 강한 초인을 만들어 벌하고자 했다.
　아누는 창조의 여신 아루루에게 초인을 만들 것을 명했다. 이에 아루루는 점토로 초인 엔키두를 만들었다. 엔키두는 강한 괴력을 가지고 있었으며 온몸은 온통 털로 덮여 있었고 여인처럼 긴 머리칼이 소의 몸 같은 그의 신체를 덮고 있었다.
　문명화된 땅에 대해서는 아무것도 모르던 엔키두는 동물(야수)들과 같이 풀을 뜯고 물웅덩이 근처에서 살았다. 하지만 얼마 안 가 희한한 짐승이 있다는 이야기가 우루크에 퍼졌다.

엔키두와 샴하트 부조_샴하트는 길가메시 서사시에 나오는 신전의 여인으로, 이슈타르 여신의 여사제이다. 그녀는 엔키두를 성(性)과 문명에 눈뜨게 해준 우루크의 신전 여인이자 매춘부이다. 길가메시는 엔키두와 싸우는 대신 이슈타르 신전의 매춘부 샴하트를 숲으로 보내 엔키두를 순하게 길들였다. 야생인간으로서 동물들과 조화를 이루면서 살던 엔키두가 창녀인 샴하트와 동침함으로써 비로소 문명화되기 시작한다. 샴하트는 엔키두에게 빵과 포도주, 성을 가르쳤다. 엔키두는 샴하트와 6일 낮 7일 밤을 보낸 후 야생동물들로부터 동료로 인정받지 못하고 외면당하자 샴하트를 따라 길가메시가 왕으로 있는 우루크로 들어갔고 길가메시와 함께 많은 여행을 하게 된다.

 길가메시는 그 희한한 동물이 신들이 자신을 벌하려고 보낸 녀석이라는 것을 눈치 채고 그의 힘을 약화시키기 위해 이슈타르 신전의 무녀 샴하트를 엔키두에게 보내 그를 유혹하게 하였다.

 엔키두는 샴하트와 일주일 동안 쉬지 않고 동침하였고, 샴하트는 엔키두와 동침하면서 그의 야수성을 벗겨내었다. 샴하트와 일주일간 쉬지도 않고 관계를 맺은 엔키두가 본래 친구들인 짐승들에게 다가가자 짐승들은 엔키두를 피했다. 이제 엔키두는 짐승들의 말도 알아들을 수 없었으며 예전처럼 그들을 쫓아갈 만큼 잘 달릴 수도 없게 되었다. 하지만 짐승의 태를 벗자 인간처럼 지혜로워졌다.

 우루크에 도착한 엔키두는 백성들의 호소를 듣고 분노하여 길가메시와 결투를 하게 된다. 두 사람의 승부는 판본에 따라 엔키두가 이기기도 하고, 길가메시가 이기기도 하고, 서로 비기기도 하는 등 그 유형이 무척 다양할 정도로 둘의 승부는 치열했다.

 하지만 치열하게 싸우면서 서로 교감을 느꼈기 때문인지 둘은 친한 친구가 되었고, 길가메시도 이때부터 마음을 고쳐먹고 백성을 생각하는 좋은 왕이 되었다. 이후 두 영웅은 함께 다니며 많은 영웅담을 남기는데 그 중 하나가 훔바바 퇴치이다.

길가메시_길가메시는 수메르·바빌로니아 등 고대 동양 여러 민족 사이에 알려진 전설적 영웅으로, 수메르의 자료에 의하면 길가메시는 우루크 제1왕조 제5대 왕이었으나 뒤에는 전설적인 인물이 되어 부조와 원통(圓筒)·인장(印章) 등의 미술작품에도 가끔 나타나고 있다.

길가메시와 엔키두의 결투_길가메시는 엔키두와 대결하여 끝내 승부를 가리지 못하고 친구가 된다. 다른 이야기로 엔키두가 길가메시에게 져서 친구가 되었다고도 한다. 이후 두 영웅은 태양신 우투를 위해 괴물 훔바바를 퇴치하기 위해 힘을 합친다.

 태양신 우투는 엘림 산에 자신의 신전을 짓고 싶었으나 그곳에는 엔릴 신이 삼목을 보호하기 위해 산을 지킬 것을 명한 괴물 훔바바가 있었다. 훔바바는 숲속에서 움직이는 생명체를 보호하거나 잠들게 하는 능력이 있으며, 자신의 눈을 보는 자를 돌로 만드는 마력까지 갖고 있었다. 뿐만 아니라 거대한 체구에 야성적이고 거친 소의 뿔이 있으며 꼬리와 성기는 뱀인 무시무시한 괴물이었다.

 태양신 우투는 길가메시라면 훔바바를 퇴치할 수 있을 거라 생각하고 길가메시에게 "우루크의 백성들에게 나무가 필요한데 숲에 괴물이 있으니 가서 괴물을 퇴치하고 나무를 베어오라"고 했다. 그 말을 들은 길가메시는 엘림 산으로 가려고 했지만, 엔키두가 훔바바는 자신이 야수일 때 함께 뛰어놀던 친구라며 그에 대해서 이야기해 주었다.

 "친구여, 당신과 나 같은 사람이 어떻게 삼나무 숲속으로 들어간단 말이오? 엔릴 신이 삼나무 숲을 지키려고 사람들을 겁주기 위해서 훔바바를 임명한 거요. 엔릴 신이 일곱 후광이라는 무서운 운명을 그에게 주었단 말이오. 그곳에 가서는 안 되오."

 엔키두는 길가메시를 뜯어말렸지만 길가메시는 엔키두와 같이 간다면 훔바바를 이길 수 있을 거라 생각하고 함께 산으로 갔다. 엔키두와 길가메시가 산에 가자 일곱 후광을 두른 훔바바가 나타났다. 그 후광의 힘에 길가메시와 엔키두 역시 벌벌 떨면서 엎드릴 수밖에 없었다. 하지만 이 상황에도 길가메시는 기지를 발휘하여 훔바바에게 "나의 누이와 여동생을 주어 그대를 가족으로 맞이하고 싶으니 후광을 잠시 거두어주게"라고 부탁했다. 이에 훔바바가 잠시 일곱 후광을 거두는 틈을 타 엔키두와 협공하여 순식간에 제압하였다.

훔바바는 목숨만은 살려 달라고 애원했다. 이를 불쌍히 여긴 길가메시는 자비를 베풀까 생각했지만 엔키두가 훔바바를 살려두면 후환이 일어 그가 일곱 후광을 두르고 우리를 공격하면 승산이 없다며 훔바바를 죽일 것을 강력하게 주장했다. 옛 친구의 야속한 말에 화가 난 훔바바는 엔키두에게 욕을 퍼부었고 이에 화가 난 엔키두는 훔바바의 목을 베어버렸다. 이후 그 산에는 우투의 신전이 만들어졌고 훔바바의 죽음에 분노한 엔릴은 일곱 후광을 빼앗아 여기저기에 나누어 주었다.

《길가메시》는 사실에 근거한 작품일까?

훔바바 두상

《길가메시》는 메소포타미아의 모든 신화를 담고 있는 놀라운 신화모음집이다. 이 한 권의 책 안에는 세상사 모든 선악과 신과 인간의 투쟁이 담겨 있다. 사랑, 우정, 섹스, 괴물, 전투, 매춘부, 불사 비법을 찾아나선 모험, 무지에서 깨어나는 깨달음의 과정 등등. 이 모든 신비한 신화의 세상엔 단지 신화만이 놓여 있지 않고 그 속에 안개처럼 스며든 고대 메소포타미아의 역사가 숨쉬고 있다. 막연히 그렇지 않을까 하는 추측이 아니라 실제 역사 근거들, 가령 길가메시는 기원전 2000년경에 우루크를 다스렸던 왕의 실제 활동을 기록한 책이라든가, 니네베의 점토판에서 발견된 수메르 왕들의 명단에는 길가메시가 우루크 제1왕조의 50번째 왕으로 기록돼 있다는 점, 길가메시는 우루크 성벽을 쌓은 사람으로 기록된 점, 길가메시의 어머니는 난순 여신이고 아버지는 실제 고위 사제로 왕들의 목록에 기록돼 있다는 점 등이 이러한 사실을 뒷받침하고 있다.

하지만 사실을 기반으로 한 전설에는 마땅히 그래야 하는 것처럼 조잡한 사실들이 끼어들게 마련이다. 길가메시의 시에선 우루크의 성벽을 건설한 인물이 길가메시라고 했지만 고고학적인 증거로 보면 우루크 성벽은 그가 살았던 시기보다 최소 1,000년 이상 앞서 지은 것으로 알려졌다. 이 증거는 아이러니하게도 길가메시가 자신이 하지 않은 일을 했다고 업적을 칭송받은 최초의 정치인으로 기록돼 있어 신화와 역사의 불가사의한 관계를 논리적으로 설명하기가 어려우니 이 또한 신화적인 기록이 아닐까?

훔바바를 제압하는 길가메시_길가메시가 훔바바를 제압하고 그를 살려주려고 했으나 엔키두가 훔바바의 목을 베어버린다.

두 사람의 명성이 하늘에까지 알려지자 풍요의 여신 이슈타르가 길가메시에게 사랑을 고백했다. 하지만 길가메시는 "그대는 나에게 부를 주겠다고 말하면서 그 대신 내가 감당할 수 없는 것을 나에게 요구할 것이다. 그대가 먹는 음식과 옷은 여신의 것과 걸맞는 것을, 집은 여왕의 궁전과 같은 것을, 그리고 옷감도 최상의 것을 바랄 것이다. 내가 왜 그대에게 그런 것을 바쳐야 하는가? 그대는 낡아빠진 문짝, 허물어져가는 엉성한 궁전, 머리에 쓸 수도 없는 터번, 손에 달라붙는 송진과 깨진 항아리, 거기에다 발에 맞지도 않는 헌신짝 같은 한 푼의 가치도 없는 존재가 아닌가"라고 말하면서 매몰차게 여신을 거절했다.

여신의 몸으로 인간에게 차이는 수모를 당한 이슈타르는 아버지인 아누 신에게 자신을 돕지 않으면 지하의 망자들을 내보내 산 자들을 뜯어먹어 세상을 멸망시키겠다고 협박하여 하늘의 황소 구갈안나를 지상에 풀어놓았다. 하늘의 황소는 우루크 땅을 황폐화시키고 백성들을 죽였다. 이에 분노한 길가메시는 엔키두와 함께 구갈안나를 처치하러 나섰다. 먼저 엔키두가 어마어마한 힘으로 구갈안나를 붙잡아 움직이지 못하게 하였고, 그 틈에 길가메시가 황소를 찔러 죽이려고 했다.

아누 신에게 빌린 구갈안나를 두 영웅이 죽이려고 하자 당황한 이슈타르는 어린 신들을 데리고 두 영웅을 말리러 갔다. 하지만 그때는 이미 구갈안나는 죽어버렸고 엔키두는 "내 친구에게 손 끝 하나 대지 못할 것이다"라고 말하며 황소의 넓적다리를 잘라 이슈타르에게 던져 그녀를 모욕하였다.

이에 분노한 이슈타르는 신들을 모아 엔릴이 숲의 수호자로 임명한 훔바바와 아누의 소인 구갈안나를 죽인 두 영웅을 벌해야 한다는 회의를 열었다. 하지만 길가메시는 애초에 신들이 어떻게 할 수 없어 엔키두를 보낸 것이었기 때문에 그들을 벌할 방법이 없었다. 그래서 신들은 각고의 회의 끝에 자신들의 피조물인 엔키두를 죽이기로 결정하였다. 결국 엔키두는 병에 걸려 12일에 걸쳐 죽어갔고, 죽어가면서 자신을 인간으로 만든 무녀 샴하트를 저주했다. 하지만 그 말을 들은 태양신 우투가 샴하트가 아니었으면 엔키두는 길가메시와 친구가 되지도 못했을 것이고 지금까지의 영화도 누릴 수 없었을 것이라고 그를 설득했다. 그 말에 엔키두는 자신의 저주를 거두고 길가메시의 품에 안겨서 죽었다.

길가메시는 그의 시체가 썩어 벌레가 나올 때까지 그를 안고 있었다고 한다.

구갈안나_길가메시 서사시에 등장하는 신의 소로 '하늘의 수소'라고 불린다.

우트나피쉬팀_고대 메소포타미아의 영웅 길가메시를 다룬 길가메시 서사시에 등장하는 현인으로, 신화 속의 대홍수에서 살아남아 영생을 얻게 된 인물이다. 그림은 미켈란젤로의 대홍수 프레스코화이다.

　엔키두의 죽음을 목격한 길가메시는 죽음이 두려웠던지 불로불사(영원히 죽지 않고 늙지 않는 삶)를 손에 넣겠다고 결심하고 대홍수에서 살아남은 인류의 조상이며 불사의 존재가 된 우트나피쉬팀을 찾기 위한 여정을 떠난다.

　계속해서 길을 가던 길가메시는 이 세상 끝에 존재하는 마슈 산에 다다르게 되었다. 마슈 산에는 두 개의 커다란 문이 있는데, 아침에 동쪽 문에서 태양이 떠서 밤에 서쪽 문으로 지게 되는 곳이었으며, 우트나피쉬팀을 만나기 위해서는 반드시 그 문을 지나 태양의 길목으로 들어서야만 했다. 하지만 그 문은 티아마트가 낳은 괴물 중의 하나인 반인반전갈인 파 빌 사그의 부부 한 쌍이 지키고 있었다.

　그래도 길가메시에게 다행이었던 것은 파 빌 사그는 무턱대고 공격하는 존재가 아니었으며 말이 통하는 상대였기 때문에 서로 대화를 나누게 되었다. 길가메시의 말을 들은 파 빌 사그는 "지금까지 어느 누구도 우트나피쉬팀이 있는 곳에 가서 돌아온 적이 없었으니 그만두는 것이 좋겠다"라고 말하며 타일렀다. 하지만 길가메시는 용기를 내어 어떤 고난이나 슬픔도 다 견딜 자신이 있으니 걱정하지 말고 문을 열어 달라며 필사적으로 매달렸다.

　포기하지 않고 매달리는 길가메시의 끈기를 인정한 파 빌 사그는 "가라, 길가메시여. 마슈 산을 넘는 것을 허락한다. 산들과 산지를 넘어서 가라! 아무쪼록 너의 두 다리가 무사히 너를 돌아오게 할 것을 빌겠다. 산의 입구는 널 위해 열린다"라고 격려해 주며 문을 열어 주었다. 길가메시는 그 말을 들고는 암흑 속을 힘차게 나아갔고 마침내 우트나피쉬팀이 살고 있는 행복의 섬에 도착했다.

　불로불사의 비법을 알려 달라는 길가메시의 간청에 우트나피쉬팀은 처음에는 당연히 거절하였지만 그가 포기하지 않을 것을 알기에 7일 동안 잠을 자지 않으면 영생의 비법을 알려주겠다고 하였다.

　길가메시는 그의 조건을 받아들여 6일까지는 잘 참아냈으나 7일이 되기 직전에 그만 잠이 들어 버렸다. 이에 우트나피쉬팀은 "잠도 이기지 못하면서 어떻게 죽음을 이기려고 하느냐?"라며 길가메시에게 돌아가라고 했다. 그런데 우트나피쉬팀의 아내는 길가메시가 불쌍해 보였는지 여기까지 찾아온 성의를 봐서 선물을 주라고 남편에게 부탁했다.

　아내의 청을 거절할 수 없었던 우트나피쉬팀은 할 수 없이 그에게 이 세상에 마지막 남은 불로초가 있는 장소를 알려주었다. 길가메시는 심연에서 불로초를 손에 넣지만 그걸 그 자리에서 먹지 않고 우루크로 가져가서 재배하면 모든 국민들이 함께 영생을 누릴 수 있을 거라 생각하고는 불로초를 가지고 우루크로 돌아갔다.

　하지만 돌아오던 길에 길가메시가 연못에서 목욕을 하는 틈을 타서 늙은 뱀이 그 귀한 불로초를 먹어 버린 뒤 껍질을 벗고 젊어져 기운차게 달아나 버렸다. 그로 인해 뱀은 해마다 허물을 벗고 새 생명을 얻게 되었지만 인간은 죽음의 운명에서 벗어나지 못하게 되었다고 한다.

　결국 우루크에 빈손으로 돌아온 길가메시는 자신의 과오를 한탄하다 잠들어 버린다. 그리고 꿈속에 신들이 나타나 죽음을 피할 수는 없지만 죽으면 저승의 왕이 될 수 있으니 죽음을 받아들이라고 말해 주었다. 꿈에서 깬 그는 자신의 행적을 돌에 새긴 뒤 백성들이 보는 앞에서 의연하게 죽음을 받아들였다.

길가메시 조각상

|4| 오리엔트의 여신 이슈타르
■ 메소포타미아 신화 ■

이슈타르는 메소포타미아 신화에 나오는 아시리아와 바빌로니아의 여신으로서 미와 연애, 풍요와 다산, 전쟁, 금성을 상징한다. 수메르인에게는 이난나(하늘의 여왕)로 통한다. 성숙미와 깊은 관련이 있는 이슈타르는 신들의 천사이기도 하였으며, 그녀와 연관되어 있는 성스러운 도시 에릭은 천사의 도시라 불렸다. 많은 정인(情人)을 가진 것으로 알려져 있다.

이슈타르의 명계(죽은 자들이 가는 지하세계인 저승)에 대한 신화는 설형문자로 된 문서에 기록된 이야기로, 이슈타르가 명계를 찾아가는 이유와 탐험 과정을 자세히 서술하고 있다.

이슈타르가 명계로 내려간 이유는 여러 가지 설이 있는데, 자신의 연인 탐무즈를 찾기 위해서라는 설과 생명의 여신이 되어 죽은 자의 세계를 정복하기 위해서 배다른 자매인 언니 에레쉬키갈이 다스리는 명계로 갔다는 설이 있다.

명계는 누구도 한번 가서 돌아올 수 없다. 하지만 그녀는 그것을 어기고 명계의 비밀을 알고 나서 바로 이승으로 돌아올 생각을 하고 있었다. 그러나 이 사실을 알게 된 언니 에레쉬키갈은 분노하고 만다.

▶**이슈타르(33쪽 그림)**_아름다움과 연애를 주관하는 신으로, 전투의 여신이기도 하다. 그리스 신화의 아프로디테와 연관되기도 한다. 루이스 스펜스의 1916년 작품.
이슈타르 여신의 목상_이슈타르의 원형은 수메르의 이난나인데, 수메르와 전혀 다른 민족인 아카드인들은 이 신을 그대로 받아들여 숭배했다. 이슈타르도 이난나와 마찬가지로 사랑과 전쟁을 주관하는 신이었다.

이슈타르 문 _바빌론 내부의 8번째 내성문을 여신 이슈타르의 이름을 따서 이슈타르 문이라 불렀다. 현재, 베를린의 페르가몬 미술관에 그 일부가 복원되어 있다.

　이슈타르는 지하세계로 내려가기 전에 일곱 가지 신권을 모아 몸에 장신구로 걸치고 만약의 사태에 철저히 대비했다. 그리고 시녀 닌슈부르에게 자신이 사흘이 지나도 돌아오지 않으면 지혜의 신 엔키에게 도움을 청하라 일렀다.

　지하세계에 도착하자 에레쉬키갈의 명령을 전달받은 문지기는 이슈타르에게 일곱 곳의 문을 차례대로 열게 하여 하나의 문을 지날 때마다 그녀가 걸치고 있던 일곱 가지 장신구 중의 하나를 벗도록 하였다. 이것은 에레쉬키갈이 자신에게 위협이 되는 이슈타르의 일곱 가지 신권을 제거하고자 했던 것이며 저승에 갈 때는 이승에서 누리던 모든 권력을 버려야 함을 의미하기도 했다.

　이슈타르는 하나둘 문을 지날 때마다 자신의 왕관, 청금석 구슬 목걸이, 구슬 끈, 가슴에 대는 금속판, 금팔찌, 청금석 홀, 예복이 차례대로 벗겨져 일곱 문을 모두 다 통과했을 때는 그만 벌거숭이가 되고 말았다. 온갖 역경을 딛고 이슈타르는 가까스로 에레쉬키갈의 방에 도착할 수 있었지만 에레쉬키갈은 그녀를 어둠의 감옥에 감금했다. 그리고 지독한 고통을 맛보게 하고 죽음에 이르게 했다.

이슈타르가 명계에서 눈을 감자 지상의 농작물은 성장을 멈추고 모든 동물의 생식 활동이 멎었다. 이러한 상태로 사흘이 지나자 이슈타르의 시녀인 닌슈부르는 주인이 지시한 대로 지혜의 신 엔키를 찾아가 도움을 청했다.

엔키는 거세된 남자를 만들어 시녀에게 에레쉬키갈에게 가서 위대한 신의 이름으로 그녀에게 대항하여 그녀의 가방에 있는 생명의 물을 요구하라 하였다. 에레쉬키갈은 거세된 남자의 말에 화가 났지만 어쩔 수 없이 그의 요구대로 생명의 물을 주었다. 거세된 남자가 이슈타르에게 생명의 물을 뿌리자 이슈타르는 되살아났다.

이슈타르가 다시 살아나자 명계의 신들은 저승의 규칙을 지키고자 그녀를 대신하여 죽을 자를 내놓으라고 요구했다. 이슈타르는 처음엔 어느 누구도 자기 대신 죽도록 허락하지 않았으나 자신이 그토록 찾던 연인 탐무즈가 지상의 옥좌에 태연히 앉아 있는 것에 화가 나 탐무즈가 자신을 대신해 저승에 가도록 한다.

이슈타르와 탐무즈_아시리아와 바빌로니아의 젊은 남자 신. 이슈타르 여신에게 사랑을 받는 탐무즈의 명칭은 수메르어로 도무지 아브스(물의 진정한 자식)에서 왔다. 물에 의하여 생장한 식물 신을 표시함이다. 주된 신화는 겨울에 모습을 감추는 지모 신의 계통에서 나온 여신의 뒤를 따라간다는 것인데, 그리스까지 전해져 아도니스 신화를 낳게 한다.

이때 탐무즈의 누이 게슈티난나가 오빠 대신 자신이 죽겠다고 자원하자 이슈타르는 탐무즈와 게슈티난나가 교대로 명계에서 지내도록 했다. 이슈타르는 명계를 벗어나면서 일곱 곳의 문을 다시 지나게 되고 문을 지날 때마다 자신의 장신구를 되돌려 받았다.

메소포타미아 지방의 신들은 대부분 수메르 신화에 그 원류를 두고 있다. 또한 그 이후의 문명에도 지대한 영향을 끼쳤다. 다른 신화에 등장하는 신들도 그 성격은 변하지 않은 채 후대로 계승되었다.

기원전 1200년경 서아시아를 통일한 아시리아는 이슈타르를 전쟁의 여신으로 특별히 숭배했다. 이 때문에 아시리아에서 여신은 활과 화살통을 가지고 있는 턱수염이 달린 남성의 모습으로 묘사되었다. 무기와 턱수염은 강인함의 상징이라고 볼 수 있다.

전쟁의 여신 이슈타르 _아시리아 왕을 간택할 때 이슈타르에게 신탁을 받았다고 한다. 이러한 신탁으로 선택된 아슈르바니팔 2세는 그 잔인함으로 후세에까지 널리 알려진 인물이다. 그는 반역자나 복속을 거부하는 적을 붙잡아 산 채로 신체를 떼어내거나 가죽을 벗겼다고 한다.

|5| 티아마트와 마르두크 신화   ■ 메소포타미아 신화 ■

티아마트는 수메르 신화의 세계를 창조한 대지 모신이다. 티아마트가 생성되기 전에 바다의 인격신 아프수(단물)와 티아마트(쓴물)가 녹아 서로 섞여서 뭄무와 라무 또는 라하무라고 하는 한 쌍의 뱀이 태어난다. 이 두 뱀 사이에서 안샤르와 키샤르가, 그리고 이들에게서 다시 아누·마르두크·에아, 그 밖의 신들이 태어났다. 그래서 신화학자들은 티아마트의 존재를 세계를 낳은 여성적 요소로 추정한다.

위대한 대지의 어머니 신화는 세계 각지에 저마다의 신화가 있다. 대체적으로 각국의 위대한 대지의 어머니 신화는 서로 다른 요소들이 있긴 하지만 기본 틀은 유사한 형태였다. 이것이 바빌로니아 신화에서 성격이 다른 극적인 변화를 겪는다. 이보다 앞선 수메르 신화에서는 위대한 어머니 신화의 세부적인 부분에 상당한 변화가 일어나고 있지만 기본적인 틀은 대부분 유지되고 있었다.

그러나 바빌로니아 신화에 오면 위대한 어머니 여신의 성격이 극적으로 변해 어머니 신화가 위대한 아버지 신화로 전환되는 계기를 전형적으로 보여주고 있다. 이처럼 신화의 원형이 전적으로 바뀌는 현상은 원시적 씨족사회에서 가부장적인 부족사회로의 출발을 알리는 단면이기도 하다.

티아마트는 수메르 신화에서 세계를 창조한 대지 모신이다. 겉모습은 시대에 따라 여러 가지로 바뀌었지만, 상반신은 여성, 하반신은 뱀의 모습을 한 거대한 괴물의 형상이다.

티아마트 피규어_고대 바빌로니아 신화에 등장하는 최초의 신 중 한 명이다. 상반신은 여성, 하반신은 뱀의 모습을 한 거대한 괴물. 자신이 만들어낸 열한 마리의 괴물 군단을 이끌면서 주신 마르두크와 싸웠다고 한다.

성격은 대체로 큰 특징이 없지만 일단 화가 나면 무서운 여신으로 돌변한다. 당시 세계는 신들이 갑자기 불어나서 시끄럽게 되자 아프수와 티아마트는 자손이 더 이상 번창하지 못하게 하려고 조치를 취하려 했다. 이때 마침 에아가 이들의 의도를 눈치 채고 신들을 피신케 했다. 또한 처음엔 티아마트의 생각에 찬동했던 아프수와 다른 신 뭄무가 티아마트의 구상에 마음을 돌리자 성난 티아마트는 뱀과 용·거인·회오리바람 등을 만들어 자신의 구상에 반대하는 신들과의 전쟁을 준비하였다. 이 사실을 안 신들은 두려움에 떨었다.

신계(神界)의 위기를 타개하기 위해 아누 신과 에아 신이 모신(母神) 티아마트를 설득하려고 파견되었으나 그녀의 무시무시한 협박에 못 이겨 그만 쫓겨오고 말았다. 곤경에 빠진 신들은 에아의 아들인 용감한 마르두크에게 도움을 청했다. 이에 마르두크가 티아마트를 타도하겠다고 약속하자 신들은 그를 축복하고 자신들의 왕으로 추대했다.

마르두크는 '공포의 갑옷'을 걸치고 벼락 투창과 활로 무장했다. 그리고 일곱 개의 폭풍과 아누 신이 하사한 큰 그물을 등에 걸치고 전차에 올라탔다. 보무도 당당한 마르두크의 머리 위에서는 불멸의 등불이 반짝이고 있었다. 많은 신이 뇌성과 폭풍을 일으키며 달려가는 마르두크의 전차 뒤를 따랐다.

마르두크_'태양의 아들'이라는 뜻으로, 구약성서 <예레미야>에 나오는 '벨', '마르둑'과 같다. 원래는 아모리족의 신으로 바빌로니아의 수호신이었는데 바빌론이 제패하면서 바빌로니아 판테온의 주신이 되었고, 수메르 판테온의 주신인 벨 엔릴과 합쳐져 벨 마르두크라 불리며 '신들의 왕'으로 오랫동안 숭배되었다.

마르두크는 신들과 함께 티아마트가 진을 치고 있는 혼돈의 소굴로 향했다. 혼돈의 여신 티아마트는 태초의 거대한 용으로 변신하여 사지를 보기 흉하게 꿈틀거리며 마르두크의 공격에 대비하고 있었다. 마르두크와 티아마트는 서로 격렬한 저주의 말을 퍼부은 후 정면으로 대치했다. 양 진영의 신들과 마물(魔物)들도 저마다 손에 무기를 들고 앞으로 나섰다.

선공(先攻)에 나선 신은 마르두크였다. 마르두크는 아누의 큰 그물을 티아마트에게 던졌다. 사지의 자유를 빼앗긴 용은 직경이 20킬로미터나 되는 거대한 입을 벌려 신들을 집어삼키려 했다. 이때 마르두크는 일곱 개의 폭풍을 일으켜 용의 입을 향해 불었다. 티아마트는 마르두크가 불어댄 폭풍의 엄청난 압력 때문에 입을 다물 수조차 없었다. 잠시 후 티아마트의 몸은 바람으로 부풀어 올라 터질 지경이 되었다. 호흡이 곤란해진 용의 심장은 아주 약하게 고동치고 있었다.

마르두크는 용으로 변신해 고통으로 헐떡거리는 티아마트를 향해 최후의 일격을 가할 벼락투창을 던졌다. 투창은 티아마트의 부풀어 오른 몸을 찢고 들어가 그대로 심장을 관통했다. 마침내 거대한 용은 죽고 말았다.

마르두크와 티아마트가 새겨진 부조_마르두크가 티아마트를 물리치는 활약상을 담은 부조이다.

고대 메소포타미아 벽에 새겨진 부조_오늘날 비행체와 탱크 등 미스터리한 부조상들이 존재하고 있어 현재도 그 실체에 대해 연구 중이다.

　마르두크가 티아마트를 죽이자 혼돈의 세력들은 앞 다투어 빛이 미치지 않는 심연으로 달아나기 시작했다. 그러나 그들도 얼마 못 가 마르두크가 던진 아누의 그물에 걸려 그 자리에서 꼼짝도 할 수 없는 몸이 되었다. 마르두크는 혼돈의 세력들의 무기를 빼앗은 뒤 그들을 심연의 감옥에 던져 넣고 그들이 이용한 괴물들은 밟아 뭉개버렸다. 그리고 나서 혼돈의 세력의 대장인 킹구를 붙잡아 '운명의 서'를 빼앗았다. 이렇게 해서 우주 최고 권력자의 지위는 마침내 마르두크의 차지가 되었다.

　혼돈의 신들을 쳐부순 마르두크는 티아마트의 시체로 향했다. 그는 곤봉으로 티아마트의 두개골을 부수고 북풍을 일으켜 그 피를 흩뿌렸다. 또한 티아마트의 몸을 둘로 잘랐다. 그러자 티아마트의 몸의 반쪽은 하늘이, 다른 반쪽은 땅이 되었다. 또한 그녀의 유방은 산과 들이 되고, 그 옆에 샘물이 만들어졌으며, 눈에서는 티그리스 강과 유프라테스 강이 흘러 나왔다고 한다.

　이렇게 천지를 창조한 신들은 그 안에서 살 인간을 만들기로 했다. 신들은 에아 신의 아들 베르스의 목을 잘라 그 피와 흙을 반죽하여 인간을 창조했다. 이처럼 용의 시체에서 세계가 창조되고 많은 생명체가 만들어진 것이다.

| 신화를 알면 역사가 보인다 |

제 **2** 장

이집트 문명의 신화를 찾아서

이집트 신화는 중세에 기독교와 이슬람이 확산되기 이전에 고대 이집트 사람들이 생각해 온 신들의 체계를 의미한다. 고대 이집트인의 신앙은 대략 3,000년에 걸친 긴 기간에 여러 차례 변화를 거듭해 왔다. 일반적으로는 헬리오폴리스에서 신앙되고 있던 엔네아드를 바탕으로 전해지는 신화가 많다. 이집트 신화를 대표하는 유명 신화로는 이집트 창세신화와 오시라스 신화, 호루스 신화와 누트 여신 이야기, 불사조 피닉스, 저승의 신 토트와 아누비스 전설이 있다.

불모의 사막으로 둘러싸인 채 나일 강을 따라 띠처럼 뻗어 있는 비옥한 땅 위에 피어난 고대 이집트 문명은 5,000년도 더 전에 출현하여 로마가 건국되고 예수가 탄생하던 무렵까지 지속되었다. 3,000년이 넘는 이 기간에 이집트인은 웅장한 서사시적인 세계를 건설했는데, 그 지속 기간이나 번영, 웅장한 건축적·예술적 업적은 고대세계에서 유례가 없었으며, 그것은 이웃 문명들(그리스를 포함해 메소포타미아, 인도 문명 등)에도 지대한 영향을 미쳤다.

고대 이집트 문명에서 탄생한 신화는 이집트 각 지역에서 따로 전승되던 신앙이 통일왕국이 결성되면서 하나의 세계관으로 합쳐진 이야기이다. 이웃한 메소포타미아와 달리 이집트는 예로부터 사후세계에 대한 믿음이 강했다. 이는 메소포타미아가 여러 차례 외침에 시달리던 지역인 것과는 달리 이집트는 지리적으로 방어하기 유리한 위치를 갖춘 지역이라 별다른 사건이 없어서 그렇다는 의견이 지배적이다.

이집트 창조신화는 이집트 지역의 우주론을 담은 창조신화이다. 고대 이집트는 신전이 있는 도시별로, 시대별로 각기 다른 창조신화가 다양하게 존재해 있었지만 이집트 사람들에게는 주로 헬리오폴리스 도시 버전의 창조신화가 널리 전해져 왔다.

이집트의 신과 여신은 역사상 가장 웅대하고 훌륭한 문명의 영혼을 이루었다. 동물의 머리를 가진 신, 영원의 바다를 항해하는 태양신, 이시스와 오시리스라는 부부 신에 관한 이야기 등은 이집트 문명을 지배했고, 위대한 업적들에 영감을 주었으며, 그 후 수천 년 동안 수많은 다른 업적에도 그 흔적을 남겼다.

이집트의 제왕인 파라오들은 스스로를 '하토르의 아들'이라 칭했다. 파라오들은 당시에 이집트 사람들로부터 호루스와도 동일시되었던 바, 처음에는 파라오에게 우유를 주는 현실속 하찮은 존재였지만 사후에까지 우유를 주는 역할을 새롭게 맡으면서 위치가 격상되었다.

|6| 이집트 창세 신화

■ 이집트 신화 ■

이집트 신화는 중세에 기독교와 이슬람이 확산되기 이전에 고대 이집트 사람들이 생각해 온 신들의 체계를 의미한다. 고대 이집트인의 신앙은 대략 3,000년에 걸친 긴 기간에 여러 차례 변화를 거듭해 왔다. 일반적으로는 헬리오폴리스에서 신앙되고 있던 엔네아드를 바탕으로 전해지는 신화가 많다.

고대 이집트 문명에서 탄생한 신화는 이집트 각 지역에서 따로 전승되던 신앙이 통일왕국이 결성되면서 하나의 세계관으로 합쳐진 이야기이다. 이웃한 메소포타미아와는 달리 이집트는 예로부터 사후세계에 대한 믿음이 강했다. 이는 메소포타미아가 여러 차례 외침에 시달리던 지역인 것과는 달리 이집트는 지리적으로 방어하기 유리한 위치를 갖춘 지역이라 별다른 사건이 없어서 그렇다는 의견이 지배적이다.

이집트 창조신화는 이집트 지역의 우주론을 담은 창조신화이다. 고대 이집트는 신전이 있는 도시별로, 시대별로 각기 다른 창조신화가 다양하게 존재해 있었지만 이집트 사람들에게는 주로 헬리오폴리스 도시 버전의 창조신화가 널리 전해져 왔다.

헬리오폴리스 _고대 이집트의 중요한 도시 중 하나이다. 고대 이집트어로는 '우누'라고 불리었으며, 고대 그리스어로 번역되어 태양의 도시란 의미의 헬리오폴리스란 이름으로 더 널리 알려졌다. 헬리오폴리스는 고대 이집트 신화의 태양신 '라'를 비롯한 주신들을 모시는 신전들이 있던 중요한 도시이다.

태초에 혼돈의 암흑 바다(나일 강) 누가 있었다. 어느 날 바닷속으로부터 벤벤이라는 언덕이 솟아올랐고, 그 언덕에서 아툼이 스스로 존재하여 최초의 신이 되었다. 그가 태어난 후 최초로 주위에 빛을 만들었으며 빛은 곧 태양신 라가 되었다. 라는 혼자(자웅동체) 법과 정의, 조화, 지혜의 여신 마트를 낳았으며, 법과 조화의 여신인 마트는 스스로 우주창조의 법칙이 되었다. 이로써 창조 신인 아툼과 최초의 빛이자 태양의 신인 라 그리고 우주창조 법칙인 마트는 삼위일체(3신을 합쳐 아툼·레라 부른다)를 이루었으며, 이집트인들의 창세신화의 기반이 되었다.

하루는 아툼이 기침을 하여 공기와 공간의 신인 슈와 습기의 여신인 테프누트를 낳았다. 슈와 테프누트는 결혼하여 대지의 신인 게브와 하늘의 여신인 누트를 낳았다. 후에 게브와 누트는 결혼하게 되었으며, 지식과 서기의 신인 토트로부터 누트의 자식이 하늘의 주인이 될 것이라는 예언을 들었다. 라는 이 예언을 시기하여 게브(땅)와 누트(하늘) 사이에 슈(공기)를 두어 1년 360일 동안 서로 만나지 못하게 했다. 그러나 누트의 부탁을 들은 토트가 달의 신 콘수와 내기를 하여 달의 빛을 얻어 5일 동안 세상을 비쳐 그 5일 동안 게브와 누트는 5명의 자식을 출산하였다. 이후로 1년은 365일이 되었으며, 항상 보름달이었던 달은 달의 빛을 잃어 주기적으로 변하게 되었다. 그 5명의 자식들이 오시리스, 이시스, 세트, 네프티스, 대(大)호루스(후대의 신 호루스와 구별하기 위하여 붙은 이름)이다.

창조 신 아툼 _ 고대 이집트 종교에 나오는 엔네아드는 아홉 신의 집단이다. 그리스 신화의 올림포스 12신과 개념이 비슷하다. 엔네아드는 헬리오폴리스에서 숭배되었으며, 창조 신 아툼, 아툼의 자식들인 슈와 테프누트, 슈와 테프누트의 자식들인 게브와 누트, 게브와 누트의 자식들인 오시리스, 이시스, 세트, 네프티스, 호루스로 이루어져 있다.

|7| 마트 여신의 깃털
■ 이집트 신화 ■

정의 · 법 · 진리를 의미하는 마트 여신은 무릎을 꿇거나 똑바로 서 있는 여성의 모습으로 표현된다. 마트 여신의 머리에는 한 개의 타조 깃털을 꽂고 있고 때로는 눈을 가린 모습으로 표현되기도 한다. 마트란 원래 고대 이집트 말로 '정의·진리'를 뜻한다. 따라서 마트는 본래 신이 아니라 신들이 정의와 진리를 중요시하는 까닭에 이러한 관념을 추상적으로 신격화한 것에 지나지 않는다.

    이집트 사람들은 이집트 신화 속 우주는 법과 조화, 진리의 여신인 마트의 힘으로 다스려진다고 믿었다. 마트 여신이 다스리는 세상은 자연과 인간 사회에서의 정의와 영원한 우주가 서로 연관되어 있다고 보았다. 그녀는 모든 자연의 가장 기본적인 것을 다스리는 자로서 세계를 안전하게 유지하기 위해 우주의 창조 때부터 존재했던 신으로 숭상되었다. 사람들에게 마트는 모든 사람과 모든 계급 사회의 조화를 의미한다. 고대세계에서 마트에 대한 거역은 엄청난 대가를 치러야 했기 때문에 모든 사람은 그 법칙 속에 살아야 했다.

    마트는 자연에 존재하는 모든 힘의 균형을 의미한다. 이것은 낮과 밤, 계절 그리고 인간 세대의 순환을 포함하는 거대한 법칙이다. 고대 이집트 사람들은 시간을 수평적으로 인지하였으며 순환적으로도 보았다. 이 변화 속에서 이집트인들은 마트가 무질서한 것을 부수고 새롭게 부활시킴으로써 우주의 근본적인 창조물들이 계속해서 순환한다고 생각하였다. 그래서 많은 이집트인의 종교의식에는 우주의 순환과 관련된 의미 있는 의식이 많았다.

마트 여신_정의·법·진리를 의미하는 마트를 구현하는 여신. 세계 질서 조성의 여신. 신(神) 투트의 아내. 또 죽음의 세계의 주(主)로서의 성격을 가지고, 법 생활을 유지한다.

마트 여신_정의·법·진리를 의미하는 마트를 구현하는 여신. 세계 질서 조성의 여신. 신(神) 투트의 아내. 또 죽음의 세계의 주(主)로서의 성격을 가지고, 법 생활을 유지한다.

　마트는 또한 각각의 기본 원소들을 제자리에 고정해 주어 세계의 구조를 지탱하는 역할도 한다. 이집트인들은 세계 구조에 대한 구체적인 묘사를 하였는데, 그들이 상상한 세계는 혼돈과 심연의 신 누로 인격화된 무한한 물(아비스, 심연)에 둘러싸여 있다. 그 가운데에는 대지의 신 게브로 묘사되는 땅이 접시처럼 떠 있으며, 그 위에는 하늘의 여신 누트가 땅과 사이에 공기의 신 슈를 놓고 아치모양으로 엎드려 있다.

　낮 동안에는 태양신 라가 태양의 돛단배를 타고 누트를 따라 수놓아져 있는 천상의 나일 강과 은하수를 따라 동쪽에서 서쪽으로 항해하며, 태양의 돛단배가 두아트라 불리는 계곡을 따라 지하세계(저승)로 들어가면 밤이 되었다. 두아트는 서쪽 하늘과 땅이 만나는 지점에 있는데, 이곳에는 거대한 뱀 아펩이 있어, 라는 해질 녘마다 이 뱀과 싸워야 했다.

　만약 라가 이 뱀에 지면, 일식이 찾아왔다고 이집트인들은 믿었다. 하지만 라는 늘 아침이 되면 동쪽 하늘에서 부활한다고 생각했기 때문에 나일 강 서쪽 땅은 피라미드와 같은 무덤을 짓는 죽음의 땅으로, 동쪽 땅은 사람들이 사는 부활의 땅으로 인식하였다.

《사자의 서》에 나온 심장 무게 달기 의식_깃털은 《사자의 서》에 나온 심장 무게 달기 의식에서 사람이 죄를 지었는지 안 지었는지 저울에 마트의 날개를 놓고 심장의 무게를 재어 판단하는 것에서 볼 수 있듯이, 선의 무게를 상징한다. 심장이 깃털보다 무거우면 죄를 많이 지었다는 뜻으로서, 죽은 자는 부활의 땅에 발을 들일 수 없었다. 마트의 깃털은 선과 양심을 의미하며, 이는 기독교와 같은 타 문화에도 영향을 주어 하얀 깃털의 선하고 성스러운 이미지를 고착시켰다.

　《사자의 서》에 나오는 심장 무게 달기 의식에서 마트는 저울의 한쪽에 자신의 깃털을 올려놓고 이를 감독하는 역할을 한다. 또한 사자의 서에 적힌 42가지의 부정 고해 목록(아니의 파피루스)은 '마트의 고백진술'로도 불린다.

1. 나는 죄를 범하지 않았다.
2. 나는 강도질을 하지 않았다.
3. 나는 물건을 훔치지 않았다.
4. 나는 남자나 여자를 죽이지 않았다.
5. 나는 곡물을 훔치지 않았다.
6. 나는 제물을 훔치지 않았다.
7. 나는 신의 재산을 훔치지 않았다.
8. 나는 거짓말을 하지 않았다.
9. 나는 음식을 가지고 도망가지 않았다.
10. 나는 저주를 하지 않았다.
11. 나는 불륜을 저지르지 않았다.
12. 나는 사람에게 거짓말을 하지 않았다.
13. 나는 한탄하지 않았다.
14. 나는 심장을 먹지 않았다.
　　(역주 - 나는 양심의 가책을 느낄 일을 하지 않았다.)
15. 나는 누구도 공격하지 않았다.
16. 나는 사기를 치지 않았다.
17. 나는 경작지를 훔치지 않았다.
18. 나는 엿듣지 않았다.
19. 나는 명예훼손을 하지 않았다.
20. 나는 이유 없이 화내지 않았다.
21. 나는 부녀자를 유혹하지 않았다.
22. 나는 나 스스로를 타락시키지 않았다.
23. 나는 누구도 공포에 떨게 하지 않았다.
24. 나는 법을 어기지 않았다.
25. 나는 격노하지 않았다.
26. 나는 진실의 단어에 귀를 닫지 않았다.
27. 나는 신성모독을 하지 않았다.
28. 나는 폭력을 행하지 않았다.
29. 나는 싸움을 선동하지 않았다.
30. 나는 경솔함을 행하지 않았다.
31. 나는 사정을 엿보지 않았다.
32. 나는 한 입으로 두 말하지 않았다.
33. 나는 악을 행하지 않았다.
34. 나는 왕을 해하는 저주를 하지 않았다.
35. 나는 물이 흐르는 것을 강제로 멈추지 않았다.
36. 나는 내 목소리를 치켜세우지 않았다.
37. 나는 신을 저주하지 않았다.
38. 나는 오만을 행하지 않았다.
39. 나는 신의 빵을 훔치지 않았다.
40. 나는 죽은 자의 영혼으로부터 켄푸(빵)를 훔치지 않았다.
41. 나는 아이들의 빵을 뺏거나 내 도시의 신을 경멸하지 않았다.
42. 나는 신의 가축을 죽이지 않았다.

|8| 천공을 떠받치는 누트 여신   ■ 이집트 신화 ■

누트는 고대 이집트 신화에 등장하는 하늘의 여신이다. 그녀의 이름은 '밤'이라는 단어에서 유래하였으며 엔네아드의 9신 중의 하나이다. 누트는 이집트 종교의 우주관에서 그의 남편이자 대지의 신인 게브 위에 엎드려 있는 모습으로 표현되며 누트의 옷에는 별들이 수놓아져 있다.

    이집트 신화의 우주관은 다른 나라의 우주관과는 좀 다른 독특한 구조를 갖췄다. 대부분의 신화에서 하늘은 남신, 땅은 여신이지만 이집트 신화에서는 하늘이 여신이었다. 태양은 매일 동쪽 하늘에서 떠서 공중을 가로질러 서쪽으로 기운다. 고대 이집트 사람들은 태양신이 태양을 '만제트(태양의 돛단배)'라는 배에 태워 이동시킨다고 생각했으며, 밤에 태양이 없어지는 것은 태양이 천공의 여신인 누트에게 잡아먹히기 때문이라고 해석했다.

    즉, 서쪽으로 사라진 태양은 누트의 입에 들어가서 밤 동안을 누트의 몸속을 지나가서 다음날 아침이 되면 여신의 자궁에서 다시 태어나는 아이가 바로 아침에 떠오르는 태양이라고 봤다. 또한 별들도 여신에게 삼켜졌다가 나중에 다시 태어났다.

    이집트 사람들이 태양의 순환을 이렇게 해석하는 것은 재생과 부활을 암시하는 것이라고 할 수 있다. 그래서 사람들은 누트를 죽은 자를 수호하는 신으로 여기게 되었다. 파라오는 사후에 그녀의 몸에 들어가 나중에 부활한다고 믿었다.

    고대 이집트에서는 죽은 사람을 보호하기 위하여 관의 안쪽에 천공을 그

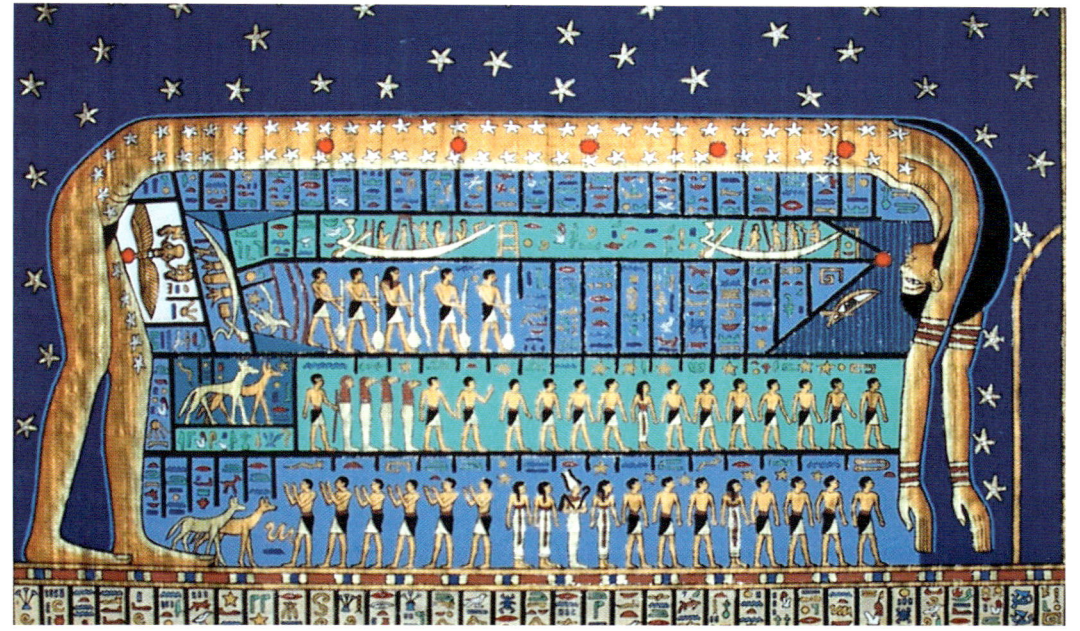

하늘을 떠받치는 누트 _ 누트는 대기의 신 슈에 지지받아서 양다리와 양손을 동서의 지평선에 둔 모습으로 표현된다. 이밖에도 지상에선 거대한 암소의 모습을 하기도 하는데 몸에는 별들이 박혀 있다. 이집트 사람들은 태양신의 배가 주야로 누트의 몸속을 왕복한다고 믿었다.

려 넣었다. 이때 무덤이 있는 방은 수많은 별이 있는 남색의 밤하늘을 그려 넣었는데, 이는 사자의 혼이 누트를 잘 찾아갈 수 있도록 하기 위한 장치이자 축복에 대한 염원이 담겨 있는 의미라고 볼 수 있다.

고대 이집트 사람들의 우주관은 한 차례 큰 변화를 겪었다. 그들은 세계가 아툼이라는 태양신에 의해 창조되었다고 생각했다. 이렇게 창조된 세계는 천공, 창공, 대기, 대지, 물, 지하세계 등으로 구성되어 있었다. 이 여섯 곳에는 모두 각각의 지역을 관장하는 신들이 있었다. 그 중 천공의 신이 누트였다. 창공은 네네트, 대기는 슈, 대지는 게브, 물은 누, 지하세계는 다트가 다스렸다. 물의 신 누는 그 후 이집트의 신들을 낳았으며 바다를 상징한다. 바다는 커다란 숲으로 불리며 대지를 휘감았다. 사람들은 누의 힘이 지하와 대지에도 미쳤으며 지하수와 함께 많은 혜택을 베풀어준 나일 강을 누라고 생각했다. 말하자면 물 그 자체를 신격화했던 것이다.

게브는 대지의 신으로, 당시 사람들은 대지가 둥근 원반 형태로 생겼다고 생각했다. 그래서 신화에서는 대지 위로 길게 뻗어 있는 산들을 타고 다니는 천공의 신 누트가 게브와 서로 사랑하는 사이였다. 그들은 언제나 함께했고 마치 샴쌍둥이처럼 겹쳐 있었다.

　이처럼 연인 사이였던 누트와 게브의 관계가 못마땅했는지 창조신인 아툼은 누트에게 연인인 게브가 아닌 대기의 신 슈와 결혼하라고 명령했다(일설에 따르면, 누트와 게브의 사랑에 질투를 느낀 슈가 둘 사이를 갈라놓았다고도 한다). 슈는 아툼의 명령을 받아 누트의 배를 떠받치게 함으로써 그녀의 배는 하늘이 되고 게브는 땅이 되었다.

　서로를 애타게 연모하던 누트와 게브는 이때부터 서로 떨어지게 되었는데, 아툼은 활 모양으로 변해 손가락과 발가락으로 몸을 지탱하고 있는 누트의 복부에 별을 수놓아 그 복부가 하늘의 궁륭(穹窿:한가운데가 제일 높고 사방 주위는 차차 낮아진 하늘 모양)을 이루도록 해 놓았다. 그런데 누트의 복부가 너무

누트 여신과 게브 _ 바닥에 누운 남자가 게브이고 그 위에 엎드린 여자가 누트이다.

관 안쪽에 그려진 누트 _ 고대 이집트에서는 죽은 자를 넣는 관 안쪽에 천공을 그려 넣었다.

높이 솟아 누트는 가끔씩 현기증을 일으켰다. 그래서 아툼은 누트가 조금은 편할 수 있도록 누트의 두 발과 손, 즉 하늘의 네 기둥이 된 그녀의 다리와 팔에 각각 신을 하나씩 두어 받치도록 하였다. 이후 아툼은 누트에게 1년에 한 달도 땅에 눕지 못하도록 하였으나 그녀를 가엾게 여긴 정의의 신 토트의 도움을 받아 누트는 5일 동안 잇따라 게브를 만나 오시리스, 하로에리스(大호루스), 세트, 이시스, 네프티스 등 다섯 자녀를 낳았다.

누트는 아툼의 딸인 까닭에 태양의 어머니라 불리며 매일 아침 그녀의 품에서 태양이 태어나는 것으로 여겨지기도 하였다. 또 죽은 자의 수호신으로 숭배되기도 하였는데 보통 암소의 모습 또는 머리 위에 둥근 단지를 인 사람의 모습으로 표현된다.

누트를 형상화한 암소의 배에는 그 수를 알 수 없을 만큼 많은 젖이 달려 있고 그것을 빠는 어린 소들이 함께 등장한다. 어린 소는 어린아이를 의미하는 동시에 천공에 떠 있는 수많은 별을 뜻하는 것이라고도 한다. 그밖에도 누트는 발가락 끝으로 발돋움을 하고 서서 손가락 끝을 대지에 대고 있는 여성의 모습으로, 석관의 뚜껑 안쪽에서 죽은 자를 지켜보고 있는 우아한 여성의 모습 등 여러 형태로 나타난다.

|9| 오시리스 신화

■ 이집트 신화 ■

오시리스는 고대 이집트 신화에 나오는 신으로서 풍요를 상징하며 또한 저승세계를 믿는 고대 이집트의 종교에서 죽은 사람을 다시 깨운다고 믿었던 신이다. 오시리스를 둘러싼 신화는 특히 아내이자 누이인 이시스 그리고 세트와의 싸움으로 잘 알려져 있다. 파라오는 오시리스의 화신으로 받들어졌다.

    오시리스는 이집트 신화에서 중요한 위치를 차지하고 있는 신으로 한때 이집트를 지배하는 신들의 왕이었다. 이시스, 네프티스, 세트, 대(大) 호루스를 포함한 5남매 중 맏형으로, 여동생인 이시스를 아내로 맞이하고 이집트의 왕이자 신으로서 군림해 사람들의 절대적인 지지를 받았다.

    오시리스는 이집트인에게 밭을 갈아 농사를 짓는 법과 신들을 경배하는 방법을 가르쳤다. 그리고 여동생인 이시스와 결혼하여 아들 호루스가 태어났다. 이렇게 오빠와 여동생이 결혼하는 풍습은 고대 이집트의 왕가에서는 그 후에도 계속되었다. 오시리스는 이집트의 방방곡곡을 돌아다니면서 사람들에게 여러 가지 가르침을 베풀었고 아내 이시스도 남편을 도와 사람들과 함께 좋은 일들을 하면서 이집트의 평화로운 시대를 이끌었다.

    그런데 동생 세트는 그것을 못마땅하게 여겨 형 오시리스를 처치하려고 마음먹었다. 그래서 많은 동료를 불러 모아 은밀히 계획을 세웠다. 그런데 이 당시 이집트인은 죽은 후에도 새로운 생활을 하게 된다고 생각하여 자신이 죽은 뒤 누울 훌륭한 관을 원하는 풍습이 있었다. 그 점을 이용해 세트는 형 오시리스의 체격을 잘 재어 그 크기에 맞는 훌륭한 관을 만들어 궁전으로 가져갔다. 세트의 동료나 부하들이 떼를 지어 몰려와 이 관을 보고 저마다 칭찬을 아끼지 않았다. 사람들의 호의에 득의양양한 표정을 짓던 세트가 관만을 주시하는 사람들을 향해 이렇게 말했다.

"이 관이 몸에 꼭 맞는 사람에게 이것을 주겠다."

그의 말에 그곳에 있던 사람들이 앞을 다투어 관 속에 들어가 누워 보았으나 모두 크기가 맞지 않았다. 그때 오시리스가 나타나서 말했다.

"어디 내가 해보자."

그리하여 오시리스가 그 관 속에 들어가 눕자 크기가 꼭 맞았다. 오시리스가 편안히 관 속에 눕자 세트의 동료들은 기다렸다는 듯이 무거운 관 뚜껑을 덮고 단단히 못질을 했다. 그들은 그 관을 나일 강으로 가져가 강물에 던져버렸다. 관은 나일 강 하구에서 지중해로 흘러들고 다시 북쪽으로 흘러갔다.

오시리스_이집트 신화에 따르면 오시리스는 땅의 신 게브와 하늘의 신 누트의 아들이었고 누이동생 이시스와 결혼하였으며 성의 주인이자 동생 세트의 아내인 네프티스는 그의 여동생이었다. 후에 형의 지위를 노린 아우 세트(악의 신)에게 살해되었다.

그 사건은 곧 사람들의 입에서 입으로 전해져 널리 퍼졌다. 백성들을 잘 다스린 오시리스의 죽음과 사악한 세트의 지배는 사람들에게 놀라움과 공포를 안겨 주었다. 그 소식을 전해들은 오시리스의 아내 이시스는 머리칼의 일부를 잘라서 슬픔을 표시하고 곧 상복을 입었다. 그녀는 남편 오시리스가 갇힌 관에 대해 알아보기 위해 밖에 나가 만나는 사람마다 물어보았다. 그때 그 관이 나일 강에 던져진 것을 목격한 아이들이 이시스에게 관이 바다 쪽으로 흘러들어갔다고 일러주었다.

이시스는 관을 찾아 레바논의 뷔블로스까지 가서 오시리스가 갇힌 관이 버드나무에 에워싸인 것을 알게 되었다. 그런데 버드나무가 무성하게 자라서 그 줄기로 온통 관을 에워싸고 있었다. 뷔블로스의 왕은 궁전을 짓는 데 쓰일 목재를 찾다가 이 큰 버드나무를 발견하고 곧 베게 하여 궁전의 기둥으로 만들었다. 이시스는 신들의 가르침을 통해 그 사실을 알고는 이 궁전을 찾아왔다. 그녀는 몸에서 향취를 뿜었으므로 시녀들로부터 환대를 받았는데, 이어서 왕비와도 가까워지게 되었다. 왕비는 이시스를 어린 왕자의 유모로 삼았다. 이시스는 낮에는 어린 왕자를 돌보고 밤이 되면 왕자를 영원히 살 수 있는 몸으로 만들기 위해 불에 굽고 자신은 제비의 모습으로 변했다.

이시스_대지의 신 게브와 천공의 여신 누트의 딸인데 오빠 오시리스의 아내가 되어 호루스를 낳았다. 동생 세트의 손에 죽은 남편의 갈가리 찢긴 유해를 고생 끝에 찾아내어 비탄 속에 매장한 일, 또한 자식 호루스를 온갖 위난으로부터 보호하며 양육한 일들로 아내와 어머니의 본보기가 되는 여신으로 알려졌다.

호루스와 오시리스의 관 _이시스와 오시리스의 아들 호루스가 오시리스 관을 지키는 장면이다.

　그런데 왕자를 불에 굽는 것을 우연히 본 왕비가 깜짝 놀라 비명을 지르는 바람에 왕자는 영원히 살 수 있는 몸이 될 수 없었다. 이시스는 왕비에게 자기는 이집트의 여신이며 남편 오시리스의 관이 궁전 기둥에 에워싸여 세워져 있다는 것을 말하고 그 기둥을 갖게 해달라고 부탁했다. 왕비는 그 기둥이 궁전을 떠받치고 있기 때문에 어떻게 해야 할지 모르겠다며 난처한 표정을 지었다. 그러자 여신 이시스는 쉽사리 기둥의 일부를 떼어서 관을 꺼냈다. 그리고 버드나무의 기둥은 왕과 왕비에게 되돌려 주었으므로 뷔블로스 사람들은 지금도 이시스 신전에 보관되어 있는 그 나무를 소중히 여긴다고 한다.

　이시스는 애통한 마음으로 그 관을 배에 싣고 이집트로 돌아왔다. 이시스는 아들 호루스가 있는 부토에 가서 남편 오시리스가 들어 있는 관을 그 근처의 길가에 숨겨 놓았다. 그런데 사악하기 이를 데 없는 세트가 이 사실을 알고 그 관을 열어서 형 오시리스의 몸을 13토막으로 찢어 여기저기에 묻어 버렸다. 어쩌면 이것은 죽은 자의 신으로서의 오시리스를 숭배하기 위해 곳곳에서 그 시체를 원했기 때문인지도 모른다.

　여신 이시스는 또다시 슬픔에 잠겨 갈대로 만든 조각배를 타고 늪지대를 돌아다니면서 토막난 남편의 시체를 찾았다. 전하는 바에 의하면 이시스는 시신의 생식기 하나만 빼고 모두 찾아냈다고 하며, 토막난 시체를 찾을 때마다 장례를 치렀으므로 이집트에는 오시리스의 무덤이 대단히 많다고 한다.

　이것은 이미 앞에서 말한 바와 같이 고대 이집트에서 오시리스에 대한 숭배가 성행하고 있었음을 말해 주고 있다.

일설에 의하면 이시스가 찾아내지 못한 생식기는 나일 강에서 물고기들이 먹어 버렸다고 하며, 물고기가 오시리스의 생식기를 먹었기 때문인지 고대 이집트 사람들은 물고기를 썩 좋게 여기지 않아서 강이 옆에 있어도 물고기를 자주 먹지 않았다고 한다. 특히 사자의 제사상에는 절대로 물고기를 올리지 않는다고 헤로도토스가 기록했다.

그런데 세트에게 살해당한 오시리스의 혼령이 아들 호루스에게 나타나 이렇게 물었다.

"너에게 가장 소중한 것이 무엇이냐?"

호루스가 오시리스의 혼령에게 대답했다.

"그것은 아버지와 어머니에게 사악한 짓을 한 자에게 복수를 하는 것입니다."

그리하여 오시리스의 혼령은 호루스의 몸을 단련시켜 전쟁 준비를 시켰다. 오시리스의 혼령이 호루스에게 물었다.

"전쟁에서 사자와 말은 어느 쪽이 더 쓸모가 있느냐?"

"말입니다."

"어째서 그러냐?"

"말은 사람의 말을 잘 듣고 적이 도망치는 길을 막을 수 있기 때문입니다."

호루스_죽음과 부활의 신 오시리스와 그의 아내이자 최고의 여성 신인 이시스의 아들이며 사랑의 여신 하토르의 남편이다. 이시스가 오시리스를 부활시켜 주문의 힘으로 잉태해 태어났다. 원래는 매우 허약하였으나 이시스의 마법으로 각종 위험이나 병을 물리칠 수 있었고 성장해서는 오시리스의 혼령에게서 병법을 전수받아 결국 아버지의 동생이자 원수인 세트를 죽이고 통일 이집트의 왕이 되었다.

오시리스의 혼령은 호루스의 대답을 듣고 대단히 기뻐했으며 세트와 싸울 준비가 됐다고 깨달았다. 호루스의 주위에는 많은 동료가 모여들었다. 세트의 아내 네프티스도 호루스가 옳다고 생각하여 세트를 저버리고 호루스 편에 가담했다. 세트는 뱀을 시켜 그녀를 뒤쫓게 했으나 호루스의 부하들은 그 뱀을 잡아 칼로 토막내 버렸다.

호루스는 세트를 찾아가 아버지의 원수를 갚겠다며 덤볐다. 싸움은 며칠을 두고 치열하게 계속되었다. 호루스는 아버지 오시리스의 혼령으로부터 가르침을 받은 대로 세트를 여러 가지 방법으로 괴롭혔고 세트는 드디어 무릎을 꿇었다. 호루스는 세트를 사슬에 묶어 어머니 이시스에게 끌고 갔다. 그러나 마음이 착한 이시스는 남편 오시리스를 죽인 세트에게 보복을 하지 않았다. 그녀는 사슬을 풀어 세트를 놓아주었다. 그러나 호루스는 화가 머리끝까지 치밀어 어머니가 머리에 얹고 있는 신의 표지를 없애 버렸으나 나중에 토트 신이 그녀에게 암소의 모습을 한 모자를 씌워주었다고 한다.

호루스와 세트의 싸움은 그 후에도 두 차례나 있었는데 세트는 완전히 패하고 말았다. 세트는 신들에게 호루스가 오시리스의 첫 번째 부인이 낳은 아들이 아니라고 호소했으나 호루스는 신들에 의해 정통적인 아들로 인정받아 오시리스의 정당한 후계자가 되었다.

호루스의 매_호루스는 오시리스·이시스와 함께 이집트에서 최고 신으로 숭배를 받았다. 왕자 또는 신의 아들로 표현되기도 하고 때로는 저승에서 오시리스 앞으로 죽은 자들을 이끌어 영혼의 무게를 재는 일을 감독하는 감독관의 모습으로 나타나기도 한다. 보통은 태양·하늘의 화신으로서 매의 머리를 가진 신으로 표현된다. 그리스 신화의 태양신인 아폴론과 동일시되었다.

|10| 호루스 신화

■ 이집트 신화 ■

죽음과 부활의 신 오시리스와 그의 아내이자 최고의 여성 신인 이시스의 아들이며 사랑의 여신 하토르의 남편이다. 오시리스·이시스와 함께 이집트에서 최고 신으로 숭배를 받았다. 왕자 또는 신의 아들로 표현되기도 하고 때로는 저승에서 오시리스 앞으로 사자(死者)들을 이끌어 영혼의 무게를 재는 일을 감독하는 감독관의 모습으로 나타나기도 하지만, 보통은 태양·하늘의 화신(化身)으로서 매의 머리를 가진 신으로 표현된다.

매의 얼굴을 한 호루스는 죽었다 부활한 아버지 오시리스와 어머니 이시스가 관계하여 낳은 아들이다. 호루스의 아버지 오시리스가 동생 세트에게 살해당하자 오시리스의 여동생이자 부인인 이시스는 자매 네프티스와 함께 이집트 전역을 돌아다니면서 오시리스의 유해를 모아 그를 살려냈다. 그리고 잠시 부활한 오시리스와 관계하여 호루스를 낳았다. 어린 시절에는 마법에 능통한 어머니 이시스와 기록의 신 토트, 전갈 여신 셀케트의 아들들의 비호를 받아 성장했다. 호루스는 성인이 되자 아버지의 복수를 하고 이집트 왕위를 되찾기 위해 세트와 대결을 펼친다.

호루스와 세트의 대결에 관해서는 매우 다양한 전설이 전해지고 있다. 호루스 일행은 세트에게 복수하기 위해 갈대로 만든 배를 타고 나일 강을 거슬러 올라갔다.

▶**호루스와 세트의 결투 장면**(59쪽 그림)
호루스의 탄생 _이시스가 죽은 오시리스를 부활시켜 주문의 힘으로 잉태해 태어났다.

호루스가 자신을 찾아 나일 강을 거슬러 올라온다는 소식을 들은 세트는 거대한 뱀으로 변신하여 나일 강에 누워 악어와 하마의 모습을 한 마물(魔物)들을 잇따라 풀어 호루스의 힘을 떨어뜨려 놓는다. 하지만 호루스는 마물들을 간단히 제압하고 곧바로 세트에게 달려들어 한바탕 신들의 싸움을 벌인다. 이들의 싸움은 나일 강의 수원에서 아시아와의 경계선에 이르기까지 이집트 전역에서 행해졌다고 한다.

　두 신의 힘은 엇비슷했다. 젊은 신 호루스는 떠오르는 태양과 같이 충만한 힘을 갖고 있었지만 그의 숙부인 세트는 뛰어난 전쟁 신으로서 경험과 지략에서 앞서 있었다.

　호루스와 세트는 하마로 변해 강 밑바닥에서 누가 더 오래 버티나 겨루기로 했는데, 이시스 여신이 아들 호루스를 돕기 위해 세트를 작살로 찔렀다. 세트는 눈물을 흘리며 이시스에게 남매의 정을 호소했다. 망설이던 이시스는 더 이상 눈을 찌르지 않고 작살을 뽑았다. 그러자 분노한 호루스는 화가 머리끝까지 치밀어 어머니가 머리에 얹고 있던 신의 표지를 없애버렸다. 호루스의 패륜적 행위에 분노한 신들은 세트를 시켜 잠들어 있는 호루스의 눈을 뽑아 갈기갈기 찢어버리는데 이를 하토르가 치료해 준다.

호루스의 신전의 벽면 부조 _호루스 신전은 '고대세계에서 가장 완벽하게 보존되어 있는 유물'이라 묘사되어 왔다. 왼쪽 부조는 이시스 여신과 중앙의 호루스, 오른쪽 부조가 오시리스이다.

| 호루스의 눈 |

세트에 의해 찢어진 호루스의 눈 조각을 다시 주워 모았으나 각각 1/2, 1/4, 1/8, 1/16, 1/32, 1/64 크기의 조각이라 다 합쳐도 63/64밖에 되지 않아서 나머지 1/64를 지식의 신 토트가 채워줬다는 이야기가 있다. 그래서 호루스의 눈은 달의 힘이 들어갔다고 해서 일명 달의 눈이라고 부른다. 특히 오른쪽 눈은 태양의 눈, 왼쪽 눈은 달의 눈이라고 부른다.

1/2은 후각을 상징한다.
1/4은 시각을 상징한다.
1/8은 생각을 상징한다.
1/16은 청각을 상징한다.
1/32은 미각을 상징한다.
1/64은 촉각을 상징한다.

이집트에서는 이렇게 믿는다고 한다.

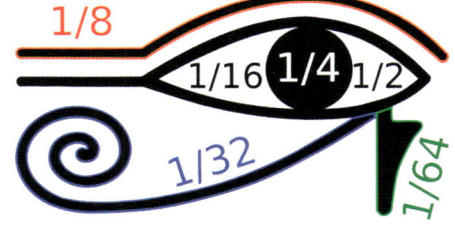

호루스의 눈 _각 분수가 적혀 있다.

싸움이 길어지면서 나일 강 일대는 점점 황폐화되었으나 승부는 좀처럼 판가름 나지 않았다. 끝없이 이어지는 싸움에 짜증이 난 세트는 신들의 법정에 자신의 처지를 호소했다. 오시리스의 살해범이 오히려 원고가 된 것이다. 교활한 세트는 논점을 이집트의 지배권으로 슬쩍 바꿔치기했다.

호루스는 오시리스의 아들인 자신이 이집트를 계승해야 한다고 주장했고 세트는 자신이 실질적인 지배자임을 강조했다. 세트는 태양신 라의 배를 구해 준 적이 있는 터라 자신에게 유리한 판결이 나올 것이라 기대하며 음흉한 미소를 짓고 있었다.

그런데 재판장인 태양신 라는 나이가 들면서 점점 우유부단해지고 있었다. 태양신이 손바닥 뒤집듯 판정을 번복하는 바람에 재판은 80년간이나 계속되었다. 재판이 진행되는 동안에도 호루스와 세트는 틈만 나면 상대를 쓰러뜨리기 위해 머리를 짰다.

난처해진 신들은 마침내 저승에 있는 오시리스에게 재판에서 증언해 줄 것을 청했다. 저승세계에서 달려온 오시리스는 호루스가 이집트의 왕위를 물려받는 데 반대하는 자는 아무리 신이라고 해도 자신이 있는 곳으로 데려가겠다고 협박했다. 신들은 결국 호루스의 손을 들어주었다.

이 판결로 인해 신들의 세계에 새로운 질서가 만들어지게 되었다. 늙은 라는 호루스에게 태양신의 자리를 내주고 천계로 물러났으며 오시리스는 저승세계의 신으로서 인간들의 사후를 주관하게 되었다. 그리고 전쟁과 재판에서 모두 패하여 쇠사슬로 꽁꽁 묶인 세트는 폭풍과 바람의 신으로서 오시리스의 배를 모는 명을 받았다.

호루스와 세트_세트는 오시리스의 배를 모는 뱃사공으로 전락했다.

|11| 불사조 피닉스

■ 이집트 신화 ■

아라비아에서 태어나고 자라서 이집트에 죽은 몸을 눕힌 피닉스. 동양권에서는 불사조라고 불리는데, 서식지로 추정되는 아라비아에는 전승되는 이야기가 없는 것에서 알 수 있듯이 이는 완전히 가공의 새이다. 그러나 스스로를 불로 태우고 다시 살아난다는 이미지는 사람들에게 강렬한 인상을 주어서 어느 때는 기독교의 부활의 상징으로, 어떤 때는 영혼불멸의 증거로, 또 어떤 때는 살라만더와 마찬가지로 불 속에서 사는 생물을 만든 신의 위대함을 칭송하기 위한 도구 등 여러 가지 역할이 부여되어 왔다.

피닉스라는 새는 동방의 아라비아에서 태어나고 자라서 이집트로 날아와 몸을 눕히고 죽는 새라고 한다. 이처럼 피닉스는 죽고 다시 살아나는 것을 끊임없이 되풀이한다고 하여 '불사조(不死鳥)'로 불리는 영묘한 새이다. 초기에는 몰약을 바른 아비 새의 유해를 신전으로 날라 장례를 치르는 신비한 새로 그려지기도 했으나 점차 부활의 이미지가 강해지면서 세상에 단 하나만 존재하는 불멸의 새로 묘사되었다.

고대 이집트 나일 삼각주의 헬리오폴리스(Heliopolis: 태양의 도시)에는 피닉스가 오백 년마다 찾아오는 태양의 신전이 있었다. 그곳 사제들은 고서(古書)의 기록을 토대로 피닉스가 찾아올 때를 계산하며 기다렸다. 그리고 마침내 그 해가 오면 신전의 제단을 정갈하게 하고 그 위에 피닉스의 분신을 도울 다양한 향료와 유황, 향나무 가지들을 준비한다. 피닉스를 맞을 사제들의 준비가 다 끝날 때쯤 피닉스가 찾아와 제단에 내려앉은 뒤 스스로 향료를 쌓아서 장작의 산을 만들고 그 위에 올라 날갯짓을 하여 자신의 몸에 불을 붙이고 재만 남을 때까지 활활 타오른다.

다음날이 되면 그 재 안에서 작은 벌레가 생겨나고 이틀이나 삼일이 지

피닉스_전설에 나오는 신령스러운 새이다. 죽음과 부활을 끊임없이 반복하는 불사의 삶을 산다고 하여 불사조라고도 불린다.

나면 그 벌레가 날개가 돋아난 피닉스의 모습으로 변한다. 그리고 다시 하루가 더 지나면 새는 날개를 펴고 원래 살던 아라비아로 날아간다.

고대 이집트인들은 피닉스를 낙원의 새이자 길조라고 여겼다. 그 새가 하늘을 날아오르는 것을 목격한 이에게는 좋은 일이 생긴다고 믿었던 것이다. 전해지는 전설에 따르면 피닉스의 몸은 독수리 정도의 크기로, 머리에는 공작의 것보다 더 큰 깃털 장식이 달려 있다고 한다. 또한 양 날개는 자줏빛 내지 붉은 금빛이고 꼬리 부분은 노란색, 녹색, 붉은색이 화려한 조화를 이루고 있다. 이 새는 태양을 등지고 있을 때 가장 아름다운데, 그것은 빛을 받으면 진홍색 깃털들이 또 하나의 태양이 타오르는 것처럼 눈부시게 빛나기 때문이라고 한다.

또한 태어나고 죽는 것을 반복하는 이 새의 속성이 매일 동쪽에서 떠올라 서쪽으로 사라지는 태양과 유사하기 때문에 깃털을 태양과 같은 색으로 묘사한 것이라는 설도 있다.

동양권에서는 이 새를 불사조라고 부르지만 서식지로 추정되는 아라비아에 전승이 없는 것으로 보아 이는 완전히 가공의 새이다. 그러나 스스로를 불로 태우고 다시 살아난다는 이미지는 사람들에게 강렬한 인상을 주어서 어느 때는 기독교의 부활의 상징으로, 어떤 때는 영혼불멸의 증거로, 또 어떤 때는 살라만더와 마찬가지로 불 속에서 사는 생물을 만든 신의 위대함을 칭송하기 위한 도구 등 여러 가지 역할이 부여되어 왔다.

그 모델은 일반적으로 이집트의 태양새 벤누였다고 일컬어진다. 벤누는 헬리오폴리스(태양의 도시)에서 성스러운 새로 간주되고 있었다. 태양신 라의 영혼의 상징으로서 매일 태어나서(떠서) 죽는(가라앉는) 것을 되풀이하는 태양과 마찬가지로 사후의 부활을 상징하는 새였다.

태양새 벤누_고대 이집트의 신 벤누는 태양, 창조, 부활을 상징하는 새 모양의 신으로, 태양신 라를 상징하고 있다.

| 12 | 하토르와 세크메트 ■ 이집트 신화 ■

하토르는 하늘·사랑·기쁨·결혼·춤·아름다움 등 다양한 역할을 수행하는 여신으로 표현되는데 보통 사랑과 미의 여신으로 숭배받는다. 세크메트는 하토르의 분신으로, 태양신 라의 뜻을 어긴 인간들을 징벌하기 위해 하토르가 사자(獅子)로 변해 인간들에게 무차별 살육을 자행하자 라는 인간들을 구하기 위해 속임수를 써서 하토르에게 인간의 피와 같은 색깔인 붉은색의 마법 음료를 마시게 한다.

    하토르는 암소의 모습으로 그려지거나 암소의 뿔들 사이에 태양 원반이 얹힌 왕관을 쓴 사람의 모습으로 그려진다. 하토르라는 이름은 '호루스의 집'이란 뜻이며, 이는 하늘의 여신으로서의 역할을 상기시킨다.

    이집트에서 오시리스 신앙이 크게 번성해지자 신화체계에도 변화가 일어났다. 이에 따라 하토르의 역할도 변하게 되었다. 즉 하토르는 이집트인들에게 대단히 인기가 높은 여신이어서 오시리스 신앙 속으로 편입되었던 것이다. 그래서 언제부턴가 하토르도 오시리스 신화에 등장하게 되었는데 오시리스의 아들 호루스의 아내로 나타난다.

    이집트의 제왕인 파라오들은 스스로를 '하토르의 아들'이라 칭한다. 파라오들은 당시에 이집트 사람들로부터 호루스와도 동일시되었던바, 처음에는 파라오에게 우유를 주는 현실 속 하찮은 존재였지만 사후에까지 우유를 주는 역할을 새롭게 맡으면서 위치가 격상되었다.

파라오_파라오는 고대 이집트의 정치적·종교적 최고 통치자로서, '두 땅의 주인'이라는 칭호와 '모든 사원의 수장'이라는 칭호를 겸하고 있다. 사진은 투탕카멘 파라오의 황금마스크.

하토르는 태양신 라의 눈에 관한 전설에서는 인성(人性)이 부여되지 않은 채 단지 파괴적인 성질만을 갖는다. 이 전설에 따르면 라는 자신을 거역할 역모를 꾸미고 있다고 생각되는 인간들을 파멸시키기 위해 하토르 여신을 파괴의 여신 세크메트로 만들어 인간들에게 내려 보낸다. 세크메트는 인간들을 닥치는 대로 잡아먹으며 어느덧 피의 맛에 취해 살육을 멈추지 않았다. 세크메트의 멈출 줄 모르는 살육으로 인류가 절멸될 지경에 이르자 태양신 라는 결국 마음을 바꾸어 붉게 물들인 맥주로 홍수를 내어 대지를 피처럼 붉게 물들여 버린다. 이에 그녀는 술을 피로 잘못 알고 이를 마시기 위해 멈추어 섰고, 곧 술에 취해 버려 그 무서운 임무를 수행하지 못하게 되었다.

하토르는 종종 파피루스 갈대나 뱀 혹은 시스트룸이라고 알려진 딸랑이 악기로 그려진다. 하토르상(像)은 이집트 건축에서 기둥머리를 장식하는 데에도 사용되었다. 중심 성소는 덴다라에 있으며, 이곳은 하토르가 숭배되던 초기부터 그 중심지였으며, 아마도 하토르 신앙의 기원지라고 할 수 있을 것이다. 하토르는 특히 덴다라에서는 풍요, 여성, 아이의 여신으로서의 역할과 관련하여 숭배된다. 테베에서는 태양신 라가 서쪽 지평선 밑으로 가라앉는 것과 관련해 '서역의 여인'이라는 이름 아래 죽은 자의 여신으로 여겨졌다. 그리스인들은 하토르를 아프로디테와 동일시하였다.

덴다라 하토르 사원_하토르 사원의 기둥의 부조로, 이집트 룩소르 인근에 있다. 하토르 여신은 호루스의 부인으로 사랑과 음악의 신으로 일컬어진다.

세크메트_파괴와 재생의 여신. 이름은 '강한 여성'을 뜻하며 본래는 라토폴리스의 여신이었다. 사랑과 아름다움의 여신 하토르의 분신으로 여겨지기도 한다.

　세크메트는 고대 이집트 신화에서 등장하는 암사자 머리를 한 파괴의 여신이다. 이야기에 따라서는 사랑과 미의 여신 하토르와 동일인물로 그려지기도 한다. 반면에 남편인 프타는 창조의 신이다. 프타는 아내 세크메트와 농작물의 신이자 의술의 신인 아들 네페르템과 더불어 멤피스의 3신이며, 이집트의 신들 가운데 아몬, 라에 이어 제3위의 신으로 숭배되었다.

　세크메트는 여성적인 힘의 화신이자 전쟁과 복수의 여신으로, 이집트 신화에서는 태양신 라가 세상을 파괴하기 위해 세크메트를 만들었으나 마음을 바꾸어 세크메트를 제지하였다고 한다. 세크메트는 인류에게 질병과 재앙을 가져다주는 공포의 여신이었으나, 반면에 추종자들에게는 질병의 치료법을 알려주는 의사의 신이기도 하였다.

　세크메트는 라의 눈에서 뿜어져나온 불길에서 탄생하였다고 하며, 아들은 향료의 신 네페르템이다.

　고대 이집트에서는 파라오가 전투를 할 때면 세크메트의 가호를 받는다고 생각했다. 고대 이집트인들은 세크메트가 파라오가 땅에 떨어지는 일이 없도록 하고 불화살로 적을 파괴한다고 믿었다. 세크메트는 한낮의 태양이 내뿜는 불꽃과 같은 빛의 상징이었다. 이 때문에 세크메트는 '화염 부인'이라고도 불렸다. 사막의 바람과 함께 작열하는 태양은 당연히 죽음과 파괴의 상징으로 여겨졌다.

| 13 | 저승의 신 토트와 아누비스 ■ 이집트 신화 ■

토트는 원래 달의 신으로, 달력의 계산을 주관하는 신 정도로 취급되었다. 이후로 토트는 더욱 발전해 과학·예술·의학·수학·천문학·점성술 등 고대의 거의 모든 지식과 지혜를 탄생시킨 학문 일반의 신이 되었다. 또 언어와 글을 발명해 서기·통역의 신으로도 불렸다. 아누비스는 죽은 자를 오시리스의 법정으로 인도하며, 죽은 자의 심장을 저울에 달아 살아생전의 행위를 판정하는 역할을 맡았다.

    토트는 인간의 몸에 따오기의 머리를 지닌 이집트의 신 히히의 모습으로 그려지기도 한다. 그는 지혜의 신으로 문자를 쓸 수 있어서 신들의 세계에서 서기의 역할을 담당했다. 고대 이집트의 도시 헤르모폴리스에서는 최고신으로 여겨지기도 한다. 명계의 신 오시리스의 법정에는 '라의 천칭'이라 불리는 저울이 있어서 죽은 자의 심장 무게를 재는데, 토트는 저울 옆에서 측정 결과를 갈대 펜으로 파피루스에 기록하는 일도 맡고 있었다. 토트가 적은 결과가 오시리스에게 보고되고, 이 기록이 죽은 자가 천국으로 갈 수 있는지의 여부를 결정하는 기준이 되었다고 한다. 그는 또 눈금을 새긴 갈대를 들고 시간의 순환을 상징하는 달 모양의 원반을 쓴 모습으로 형상화되기도 하는데, 이때의 토트는 시간의 측정자를 의미한다.

    토트는 우주의 조화신으로서 말[發話]를 통해 스스로 탄생한 것 외에 출생이나 신분에 관해서는 여러 기록이 전해진다. 《피라미드의 서》에는 라의 맏아들, 대지의 신 게브와 하늘의 여신 누트의 아들, 사랑과 여성의 신 이시스와 남매지간으로 등장하기도 한다. 보통 지식과 지혜의 신, 정의의 신 등으로 불린다.

아누비스는 자칼의 머리에 인간의 몸을 가진 고대 이집트의 죽은 자들의 신이다. 가끔 그의 모습은 자칼 그대로의 모습으로 그려질 때도 있다. 세트의 아내인 네프티스가 오시리스를 사랑하여 오시리스에게 술을 먹인 뒤 그와 관계해 아누비스를 낳았다. 이후 외간남자와 관계해 낳은 아이인 아누비스는 세트에게 목숨을 위협받게 되자 이모인 이시스가 키워줬다고 한다.

세트가 오시리스를 살해하고 상자에 담아 나일 강에 띄운 뒤, 다시 상자를 찾아 시체를 13개 토막으로 잘라 들판에 뿌리자, 네프티스는 세트를 버리고 언니 이시스를 도와 조각난 시신을 수습해 오시리스를 부활시켰다. 이때 아누비스가 갈기갈기 찢겨진 오시리스의 몸을 복원시키고 방부 처리를 하여 이집트에서 처음으로 미라를 만든 신으로 여겨지고 있다.

그 뒤 아누비스가 맡은 일은 오시리스가 있는 저승에서 죽은 자의 영혼을 심판하는 것이었다. 그는 자신이 가지고 있는 진실의 날개와 죽은 자의 심장의 무게(이집트인들은 인간의 혼이 심장에 머무른다고 여김)를 천칭에 달아 비교해 죽은 자의 혼이 깨끗한지 더러운지의 여부를 판가름한다. 이때 더러운 혼으로 가득한 심장은 아래로 떨어져 거대한 괴수인 암무트에게 잡아 먹힌다고 한다.

네프티스_세트가 오시리스를 살해하고 상자에 담아 나일 강에 띄운 뒤 다시 상자를 찾아 시체를 잘라 들판에 뿌리자 세트를 버리고 언니 이시스를 도와 조각난 시신을 수습해 오시리스를 부활시켰다.

이집트의 파라오는 절대권력의 소유자였나?

이집트 하면 떠오르는 대표적인 이미지는 거대한 피라미드와 스핑크스, 신적인 존재로 일컬어지는 '람세스' 왕이 연상된다. 그리고 이 모든 이미지의 끝에는 '파라오'라는 이집트만의 독특한 제정일치 시대의 제왕의 모습이 자연스럽게 클로즈업된다. 이집트에 관한 초기 조각품이나 기록을 살펴보면, 이집트 사람들은 아주 오래전부터 왕이라는 존재를 하늘의 신 호루스와 태양신 레의 아들이 분신한 존재로 여겼다는 것을 알 수 있다. 여기서 우리는 이집트의 모든 왕은 태양신의 분신인 '파라오'라고 쉽게 단정짓게 된다. 하지만 파라오는 처음부터 왕의 명칭으로 불렸던 존재는 아니었다. 처음으로 파라오라는 호칭을 쓰게 된 때는 기원전 1550년경이었다. 이집트의 멤피스 궁전 주변에 있던 정부 청사를 가리켜 페를 아오(위대한 집)이라 불렀다. '파라오'라는 단어는 '페를 아오'에서 유래된 궁전을 뜻하는 의미로 쓰이다가 차츰 왕의 칭호로 사용되게 되었다.

파라오는 이집트의 제정일치 국가 형태가 낳은 가장 이집트적인 권력자였다. 초기에 파라오는 표면상으로는 이집트 내의 모든 땅의 소유자이고 백성들의 제왕이면서 대제사장이기까지 했다. 하지만 그런 표면적인 거대 권력과는 달리 실제로 파라오의 권력은 거대한 왕권을 견제하고자 하는 대등한 권력층으로부터 견제와 감시를 받았다. 즉 파라오는 귀족과 지방 장관, 사제로부터 상당한 견제에 직면해 왔던 것이다. 이러한 견제와 감시가 심해지면 그에 따른 부작용도 만만치 않게 된다. 물론 수천 년 이어졌던 이집트 역사에서 이집트 정치는 비교적 왕의 시해사건이나 쿠데타가 적은 나라였지만 그런 불행한 일들은 종종 벌어졌다. 한마디로 왕권 견제와 권력쟁투가 빚어낸 치열한 권모술수의 현장이 바로 파라오를 둘러싼 권력암투였다. 이러한 불행한 역사 사건은 왕비가 신성한 파라오 남편을 제거한 사례가 여러 건 있으며, 투트 왕이 어릴 때 살해되었다는 의심도 제기되었다. 이집트 궁정에서 횡행한 음모를 보여주는 대표적인 사례로는 아메넴헤트 1세 이야기를 들 수 있다. 아메넴헤트 1세는 분명히 암살당한 것으로 알려진 몇 안 되는 파라오 중의 한 명이다. 그가 사후에 신들이 쓴 기록으로 추정되는 잠언록에는 아메넴헤트 1세가 자신의 억울한 죽음을 직감하며 아들에게 음모를 경계하라고 충고하는 장면이 곳곳에 나온다.

엄청나게 방대하던 이집트의 종교 체계가 아주 짧은 시간에 파라오 한 사람이 주도한 단일신 숭배로 대폭 축소되었던 것은 파라오에게만 신과 의사소통을 할 수 있는 능력을 주려 했기 때문이었다. 신과 단독으로 의사소통할 수 있는 능력은 권력을 확고히 굳히는 데 엄청난 도움이 된다. 그 상징적인 사례가 바로 중세 교황들의 엄청난 권력의 행사에 다름아니다.

아메넴헤트 1세의 부조

아누비스가 검은 자칼의 머리를 하고 있는 이유에 대해서 다음과 같은 이야기가 전해지고 있다. 고대 이집트 무덤은 우리가 흔히 생각하는 것 같은 피라미드가 아닌 보통 무덤이었다. 아랍어로 마스타바라고 부르는데, 이렇게 분묘를 조성해 두면 배고픈 늑대나 들개, 하이에나들이 무덤을 파헤쳐 시체를 뜯어먹는 일이 빈번한 데서 자칼이나 하이에나에 대한 본능적인 두려움이 생겼고, 이 두려움을 긍정적으로 극복하는 과정에서 사후세계로의 인도자로서의 자칼 신 아누비스가 탄생하였던 것이다. 다만 어디까지나 자칼에 대한 두려움이 있었을 뿐이지 아누비스가 악신인 것은 아니다. 아누비스가 악신으로 오해받는 것은 고대 이집트 문명의 사후세계관에 대한 이해도가 부족한 사람들이 기독교의 지옥과 일치시키면서 나타난 오류이다.

고대 이집트를 다룬 어떤 서적에서 제시하는 또 다른 설로는 주인을 지키는 개처럼 죽은 사람을 지켜주길 바라는 마음에서 개과의 머리를 하게 되었다는 설도 있다. 토트와 아누비스는 그리스 신화에서 제우스의 아들이자 전령의 신인 헤르메스와 동일시된다.

아누비스의 조각상과 파피루스의 그림

| 신화를 알면 역사가 보인다 |

제**3**장

페르시아 문명의 신화를 찾아서

페르시아 신화는 이란 역사만큼이나 오래된 신화로서 이란이나 조로아스터교뿐만 아니라 당대 다른 지역의 신화에도 지대한 영향을 끼쳤다. 페르시아 신화의 범주는 현재의 이란 및 그 주변, 즉 중동지역에 전해지는 신화를 일컫는다. 페르시아라는 말은 본래 파르스 지역을 가리키는 그리스어이기 때문에 이제는 이란 신화라고 부르는 추세다.

초기 페르시아 신화와 베다 시대의 인도 신화는 상당히 닮은 부분이 많았는데, 이는 인도로 남하한 아리아인들이 페르시아인과 같은 뿌리였기 때문이다.

페르시아 신화를 대표하는 신화와 이야기로는 바루나와 미트라, 아후라 마즈다와 앙그라 마이뉴, 주르반 창세신화, 로스탐의 칠난도, 키루스 대제의 신화 등이 골격을 이룬다.

페르시아 신화라고 하면 조로아스터교 성립 이전 고대 아리아인의 신화, 조로아스터교의 신화, 그리고 이슬람교 도래 이후의 신화를 한데 묶어서 말하지만 좁은 의미로는 이슬람교 도래 이전의 신화들을 가리킨다. 역으로 더 넓은 의미로는 스키타이족의 신화와 오세트족의 신화도 포함하는 광범위한 중동지역 전체의 신화군을 가리킨다.

아후라 마즈다는 페르시아(이란)제국의 조로아스터교의 최고 신이다. 페르시아인들은 이 세상을 선(善)과 빛의 신 아후라 마즈다와 악(惡)과 어둠의 신 앙그라 마이뉴의 대결로 보았다. 당시 페르시아인들은 인간은 선과 악 가운데 하나를 선택할 수 있다고 믿었다. 이러한 이분법은 나와 너, 친구와 적, 이익과 손해로 극명하게 갈리는 단순하지만 힘이 센 당시의 사상이었다.

바루나와 미트라는 고대 아리아인들이 숭배하던 신으로, 아리아만과 함께 주신으로 숭배되었으며 그 중에서도 최고 신이다. 페르시아에서는 오랫동안 두 신이 함께 주신의 자리를 누렸다.

주르반이라는 이름은 '일정 시기 혹은 시대'라는 뜻에서 유래했다. 주르반은 아후라 마즈다와 앙그라 마이뉴라는 두 명의 쌍둥이 신을 낳은 최초의 신이자 창조자로 조로아스터교 신자들로부터 추앙받는 신이다.

주르반의 창세신화에는 이슬람 초기 아랍인들의 세계관이 잘 나타나 있다. 세상 만물이 창조되기 전의 혼돈의 시대인 태초에 위대한 신 주르반이 있었다.

바루나는 고대 페르시아와 인도지역의 창조신으로, 천공의 신으로 일컬어지고 있다. 바루나는 조로아스터교의 탄생 이전에 이 지역에서 군림했던 아수라계 신족의 뿌리이다. 고대 페르시아에서는 데바와 아수라의 세력 경쟁에서 아수라계가 승리했고 인도에서는 반대로 데바계가 아수라계를 이겼기 때문에 두 계열의 신 사이에 차이가 생긴 것이다.

| 14 | 바루나와 미트라   ■ 페르시아 신화 ■

바루나와 미트라는 고대 아리아인들이 숭배하던 신으로 아리아만과 함께 주신으로 숭배되었으며 그중에서도 최고 신이다. 페르시아(이란)에서는 오랫동안 두 신이 함께 주신의 자리를 누렸다.

바루나는 고대 페르시아(이란)와 인도지역의 창조신으로, 천공의 신으로 일컬어지고 있다. 고대 아리아인의 주신으로서 지위는 신들 중 가장 높은 신이다. 하지만 인도지역에서는 인드라 신앙이 생기면서 신들의 격이 떨어졌고 힌두교의 3주신이 성립되면서부터 존재가 미미해졌다.

바루나는 조로아스터교의 탄생 이전에 이 지역에서 군림했던 아수라계 신족의 뿌리이다. 고대 페르시아에서는 데바와 아수라의 세력 경쟁에서 아수라계가 승리했고, 인도에서는 반대로 데바계가 아수라계를 이겼기 때문에 두 계열의 신 사이에 차이가 생긴 것이다.

미트라는 바루나와 상보관계(상호 보완하여 힘을 나타내는 현상)에 있는 신이다. 두 신은 서로 협력할 때 더욱 완벽해진다고 하며 부분적으로는 동일 신격을 공유하는 측면까지 보인다. 두 신은 전쟁과 승리의 신인 베레트라그나와 상관관계(사건과 사건 또는 현상과 현상 사이에 나타나는 특정한 관계)에 있는 신이라 전해지며 인간이 죽었을 때 정의의 신 라슈누와 함께 영혼의 운명을 결정지었다고 한다.

미트라는 태양을 상징하는 신으로 미트라교에서 천지를 창조한 창조신

바루나_우주의 질서와 인간의 정의를 수호하는 이란 조로아스터교의 주신 아후라 마즈다에서 유래했다. 인도 베다 시대에 와서는 하늘의 신이자 사법의 신으로서 계약의 신 미트라와 함께 자연 질서의 법칙을 수호하는 역할을 했다.

황소를 죽여 제물로 바치는 미트라 부조상_부조에서 미트라는 젊고 힘이 넘치는 모습을 하고 있다. 황소를 땅에 내동댕이치고 그 등에 올라타서 한 손으로는 소의 머리를 잡아당기고 칼을 든 다른 손으로는 소의 가슴을 찌른다. 미트라의 머리 위에는 해와 달이 그려져 있다. 희생제물로 바쳐진 황소의 머리 근처에는 황소의 머리에서 흘러내리는 피를 받아먹으려는 개와 뱀을 볼 수 있다. 황소의 다리 근처에는 황소 쪽으로 가까이 가서 그의 후손들에게 독을 뿌리려는 전갈이 보인다.

으로 나온다. 미트라는 로마제국 후반기에 군인들 사이에서 폭풍 같은 인기를 끌었는데, 이는 조로아스터교 때부터 굳어지기 시작한 군신(軍神)의 이미지 때문이었다. 그와 동시에 로마 황제도 미트라를 좋아했다. 그 이유는 로마의 황제의 심벌 중 하나가 태양이었는데 미트라가 무적의 태양신이었기 때문이었다. 또한 로마의 주요한 조약 체결을 할 때에 대상자들이 미트라의 신전에 가서 조약을 맺었다.

미트라교 창조신화에 의하면, 미트라가 황소를 죽임으로써 식물과 동물이 만들어졌다고 말한다. 즉 황소를 제물로 바침으로 지구 생물계의 창조가 시작된 것이다. 이 희생제에는 창조뿐만 아니라 미트라교의 신비와 비밀이 담겨 있다. 해마다 반복되는 희생제의 의미는 세계의 죽음과 생명의 반복을 상징한다.

미트라교와 조로아스터교의 창조론과 종말론은 매우 비슷하다. 조로아스터교에서도 유일신 아후라 마즈다가 처음으로 만든 창조물이 키유마르스라는 황소에서 나온 사람이다.

　　조로아스터교의 창조론에서는 모든 사람이 키유마르스의 등에서 나왔으며 모든 동물과 식물은 유일한 창조물인 황소에서 나온 씨를 통해 만들어졌다고 한다. 이 황소가 아후라 마즈다의 대적자인 악신 아흐리만에 의해 병들어 죽게 되었으나 황소에서 나온 씨가 달로 옮겨져 그곳에서 자라 비와 함께 땅에 흩뿌려지고 그로부터 식물과 동물들이 창조되었다는 것이다. 미트라교의 창조설에 따르면 유일한 창조물인 황소는 모든 식물과 동물을 임신한 상태였다. 그러나 아흐리만에 의해 병들어 죽을 처지에 놓인다. 그러자 선과 악의 중재자였던 미트라는 황소가 잉태한 모든 식물과 동물을 살리기 위해 황소를 죽인다. 결국 선악의 중재자인 미트라를 통해서 창조가 완성된다.

미트라교 신전_기원전 1세기 전반 그리스도교의 유럽 침투 이전에 로마제국에 널리 유포되어 있어서 새 종교인 그리스도교와는 유력한 경쟁적 종교였다. 미트라교의 신전인 '메흐라베'는 자연 동굴이나 지하에 굴을 파서 만든 것으로 화려함과는 거리가 멀다. 미트라교인들은 화려하거나 절차가 많은 의식을 피하고 간소하게 종교생활을 했다.

| 15 | 페르시아 창세 신화

■ 페르시아 신화 ■

페르시아 신화의 범주는 현재의 이란 및 그 주변, 즉 중동 지역에 전해지는 신화를 일컫는다. 페르시아라는 말은 본래 파르스 지역을 가리키는 그리스어이기 때문에 이제는 이란 신화라고 부르는 추세다. 주르반은 고대에 조로아스터교의 일부 신도가 숭배했던 신이다. 주르반이라는 이름은 '일정 시기 혹은 시대'라는 뜻에서 유래했다. 주르반은 아후라 마즈다와 앙그라 마이뉴라는 두 명의 쌍둥이 신을 낳은 최초의 신이자 창조자로 조로아스터교 신자들로부터 추앙받는 신이다.

페르시아 신화는 이란 역사만큼이나 오래된 신화로서 이란이나 조로아스터교뿐만 아니라 당대 다른 지역의 신화에도 지대한 영향을 끼쳤다. 초기 페르시아 신화와 베다 시대의 인도 신화는 상당히 닮은 부분이 많았는데, 이는 인도로 남하한 아리아인들이 페르시아인과 같은 뿌리였기 때문이다.

페르시아 신화라고 하면 조로아스터교 성립 이전 고대 아리아인의 신화, 조로아스터교의 신화, 그리고 이슬람교 도래 이후의 신화를 한데 묶어서 말하지만, 좁은 의미로는 이슬람교 도래 이전의 신화들을 가리킨다.

아후라 마즈다는 페르시아(이란)제국의 조로아스터교의 최고 신이다. 페르시아인들은 이 세상을 선(善)과 빛의 신 아후라 마즈다와 악(惡)과 어둠의 신 앙그라 마이뉴의 대결로 보았다. 당시 페르시아인들은 인간은 선과 악 가운데 하나를 선택할 수 있다고 믿었다. 이러한 이분법은 나와 너, 친구와 적, 이익과 손해로 극명하게 갈리는 단순하지만 힘이 센 당시의 사상이었다.

아후라 마즈다는 세상(우주)의 법칙과 질서를 창조하였고 그것을 유지하였다. 그는 세상을 움직이기 위해 선과 진리, 빛과 생명을 택하고, 사악한 영 앙그라 마이뉴(아리만)는 죽음과 어둠을 취했다. 이에 따라 세상의 역사는 이들 쌍둥이 영(靈)의 투쟁으로 이루어지게 되었다.

1만 2천 년 후에 아후라 마즈다와 앙그라 마이뉴가 최후의 결전을 벌이고, 치열한 접전 끝에 끝내는 선신(善神)이 승리한다. 신의 세계에서도 인과의 법칙이 따르는지 아후라 마즈다를 따르는 사람은 구원받아 천국에 태어나고 악신의 추종자는 버림받는다. 이러한 조로아스터교의 교리는 훗날 성서에서 그리스도와 적그리스도의 대결로 변신한다. 이분법이 종교에 깊은 그림자를 드리운 것이다.

주르반의 창세신화에는 이슬람 초기 아랍인들의 세계관이 잘 나타나 있다. 세상 만물이 창조되기 전의 혼돈의 시대인 태초에 위대한 신 주르반이 있었다. 주르반은 양성(兩性)을 가진 신으로, 세계 만물을 창조할 자식을 낳고자 천 년간 번제(제물을 불에 태워 그 향기로 신(세상)을 기쁘게 해드리는 제사)를 올

아후라 마즈다와 앙그라 마이뉴의 부조_페르시아 신화에는 선악(善惡)의 두 원리가 공존하고 있다. 즉 아후라 마즈다는 앙그라 마이뉴라는 악령(惡靈)과 언제나 대립하면서 떨어질 수가 없었다. 페르시아인은 그들의 오랜 정치적 암투를 통해서도 '창조와 파괴'의 병행을 이 아후라 마즈다에 의해 완결시키려고 했다.

렸다. 그토록 지성으로 드린 번제에도 불구하고 자식이 생길 기미가 보이지 않자 주르반은 자신의 정성을 의심하기에 이른다. 바로 그 순간 주르반에게 그토록 고대했던 자식인 아후라 마즈다와 앙그라 마이뉴가 동시에 잉태됐다. 번제에서 아후라 마즈다가, 의심에서 앙그라 마이뉴가 잉태됐다. 임신한 사실을 깨달은 주르반은 먼저 태어나는 자식에게 세상의 주인이 될 권리를 주기로 작정한다. 순리대로라면 아후라 마즈다가 먼저 태어나야 했지만, 낌새를 눈치 챈 앙그라 마이뉴가 주르반의 자궁을 찢고 안에서 먼저 튀어나왔다.

조로아스터교의 기본 경전인 《아베스타》에서는 주르반을 고대세계의 여러 신들 중 하나로 소개하지만 그의 존재에 대해서는 자세히 다루지 않는다. 특히 서기 9세기에서 10세기 이후 조로아스터교 관련 문헌에서는 주르반 자체가 거의 언급되지 않는다.

주르반을 구체적으로 언급한 시기는 대부분 사산 왕조 시대, 그것도 이란 본토의 기록보다는 시리아, 아르메니아, 그리스의 기독교도 기록자들이나 이슬람 초기 아랍 기록자들의 기록에서 나타난다.

그 신의 이름까지 나와 있지는 않지만, 이 기록을 주르반을 다룬 설명으로 가정하면 주르반 신앙의 태동은 최소 아케메네스 왕조 시대까지 거슬러 올라가야 하지만 기타 기록이 대부분 사산 왕조 시대의 것이므로 대부분의 학자들은 주르반 신앙이 본격적으로 나타나는 시기는 사산 왕조 시대라고 보고 있는 것이다.

주르반_주르반은 시간과 운명의 신으로, 종종 인간의 수명과 운명을 상징하는 시간의 의인화로 언급된다.

함무라비 법전은 정말 뛰어난 성문법전인가?

함무라비 법전은 1902년에 이란의 수사(오늘날 이란의 슈서)에서 돌기둥에 새겨진 형태로 발견되어 지금은 파리의 루브르 박물관에 보관돼 있다. 돌기둥에 새겨진 함무라비 법전의 형태는 태양신 샤마시가 함무라비 왕에게 법전을 건네주는 그림으로 되어 있다. 돌기둥에 새겨져 있는 법들은 우루무의 법전을 포함해 그 이전 수메르 법전에서 유래된 법들이 기록돼 있다. 지금의 법 상식으로 해석하면 다소 엄격한 법 집행으로 비춰질 수도 있는 이 법들은 인류 역사상 최초의 성문법이라는 의미만으로도 인류 문명사에 큰 획을 긋는 법의 가치를 지니고 있다. 이 법전은 사업이나 노동, 가족 관계, 사유재산, 상해 등 일상적 문제를 망라한 내용이 담겨 있으며, 유프라테스 강의 교통 규칙에서부터 퇴역군인의 권리에 이르기까지 세세한 일상사의 잘잘못을 가리는 법 해석을 다루고 있다. 또한 지금의 법감정으로 봐도 결코 뒤지지 않는 사회적 약자(여성, 어린이, 가난한 사람, 노예를 포함해)를 보호하려는 배려가 엿보이는 장면도 기록돼 있어 당시 사회상을 감안했을 때 꽤 발전된 법체계를 갖춘 법전으로 평가되고 있다.

고바빌로니아 시대의 가장 유명한 왕인 함무라비는 아모리인(가나안에 살고 있던 셈족)이었다. 그는 일족을 이끌고 기원전 2000년경에 수메르를 침략했다. 그가 수메르와 아카드의 여러 도시를 정복하고 바빌론을 중심으로 한 제국을 건설한 결과 작은 도시였던 바빌론이 권력의 중심지로 부상했다. 그런데 함무라비는 인류 역사상 가장 오래되고 중요한 성문법전을 만든 것으로 더 유명하다.

함무라비 법전이 인류문화사적으로 꽤 관심을 끄는 부분은 신화와 역사가 서로 섞이곤 했다는 사실을 보여주는 사례라는 데 있다. 이집트에서는 파라오가 유일신을 숭배하려고 시도했다가 백성의 마음을 얻는 데 실패한 반면 함무라비는 신들을 이용해 백성이 자신의 법을 신의 말처럼 존중하게 했다. 그것은 유일신이 시나이 산에서 모세에게 주었다고 하는 십계명과 다를 바 없었다. 이런 식으로 문명은 서서히 미개 상태에서 벗어나게 되었고 그 긴 산고에 가끔 신화는 산파 역할을 해주곤 했다.

함무라비 비

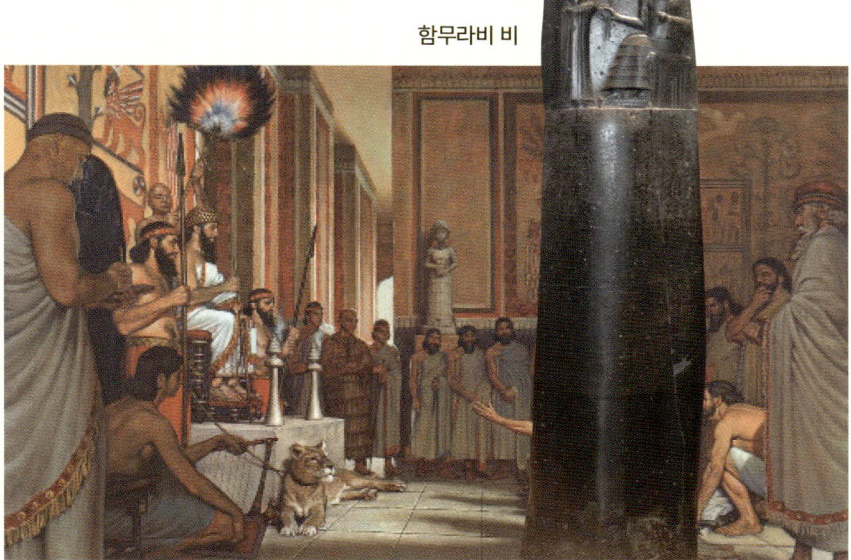

| 16 | 로스탐의 칠난도   ■ 페르시아 신화 ■

로스탐은 페르시아의 잘과 뱀왕 자하크의 후손인 루다베 사이에서 태어난 영웅이다. 그는 그리스 신화의 헤라클레스처럼 칠난도의 길을 선택하여 모험을 떠난다.

    로스탐은 어머니 루다베의 배를 갈라(제왕절개) 태어났다. 그는 성장하며 서서히 용맹한 사자처럼 단단한 신체와 강인한 힘을 지녀 갈고리가 달린 철퇴를 거뜬히 휘두르며 코끼리를 손쉽게 죽이곤 했다. 그는 몸이 무거워 그 어떤 말도 그를 견디지 못했는데 라크시라 불리는 망아지가 그를 거뜬히 태워 죽을 때까지 로스탐의 애마로 고락을 함께한다.
    당시 이란과 투란(중앙아시아의 한 나라)은 적대적 관계로 치열한 전쟁을 치르고 있던 중이었다. 어느 날 카이 쿠바드가 잘에게 사신을 보냈다. 사신은 잘에게 마잔다란이 악귀에게 침범을 당하여 고통을 겪고 있으니 마잔다란을 도와달라는 쿠바드의 간곡한 부탁을 전했다. 잘은 아들 로스탐을 불러 마잔다란의 악귀를 물리칠 것을 명한다. 그러면서 로스탐에게 마잔다란으로 가는 길은 두 갈래로, 하나는 안전하지만 먼 길이고 다른 하나는 가깝지만 위험해서 칠난도(일곱 가지의 시련)라고 불리는 길이니 자신 있는 길을 선택해 가라고 한다. 그러자 로스탐은 칠난도를 선택하여 모험을 떠난다.
    로스탐은 기나긴 모험의 길을 가다 지쳐 명마 라크시의 등에서 내려 잠깐 잠을 청했다. 그때 사나운 사자가 나타나 곤히 잠에 빠져 있는 로스탐을

주인 로스탐을 돕는 명마 라크시

　해치려 했다. 이를 지켜본 라크시는 주인을 지키기 위해 사자에게 덤벼들었다. 난폭하게 사자에게 달려가 뒷발굽으로 사자를 걷어차자 사자는 그 자리에서 쓰러지고 말았다. 잠에서 깬 로스탐은 이 사실을 알고 라크시를 끌어안고 첫 번째 시련을 무사히 넘긴 것을 기뻐하였다.

　잠시 사자의 공격을 받아 지체된 시간을 벌고자 로스탐은 발걸음을 재촉해 곧 거대한 사막에 들어서게 된다. 그러나 끝없이 펼쳐지는 사막에서 로스탐과 라크시는 타는 듯한 갈증으로 탈진하여 죽기 직전에 이르게 된다. 죽음의 그림자가 서서히 로스탐 일행을 덮쳐오자 그는 간절한 마음으로 신에게 기도를 드려 물을 원했다. 그러자 태양 아래서 난데없이 양이 지나가는 것이었다. 로스탐은 양의 인도로 오아시스에 도착하여 겨우 목숨을 건진다.

　사막의 폭염 속에서 무사히 위기를 넘긴 로스탐은 밤이 되어 잠을 청했다. 이때 숲에서 사나운 용이 나타나 로스탐에게 거칠게 달려들었다. 그 용은 로스탐의 할아버지 삼 나리만 장군이 포플러 화살로 죽인 용의 손자였다. 용이 나타나자 라크시가 소리를 질러 로스탐을 깨웠다. 그러자 용은 감쪽같이 사라지고 잠에서 깬 로스탐은 다시 잠을 청했다. 로스탐이 잠든 것을 보고 사라졌던 용이 다시 나타나자 라크시는 또 다시 로스탐을 깨웠다. 하지만 용은 또 다시 모습을 감췄다. 번번이 용이 나타났다 사라지는 바람에 화가 난 로스탐은 일부러 용에게 보이려고 잠을 자는 척했다. 그러자 기다렸다는 듯이 엄청난 빛을 뿜으며 용이 모습을 드러냈다. 만반에 준비를 하고 있던 로스탐은 용과 사력을 다해 격투를 벌였다. 이때 라크시도 주인을 도와 용의 꼬리를 물었고 로스탐은 검을 휘둘러 용을 물리쳤다.

용을 처치한 뒤 로스탐은 꽃이 가득한 아름다운 녹색의 땅에 이르렀다. 그곳에는 로스탐을 위해 진수성찬이 펼쳐졌고 악기와 술잔이 그의 눈에 띄었다. 로스탐이 악기를 연주하며 노래를 부르자 매력적인 여마법사가 나타나 로스탐의 옆자리에 앉으며 술을 권했다. 로스탐은 그동안의 악전고투를 보상받듯 사막에서 펼쳐지는 감미로운 향연에 빠져들며 미녀가 따라주는 술잔을 받았다. 그러나 기쁨도 잠시, 그가 신의 이름을 부르며 감사의 기도를 올리자 미녀의 모습은 서서히 변해 검은 악마의 모습이 그 앞에 나타났다. 깜짝 놀란 로스탐은 밧줄을 던져 악마를 꼼짝 못하게 결박하고는 검을 휘둘러 악마를 제압했다.

천신만고 끝에 겨우 사막을 통과한 로스탐은 마잔다라에 도착했다. 잠시 라크시에서 내려 쉬던 중 라크시가 난동을 부려 농작물을 망치고 말았다. 이에 화가 난 일꾼들이 그에게 입에 담지 못할 심한 욕을 하자 로스탐은 자비 없이 이들을 처치했다. 그러자 이들을 지배하던 올라드가 부하를 이끌고 나타나 로스탐을 공격했다. 로스탐은 이들을 간단히 물리치고 올라드를 밧줄로 결박하고는 주변의 정보를 얻기 위해 그를 심문했다. 로스탐은 심문을 통해 아르장이라는 악마가 카이 쿠바드를 동굴에 감금했다는 사실을 알게 된다.

카이 쿠바드를 구출하기 위해 로스탐은 동굴로 들어갔다. 그곳에서 악마의 군대와 마주친 그가 산과 바다를 뒤흔드는 함성을 지르자 악마의 군대는 혼비백산하여 도망쳤다. 함성에 놀랐던 아르장이 곧 전열을 가다듬어 로

하얀 악마를 처단하는 로스탐_페르시아 최대의 영웅인 로스탐이 하얀 악마를 무찌르는 장면으로, 그는 대단한 힘의 소유자여서 단지 걷기만 해도 발이 바위에 깊이 박혔다. 이 때문에 곤란해진 그는 자신의 힘을 조금만 줄여 달라고 신에게 기도를 드렸다. 신이 그 기도를 받아들여 그는 인간에 걸맞는 힘을 갖게 되었다.

스탐에게 달려들었지만 로스탐은 간단히 아르장을 제압한다. 로스탐이 감금된 카이 쿠바드와 용사들을 구출했지만 그들은 이미 악마의 마법으로 시력을 잃은 상태였다. 이를 치료하기 위해선 이들을 제압한 하얀 악마의 피가 필요했다. 로스탐은 카이 쿠바드 일행의 시력을 찾아주기 위해 하얀 악마를 잡으러 간다.

하얀 악마는 강한 힘을 가졌고 마법에도 능했으며 마잔다란을 정복한 강력한 악마였다. 로스탐도 처음엔 하얀 악마를 보고 겁을 먹었지만 곧 용기를 내어 용호상박의 격렬한 접전을 벌인 끝에 겨우 하얀 악마를 쓰러뜨린다. 로스탐은 악마의 심장에서 나온 피로 카이 쿠바드와 사람들을 치료해 그들의 시력을 찾아준다. 그리곤 하얀 악마의 머리를 그의 투구로 삼는다. 이로써 로스탐은 일곱 시련을 무사히 벗어나게 된다.

로스탐은 모험 중 사망간 지방(아프가니스탄)의 왕의 딸인 타흐미나 공주를 만나 그녀와 결혼하게 된다. 로스탐은 사망간 왕국을 떠나서 다시는 돌아오지 못했는데, 그가 떠나기 전에 임신 중인 타흐미나에게 로스탐은 자신의 완장을 증표로 주고 훗날 아들이 태어나면 그 완장을 물려주라는 말을 남긴다. 타흐미나는 곧이어 아들을 낳고 이름을 수흐랍이라고 지어주었으며 수흐랍은 투란의 용장으로 자라났다.

세월이 흘러 수흐랍이 성인이 되자 투란의 군대가 페르시아에 다시 쳐들어간다. 이때 수흐랍은 페르시아를 유린하면서 자신의 아버지를 찾았다. 하지만 로스탐이 이끄는 페르시아 군은 매일같이 투란의 맹장들을 처치하고 있었고 수흐랍은 밀정을 보내는 등 다양한 방법으로 적장의 정체를 밝혀내려다가 번번이 실패로 끝났다. 결국 수흐랍은 적장과 일기토(말을 탄 무사가 일대일로 싸우는 것)를 신청했다. 결국 로스탐과 수흐랍은 갑옷을 단단히 갖춰 입고 사흘 밤낮을 싸웠다. 결국 수흐랍은 적장의 강력한 일격에 가슴에 치명상을 입고 쓰러지는데, 죽기 직전에 자신을 죽인 적의 이름을 묻는다. 그리고 자신을 찌른 적장이 로스탐이며 그가 자신의 아버지임을 확인하고 죽는다. 로스탐이 수흐랍의 투구와 갑옷을 벗기자 놀랍게도 수흐랍이 차고 있는 완장이 과거 아내에게 준 그 완장이었음을 확인하게 된다. 로스탐은 자신이 친아들을 죽였다는 것을 알고는 가슴을 쥐어뜯으며 통곡하였다.

로스탐과 수흐랍의 죽음_로스탐이 자신의 아들 수흐랍을 절명케 하고는 뒤늦게 아들임을 알며 후회하는 장면이다.

| 17 | 파리둔과 자하크

■ 페르시아 신화 ■

자하크는 양쪽 어깨에 뱀이 돋아 있는 흉측한 모습을 한 괴물로, 1천 년 동안 이란을 지배하면서 사악함과 비정함의 극치를 보여준다. 그는 매일 두 사람의 인간을 죽이고 그 뇌를 자신의 어깨에 돋은 뱀의 먹이로 주었다고 한다. 파리둔은 카베와 함께 당시 이란을 다스리던 독재 왕 자하크에 반란을 일으켜 그를 격파하고 알보르즈 산에서 그를 체포하였다. 그 후 파리둔은 왕이 되었고, 신화에 따르면 나라를 500년간 다스렸다.

　파리둔은 페르시아 전설에 나오는 영웅이자 고대 이란의 전설적인 왕이다. 어느 날 악마의 신 앙그라 마이뉴가 아랍의 왕자를 부추겨 아버지를 죽인 뒤 왕위를 차지하라고 유혹하였다. 악마의 유혹에 넘어간 왕자는 아버지인 마르다스 왕을 살해한 뒤 왕좌에 올랐다. 이 패륜적인 왕자가 바로 자하크다.

　왕에 오른 자하크를 축하하기 위해 요리사로 변신한 앙그라 마이뉴가 그에게 산해진미를 해서 바치자 자하크는 크게 기뻐하였다. 자하크는 자신에게 그토록 큰 즐거움을 안겨준 요리사에게 뭔가를 보답하고 싶어 원하는 소원을 물었다.

　그러자 앙그라 마이뉴는 자하크의 양 어깨에 입맞춤을 하게 해달라고 소원을 청하고 자하크는 이를 수락한다. 그런데 앙그라 마이뉴가 자하크의 어깨에 입을 맞춘 순간부터 그의 양 어깨에서 검은 뱀 두 마리가 자라나기 시작했다. 뱀은 아무리 잘라내도 죽지 않고 다시 자라났다.

　자신의 어깨에서 뱀이 자라는 모습에 당황한 자하크 앞에 이번에는 명의로 변한 앙그라 마이뉴가 나타나 뱀을 길들이려면 인간의 뇌를 먹이는 수

자하크_조로아스터교의 신화에 아지 다하카라고 하는 세 개의 입, 세 개의 머리, 여섯 개의 눈을 가진 악한 용이 등장한다. 이 용이 인간 시대에 왕이 되어 나타난 것이 자하크라고 알려져 있다.

밖에 없다고 조언했다. 자하크는 이 말에 따라 매일 두 사람을 죽여 그 뇌를 뱀에게 먹이로 주었다.

그 무렵 이란에서는 7백 년 동안 선정을 베풀던 자무시드 왕이 만년에 타락하여 인심을 잃고 있었다. 호시탐탐 기회를 노리고 있던 자하크는 자신의 군대를 파견하여 자무시드 왕을 체포하고 이란을 정복해 버린다. 자무시드 왕의 딸인 샤하르나즈와 아르나와즈도 자하크의 군대에게 포로가 되었다.

포로로 잡힌 이란의 젊은이들은 매일 두 명씩 뱀의 먹이로 희생되었다. 어느 날, 어느 재치 있는 요리사가 양의 뇌를 인간의 것으로 속여 자하크의 제물로 희생될 뻔한 젊은이 한 명을 탈출시켰는데 그의 자손들이 바로 쿠르드인이라고 한다. 이렇게 자하크의 폭정은 1천 년이나 이어졌다.

어느 날 자하크는 꿈속에서 파리둔이라는 자가 자신을 쓰러뜨리게 될 것이라는 계시를 듣는다. 자하크는 잠에서 깨자마자 부대에 명해 파리둔이 성장하기 전에 그를 찾아내 죽이라고 한다. 이에 자하크의 군사들은 파리둔을 찾기 위해 전국을 샅샅이 수색하기 시작했다.

자하크가 그토록 찾고 있는 파리둔은 왕가의 자손으로서 아버지는 자하크의 손에 죽음을 당했다. 자하크의 꿈과 수색에 관한 소문을 들은 파리둔의 어머니 파라나크는 암소 비르마야의 젖으로 아들을 키워 마왕의 손이 미치지 못하는 곳으로 아들을 데리고 도망쳤다. 엘부루스 산의 은자(隱者)에게 맡겨진 파리둔은 은자의 가르침을 받으며 훌륭한 젊은이로 성장했다. 열여섯 살이 되어 산을 내려온 파리둔은 자신의 출생에 얽힌 얘기를 듣고 사악한 마왕을 타도하고야 말겠다고 굳게 결의했다.

파리둔_ 파리둔은 페르시아 신화에서 신화적인 왕으로 승리, 정의와 자비의 상징이다.

이 무렵 카베라는 대장장이가 "자하크의 꿈에 나온 파리둔을 왕으로 추대하여 마왕을 타도하자"고 사람들에게 호소하며 군사를 일으켰다. 그는 창끝에 대장장이의 가죽 앞치마를 묶어 깃발로 삼았다. 파리둔은 두 형과 함께 이 군대에 합류하여 열렬한 환영을 받았다. 파리둔은 카베에 의해 왕으로 추대되며 카베의 깃발을 황금, 비단, 보석으로 장식했다.

파리둔은 성스러운 암소 비르마야의 머리를 본뜬 창을 들고 작은 산만 한 크기의 말을 타고 군대의 선두에 섰다. 진군 도중에 아름다운 젊은이로 변신한 천사가 파리둔에게 나타나 마법을 푸는 방법을 가르쳐주었다. 아르완드 강(티그리스 강)에 이르자 파리둔은 자하크를 두려워하는 나룻배 사공의 경고를 무시하고 그를 따르는 사람과 말을 이끌고 모두 헤엄쳐 무사히 강을 건넌다.

파리둔과 자하크의 전쟁을 묘사한 페르시아 그림

이윽고 파리둔의 군대는 예루살렘의 궁전에 도착했다. 파리둔의 침공에 대비해 자하크는 궁전의 모든 경비를 악마와 마법사들이 지키도록 했다. 하지만 악마와 마법사들은 마법의 저주를 푸는 법을 알고 공격하는 파리둔의 적수가 되지 못했다. 파리둔은 간단히 그들을 제압하고 두 공주를 구출했다. 마침 인도에 머물고 있던 자하크는 전갈을 받자마자 급히 군사를 이끌고 돌아왔다. 그러나 모든 백성들이 파리둔의 편에 서서 집집마다 자하크를 향해 돌을 던졌다. 할 수 없이 홀로 궁전의 지붕으로 올라간 자하크가 마당을 내려다보니 샤하르나즈 공주가 젊은 파리둔의 곁에 서 있었다. 질투심에 휩싸인 그는 공주를 죽이기 위해 궁전으로 침입했다. 이를 알아챈 파리둔은 소머리 모양의 창을 던져 자하크의 투구를 박살냈다.

이때 천사가 나타나 파리둔에게 지엄한 하늘의 명령을 내렸다.

"자하크를 묶어 데마반드 산에 가두어라. 그는 아직 죽을 때가 안 되었다."

파리둔은 데마반드 산의 동굴에 강철 말뚝을 박고 거기에 자하크를 쇠사슬로 꽁꽁 묶어놓았다. 그 후 파리둔은 선정을 베풀며 5백 년 동안 평화롭게 나라를 다스렸다고 한다.

동굴에 결박되는 자하크_자하크의 음모에 의해 집안이 몰락한 파리둔은 한순간에 부모와 스승, 보호자를 모두 잃게 된다. 결국 과거 자무시드 왕의 두 딸의 협조를 얻어 궁궐에 잠입한 그는 본모습을 드러낸 자하크와 결전을 벌였고, 극도로 불리한 상황에서 신앙의 힘으로 그의 심장을 꿰뚫고 승리를 거두었다. 그 뒤 두 딸과 결혼한 파리둔은 세 아들을 낳았고 이란을 500년 동안 다스렸다고 전한다.

|18| 키루스 대제의 신화　　■ 페르시아 신화 ■

페르시아제국의 건설자. 메디아를 멸망시키고 에크바타나를 수도로 하였으며 박트리아·칼데아 등을 함락시켜 이집트를 제외한 오리엔트 전체를 자신의 지배하에 두었다.

　이란 고원을 중심으로 삼아 발흥한 메디아의 왕 아스티게스는 꿈에 딸이 오줌을 누는데 오줌이 황금 강물로 변해 왕국을 순식간에 홍수로 뒤덮어 버리는 해괴한 꿈을 꾼다. 아스티게스가 사제들에게 꿈의 해몽을 묻자 손자들이 왕국의 통치를 위협할 것이라고 해석했다.
　이에 겁을 먹은 아스티게스는 딸인 만다네의 자식이 왕위에 오를 수 없도록 딸을 변방의 작은 왕국이었던 얀산의 왕에게 시집을 보내 버렸다.
　결혼한 만다네는 얼마 후 임신했는데, 어느 날 아스티게스는 만다네의 음부에서 포도나무가 자라 온 세상으로 뻗어나가는 꿈을 꾸었다. 이를 수상히 여긴 아스티게스가 다시 사제들에게 그 꿈을 해몽해 보도록 하니 '만다네의 아이가 왕이 되어 아시아를 지배한다'는 내용이었다. 이윽고 만다네가 아들을 낳았는데 그가 키루스였다. 이에 아스티게스는 하르파고스라는 신하에게 키루스를 죽이라고 명령하였다.
　그런데 당시 아스티게스에게는 아들이 없어, 메디아의 왕위승계법에 따라 외손자가 차기 왕이 되는 것이 순리였다. 이 때문인지 하르파고스는 키루스를 죽이지 않고 소치기에게 죽이라 명령해 왕의 명을 거역해 버린다.

그런데 소치기도 아내의 제안으로 출산하다 죽은 자신의 아들과 바꿔치기하여 키루스를 기른다. 하르파고스는 소치기의 계략을 까맣게 모른 채 소치기의 사산된 아이의 시신을 가져가 아스티게스에게 임무를 끝냈다고 보고했다.

이렇게 아스티게스도 모른 채 자신의 손자를 죽이려는 계획은 눈처럼 희게 사라져 버린 채 어느덧 세월이 흘러 키루스는 동네 아이들과 왕 게임을 하던 중 왕으로 뽑혔다. 이에 어느 고위 관리의 아들이 고집을 부리면서 "내가 왜 소치기 자식의 말을 들어야 하냐"며 키루스의 말을 듣지 않고 오히려 훼방만 잔뜩 놓아댔다. 이에 화가 난 키루스는 그 아이를 흠씬 두들겨 팼다. 관리의 아들은 이를 아버지에게 일러바쳐 관리의 아버지가 키루스를 고발하였다. 아이들끼리 놀다가 어이없이 어른에게 고발당해 아스티게스 왕 앞으로 불려나간 키루스는 "놀이라지만 왕인 나의 명령을 어긴 것은 죄가 아니냐"며 변론했다. 이 변론을 들은 아스티게스는 단번에 키루스가 자신의 외손자임을 알아챘다.

아스티게스는 하르파고스와 소치기를 불러 심문하여 아이가 죽지 않았다는 것을 밝혀냈다. 그리고 그들을 불러들여 변론하는 아이가 자신의 외손자임을 확인하게 한다. 아이가 자신의 외손자임을 확신한 아스티게스는 외손자를 죽이려 하기보다는 사제들을 불러와 이를 해석하게 했다. 이에 사제는 아스티게스에게 "비록 놀이라곤 하지만 어쨌든 아이가 왕이 되었으니 이제 죽이지 않아도 된다"라고 말하자 아스티게스는 키루스를 페르시아의 친부모에게 돌려보냈다.

이후 아스티게스는 자신의 명령을 어긴 하르파고스와 그의 열세 살 난 아들을 초대했다. 그리고 하르파고스에게 음식을 내놓았다. 그 음식은 하르파고스의 열세 살 난 아들을 죽여 만든 음식이었다.

이런 사실을 모르는 하르파고스는 음식을 맛있게 다 먹었다. 그가 음식을 다 먹자 그 음식이 그의 아들임을 밝혀 하르파고스를 겁박했다. 그러나 하르파고스는 당황하지 않고 왕에게 임무 실패에 대해 사죄하며 영원한 충성을 맹세했다. 아스티게스는 충성스런 신하의 맹세에 만족하여 하르파고스를 돌려보냈다.

아스티게스의 의심에서 풀려난 하르파고스는 이 뒤로 키루스를 계속해서 충동질해 반란을 모의케 했고, 군을 일으킨 키루스에게 아스티게스가 키루스의 반란군을 진압하라며 붙여 준 메디아 군을 통째로 헌납해 아스티게스를 배신하였다.

기원전 550년, 키루스는 마침내 아스티게스를 쳐서 메디아를 멸망시켰고 그 도읍인 에크바타나로 수도를 옮겼다. 그리고 기원전 546년에는 리디아의 수도 사르디스를 함락시켰고 소아시아를 지배하에 두었다. 다시 또 박트리아·마르기아나 등 동방의 여러 지역도 평정하여 북방 유목민에 대한 방비를 굳혔고 그 여세를 몰아 이번에는 바빌로니아로 전진하여 기원전 538년 나보니도스를 무찔러 칼데아(신 바빌로니아)를 멸망시켰다. 바빌로니아에 잡혀 있던 유대인 포로들은 이때 해방되었다. 이렇게 해서 이집트를 제외한 오리엔트 전체가 그의 지배하에 들어갔고 여기서 페르시아제국의 기초가 다져졌다.

키루스 대제의 무덤_2004년 유네스코 세계문화유산에 등재된 키루스 대제의 무덤은 대왕의 무덤치고는 소박한 느낌을 준다.

|신화를 알면 역사가 보인다|

제**4**장

인도 문명의 신화를 찾아서

　인도 신화는 베다 신화와 힌두교 신화로 크게 나뉜다. 《베다》에 등장하는 신들은 성격별로 분석해 볼 때 자연신, 의인화된 신, 관념화된 신 등으로 분류할 수 있다. 즉 자연계를 구성하는 빛, 물, 어둠, 태풍 등을 신격화시킨 경우와 인간의 의지, 숭고한 이상이나 사랑 등을 신격화시킨 경우가 그것이다. 그리고 제사 의식의 주요한 구성 부분인 불, 술, 꽃 등을 신격화시킨 경우가 관념화된 신의 예가 될 것이다.

　인도 신화의 뿌리는 약 4,500년 전 인더스 강 계곡의 넓은 평야지대로 거슬로 올라간다. 오늘날의 인도 북서부와 파키스탄 남부 사이의 국경지역을 중심으로 한 고대 인더스 강 계곡 문명은 약 1,000년 동안 번영을 구가했다.

　초기의 베다 신은 자연의 힘을 나타냈다. 베다의 가장 오래된 종교서인 《리그베다》에서 33명의 신들은 하늘의 11명의 신과 대지의 11명의 신과 물의 11명의 신으로 형상화된다. 그들 중 인드라, 바루나, 비슈누 등이 우주와 하늘에 태양을 놓았고 하늘과 대지를 떨어뜨려 놓았다고 전해진다.

　인도의 창조신화는 후대에 이르러 다양한 모습으로 변화하는 힌두교 내의 시바 신, 비슈누 신 등을 창조신으로 하는 다양한 신화로 발전해 간다. 힌두교의 근간이 된 브라만교는 베다, 브라흐마나, 우파니샤드로 엮어진 창조신화를 바탕으로 이루어졌다. 인도 신화는 여러 가지가 있는데, 브라만교와 관련된 베다 신화, 힌두교와 관련된 힌두 신화 그리고 불교, 조로아스터교와 관련된 신들, 이렇게 네 가지로 나눠볼 수가 있다.

　이후 인도의 고대 종교는 더욱 체계적이고 신권집중적인 종교로 변모하는데, 그 결정적인 역할을 하는 것이 바로 《베다》에 바탕을 둔 브라만교의 등장이다. 토속 신앙 시대는 물론 《베다》 신화 시대에도 인도의 종교는 다신교였으나 브라만교에 이르러 창조의 신 브라흐마를 절대 신으로 숭배하게 된다.

　힌두 신화 체제로 접어들면서 신들의 역할은 정형화되고 종교관도 집약적으로 정비되었다. 힌두 신화는 우주의 생성 원리를 창조의 신 브라흐만, 파괴의 신 시바, 유지와 질서를 주관하는 비슈누 등 삼신일체에 의해 창조되고 파괴되었다가 다시 재창조되는 무한대의 우주 생성 질서로 설명하고 있다.

　힌두교에선 화신이라고 하는 융통성 있는 변형을 통해 하나의 신의 역할을 다신교에 접목시켰으며, 덕분에 다신교는 다신교대로, 또 브라만교는 브라흐만 신만을, 비슈누 파는 비슈누 신만을 유일신으로 믿으며 세상 모든 신이나 영웅, 인격체, 생물에 이르기까지 모든 신의 화신이 조화를 이뤄가는 것으로 믿는다. 동시에 불교라고 하는 이질적인 종교 역시 비슈누 신의 화신으로서의 석가모니라는 해석에 의해 힌두교와 불교는 불가분의 관계를 맺는다.

|19| 베다 창조 신화

■ 인도 신화 ■

인도 신화는 베다 신화와 힌두교 신화로 크게 나뉜다. 《베다》에 등장하는 신들은 성격별로 분석해 볼 때 크게 나누어 자연신, 의인화된 신, 관념화된 신 등으로 나누어 볼 수 있다. 즉 자연계를 구성하는 빛, 물, 어둠, 태풍 등을 신격화시킨 경우와 인간의 의지, 숭고한 이상이나 사랑 등을 신격화시킨 경우가 그것이다. 그리고 제사 의식의 주요한 구성 부분인 불, 술, 꽃 등을 신격화시킨 경우가 관념화된 신의 예가 될 것이다.

태초에 원시 바다가 있었다. 바다는 넓고 깊었으며 어두웠다. 그때는 아무 것도 존재하지 않았다. 얼마간의 시간이 흐른 후 바다는 황금달걀을 만들어 아홉 달 동안 물 위로 띄웠다. 그리고 아홉 달이 지나자 갑자기 어느 날 황금달걀이 열렸고 그 안에는 프라자파티가 나왔다. 그는 남성도 여성도 아닌 중성의 존재였다. 그는 거의 일 년 동안 말하거나 움직이지 않고 깨어진 황금달걀 속에서 휴식을 취했다.

일 년 후 그는 침묵을 깼다. 그가 첫 번째 내뱉은 말은 지구가 되었다. 그리고 두 번째 말한 말이 계절을 나누는 하늘이 되었다. 그는 수많은 생명의 시작에서부터 1,000년 후의 자신의 죽음까지 세계와 자신의 모든 생애를 볼 수 있었다.

세상에 혼자밖에 없다는 외로움을 견디지 못한 그는 자신을 둘로 나눠 남자와 여자가 되었다. 그리고 이들은 불, 바람, 해, 달, 새벽이라는 다섯 명의 자식 신을 만들었는데 이때 시간이 만들어졌고 프라자파티는 시간의 화신이 되었다.

프라자파티의 부조

프라자파티_고대 인도 종교의 창조자·만물주. 자연계의 질서의 지지자이며 인간계의 도덕률의 연원이라고 한다. 신과 신, 신과 아수라의 쟁투를 결재한다.

　최초로 세상에 태어난 것은 불의 신 아그니였다. 일단 불이 있다면 그곳에는 프라자파티가 낮과 밤으로 분리시키는 빛이 있었다. 곧이어 사악한 아수라와 아름다운 새벽의 여신 우샤스를 포함한 다른 신들이 태어났다. 프라자파티의 딸인 새벽의 여신 우샤스가 아름다운 여인의 모습으로 그들 앞에 나타나자 오빠인 그들은 자신도 모르게 사정하고 말았다.

　프라자파티는 이 기회를 놓치지 않으려고 황금그릇을 만들어 그 속에 그들의 정액을 담았다. 얼마 후 황금그릇 속에서 천 개의 눈과 발, 화살을 가진 신이 나타나 프라자파티에게 이름을 지어 달라고 간청하였다. 프라자파티는 그에게 브하바(존재)라는 이름을 주었고 브하바로부터 세상 만물이 창조되고 순환할 수 있도록 해주었다. 프라자파티는 선과 악을 나누고 그의 사악한 자손을 지구 깊숙이 숨겼다.

　프라자파티는 힌두 신화의 브라흐마처럼 쉽게 욕정을 느끼는데 이것은 창조의 본능 때문이다.

그는 심지어 자신이 만든 딸(새벽의 여신 우샤스)을 보고도 욕정을 주체하지 못했다. 딸은 프라자파티로부터 도망치기 위해 암사슴으로 몸을 바꾸었다. 그러자 프라자파티는 수사슴으로 변신해 자신의 딸을 쫓아다녔다. 그들의 쫓고 쫓기는 추격전 때문에 하늘이 소란스러워졌다. 참다 못한 신들이 폭풍의 신 루드라에게 프라자파티를 화살로 쏘아 달라고 부탁했다.

새벽의 여신 우샤스_여신은 항상 젊은 미녀로서 《리그베다》의 여신 중에 가장 두드러진 존재이다.

루드라의 화살을 맞은 프라자파티는 소리를 지르며 하늘로 솟구쳐 올라갔다. 그러면서 자신의 정액을 세상에 흩뿌렸다. 떨어진 그의 정액들이 흘러 호수가 되었다.

프라자파티는 밤하늘의 사슴머리성좌(염소자리)가 되었다. 그의 딸 우샤스는 하늘로 돌아갔지만 아버지의 존재가 두려워 결코 밤에 가까이 오지는 않았다. 신들은 사방으로 흩어진 창조의 씨들을 잘 모아서 불로 감쌌다. 그러나 조심성 없는 바람이 그만 정액을 날려 버렸다. 그 바람에 불이 붙은 정액들이 불꽃처럼 터지며 세상 만물을 창조하기 시작했다. 그곳에서 태어난 브라스파티는 '기도, 위대한 아버지'라는 뜻으로 모든 신들의 지도자 혹은 사제로 알려졌다.

우샤스가 세상에 출현할 때는 진홍빛 옷을 몸에 걸치고 황금 띠를 두른 모습으로 나타난다. 영원히 젊은 이 여신은 상당히 매력적이어서 예로부터 가장 아름다운 여신으로 숭배되어 왔다.

우샤스는 일곱 마리의 암소가 끄는 빛나는 전차를 타고 하늘을 달린다. 태양보다 먼저 동쪽 하늘에 나타나 모든 자들을 잠에서 깨우는 것이다. 신화에 따르면, 우샤스의 빛은 부유한 자나 가난한 자, 지위가 높은 자나 낮은 자를 가리지 않고 평등하게 비치며 행복을 가져다준다고 한다. 이렇게 우샤스가 한바탕 거룩한 빛을 세상에 뿌리고 지나간 다음에는 태양신 수리아가 일곱 마리의 말이 끄는 황금 전차를 타고 아내의 뒤를 좇아 하늘을 가로지른다.

한편 어두운 옷을 입은 라트리는 빛나는 별과 함께 하늘로 나아간다. 이 여신은 안식의 신으로서 세상의 구석구석까지 그림자를 만드는 것이 주된 임무라고 한다. 어둠을 틈타 잠입하는 도둑이나 무서운 맹수로부터 보호받기를 원하는 사람들은 이 여신에게 기도를 드린다고 한다. 어둠을 주관하는 신의 가호를 비는 것이다.

라트리는 언니에 비해 다소 소박한 형상을 하고 있는데, 이는 그녀가 상징하는 밤이 어둠을 연상시킨다는 불길함 때문인지도 모른다. 하지만 이 여신은 세상에 어둠을 가져다주는 것 외에도 중요한 임무를 맡고 있다. 그것은 어둠 속에서 언니 우샤스의 잠을 깨우는 것이다.

이러한 전설 덕분에 사람들은 밤이 오면 그 다음에는 반드시 새벽이 온다고 믿었던 것이다.

그리스나 켈트족 신화의 신과 같이 초기의 베다 신은 자연의 힘을 나타냈다. 베다의 가장 오래된 종교서인 《리그베다》에서 33명의 신들은 하늘의 11명의 신과 대지의 11명의 신과 물의 11명의 신으로 형상화된다. 그들 중 인드라, 바루나, 비슈누 등이 우주와 하늘에 태양을 놓았고 하늘과 대지를 떨어뜨려 놓았다고 전해진다. 몇 명의 주요 신들은 자연 현상을 의인화하였기에 이 신들의 개성은 분명히 묘사되지 않았다.

라트리_라트리와 우샤스는 자매 관계로 우샤스는 새벽을, 라트리는 밤을 상징한다. 특히 자매의 언니인 우샤스에게는 그 미모와 은혜를 찬양하는 많은 노래가 바쳐졌다.

20 | 전쟁의 신 인드라
■ 인도 신화 ■

인드라는 고대 인도 신화에 나오는 전쟁의 신이다. 외래인인 아리아인들의 수호신으로, 인도에 침입해 원주민인 인도인들을 정복한 신이기도 하다. 인드라는 천둥과 번개를 지휘하고 비를 관장한다. 베다 시대의 최고 삼신(三神)을 형성한다. 특히《리그베다》에서 그 어느 자연신보다 많은 250여 찬가가 인드라에게 바쳐지고 있어, 고대 신들 중에서 가장 신성한 신이자 신들의 제왕으로 숭배된다.

인드라는 인도에 침입해 원주민들을 정복한 아리아인들의 수호신으로서 천둥과 번개를 지휘하고 비를 관장한다고 한다. 그와 동시에 베다 시대에서 아그니와 바유와 함께 최고 삼신을 형성한다.《리그베다》에서는 그 어느 자연신보다도 많은 250여 찬가가 그에게 바쳐지고 있으며, 리그베다에 등장하는 신들 중에서도 가장 신성한 신이자 신들의 제왕으로 숭배되었다.

인드라의 형상은 머리카락과 피부는 황금빛으로 빛나며 왼손에는 번개를 상징하는 바즈라(금강저)를 들고 있다. 그는 두 마리의 붉은 말이 이끄는 전차나 어금니가 네 개인 흰색 코끼리 '아이라바타'를 타고 다닌다. 몸 전체에 1,000개의 눈이 달려 있어서 세상의 모든 일을 동시에 볼 수 있었다.

그런데 그의 몸에 1,000개의 눈이 달린 사연이 재미있다. 그는 힌두 시대 때에 현자 고타마(부처와 관계없음)의 아내 아할리아를 겁탈하려다 이를 목격하고 분노한

전쟁과 무용의 신 인드라

고타마가 인드라의 온몸에 1,000개의 음문(여자의 생식기)을 다는 저주를 내려 인드라는 그만 온몸에 1,000개의 음문을 달고 사는 흉측한 괴물이 될 처지에 놓이게 되었다. 고타마의 가혹한 처분에 인드라가 통곡하며 잘못을 인정하고 그에게 사정하자 고타마는 인드라의 형을 감량해서 음문들을 눈으로 바꿔줬다고 한다.

이 장면은 베다의 최고의 신이 힌두 시대에 들어서서 권력이 바뀌는 대표적인 장면이다. 하지만 그렇다고 인드라의 권위가 약하다고 생각해서는 오산이다. 그 후 힌두가 서서히 체계를 갖추면서 삼주신은 우주의 섭리 그 자체이자 최고 신이 되었고 인드라는 다른 신들의 우두머리가 되었을 뿐 아니라 베다에서도 최고 신 중의 한 신으로 칭송받았다.

인드라는 세상으로 나오기 이전부터 타고난 능력이 이미 신들의 세계에 널리 퍼져 다른 신들에게 질투를 사고 있어서 대지의 여신이자 어머니인 프리티비의 태내에서 수십 년 동안 머물러 있다가 예정된 시간보다 훨씬 나중에 세상에 태어났다고 한다. 게다가 태어나면서도 그가 갖고 있는 강대한 힘으로 인해 신들의 세계가 어지럽혀질지도 모른다는 신들의 경계로 아버지이자 천공의 신인 디아우스와 어머니인 대지의 여신 프리티비까지도 그를 외면하고 심지어 학대까지 하였다. 자신의 부모에게 철저히 버림받으며 태어난 인드라는 부모에게 큰 원한을 품은 채 성장하다 소년이 되자 부모를 살해하고 말았다.

인드라_불교에서는 불법(佛法)의 수호신으로 수용되어 '제석천(帝釋天)'이라고 한역되었다. 한편 뇌정신(雷霆神)의 성격이 뚜렷해서 고대 그리스 신화의 제우스나 북유럽 신화의 토르에 비견된다.

인드라가 태어날 무렵, 비를 내리게 하는 '하늘의 소'가 그의 어머니 브리트라에게 붙잡혀 있어서 지상은 가뭄이 극심했다. 갓 태어난 인드라는 인간들의 고통에 찬 소리를 듣고 아버지의 뇌전을 빼앗고 신의 술인 소마를 마시고는 브리트라를 쓰러뜨렸다. 신들의 우려대로 그는 태어날 때부터 압도적인 강함과 거친 성격을 가지고 태어난 바람에 이런 패륜적인 행동을 저지르고 만 것이다.

인드라는 인간에게 이로운 세상을 만들어 주기 위해 태어나면서 인간들을 고통에 머물게 하는 신들인 부모님을 제압하고 만다. 그 후 차츰 힘을 키워 강력한 무기인 번개를 쟁취하여 하늘, 땅, 지하 3계를 지배하는 최고 권력자가 되었다. 또한 그는 술을 좋아하여 방탕했으며 여인을 좋아하는 호색한이었다고 한다. 이러한 패륜적이고 탐욕스러운 성정(性情)을 지닌 탓에 훗날 성자와 다른 신들에게 온갖 굴욕을 당하는 원인이 되기도 했다.

베다가 쓰이기 이전 시대의 아리아인들에겐 '바루나'가 가장 강하고 중요한 신이었다. 그러나 아리아인들이 인도로 침략해 들어오는 시기에 아리아인들에게 전쟁의 신 인드라의 신앙이 받아들여지면서 인드라가 왕으로 자리매김했다고 추정된다. 비록 시간이 흘러 고대 아리아인의 신앙이 드라비다인의 신앙과 결부되면서 변형되어 무용신의 칭호만은 유지했으나 힌두의 3대 신, 즉 브라흐마, 비슈누, 시바에게 밀리는 상태가 되었다. 인드라가 용맹을 떨쳤던 시기에는 인드라가 폭풍의 신 루드라의 군대를 이끌며 머리가 셋 달린 코끼리를 타고 다니며 적을 섬멸하는 영웅이었다.

인드라 상_아이라바타라는 머리 셋 달린 코끼리를 타고 금강방망이를 들고 하늘의 관을 썼다.

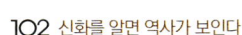

| 21 | 물의 신 바루나

■ 인도 신화 ■

바루나는 《리그베다》에 나오는 아수라(신)이다. 아수라는 악마가 아닌 신이라는 뜻으로, '창공의 신', '아수라의 왕', '진리의 수호자', '우주의 운행자' 등 다양한 신으로 묘사된다. 바루나는 미트라와 마찬가지로 서약의 준수와 관련된 신앙에 관여된 신이다. 경전에선 네 개의 팔에 황금빛 피부를 하고 있다고 묘사된다.

　　힌두세계에서 바루나는 물의 신이자 하늘과 비의 신이며 정의의 신이었다. 또한 저승의 신이기도 하다. 보통 남자의 모습으로 나타나지만 상황에 따라 중성이나 여성의 모습으로 나타나기도 한다. 보통 미트라와 함께 그려지거나 인드라와 함께 등장하기도 한다. '천공의 바다'라 불리는 하늘의 어두운 면의 신이기도 하다.

　　힌두세계에서 전쟁의 신 인드라, 불의 신 아그니와 대등한 위치에 있는 중요한 신으로 숭배되었고, 미트라와 짝을 이뤄 '미트라 바루나'라는 찬가로 사람들에게 찬송되었다.

　　하지만 절정의 권위를 자랑하던 시대를 지나 어느덧 시간이 지나면서는 힌두의 창조신 브라흐마에게 하늘의 신 지위를 박탈당했으며, 또 죽은 자를 재판하는 저승의 왕 야마에게는 죽은 자의 법의 신 위치마저 빼앗겼다. 결국 강과 바다를 관장하는 물의 신으로 권력이 대폭 축소되었다.

　　그나마 바루나가 물을 관장하는 신으로 남을 수 있었던 이유는 다음과 같다. 한때 신들과 마족간의 큰 전쟁이 벌어진 적이 있었는데 가까스로 승리를 거둔 신들은 그들이 가지고 있는 권력의 재검토에 들어갔다. 즉, 전쟁에서의 활약 여부에 따라 신들의 위계질서를 다시 정한 것이었다. 그 결과 바루나는 서쪽의 지배자가 되었고, 그것은 동시에 바다를 통치하는 신이기도 했다. 이때부터 바루나는 바다의 지배자가 되었다.

베다 시대 이전까지는 전쟁의 신 인드라가 없었기 때문에 바루나가 전쟁의 신까지 포함하는 주신이었다. 바루나는 힌두세계 초기의 최고신이었던 만큼 세계를 주도하는 강력한 모습이 많았다. 그는 서약, 계약, 맹세와 같은 신뢰기반의 가치를 수호하는 신이며 인간사의 도덕률과 우주의 운행법칙을 관장하는 신이었다. 따라서 그는 절대지각을 사용하여 인간들의 마음속을 꿰뚫어 볼 수 있으며, 이를 통해 선악을 판단하고 그에 대한 과보를 내리는 사법의 신이기도 했다. 또한 해와 달, 바람과 강 등의 운행을 관장하는 우주의 질서(다르마) 그 자체로 여겨졌다.

바루나 좌상_바루나는 불교에 수용된 후 '수천(水天)'이라는 이름을 얻었고, 세계를 지키는 십이천(十二天)의 하나로서 서방의 수호신이 되었다.

고대 인도에서 신화는 어떤 역할을 했을까?

인도의 오래된 문헌이나 기록은 신화 아닌 것이 없고 딱히 신화라고 불릴 만한 용어도 없다. 어찌 보면 인도인의 삶 자체가 신화와 동화된 삶 자체인 것 같고, 굳이 신화라고 불릴 만한 신화 이야기를 따로 찾지 않아도 될 정도로 모든 이야기에는 신화적인 요소가 다 들어가 있다. 사실 인도인들의 삶에서 신화적인 요소는 생활 그 자체에 다 녹아 있다고 해도 과언이 아니다. 많은 인도인이 실천하고 있는 채식주의에서부터 갠지스 강을 신성한 물로 보는 의식과 엄격한 사회 계급 제도에 이르기까지, 신화에서 탄생한 종교적 개념은 고대 인도 사람들의 삶을 좌지우지했다. 고대 인도만큼 신화가 사람들의 삶에 그토록 강력한 영향력을 행사하는 지역도 찾기 힘들 것이다.

고대 인도인의 일상생활을 좌지우지했던 신화의 힘은 수천 년 전 인도인에게 뿌리를 내려 그 후 수백 년 이상을 인도 종교의 기본 전통으로 자리 잡은 베다에서 비롯된 것이 많다. 베다교는 베다를 중심으로 기원전 1500년 이전의 신들의 생활을 본받던 인도인들의 뿌리 깊은 종교생활에서 기원한다. 이들은 신에게 찬미가를 부르고 신의 은총이 자신에게 와닿기를 바라는 의미의 음식과 선물, 헌화를 통해 일상생활에서의 복락을 기원해 왔다. 이러한 전통은 인도인의 결혼이나 출산, 죽음과 같은 통과 의례와 신의 은총을 얻기 위해 불의 제단에 희생을 바치는 의식도 관장했다. 베다교 사제들(훗날의 브라만)은 현지 관습과 믿음을 포용하면서 현지 자연의 토테미즘격인 나무와 뱀, 산, 강 등의 지역 신을 숭배하는 현지인의 믿음을 받아들여 베다교의 전통적인 신앙체계를 이루게 된다. 여기에 인도인의 사고에 또 하나의 큰 변화를 준 사건이 기원전 800년에서 기원전 500년 사이에 우파니샤드가 도입되면서 받아들인 카르마의 개념이다. 카르마는 그전까지 단순한 믿음체계를 이루었던 인도인의 정신세계를 보다 추상적인 믿음의 단계로까지 끌어올리는 데 큰 역할을 하게 된다. 카르마는 곧 업이란 개념인데, 한마디로 사람의 모든 행동이 그 사람의 다음번 환생에 영향을 미친다는 일종의 인과응보 원리이다. 이 원리로 인해 그전까지 단순하게 착하게 살면 사후에 행복한 삶을 보장받는다는 당시 이집트인이나 그리스도교 개념과 달리 인도인은 한 번 올바르게 산다고 그대로 행복한 사후 생이 보장되는 게 아니라 그냥 그 사람의 영혼이 다음번 환생 때 보다 나은 상태로 태어나는 데 그친다는 이론이다. 그리고 인간은 완전히 삶과 죽음, 환생의 윤회 과정에서 벗어날 수 없으며, 인간이 완전한 깨달음에 이르러야 비로소 연기(緣起) 과정의 수레바퀴를 벗어날 수 있다고 말한다.

이러한 다르마 곧 업 사상은 인도인의 생활에 다르마를 지켜야 자연계가 리듬을 유지하고 사회에 질서가 잡힌다고 믿는 생활을 강조했다. 다르마를 지키려면 신성한 종교 관습과 사회 질서를 잘 지켜야 한다. 이러한 뿌리 깊은 종교 전통은 결국 인도인들에게 모든 사람은 자신의 위치에 걸맞은 의무를 다해야 한다는 카스트 제도의 당위성을 믿도록 하는 요인이 되었다. 이는 곧 고대 인도의 사제 계급인 브라만 계급을 최상위계층으로 하는 인도의 카스트 제도로 뿌리내리게 된다.

인도 문명의 신화를 찾아서

| 22 | 브라만교의 창조 신화   ■ 인도 신화 ■

브라만교는 《베다》 경전을 근거로 성립된 고대 종교로서 우주의 근본원리인 브라만과 개인의 본체인 아트만이 서로 동일하다는 《우파니샤드》의 범아일여(梵我一如)사상이 중심이 된다. 브라만교는 1세기부터 3세기까지 불교에 밀려 쇠퇴하다가 4세기경 인도의 여러 토착종교와 결합해 비슈누와 시바를 최고 신으로 하는 힌두교로 발전하였다.

　인도의 창조 신화는 후대에 이르러 다양한 모습으로 변화하는 힌두교 내의 시바 신, 비슈누 신 등을 창조신으로 하는 다양한 신화로 발전해 간다. 힌두교의 근간이 된 브라만교는 베다, 브라흐마나, 우파니샤드로 엮어진 창조신화를 바탕으로 이루어졌다.(인도 신화는 여러 가지가 있는데, 브라만교와 관련된 베다 신화, 힌두교와 관련된 힌두 신화 그리고 불교, 조로아스터교와 관련된 신들, 이렇게 네 가지로 나눠볼 수가 있다. 여기서는 브라만교의 신화를 설명한다.)

　우주창조 신화는 모든 민족이 가지고 있는 신화의 기본이며, 민족의 신화를 논할 때 언제나 등장하는 단골 신화이다. 그런데 특이하게도 《리그베다》의 주요 부분에는 창조신에 의한 세계의 명료한 창조는 구체적으로 명시되어 있지 않다. 《리그베다》에서는 단지 인드라 혹은 바루나가 창조신과 같은 역할을 했다는 것을 추측할 수 있을 정도의 내용만 언급될 뿐이다. 그런데 인상적인 것은 《리그베다》에서 비교적 후기에 성립됐다고 보이는 약간의 찬가에서 우주창조에 대한 견해가 소박하게 설명되어 있다. 여기에서 묘사되고 있는 네 가지 창조설은 다음과 같다.

　첫째로, 기도주신 브라흐마나스파티를 창조자라고 하는 설이다. 브라만은 이후에 나오는 우파니샤드 사상에서 우주의 근본원리라고 여겨지지만, 《리그베다》에 있어서는 성스러운 기도의 언어, 찬가를 의미하는 것으로 해석되었다. 이 브라만을 담당하는 신이 브라흐마나스파티이다. 브라흐마나스파티는 대장장이처럼 세상 만물을 만든 창조주로 당시 사람들로부터 칭송받는다. 경전에는 '유(有)는 무(無)에서 생긴다'라고 기술되어 있다. 즉 브라흐마나스파티가 대장공이가 일하는 것처럼 세상에 흩어져 있던 만물을 용접해 지금의 질서정연한 세상을 창조했다는 것이 브라만의 창조관이다.

둘째로, 비슈바카르만('모든 것을 만든 자'의 뜻)을 창조자라고 하는 설이다. 성선인 그는 모든 방향을 볼 수 있는 눈을 갖고 있고, 모든 방향으로 뻗어 있는 팔을 갖고 있으며, 모든 방향으로 나 있는 발을 갖고 있다고 한다. 그는 천지를 창조했을 때 두 팔을 날개로 만들어 뜨거운 천지를 부채질해 식히고 그것들을 단련했다고 한다. 그리고 그를 도운 신들은 마치 목수가 목재로 집을 짓는 것처럼 천지를 만들었다고 한다. 이들의 소재인 창조설과 함께 창조와 제식의 밀접한 관계를 가리키는 설도 있다. 즉 가옥의 건축을 본떠서 비슈바카르만이 천지를 만들었다는 창조관이다. 후에 나온 《브라흐마나》 문헌에 의하면 비슈바카르만은 우주의 제사의식을 행하고 살아 있는 것을 희생시켜 제사에 바친 후에 마지막으로 그 자신을 바쳤다고 한다. 여기에 정기적인 제식은 영원히 회귀하는 우주의 궤멸과 재생의 모방이라고 하는 사고방식이 나타나 있다. 후대에는 비슈바카르만이 다른 창조주보다 유력한 창조자가 되었으며 나중에는 보다 구체적인 공예·건축의 신이 되었다.

비슈바카르만_'만유(萬有)의 창조자'란 뜻으로 베다 시대 창조주 가운데 하나인 프라자파티와 동일시된다. 《리그베다》 찬가(讚歌)에 따르면 모든 방위(方位)에 눈·얼굴·팔·발을 가지고 있고, 그 양 팔과 날개를 들어 천지를 창조한 유일신(唯一神)이며, 또한 목재나 수목을 사용하여 대지를 생산하고 천공(天空)을 열었다.

셋째로, 황금태아(히란니야가르바)가 창조신으로서 태초의 물 가운데에 잉태되어 출현했다는 설이 있다. 그러나 그 신의 이름은 숨겨져 있기 때문에 '누구'라고 하는 의문사로 불려 왔다. 황금태아의 원형은 여러 민족의 창조신화에 나타나는 우주란(宇宙卵:자발적인 부화)과 대응하는 것이다. 즉 출생을 본떠 히란니야가르바라는 창조신이 태초의 근원인 물속으로부터 임신되어 출현해 만물의 주재신이 되어 천지를 확립했다는 창조관이다.

넷째로, 같은 《리그베다》에는 앞의 창조설과는 성격을 달리 하면서 힌두 세계에 큰 영향을 미치게 된 두 가지의 창조신화도 서술되어 있다. 이른바 원인찬가(原人讚歌:최초 인간을 찬양하는 노래)와 나싸드찬가이다. 《리그베다》의 다른 우주창조설이 일신교적인 것에 비해 《리그베다》의 '원인찬가'는 범신론이고 다른 창조찬가와는 성격을 달리한다. 태초의 인간 뿌루샤는 세상에 존재하는 모든 것이다.

이 찬가에 의하면 뿌루샤의 형상은 천 개의 머리와 눈과 다리를 갖고 있고 대지보다도 넓은 것을 덮고 있었다고 한다. 그는 과거와 미래에 걸쳐 있는 존재였다. 그런데 이 모든 존재는 사실 그의 4분의 1에 지나지 않고 그의 4분의 3은 천계(천계에 있는 불사자(不死者))라고 한다. 결국 4분의 1이 현상계에 해당되고 4분의 3은 본원적 실재라는 것이다. 신들이 뿌루샤를 희생하여 제사를 치르자 신비롭게도 그의 몸에서 말·소·산양·양 등이 태어났다. 그리고 천계와 우주에 걸쳐 있는 거대한 뿌루샤를 분할했을 때 그의 머리는 브라만이 되고 양팔은 크샤트리아가 되고, 두 다리는 바이샤가 되고, 두 발에서 수드라가 생겼다고 한다. 후에 이 찬가는 인도 사회의 사성제도(四姓制度:고대 인도의 세습적 계급제도)에 권위를 부여하여 브라만들에 의해 즐겨 인용되었다. 이 '원인찬가'는 세계가 거인의 신체에서 창조되었다는 거인해체 신화의 중요한 사례이다.

또한 《리그베다》의 '나싸드찬가'에 나오는 우주창조설은 신화적 요소보다

뿌루샤_이 신화는 인드라-브라트라 신화보다는 후대의 신화로 간주된다. 이 신화에는 의례화 즉 제사에 더 무게를 둔 신화이다. 그렇지만 뿌루샤의 몸에서 우주의 삼라만상이 생겨난다는 개념은 인드라-브라트라 신화와 유사하다.

브라만교_기원전 1,500년 경 아리아인들이 인도에 정착한 이후 신봉되기 시작한 고대 종교로, 힌두교 등 여러 인도 종교의 원천으로 간주된다.

는 철학적 요소의 색채를 띤다. 찬가에는 "태초에 무도 없고 유도 없다. 어떤 유일물(중성의 근본원리)은 자력으로 바람 없이 호흡한다"라고 서술해 만물의 근원을 유일자로 보았다. 그것을 인격적 창조신이 아니라 중성적 원리에 의한 우주의 창조로 주장한 것이다. 이것을 효시로 해서 이후 만물의 본원을 찾는 사색적 탐구가 촉진되어 《브라흐마나》 문헌을 지나 《우파니샤드》 문헌에 이르러서는 중성원리 브라만에 이르게 된 것이다.

  인도의 우주창조에 관한 신화는 생식적 창조 또는 희생제에 의한 자기 해체적 창조, 그리고 철학적이며 관념적인 창조의 형태로 나누어 볼 수 있다. 이들 모두의 공통점은 창조가 창조주 자신의 자기분화에서 비롯된다는 사실이다. 다시 말해서 창조행위 속에서 창조주는 이전에 존재하지 않았던 것을 새롭게 만들어내는 것이 아니라 자기 자신 속에 이미 담겨져 있던 것을 내놓을 뿐이라는 것이다.

  일반적으로 창조라는 개념은 이전에는 전혀 없던 것에서 새롭게 존재하는 어떤 것을 만들어내는 행위를 의미한다. 그러한 관점에서 본다면 인도 신화에는 서양의 기독교적 전통에서 나오는 창조와 같은 무(無)로부터의 창조와는 다른, '자기 안의 이미 있는 것의 새로운 발현'이라는 색다른 개념의 창조를 만들어내고 있다고 볼 수 있다.

| 23 | 힌두교 신화 ■ 인도 신화 ■

힌두교는 범인도교라 하며, 힌두(Hindū)는 인더스 강의 산스크리트어인 '신두(Sindhu)'에서 유래한 것으로, 인도와 동일한 어원을 갖기 때문에 붙인 종교이다. 이러한 관점에서는 기원전 2500년경의 인더스 문명까지 소급될 수 있으며 아리안족의 침입 이후 형성된 브라만교를 포함한다.

《베다》의 등장은 기원전 1300년경이며 이후 4대 베다가 다 형성되어 인도에 토착화되는 수백 년 동안 베다는 인도인의 정치, 경제, 사회, 종교를 지배하는 절대적인 지침서로 인도인의 정신적 기준이 된다.

이후 인도의 고대 종교는 더욱 체계적이고 신권집중적인 종교로 변모하는데, 그 결정적인 역할을 하는 것이 바로 《베다》에 바탕을 둔 브라만교의 등장이다. 토속 신앙 시대는 물론 《베다》 신화 시대에도 인도의 종교는 다신교였으나 브라만교에 이르러 창조의 신 브라흐마를 절대 신으로 숭배하게 된다.

그리고 세월이 흐르면서 종교철학의 급진적 발전으로 인도의 종교는 종파와 신앙체계를 초월하여 범인도적인 종교로 진화하는데, 그것이 바로 '인도의 종교'라는 뜻의 힌두교이다.

힌두 신화 체제로 접어들면서 신들의 역할은 정형화되고 종교관도 집약적으로 정비되었다. 힌두 신화는 우주의 생성 원리를 창조의 신 브라흐만, 파괴의 신 시바, 유지와 질서를 주관하는 비슈누 등 삼신일체에 의해 창조되고 파괴되었다가 다시 재창조되는 무한대의 우주 생성 질서로 설명하고 있다.

초기 힌두 신화는 아리안족의 통치수단인 카스트 제도에 의해 신관만이 성

힌두교 사원_힌두교는 인도에서 고대부터 전해 내려오는 브라만교와 민간신앙이 융합하여 발전한 종교이다. 사진은 화려한 스리 베라마칼리암만 사원. 싱가포르 소재.

전을 접할 수 있으며 일반인은 의심 없는 믿음만 종용받았으나 〈라마야나〉, 〈마하바라타〉 같은 민중예술적인 대서사시로 꾸며져 일반 민중에게 가까이 다가감으로써 새로운 종교관을 형성하기에 이른다. 그리고 예전에는 꿈도 꾸지 못했던 신의 말씀을 《바가바드 기타》를 통해 일반 민중이 읊조릴 수 있게 될 만큼 대중화된다.

이러한 새 종교사관도 힌두교가 갖는 특징 중 하나인 이질적인 종교관에 대한 포용력과 다신교와의 절묘한 융합에 의해 무리 없이 받아들여진다. 그리고 그 접점 역할을 화신이란 새로운 형태의 종교사관이 주도한다. 즉 힌두교에선 화신이라고 하는 융통성 있는 변형을 통해 하나의 신의 역할을 다신교에 접목시켰으며, 덕분에 다신교는 다신교대로, 또 브라만교는 브라흐만 신만을, 비슈누 파는 비슈누 신만을 유일신으로 믿으며 세상 모든 신이나 영웅, 인격체, 생물에 이르기까지 모든 신의 화신이 조화를 이뤄가는 것으로 믿는다. 동시에 불교라고 하는 이질적인 종교 역시 비슈누 신의 화신으로서의 석가모니라는 해석에 의해 힌두교와 불교는 불가분의 관계를 맺는다.

| 24 | 비슈누와 불사의 감로수　　■ 인도 신화 ■

힌두 신화에서 가장 유명한 신들은 브라흐마·비슈누·시바 등 세 신이다. 이 세 신은 삼위일체의 신으로 '트리무리티(trimūriti)'라고 불리며, 각각 우주의 창조·유지·파괴를 주관한다. 이 가운데 브라흐마는 이름뿐인 명목상의 신이었으나 비슈누·시바 두 신은 많은 교도를 모아 힌두교의 2대 종파를 형성하였는데 이에 관한 수많은 신화가 전해지고 있다.

　옛날에는 신들이나 악마나 똑같이 죽음 앞에서는 속수무책이었다. 악마보다 약했던 신들에게 죽음은 치명적인 약점이었다. 신들은 할 수 없이 메루 산에 살고 있는 그들의 할아버지인 창조주 브라흐마를 찾아가 도움을 요청했다. 그러나 브라흐마조차도 그들을 도울 적절한 방법을 알지 못했다. 브라흐마 신은 잠시 동안 깊은 명상에 잠긴 끝에 가까스로 도움을 청할 신을 알려줄 뿐이었다.

　"너희는 비슈누를 찾아가 도움을 요청하라. 그는 우주의 질서를 유지하는 신으로 항상 그를 믿는 자들을 도와준다."

　신들은 비슈누에게 가서 도움을 요청했다. 비슈누는 그들에게 말했다.

　"가서 우유의 바다를 휘저어 거기서 나온 불사의 감로수를 마시도록 하라. 그것을 마신 자는 누구든지 결코 죽지 않는 존재로 다시 태어날 것이다."

　원래 신과 악마는 둘 다 아버지는 같고 어머니는 다른 이복형제들이었다. 그들의 아버지는 매우 뛰어난 스승이었고 어머니 역시 훌륭한 성자의 딸이었다. 악마가 세상에 먼저 태어나 형이 되었고 선이 악마 뒤에 태어나 동생이 되었다. 비슈누가 말했던 우유의 바다를 휘젓기 위해서는 매우 큰

비슈누_힌두교 유지의 신. 브라흐마(창조의 신), 시바(파괴의 신)와 함께 힌두교 삼주신 가운데 하나다. 불교에 수용된 뒤에는 비뉴천(毘紐天)이란 이름을 얻었다.

막대기가 필요했다. 그러나 우유의 바다가 너무 커서 바다를 휘저을 만한 거대한 막대기를 쉽게 구할 수 없었다. 비슈누는 그들에게 만다라 산을 옮겨다 뒤집어 바다를 휘저으라고 충고했다. 그러나 신들만의 힘으로 그 산을 옮기는 것은 불가능했으므로 악마들의 힘을 빌려야만 했다.

신들과 악마들이 만다라 산에 도착하여 산을 뽑으려 했으나 역부족이었다. 그들은 다시 비슈누에게 도움을 청했고, 비슈누는 거대한 뱀인 아난타가 산을 뽑아 줄 것이라고 했다. 그러나 신들과 악마들의 힘만 가지고는 그 산을 옮길 수가 없다는 것을 안 비슈누는 그의 독수리인 가루다에게 산을 옮기는 것을 도우라고 했다. 결국 가루다에 의해 산은 무사히 우유의 바다로 옮겨졌다. 옮겨진 산을 가지고 우유의 바다를 젓기 위해서는 매우 긴 끈이 필요했다. 그러자 비슈누는 커다란 뱀인 바수키에게 그 산을 둘러싸도록 명령했다. 그러나 산을 둘러싼 뱀은 곧 바다에 빠져 버렸다. 그러자 비슈누는 자신이 직접 거북이의 모습으로 변하여 그 산을 등 위에 올려놓고 신들과 악마들로 하여금 바다를 휘젓도록 하였다. 결국 신들과 악마들이 산을 거꾸로 해 만든 막대기로 천년을 휘저은 끝에 우유의 바다에서 액체가 흘러나오기 시작했다. 그러나 맨 처음 흘러나온 액체는 불사의 감로수가 아니라 바다의 불순물이 응결된 죽음의 독약이었다. 한 방울로도 신들과 악마들, 인간들을 멸망시킬 수 있는 치명적인 이 독약은 결국 파괴의 신인 시바가 마심으로써 해결되었다. 그러나 시바도 그것을 마시면 죽기 때문에 그는 삼키지 않고 목에 그대로 저장해 놓았다. 이날의 여파로 오늘날에도 시바의 목 부분은 파랗게 물들어 있다. 계속해서 바다를 휘저은 신들과 악마들은 끈질기게 기다렸다. 이윽고 아름다운 암소 수라비가 나타났다. 그 암소는 살아있는 모든 생명체의 어머니가 되었다.

다음에는 취기로 가득찬 술의 여신 비루니가 나타났다. 악마들은 그녀를 손에 넣으려 했으나 그녀는 신들을 더 좋아했다. 신들을 향한 제사의식에서 술을 사용하는 것은 이 때문이다. 곧이어 행운의 여신 락쉬미가 손에 수련을 들고 연꽃 위에 앉은 채로 나타났다. 그녀가 나타나자 천상의 모든 시인들과 성자들이 일제히 그녀를 찬양하기 시작했다. 모든 성스러운 강들도 그녀가 내려와 목욕하기를 원했다. 우유의 바다는 그녀에게 시들지 않는 꽃의 화환을 씌워주었다. 이번에도 악마들은 그녀의 환심을 사려고 했으나 그녀는 눈길도 주지 않았다.

신들의 의사 단완타리와 지상에선 볼 수 없는 수많은 천상의 아름다운 여인들이 나타났다. 그녀들은 신과 악마에게 자신들을 바치려 했으나 거부당했다. 그녀들은 천상에 살면서 천상의 요정이라고 불리게 되었다. 신들의 의사인 단완타리가 나타날 때 들고 있던 병에는 신과 악마가 갈망하던 불사의 감로수가 들어 있었다. 단완타리가 들고 온 감로수를 보자 신들과 악마들은 공평하게 나누자는 애초의 약속을 망각한 채 서로 싸움을 벌였고, 그들의 싸움으로 대지는 황폐해지고 많은 신과 악마가 죽어갔다.

신들과 악마들의 치열한 싸움 끝에 마침내 악마들이 불사의 감로수를 차

비슈누와 락쉬미_락쉬미는 비슈누 신의 아내로 인도에서 가장 인기 있는 여신 가운데 하나이다.

지하고 말았다. 그들이 그것을 마신다면 온 세상에 큰 불행이 오리라는 것은 뻔하였다.

비슈누는 이 난제를 해결하기 위해 손수 아름다운 여인 모히니로 변장해 싸우고 있는 악마들에게 나타나 공평하게 나누어 주겠다고 제안했다. 악마들은 모히니의 아름다운 모습에 그만 넋을 잃고 넘어가 그의 제안을 받아들인다. 모히니는 신들과 악마들을 일렬로 세워놓고 신들부터 그것을 나누어 주기 시작했다. 악마들은 그녀의 아름다움에 속아 자신들이 속고 있다는 것을 전혀 눈치 채지 못했다. 악마들은 곧 그녀가 자신들에게도 불사의 감로수를 나누어 주리라는 기대감에 들떠 있었다.

그때 악마들 중의 하나인 라후가 신들 사이에 끼어 있었다. 그가 자기 차례가 되어 감로수를 마시려 할 때 태양의 신인 수랴와 달의 신인 소마가 재빨리 비슈누에게 그 사실을 알렸다. 그러자 비슈누는 자신의 무기인 원반으로 그의 목을 베어 버렸다. 그러나 라후는 불사의 감로수를 삼키지는 않았으나 입으로 마셨기에 얼굴 부분만 간신히 죽음을 면할 수 있었다. 라후는 해와 달을 용서할 수 없었다. 라후는 해와 달을 삼켜 버리려고 계속 쫓아 다녔다. 얼마 후 라후는 원하는 대로 해를 삼키자 너무 뜨거워서, 달을 삼키자 너무 차가워서 곧 뱉어 버렸지만 라후는 삼키기를 포기하지 않았다. 현재 우리가 일식, 월식이라고 부르는 것은 이 때문에 생긴 것이라고 한다.

태양을 삼키려는 라후_라후는 신으로 변신하여 불사의 감로수를 훔쳐 마시려고 하였다. 그런데 태양신과 달의 신이 이를 발견하고 비슈누에게 알려 비슈누는 라후의 목을 잘랐다. 태양신과 달신에 대해 원한을 품은 라후는 그때부터 늘 해와 달을 삼키게 되었다. 그래서 일식과 월식이 생겼다고 한다. 따라서 인도 천문학에서 라후는 곧 일식과 월식을 의미한다.

비슈누와 락쉬미 조형_이 세상이 시작되기 이전에 우주는 혼돈의 바다였다고 한다. 그때 3대 신의 한 명인 비슈누 신이 아난타를 배 삼아 그 위에 누워 있는 장면이다.

악마들이 이 사실을 알아차렸을 때는 신들이 이미 불사의 감로수를 마신 후였다. 결국 영원한 생명을 얻은 신들은 악마보다 힘이 약했음에도 불구하고 불사의 몸이 되어 악마에게 이길 수 있었다. 악마들을 물리친 신들은 만다라 산을 제자리에 놓은 뒤 자신들의 자리로 올라갔다. 그들은 날카로우면서도 멈추지 않는 수레바퀴가 그 주위를 돌고 있는 곳에 불사의 감로수를 두었다. 신들은 수레바퀴 밑에 감로수를 놓고 눈조차 깜빡이지 않는 두 마리의 뱀이 지키도록 했다. 신들의 철저한 감시로 이후로는 신들 이외의 어떤 존재도 불사의 존재가 될 수 없었다. 이때부터 신들은 창조된 존재들 중에서 가장 위대한 존재가 되어 다른 생명체들을 지배하면서 그들로부터 숭배와 공물을 받게 된 것이다.

25 | 비슈누의 아바타라
■ 인도 신화 ■

비슈누는 세상을 유지하기 위해, 필요에 따라 수시로 아바타라(화신)를 세상에 내려 보내 인류를 구원했다. 그는 주로 세계의 질서와 도덕이 문란해질 때에 아바타라를 세계에 내려 보내 인류를 죄악의 구렁텅이에서 구해냈다고 한다. 비슈누의 화신 중 유명한 것으로 나라심하, 크리슈나, 칼키, 붓다 등이 있다. 아바타라는 사이버 상에서 사용되는 아바타(avatar)의 어원이 되었다.

   비슈누의 아바타라는 매우 다양한 형태로 나타나며 그 중 가장 대표적인 화신(분신)을 다샤바타라라고 하여 총 열 명이 있다. 여기에 해당되는 아바타라는 보통 정해져 있지만 약간 차이가 있을 때도 있다. 그 밖에도 교리나 종파에 따라서 비슈누의 화신으로 보는 대상과 숫자는 다양하다.

   비슈누의 다샤바타라는 현재까지 아홉 명이 출현했고 마지막 한 명인 칼키는 미래에 나타날 것으로 예정된 존재이다. 불교의 미륵불이나 유대교의 메시아와 비슷한 구세주 역할을 맡은 존재이다. 비슈누의 아바타라는 훗날 불교의 화신불 개념을 탄생시키는 계기가 되었다고 한다.

   비슈누의 최초의 화신은 맛쓰야(물고기)였다. 전설에 따르면 고대 드라비다의 왕 마누(사티야브라타)가 어느 날 강에서 손을 씻고 있었다. 그때 작은 물고기가 그에게 와서 살려 달라고 애원하였다. 그는 애원하는 물고기를 외면할 수가 없어 그것을 병에 담았는데, 곧 물고기가 병에 담을 수 없을 정도로 너무 커져서 큰 항아리에 옮겼다가 다시 강으로 방생했다. 마누에게 큰 은혜를 입은 물고기는 그에게 '한 주 내에 대홍수가 발생하고 모든 생명을 파괴할 것이다'라고 경고하며 이곳에서 빨리 피신할 것을 권하였다.

물고기의 경고를 새겨들은 마누는 급하게 배를 만들어 강가에 띄웠고, 홍수가 발생하자 물고기가 그 배를 산정으로 견인하였다. 결국 마누는 물고기의 은혜 갚음으로 겨우 살아남아 다시 세상의 질서를 새롭게 세웠다.

마누가 다스린 드라비다의 왕국은 원래는 더 큰 드라비다인 마다가스카르와 동 아프리카에서 뻗어 나왔을 수 있다. 맛쓰야는 일반적으로 네 명의 무장한 인어 인물로 표현되는데 비슷한 전설이 세계 곳곳에서 발견된다.

비슈누의 두 번째 화신인 쿠르마(거북)는 무한한 우유의 바다를 휘젓는 신화와 연관되어 있다. 신들과 아수라들은 불사의 영약인 암리타를 얻기 위해 우유의 바다를 휘젓는 일에 협력했다. 커다란 나가의 왕 바스키는 밧줄이 되었고 산의 왕인 만다라 산은 휘젓는 막대기로 사용되었다. 그 산을 지탱해 줄 견고한 기초가 필요하자 비슈누는 거북으로 변해서 자신의 등으로 그 산, 곧 휘젓는 막대기를 떠받쳤다.

비슈누의 세 번째 화신은 와라하(멧돼지)이다. 어느 날 히란약샤라는 악마가 갑자기 육지를 바다 밑바닥으로 끌고 들어가자 비슈누는 육지를 구하기 위하여 멧돼지로 변했다. 그 후 1,000년 동안 와라하는 악마와 사생결단으로 치열하게 싸워서 악마를 죽이고 그의 뼈드렁니로 바다로 곤두박질

맛쓰야 　 쿠르마 　 와라하

친 육지를 간신히 들어올렸다.

비슈누의 네 번째 화신은 나라싱하(사자인간)이다. 비슈누의 세 번째 화신인 와라하(멧돼지)가 물리친 악마에게는 쌍둥이 동생인 히란야카시푸가 있었다. 그는 브라마로부터 신과 사람과 짐승이 안에서나 밖에서나 또는 낮에나 밤에도 죽일 수 없고 어떠한 무기로도 해칠 수 없는 신체를 부여받고 태어났다. 히란야카시푸는 자신의 몸에 자신감을 갖고 천국과 지상을 혼란시키는 악행을 저지른다.

한편 히란야카시푸의 아들 프라라다는 비슈누를 믿었다. 때문에 아버지에게 생명의 위협을 느끼면서도 굳건히 비슈누를 믿었다. 어느 날 히란야카시푸는 아들을 불러놓고 돌기둥을 발로 차면서 물었다.

"만약 네 마음에 너의 신이 존재한다면 이 돌기둥에도 그 신이 있느냐?"

비슈누는 그의 말에 분노가 치밀었지만 꾹 참고 있다 해질녘에 사자인간의 형상을 하고 돌기둥에서 나와 히란야카시푸를 죽였다.

비슈누의 다섯 번째 화신은 와마나(난쟁이)이다. 와마나는 아수라족의 마왕 발리가 전 우주를 다스리면서 신들이 힘을 잃게 되자 비로소 자신의 몸을 드러냈다. 마하발리는 인드라에게 복수하려고 인드라의 도시 아마라바티를 점령하고 천상, 지상, 지하의 삼계를 모두 손에 넣었다.

그러자 와마나가 이제는 자신이 나설 때가 됐다고 판단하고 난쟁이의 모습으로 발리를 찾아갔다. 와마나는 발리에게 다가가 자신이 세 걸음을 밟을 수 있을 만큼의 땅을 달라고 요구했고 발리는 그 요구를 승낙했다. 그러자 와마나는 하늘을 덮을 듯한 거인으로 변하여 첫 걸음에 모든 땅을 덮었고, 둘째 걸음에 지상과 천국 사이를 모두 덮었으며, 셋째 걸음엔 발리의 머리 위로 디뎠다. 와마나의 활약에 힘입어 세상은 다시 신들에게 돌아왔다.

비슈누의 여섯 번째 화신은 파라슈라마(도끼를 든 라마)이다. 고대 전승인 〈푸

| 나라싱하 | 와마나 | 파라슈라마 |

라나〉에는 파라슈라마가 무사 계급인 크샤트리아의 거만한 폭압으로부터 사람들을 해방시키기 위해 브라만 계급의 성인 자마다그니의 아들로 태어났다고 기록되어 있다. 아버지 자마다그니가 크샤트리아에게 부당하게 살해당하고 어머니가 남편의 시신 옆에서 스물한 번 가슴을 두들기며 통곡하여 피멍이 든 모습을 본 그는 스물한 번에 걸쳐 크샤트리아를 몰살시키겠다는 맹세를 하고 이를 실천에 옮겼다. 그는 선량하든 사악하든 가릴 것 없이 크샤트리아 남성이라면 도끼로 모조리 죽였으며 다섯 개의 호수를 피로 물들였다. 이때의 끔찍한 학살로 인도 곳곳에 그와 관련된 지명이 남아 있다. 파라슈라마는 말라바르 지방을 개척하고 자신이 크샤트리아 계급을 학살한 것을 속죄하기 위해 북부에서 데려온 사제 계급에게 그곳의 땅을 나누어 주었다고 한다.

비슈누의 일곱 번째 화신은 라마이다. 인도 전승에 따르면 3명의 라마가 비슈누의 화신으로 나오지만(파라슈라마 · 발라라마 · 라마찬드라), 라마라는 이름은 주신인 비슈누의 7번째 화신인 코살라 왕국의 왕자이면서 락샤사의 왕인 마왕 라바나를 죽인 영웅 라마찬드라를 주로 가리킨다. 라마는 고대 인도의 영웅으로서 훗날 신격화되었지만 실제로 존재했던 역사적 인물이었을 가능성이 크다.

크리슈나_인도 신화의 많은 영웅이 그렇듯이 '신들의 적을 쓰러뜨리기 위해 신들에 의해 태어난 영웅'이라는 면에서 그리스 신화에서의 헤라클레스와 유사한 면이 있다.

비슈누의 여덟 번째 화신은 크리슈나이다. 크리슈나는 지상의 악인을 벌하기 위하여 태어났다고 한다. 그를 죽이려는 칸사를 피해 양치기 부족의 족장인 양부모 손에 자라게 된다. 크리슈나는 갓난아기일 때도 그를 암살하기 위해 칸사가 보낸 악마들을 물리쳤고 소년기에는 인드라를 굴복시키고 강에 사는 뱀의 신 나가와 싸워 승리하는 등 어릴 때부터 온 천하에 용맹을 떨치며 발라라마와 함께 수많은 모험의 여정을 다녔다. 그리고 마지막에는 타고난 운명에 의해 칸사를 쓰러뜨리게 된다.

비슈누의 아홉 번째 화신은 붓다이다. 불교의 개조(開祖) 붓다(부처)를 비슈누의 화신으로 언급하는 것은 불교와 힌두교의 융합을 강조하기 위한 힌두교의 교리로 보인다. 불교와 힌두교의 융합은 힌두교의 특징 중 하나이다. 여기서 아홉 번째 화신으로서의 붓다의 역할은 '비슈누가 붓다가 되어 이 세상에 출현하여 악마나 악인이 올바른 수행을 하지 못하도록 그릇된 가르침으로 인도해 악마와 악인을 방해하고 파멸시키는 역할'이다.

라마　　　　　붓다　　　　　칼키

| 26 | 시바와 사티

■ 인도 신화 ■

시바는 힌두 신화에서 파괴의 신으로서 '우주의 파괴자'라는 속성을 가지고 있기 때문에 세상에서 파괴하지 못하는 것이 없으며, 그 자체로 우주의 최고 신이나 최고의 원리로 일컬어지기도 한다. 즉 시바는 자연현상의 파괴적이고 거친 면을 신격화한 것으로 여겨지는 존재이다. 시바의 아내로는 세 명이 나오나 사실은 한 사람이다. 파르바티는 사티의 환생이며, 칼리는 파르바티가 분노함으로써 떨어져 나왔기 때문에 신이라고 생각할 수 없을 정도로 공격적이면서도 잔인한 성격의 소유자이기도 하고, 가장 무시무시한 신이자 피를 좋아하는 광란의 신이기도 하다.

    모든 우주만물을 창조한 브라마는 닥샤(프라자파티)에게 이 모든 것을 통치하도록 명하고 닥샤를 관습의 신인 마누의 딸 프라수티와 혼인시켜 그들을 축복하였다. 닥샤는 자신의 직책을 매우 자랑스러워하며 그에 따른 책임을 다하고 통치를 잘하여 주변 사람들은 물론 하늘의 신들조차도 그를 따르게 되었다.

    그는 훌륭한 저택으로 이사를 한 후 자신의 딸 60명 중 59명을 하늘의 신들과 결혼시켰는데, 혼인 잔치는 늘 성대하게 치러졌고, 신랑들은 자신들이 닥샤에게 선택된 것을 행운이라 여길 정도였다. 종교의식이나 행사에 초대될 때마다 닥샤의 딸들은 화려한 보석과 의상을 걸치고 황금마차를 타고 참석했으며 아버지의 지위에 대해 지나치게 자랑스러워했다.

    닥샤의 영향력은 날로 커져 갔으며 하늘의 신들까지도 그에게 경배하게 되었다. 그러나 그에게 한 가지 큰 고민거리가 있었는데 바로 막내딸 사티였다. 사티는 그의 가족들이 자랑스러워하는 화려함에는 아무런 관심도 없고 종교의식이나 제사에만 빠짐없이 참석하는 무척 소심하고 소박한 아이였다.

시바와 사티_사티는 시바 신의 아내로 등장하는 여신이다. 남편 시바 신은 파괴신답게 폭력적인 면이 있으며, 정의를 추구하기 위해 잔혹한 행동을 일삼기도 한다. 사티는 우아하고 은근한 여신으로, 강렬한 개성을 지닌 시바와 균형을 유지한다는 차원에서 함께 묘사되는 경우가 많다.

그녀는 늘 자연의 아름다움과 함께했고 초라한 농부들과 이야기를 나누기를 좋아하였다. 이처럼 자연에 파묻혀 때 묻지 않게 지내는 사티를 식구들은 못마땅해하며 부끄럽게 여겼지만 워낙 성격이 순하고 무엇이든 사랑하며 늘 친절하기 때문에 아무도 그를 욕할 수는 없었다.

어느 날 사티가 불멸의 신 시바와 사랑에 빠졌다는 소문이 돌았다. 닥샤는 사티를 불러 떠도는 소문의 진상을 확인하였는데 사티가 시바를 사랑한다고 고백하자 닥샤는 매우 노여워했다. 닥샤는 평소 시바가 늘 자신을 신이라고 자처하며 동물 가죽을 걸치고 해골을 목에 걸고 화장터의 재를 몸에 바르고 다니는 등 해괴한 차림새를 하고 다니는 것을 도저히 용납할 수 없었지만, 그보다 더 용서할 수 없었던 것은 모든 사람과 신들에게 존경받길 원했던 닥샤에게 시바는 눈길 한 번 주지 않는다는 것이었다. 이처럼 막무가내로 괴상망측한 모습으로 다니는 시바를 닥샤가 아무리 비난하고 모욕을 줘도 그 비난조차 아무렇지도 않게 넘겨 버리는 것이야말로 자신을 무시하는 태도라고 닥샤는 생각했다.

닥샤는 사티의 마음을 돌리려 하였으나 시바에 대한 사티의 사랑은 오히려 더 굳건해졌다. 이대로 둬서는 안 되겠다고 판단한 닥샤는 당장 하늘나라의 결혼하지 않은 신들을 초대해 그들 중에서 한 사람을 선택하여 사티와 결혼을 시키기로 하였다. 사티는 자신을 위해 잔치를 준비한다는 것을 알고 아버지께 감사하며 시바가 오기를 기다렸다. 그러나 시바는 초대하지 않았다는 것을 알고 있는 프라수티는 마음이 아파 닥샤에게 시바도 초대할 것을 권유해 보았으나 닥샤는 이를 거절하였다.

연회가 시작되고 혼례복을 입은 사티가 나타났다. 사티는 구혼자들 중에서 시바의 얼굴을 찾았으나 그의 얼굴이 보이지 않자 닥샤가 일부러 시바를 초대하지 않은 것을 알고는 얼굴이 창백해졌다. 그러나 어차피 선택을 할 수밖에 없었다. 사티는 혼신의 힘을 다해 시바를 향해 기도했다.

"오! 사랑하는 시바시여, 저의 진실한 사랑을 받아 주신다면 이 꽃목걸이를 받으시고 제게 나타나시어 모든 것이 진실임을 밝혀 주소서."

사티는 목걸이를 힘차게 공중을 향해 던졌다.

그 순간 시바가 나타나 그 꽃목걸이를 목에 걸었고 닥샤의 분노에도 불구하고 이제 사티는 시바의 아내가 되었다. 사티와 시바는 시바의 충실한 종인 황소 난디를 타고 그들의 집이 있는 눈 덮인 산속으로 갔다. 부부가 된 두 사람이 집으로 가는 발걸음은 마냥 행복하기만 했다. 산속 집에서의 그들의 결혼생활은 소박했고, 사람들은 시바를 숭배했으며 사티를 마음 깊이 진심으로 사랑해 주었다.

시바의 목에 꽃목걸이를 걸어 주는 사티_사티는 시바와의 결혼을 허락하지 않는 아버지의 반대에도 불구하고 그를 남편으로 맞아들인다.

인도 문명의 신화를 찾아서 **127**

시바와 사티_주위의 반대를 무릅쓰고 결혼한 시바와 사티의 결혼생활은 순탄치 않았다. 그것은 사티의 친정인 닥샤의 제식행사에서부터 비롯되었다.

어느 날 하늘로부터 게으르고 수다쟁이인 나라다가 방문했다. 시바는 그를 신뢰하지 않았지만, 사티는 나라다로부터 이런저런 세상소식을 듣느라 시간가는 줄 몰랐다. 나라다는 닥샤의 59명 딸과 모든 신이 초대된 제식행사에 관하여 이야기했다. 물론 시바와 사티는 초대받지 못한 행사였다.

나라다가 돌아간 후 사티는 시바에게 제식행사에 같이 가보자고 제안한다. 그러나 시바는 초대장도 받지 못했고 더구나 간다고 해도 닥샤의 뜻을 거역하고 결혼했기 때문에 환영받지 못할 것이라고 거절했다. 아내에게 너무 매정하게 말했다고 생각한 시바는 그날 밤을 보내고 나서 사티의 마음을 즐겁게 하려 하였으나 시바가 자신에게 정성을 쏟을수록 사티는 더욱 더 친정에 대한 그리움만 사무쳐 올랐다.

친정에 대한 그리움을 이기지 못한 사티는 어렵게 시바의 허락을 얻어 친정에 가게 되었다. 시바에게 겨우 허락을 받은 사티는 마음이 들떠 난디를 타고 아버지의 집으로 출발했다. 제식장소에는 많은 사람으로 붐볐고 값진 옷과 화려한 보석으로 치장한 언니들과 형부들이 기다리고 있었다. 사티의 마음은 언니들에 대한 사랑으로 가득 찼다. 그녀는 제식 장소 정면에 있는 아버지와 늘 그리워했던 어머니를 발견하고는 너무나 기쁜 마음으로 부모님께 달려 나갔다.

그러나 그녀를 본 닥샤는 분노에 떨며 사티가 나타난 것을 책망했고 시바를 저주하기 시작했다. 모든 사람의 시선이 차가워졌고 어머니마저도 그녀를 외면해 버렸다. 이때 갑자기 사티가 일어서서 말했다.

"제가 시바와 결혼한 것이 아버지를 이처럼 노엽게 했다면 저는 이제 속죄의 길을 가겠습니다."

그러더니 갑자기 사티가 제식의 불길이 활활 타고 있는 화로 속으로 뛰어들었다. 사람들이 황급히 그녀를 구하려 하였으나 이미 때는 늦었고, 이를 보고 있던 난디가 시바의 검이 닥샤의 목을 칠 것이며 목숨이 붙어 있더라도 인간의 얼굴이 아닌 양의 머리를 지니고 살게 될 것이라고 저주를 퍼부었다. 난디는 사티가 다시 살아날 것을 외쳤다. 그런데 사티의 몸은 불길 속에 있었으나 전혀 다치지 않은 채 화석처럼 굳어 버렸다.

난디는 시바가 있는 카일라사로 돌아갔다. 시바에게 사티의 죽음을 알리자 불멸의 신 시바도 슬픔으로 견딜 수가 없었다. 슬픔으로 지새운 하루가 지나자 시바는 사티가 죽은 이유를 난디에게서 듣고서 마음속엔 참을 수 없는 분노의 불길이 타올랐다. 시바는 끓어오르는 화를 참을 수 없어 거대한 몸집의 분노의 화신인 비라바드라 신으로 변해 나타났다. 불길 속에서 수천의 악마가 튀어 나왔고 고통으로 가득 찬 시바의 뒤를 이어 닥샤의 집으로 향했다.

악마들의 대장 비라바드라는 프라수티 뒤에 숨어 있는 닥샤를 찾았다. 닥샤가 무릎을 꿇고 용서를 빌었으나 비라바드라의 검은 한 치의 망설임도 없이 그의 목을 잘랐다. 오로지 사티의 죽음만 슬퍼하고 있던 시바는 발 아래 엎드려 닥샤의 목숨만 살려 달라고 애원하는 프라수티의 소리를 듣고는 그녀가 사랑하는 사티의 어머니임을 생각하고 닥샤를 다시 살려내도록 하였다. 그러나 닥샤가 목이 잘린 채 살아난 것을 보고 프라수티가 다시 애원하자 악마들이 염소의 머리를 잘라 닥샤의 머리 위에 얹어 놓았다.

이제 닥샤는 염소의 머리를 갖게 되었고 그의 목에선 염소 울음소리가 나기 시작했다.

시바는 참혹한 복수의 현장을 무심하게 바라보더니 아무 일도 없었다는 듯이 사티의 시신을 업고 그 집을 떠났다. 이제 시바가 가는 곳은 어디든지 슬픔과 고통뿐이었다. 우주만물이 모두 황폐해져 갔고 이들의 신음소리를 들은 하늘의 신들은 비슈누와 나라야나에게 도움을 청했고 비슈누는 시바를 따라 걸으며 사티의 몸에 화살을 쏘았다.

사티의 조각이 떨어지는 곳마다 만물이 생기가 돌기 시작했고 사람들은 그곳에 여신을 위한 사원을 세우고 그녀를 찬미했다. 비슈누가 52번째 화살로 사티의 마지막 조각을 떨어뜨렸을 때 시바도 꿈에서 깨어난 것처럼 집으로 돌아왔다. 시바는 카일라사에 돌아왔으나 사티는 집에 없었고 그녀에 대한 그리움으로 시바는 그녀의 이름을 부르며 온 천하를 정처없이 돌아다녔다. 사티를 부르는 소리는 시바에게 기도와 명상이 되어 버렸고, 그는 카일라사의 정상에 수세기가 지나도록 변함없이 앉아 사티에 대한 사랑으로 명상에서 깨어나지 않았다고 한다.

불속의 사티를 건지는 시바_사티는 힌두교 신자들에게 가장 이상적인 아내상으로 받아들여지고 있다. 그녀의 자기희생 정신은 많은 여성의 귀감이 되었지만 잘못된 관습을 낳기도 했다. 즉 남편이 먼저 죽으면 아내가 따라 죽는 관습이 생겨났던 것이다. 현재 인도에서는 이 관습을 금하고 있지만 극소수의 보수적인 힌두교도들은 미망인들에게 죽음을 강요하는 경우도 있다고 한다.

| 27 | 가네샤 탄생 신화

■ 인도 신화 ■

가네샤는 '군중의 지배자'란 뜻이다. 시바와 파르바티 사이에 태어난 아들인데 지혜를 성취시키는 신으로 숭배된다. 가네샤는 시바를 섬기는 가나(Gana)들의 우두머리로서 가나 즉 군중을 지배하는 신이다. 학문적인 서적의 첫머리에 이 신에 대한 귀의(歸依)의 뜻을 표하는 시구가 실리는 일이 많다.

인도에서 원숭이 신인 하누만과 함께 동물의 형상으로 숭배되고 있는 주요한 신이 바로 인간의 몸에 코끼리의 머리를 하고 있는 가네샤이다. 가네샤는 시바와 파르바티의 첫 번째 아들로 알려져 있고, 시바와 관련이 있는 여타의 신들 가운데 가장 유명하다. 그는 새로운 시작의 신이자 장애를 제거하는 신으로 추앙받아 힌두교도들은 모든 예배나 의식은 물론 사업 시작, 여행, 집짓기 등과 같은 중요 행사를 하기에 앞서 계획한 일이 잘되게 해달라고 가네샤에게 먼저 예배를 드린다.

가네샤의 탄생에 관한 이야기는 다음과 같다.

어느 날 마하데비인 파르바티가 두 여자 친구와 거리를 거닐고 있었다. 그 친구들은 파르바티의 배우자인 시바가 시간의 지배자인 마하깔라이기 때문에 아무 때나 여자들이 거처하는 곳에 불쑥 들어와 아주 난처한 경우가 많다고 불만을 토해냈다.

가네샤 상_코끼리 얼굴에 긴 코가 있고, 이빨은 하나이며, 팔은 넷이요, 툭 내민 배에 뱀으로 띠를 두르고, 쥐를 타고 있다.

시바와 파르바티와 가네샤_인도에서 원숭이 신인 하누만과 함께 동물의 형상으로 숭배되고 있는 주요한 신이 바로 인간의 몸에 코끼리의 머리를 하고 있는 가네샤이다. 가네샤는 시바와 파르바티의 첫 번째 아들로 알려져 있고 시바와 관련되는 기타 신들 가운데 가장 유명하다.

여기에 한술 더 떠 그녀들은 시바의 모든 심복 부하들이 그에게 속해 있기 때문에 난처한 경우를 당해도 어찌해 볼 도리가 없다며 시바에 대한 불평을 더욱 노골적으로 해댔다. 그때 시바는 거처인 카일라사에서 나가 있었다. 그는 돌아오자마자 파르바티의 방으로 달려갔다. 그러나 손에 철퇴를 든 한 소년에게 제지를 당하였다. 시바는 철퇴를 든 소년에게 말했다.

"내가 누군지 아느냐? 나는 파르바티의 남편이고 이 지역의 통치자이다. 나는 전 우주를 자유로이 왕래할 수 있다. 나를 막는 너는 누구냐?"

가네샤_인간의 몸에 코끼리의 머리를 가진 인도의 신. 가난파티라고도 한다. 네 개의 팔이 있고 배는 나와 있으며 한 쌍의 어금니 중 하나가 없다. 또한 쥐를 타고 다닌다. 시바 신의 처 파르바티가 자기 몸의 때를 빚어서 만들어낸 존재로, 처음에는 완전한 인간의 모습을 하고 있었다고 한다. 하지만 어느 날 시바 신과 싸워서 목이 잘리고 죽임을 당했던 때가 있었는데, 후에 코끼리의 머리를 붙여 주어 살아가게 했다고 한다. 인도에서는 장사를 번성하게 하는 신으로서 지금도 인기가 높다.

소년은 나의 어머니가 목욕 중에는 누구도 들이지 말도록 했다고 대답했다. 이에 화가 난 시바가 말했다.

"그렇다면 내가 너의 아버지인데 왜 나를 막느냐?"

그래도 소년은 어머니의 허락이 있을 때까지는 그럴 수 없다고 버텼다. 이에 격노한 시바는 심복부하인 가나들을 소집해 소년을 설득하도록 했다. 그러나 그들도 통하지 않자 소년과 싸우기 시작했고 소년이 던지는 철퇴에 맞아 상처를 입었다.

이때 우연히 카일라사를 방문한 우주의 성자 나라드가 이 이상한 사건을 목격하고는 급히 천상으로 올라가 창조주 브라흐마와 다른 신들에게 알렸다. 이에 브라흐마가 그 소년에게 가서 시바의 상황을 설명했지만 그 소년은 오히려 브라흐마의 수염을 장난으로 잡아당겼다. 그래도 브라흐마가 계속 주장하자 철퇴를 브라흐마에게 던져 그를 다치게 했다.

이 소식을 전해들은 시바와 비슈누는 천상의 거대한 군대를 이끌고 그 소년에게 갔다. 먼저 비슈누가 다가가자 그 소년은 치명적인 무기를 던져 비슈누에게 대응했다. 이에 비슈누가 뒤로 물러섰다. 뒤이어 시바가 전면에 나서 새로운 공격을 시작했다. 그러자 그 소년은 두려워하지 않고 철퇴를 던져 시바의 활을 부러뜨렸다. 이에 화가 난 시바가 그의 유명한 삼지창을 던져 그 소년의 머리를 쳐냈다.

시바의 분노에 찬 공격에 소년의 몸통에서 머리가 떨어졌고 이내 무시무시한 소리가 났다. 이 소리는 너무 강력해서 지상에까지 퍼져나가 즐겁게 목욕을 하고 있던 파르바티가 놀라 달려 나왔고, 그녀는 곧 비참한 현장을 보게 되었다. 그건 바로 자기 아들의 머리가 잘린 것과 그간의 일들을 모두 알게 된 것. 분노한 그녀는 즉시 강력한 십만 군대를 만들어 천상의 존재들을 공격하도록 명령했다.

이 중요한 순간에 나라드가 앞으로 나와 찬가를 부르며 분노로 뜨겁게 달아오른 파르바티를 달래기 시작했다. 한참 만에 화가 다소 누그러진 파르바티에게 나라드는 신들의 혼동에 의해 그녀의 아들이 살해되었고 그는 악마와 신들 사이에서도 이제껏 본 적이 없는 가장 강력한 존재였다고 말했다.

결국 이 사태를 일으켰던 모든 신과 소년을 사랑했던 모든 이가 그의 죽음을 진심으로 애도했다. 그러면서 어떻게 해야 파르바티의 자애로운 애정을 다시 받을 수 있을지 물었다. 그러자 파르바티는 자신의 아들을 되살려서 모든 천상의 존재들 가운데 그를 으뜸가는 신으로 선언하라고 대답했다. 자신이 아들의 머리를 자른 것을 알게 된 시바는 같은 날 같은 시간에 태어난 존재를 찾아오도록 해서 그것의 머리를 소년의 몸에 이식시켜 그를 소생시켰다. 그 존재가 바로 코끼리였다. 그리고 시바는 그를 자신의 부대인 가나들의 우두머리로 선언함으로써 가네샤로 알려지게 되었다.

| 신화를 알면 역사가 보인다 |

제 **5** 장

중국 문명의 신화를 찾아서

중국인은 일찍부터 문자를 사용했음에도 불구하고 신화에 관한 기록은 《산해경》이 거의 유일할 정도로 남아 있는 문헌이 별로 없다. 중국인은 거대한 무덤을 짓긴 했지만 정교한 장례 의식에 큰 관심을 갖지 않았으며 사후세계로 가는 자세한 안내 지도조차 남기지 않았다. 중국에는 사랑과 전쟁에 관한 서사시 대신 창조와 홍수에 관한 이야기가 많다. 흥미로운 것은 이들 이야기에서는 죄에 대한 하늘의 응징이 잘 보이지 않는다. 4세기에 굴원이 쓴 《천문》이나 3세기에 나온 신들의 백과사전으로 일컬어지는 《산해경》에 의하면, 중국인은 다양한 자연신과 신화 속의 통치자, 앞날을 예언하는 제사장 왕을 인정한 반면 문제의 해결은 대부분 신의 개입이 아닌 인간의 노력으로 극복하고자 한다.

아마도 중국의 신화가 깊은 문화적 정체성을 형성하고 있지 않은 이유는 중국인을 한데 묶는 것이 신화가 아니라 철학이기 때문일 것이다. 중국인은 신들의 이야기를 전하는 시인이나 이야기꾼보다는 성인이나 현자를 훨씬 중요하게 여기며, 현세의 사회 질서와 이상적인 세계를 통해 자연과 어우러지는 하늘과 땅과 사람의 철학세계를 훨씬 흥미롭고 중요하게 여겼기 때문인 것으로 파악된다.

반고는 반고대제라 불리는 중국 창조신화의 주인공으로, 반고의 전설에 대해서는 여러 가지 판본이 존재한다. 반고에 대한 일반적인 설명은 그가 개천(세상창조)의 인물이라는 것이다.

복희와 여와의 이야기는 세계 곳곳의 인간 탄생 신화와 유사한 구조를 가지고 있다. 여와가 흙으로 사람을 빚어낸다는 이야기는 그리스 로마 신화의 프로메테우스가 강물에 흙을 반죽해 사람을 만들었다는 내용, 성경에서 하나님이 진흙으로 사람을 만들고 코에 생명의 입김을 불어넣었다는 이야기와 내용이 많이 닮아 있다.

삼황오제는 중국 고대의 전설적 제왕들을 말한다. 중국의 역사는 삼황오제로부터 시작되었다는 신화 속 주인공들인 이들은 중국인들이 이상적으로 삼는 정신적인 제왕의 표상들이다. 삼황오제에 대한 개념은 전국 시대 말에 전설적인 제왕을 세 명 또는 다섯 명으로 정리하는 사상에서 나왔으며, 중국은 전통적으로 천황·지황·인황(태황이라고도 한다)의 삼황설이 나타난다. 이는 우주의 이치를 천·지·인의 삼재로서 생각한 인위적 추상적인 사고이다. 한대 말이 되면 수인, 복희, 신농, 여과 등에서 세 명을 뽑아서 삼황으로 하였다는 설이 있다.

| 28 | 반고 창조 신화

■ 중국 신화 ■

반고는 반고대제라 불리는 중국 창조 신화의 주인공으로 반고의 전설에 대해서는 여러 가지 판본이 존재한다. 반고에 대한 일반적인 설명은 그가 개천(세상창조)의 인물이라는 것이다. 중국의 신화에서는 천지가 생성되기 이전 우주는 마치 커다란 계란과 같은 모양으로 혼돈상태였으며, 반고는 이렇게 커다란 계란 속에서 줄곧 깊은 잠에 빠져 약 18,000년 후에 깨어났다고 한다.

    아주 먼 옛날, 이 세상은 검고 흐린 상태의 하나의 알로 이루어져 있었다. 그 안에 한 사람이 웅크리고 있었으니 그가 바로 반고이다. 깜깜한 알 속이 싫었던 반고는 어느 날 알을 깨어 버렸다.

    이때 알 속에 있던 무거운 것들은 가라앉고 가벼운 것들은 위로 치솟았다. 하지만 다시 무거운 것들과 가벼운 것들이 모여 혼돈의 상태로 가려고 하자, 반고는 자신의 두 다리와 두 팔로 무거운 것들과 가벼운 것들을 떼어놓기 위해 안간힘을 썼다. 이때부터 반고의 키가 하루에 한 자씩 자랐으며, 이로 인해 하늘과 땅이 점점 멀어지게 되었다.

    반고가 울 때 그의 눈물은 강이 되고 숨결은 바람이 되었다. 목소리는 천둥, 눈빛은 번개가 되었다. 그가 기쁠 때는 하늘도 맑았고, 슬플 때는 하늘빛이 온통 흐려졌다. 이렇게 애를 쓴 것이 무려 18,000년이었고 무거운 것과 가벼운 것이 서로 9만 리의 거리로 멀어지자 드디어 반고는 혼돈을 막았다고 안심하며 대지에 누워 휴식을 취했고 그 상태로 죽게 된다. 그가 죽을 때 두 눈동자는 태양과 달이 되었고 사지는 산, 피는 강, 혈관과 근육은 길, 살은 논밭, 수염은 벼, 피부는 초목이 되었다.

또한 반고가 죽을 때 그의 몸에서 생겨난 구더기가 바람을 만나 인간이 되었다. 이렇게 반고의 온 정성과 헌신을 다한 희생양으로 세상이 만들어졌다. 옛날 사람들은 이처럼 세상을 만들기 위해 온몸을 바친 반고를 기념하기 위하여 남해에 반고 무덤을 세웠으며 계림(桂林)에는 사당까지 세웠다고 한다.

커다란 알을 깨고 세상을 창조하는 반고 조각상

| 29 | 인간을 창조한 여와

■ 중국 신화 ■

복희와 여와의 이야기는 세계 곳곳의 인간 탄생 신화와 유사한 구조를 가지고 있다. 여와가 흙으로 사람을 빚어낸다는 이야기는 그리스 로마 신화의 프로메테우스가 강물에 흙을 반죽해 사람을 만들었다는 내용, 성경에서 하나님이 진흙으로 사람을 만들고 코에 생명의 입김을 불어넣었다는 이야기와 내용이 많이 닮아 있다.

반고에 의해 하늘과 땅이 생겨났지만 땅에는 아직 인간이 출현하지 않았다. 인간을 창조한 것은 여신 여와다. 여와는 사신인수(蛇身人首), 즉 뱀의 몸에 사람의 머리를 지닌 모습을 하고 있었다. 그녀는 황토를 반죽해 사람의 형태를 만들고 그 안에 생명을 불어넣었다. 최초의 인간은 그렇게 창조되었다.

광활한 대지에 걸맞은 충분한 수의 인간을 하나하나 정성껏 만드는 일은 대단히 힘든 일이었다. 그래서 여와는 보다 수월하게 인간을 만들기 위해 끈을 흙 속에 늘어뜨렸다 끌어올려 그 끈에서 떨어진 흙으로 인간을 만드는 방법을 고안하여 많은 인간을 만들어냈다.

그러나 여와가 인간에게 부여한 목숨에는 한계가 있었다. 그냥 내버려두었다가는 모처럼 애써 만든 인간이 태어나서 얼마 안 가 죽는 처지가 돼 땅에서 금방 사라지고 말 것 같았다.

이렇게 해서는 인간을 오래도록 만들 수 없겠다고 판단한 여와는 남녀가 결혼하여 아이를 낳고 기르는 제도를 만들었다. 그 덕분에 인

여와와 복희 조각상 _천지창조 신화에 등장하는 남신인 복희와 여신인 여와를 주제로 한 조각이다.

류는 자연과 대지 위에 점차 그 수를 불려나가게 되었다.

여와가 인류를 창조하고 난 어느 날 무서운 일이 일어났다. 하늘을 떠받치는 기둥이 부러지고 땅을 잇는 끈이 끊어져 천지가 기울었으며 땅이 쩍쩍 갈라지고 하늘이 무너져 내리고 말았다. 그리고 갈라진 땅속에서는 맹렬한 화염이 뿜어져 나왔고 하천이 범람하고 바다에는 해일이 밀려들었다. 그뿐이 아니었다. 산림에서 맹수가 출현하여 사람들을 잡아먹었고 하늘에서는 흉조가 날아와 노약자들을 채갔다.

이 광경을 본 여와는 세상을 바로잡기 위해 결연히 일어섰다. 먼저 오색의 돌을 불로 벼리어 무너진 하늘을 메웠다. 그러고는 큰 거북의 발을 잘라 세상의 네 귀퉁이에 세워 하늘을 떠받치는 기둥을 삼았다. 또 홍수를 일으킨 원흉의 하나인 흑룡을 죽이고 갈대를 태운 재를 쌓아 홍수를 제압했다. 그녀가 나선 지 열흘 만에 모든 재해가 멈추고 인간은 다시 살아날 수 있었다.

여와와 복희도_여와와 복희도는 한(漢)나라 때의 돌에 새긴 그림, 당(唐) 나라 때의 채색한 비단 그림, 아스타나 무덤에서 발견된다. 복희와 여와는 상반신은 사람 모습을 하고 각각 손에는 창조의 상징물인 구부러진 자(曲尺)와 컴퍼스를 들고 있다. 몸을 꼬고 있는 모습은 세상의 조화와 만물의 생성이 초래됨을 나타내고 있다. 남신 복희와 여신 여와의 모티프는 인도나 서아시아의 메소포타미아에서도 발견되고 있다. 복희, 여와라는 테마가 중국이 아닌 남방 문화에 의해 형성되어 중국으로 전래되었다는 학설도 있다. 중국의 소수 민족들도 여와를 신으로 모시는 풍습이 있다.

| 30 | 복희와 여와　　　　　　　　■ 중국 신화 ■

여와는 중국 신화에서 인간을 창조한 것으로 알려진 여신이다. 복희와 여와는 남매로 전해져 내려오는 남신과 여신이다. 복희와 여와는 뱀 모양의 형상을 이루는 한 쌍의 신으로 묘사되며, 서로의 꼬리를 틀고 있는 모습이 화상석 등에 새겨져 있다. 여와라는 단어는 여성 여신을 나타내는 단어이기도 하다.

　금방이라도 큰비가 퍼부을 듯이 하늘은 온통 검은 구름으로 뒤덮이고 바람이 거세게 몰아치는 가운데 먼 하늘에서 우레 소리가 요란스레 들려왔다. 하늘에서 갑자기 요동치는 우레 소리에 어린아이들은 깜짝 놀라지만 밖에서 일을 하고 있는 어른들은 여름이면 으레 있는 자연현상이라 여느 때와 다름없이 일손을 멈추지 않는다.
　그때 마침 집 밖에서 일을 하고 있는 한 남자가 있었다. 그는 평소에 계곡에서 거두어들인 푸른 이끼를 엮어 만든 이엉을 지붕 위에 깔고 있었다. 이렇게 하면 큰비가 쏟아져 내려도 집안으로 빗물이 샐 염려가 없었다.
　아직 열 살도 안 된 그의 아들과 딸은 천진난만하게 집 밖에서 뛰어놀며 아버지가 일하는 모습을 구경하였다. 그가 지붕에 푸른 이끼를 다 깔고 나서 아이들을 데리고 집안으로 들어서자마자 갑자기 비가 쏟아 붓기 시작했다. 어린 자식들과 아버지는 재빨리 창문을 닫고 온기가 어린 따스한 작은 방 안에서 단란한 한때를 즐겼다.
　그렇게 오순도순 즐거운 한때를 보내기도 잠깐, 빗줄기는 시간이 지날수록 점점 굵어지고 바람 또한 심상치 않게 거세어져 갔으며 뇌성도 점차 요란해져 갔다. 마치 하늘의 뇌공(雷公)이 진노하여 인간들에게 커다란 재앙을 내리려는 듯싶었다.

이때 그 남자는 커다란 재앙이 눈앞에 닥쳐오리라는 것을 예감하고 미리 만들어 두었던 쇠망태기를 가져와 처마밑에 두었다. 그는 쇠망태기의 입구를 열어 두고 손에는 호랑이를 사냥할 때 쓰는 창을 움켜쥔 채 서서 무엇인가를 기다리고 있었다.

하늘은 시커먼 먹구름으로 뒤덮이고 가끔씩 번갯불이 번쩍거리는 가운데 뇌성이 잇달아 울려 퍼졌다. 이윽고 시퍼런 얼굴을 한 뇌공이 손에 도끼를 들고 비호처럼 하늘에서 내려왔다. 무시무시한 모습으로 느닷없이 지붕으로 내려온 뇌공은 지붕 위에 깔아 놓은 푸른 이끼에 미끄러져 곤두박질을 치며 처마밑으로 떨어졌다. 이때 처마밑에서 기다리고 있던 아버지는 뇌공이 떨어질 때를 놓치지 않고 재빨리 호랑이를 사냥할 때 쓰는 창으로 힘껏 찔렀다. 창은 정확히 뇌공의 허리에 내리 꽂혔다. 예기치 못한 순간에 창에 찔려 고꾸라지는 뇌공을 아버지는 놓치지 않고 재빨리 낚아채 쇠망태기 속에 쳐 넣고 망태기를 등에 짊어진 채로 방안으로 들어왔다.

"이번에야 말로 정말 네 놈을 잡고 말았구나! 이제 네 놈은 아무런 수작도 할 수가 없을 것이다."

아버지는 아이들에게 뇌공을 잘 지키라고 일렀다. 뇌공의 괴이한 모습을 본 아이들은 처음에는 무서워 어쩔 줄을 몰라 했으나 점차 시간이 감에 따라 익숙해져서 두려워하지 않았다. 이튿날 아침, 아버지는 향료를 사러 시장에 갔다. 뇌공을 죽여서 절여 반찬으로 만들기 위해서였다. 아버지는 집을 떠나면서 아이들에게 단단히 일렀다.

뇌공_여와와 복희 오누이에 등장하는 신으로, 오누이를 종말의 세상에서 구원한다.

"애들아, 절대로 저 녀석에게 물을 주어서는 안 된다!"

아버지가 집을 나서자 쇠망태기 속에 갇혀 있던 뇌공은 거짓으로 신음 소리를 내며 몹시 아픈 표정을 지으며 아이들에게 물을 달라고 애원했다.

"목이 말라 죽겠구나. 제발 물 한 사발만 다오."

그러나 사내아이는 냉정히 거절했다.

"물 한 사발이 안 된다면 물 한 잔만이라도 다오. 정말로 목이 말라 죽겠다."

그러나 사내아이는 또 다시 뇌공의 청을 들어주지 않았다.

"그렇다면 부뚜막의 수세미를 가져와서 물 몇 방울만이라도 떨어뜨려 다오. 정말 목이 타 죽겠다."

말을 마친 뇌공은 눈을 감고 입을 쩍 벌리고 일부러 훨씬 더 고통스러운 표정을 지으며 아이들의 처분을 기다렸다. 그러자 여동생인 여자아이가 뇌공이 고통스러워하는 모습에 측은한 마음이 들었다.

"정말 불쌍하기도 해라. 아빠에게 잡혀 저 쇠망태기 속에 갇혀 있는 하루 동안 물 한 모금도 마시지 못했으니 얼마나 고통스러울까? 오빠, 시험 삼아 물 몇 방울만 떨어뜨려 주면 어떨까?"

오빠는 잠시 생각하더니 물 몇 방울쯤이야 괜찮을 것 같아 동생의 말에 따랐다. 오누이는 부엌으로 가서 수세미에 물을 적신 다음 이를 가져와 뇌공의 입에 물 몇 방울을 떨어뜨려 주었다. 물을 마시고 난 뇌공은 아이들에게 말했다.

"정말 고맙구나! 내가 이 방을 빠져나갈 터이니 자리를 좀 비켜주겠니?"

뇌공이 물을 먹고 기력을 차리자 아이들은 자신들이 무슨 짓을 했는지를 깨닫고는 얼굴이 새파랗게 질려 방문 밖으로 나가려고 했다. 그 순간 천지를 진동하는 벽력(霹靂) 소리와 함께 뇌공이 쇠망태기를 꿰뚫고 집 밖으로 빠져나갔다. 뇌공은 나가기 전에 입 속에서 이빨을 하나 빼서 무서워 떨고 있는 아이들에게 건네주며 말했다.

중국 신화의 대홍수 장면

"어서 이것을 땅에 심거라. 그리고 큰 재난이 닥쳐오거든 이 열매 속에 들어가 숨어라!"

얼마 후 장에 갔던 아버지가 향료를 사서 돌아왔다. 집에 들어서는 순간 뇌공을 가두어 두었던 쇠망태기가 부서져 있는 것을 본 아버지는 아연실색하고 아이들을 불러 그 연유를 물었다. 오누이는 눈물을 흘리며 자기들이 잘못해서 뇌공이 달아났다는 이야기를 털어놓았다. 남매의 말을 들은 아버지는 머지않아 큰 재앙이 닥쳐오리라는 것을 직감했다. 그렇다고 어린아이들의 잘못만을 탓하고 있을 수는 없었다. 아버지는 시장에서 사 온 향료를 내려놓고 밤낮으로 쉬지 않고 장차 닥쳐 올 큰 재난에 대비하기 위해 철선 한 척을 만들기 시작했다.

오누이는 뇌공이 준 이빨을 땅에 심었다. 그런데 놀랍게도 뇌공의 이빨은 심은 지 얼마 되지도 않아 새파랗게 새싹이 돋아났다. 이 새싹은 점점 자라나 하루만에 꽃이 피고 열매를 맺었다. 이튿날 아침에 보니 그 열매는 커다란 호리병 박으로 변해 있었다. 오누이는 집에서 톱을 가져와 호리병 박을 켰다. 그 안에는 수없이 많은 뇌공의 이빨이 가득 들어 있었다. 그러나 아이들은 놀라지 않고 호리병 박 안의 이빨들을 파냈다. 오누이가 그 안으로 기어들어가 보니 호리병 박의 크기는 그들 둘의 몸을 숨기기에 딱 맞는 크기였다. 오누이는 호리병 박을 외진 곳에 잘 보관해 두었다.

이윽고 뇌공이 사라진 지 사흘째 되는 날 오누이의 아버지는 철선을 완성하였다. 그날 갑자기 날씨가 급변하더니 사방에서 거센 바람이 불어 닥치고 폭우가 쏟아져 내리기 시작하였다. 또 땅에서는 분수처럼 물이 솟구

중국 문명의 신화를 찾아서

처 올라 구릉을 삼키고 높은 산을 에워싸 버렸다. 근처 마을의 농가와 숲의 나무와 촌락이 모두 물에 잠기어 그야말로 푸른 바다를 이루고 말았다.

"얘들아, 어서 피해라, 뇌공이 무서운 홍수로 보복을 해오고 있구나!"

오누이는 재빨리 호리병 박 속으로 들어가 숨었고 아버지는 자기가 만든 철선에 탔다. 세 사람은 하늘에 닿을 듯한 물위를 정처 없이 떠돌아 다녔다. 홍수는 시간이 갈수록 점점 더 심해져 그 수위가 이미 하늘에 닿아 버렸다. 철선에 타고 있던 아버지는 거센 비바람과 넘실대는 무서운 파도도 아랑곳하지 않고 줄곧 배를 저어 하늘 문에 다다르게 되었다. 아버지는 뱃머리에 서서 손으로 하늘문을 힘껏 두드렸다.

"어서 문을 여시오!"

이렇게 외치며 그는 밖에서 주먹으로 힘껏 하늘 문을 두드렸다.

하늘 안에서 대문을 두드리는 우렁찬 소리에 겁을 먹은 천신(天神)이 물을 다스리던 수신(水神)에게 급히 호통을 쳤다.

"빨리 물을 빼지 못할까?"

수신이 천신의 명대로 행하니 눈 깜짝할 사이에 비가 그치고 홍수가 물러갔다. 순식간에 천장(千丈) 높이의 물이 갑자기 빠지니 대지 위의 모든 것이 예전처럼 드러나게 되었다. 그러나 홍수가 빠지는 순간 그 아버지는 철선과 함께 높은 하늘에서 떨어졌다. 단단한 철선은 땅에 떨어지자마자 그만 산산조각이 나고 말았다. 뇌공에 맞서 용감무쌍하게 싸워 뇌공을 쇠망태기 속에 가두었던 아버지는 가엾게도 철선의 운명과 함께 산산이 부서져 죽고 말았다. 그러나 부드럽고 탄력성이 있는 호리병 박 속에 숨어 있었던 오누이는 지상에 떨어졌을 때 불과 몇 번 튀어 올랐을 뿐 다친 데라곤 하나도 없었다.

하늘에 닿는 대홍수를 겪고 나자 대지 위의 모든 인간은 죽고 말았다. 오직 오누이가 유일한 생존자일 뿐

여와의 부조_여와는 황토로 사람을 만들고 결혼 제도를 만들었다. 여와의 사당에 가서 빌면 결혼도 할 수 있고 자식도 낳을 수 있다는 믿음이 있다고 한다.

이었다. 그들은 본래 이름이 없었다. 그들이 호리병 박 속에서 살아남았기 때문에 복희(伏羲)라고 부르게 되었다. 복희란 바로 호리병 박을 뜻하는 것이다. 대지 위에 살고 있던 인간들은 절멸되고 말았지만 오누이는 열심히 일하며 지극히 행복한 하루하루를 보내게 되었다.

세월이 흘러 어느덧 오누이는 몰라보게 자라 어엿한 성인이 되었다. 오빠는 여동생과 결혼하고 싶었지만 그럴 때마다 여동생은 번번이 거절하며 말하곤 했다. 그러다 결국 여동생은 오빠가 자신을 잡으면 결혼해 주겠다고 제안하고, 오빠는 꾀를 내어 재빠른 여동생을 자신의 품에 안기게 하여 둘은 결혼을 하게 되었다.

그들이 결혼한 지 얼마 되지 않아 복희는 고깃덩어리를 낳았다. 부부는 이를 괴이하게 여긴 나머지 고깃덩이를 잘게 잘라 종이에 싼 다음 하늘로 통하는 사다리에 올라 하늘나라에 놀러 가게 되었다. 그들이 하늘에 오르는 사다리를 반쯤 올랐을 때 느닷없이 거센 바람이 불어와 종이가 찢어지는 바람에 종이에 쌌던 고깃덩이 조각들이 사방으로 산산이 흩어져 버리고 말았다. 그런데 놀랍게도 그 조각들은 지상에 닿자마자 모두 사람으로 변하는 것이었다.

나뭇잎 위에 떨어져 사람이 된 자에게는 섭(葉)이라는 성씨를 주고 나무 위에 떨어져 사람이 된 사람에게는 목(木)이라는 성씨를 주는 등, 떨어진 곳의 사물의 명칭을 따서 각기 그들의 성씨로 삼았다. 그로부터 지상에는 또다시 인간들이 번성하게 되었다. 그 결과 복희씨 부부가 인류를 창조한 시조가 되었다.

| 31 | 삼황오제

■ 중국 신화 ■

삼황오제는 중국 고대의 전설적 제왕들을 말한다. 중국의 역사는 삼황오제로부터 시작되었다는 신화 속 주인공들인 이들은 중국인들이 이상적으로 삼는 정신적인 제왕의 표상들이다. 삼황오제에 대한 개념은 전국 시대 말에 전설적인 제왕을 3명 또는 5명으로 정리하는 사상에서 나왔으며, 중국은 전통적으로 천황·지황·인황(태황이라고도 한다)의 삼황설이 나타난다. 이는 우주의 이치를 천·지·인의 삼재로서 생각한 인위적 추상적인 사고이다.

    삼황오제(三皇五帝)는 중국의 고대 신화에 등장하는 제왕들로 세 명의 황(皇)과 다섯 명의 제(帝)를 말한다. 이들 여덟 명의 제왕은 중국 문명의 시조로 추앙되며 근대 이전까지는 중국에서 신화가 아닌 역사 인물로서 추앙되었다. 현대의 역사학계에서는 삼황오제 신화가 후대에 창조되고 부풀려진 신화이며 역사적 사실이 아니라고 판단하고 있다.

    삼황의 첫 번째 인물은 나무를 비벼 불을 만든 수인씨(燧人氏)다. 눈이 세 개인 수인씨가 매사에 주위를 살피고 새로운 문명을 밝힌 덕분에 인류는 음식을 익혀 먹을 수 있게 되었고, 난방을 할 수 있게 되었으며, 안전을 더욱 확보할 수 있게 되었다.

    삼황의 두 번째 인물은 사람들에게 고기잡이와 수렵을 가르친 복희씨(伏羲氏)다. 복희씨 덕분에 사람들은 자연의 처분만을 기다리지 않고 스스로 주동적으로 나서서 짐승을 사냥하고 물고기를 잡아 식생활을 개선할 수 있게 되었다. 복희씨는 그물도 발명했다.

    삼황의 마지막 전설적 인물은 백성들에게 경작을 가르친 신농씨(神農氏)다. 인류는 신농씨 덕분에 나무 열매와 짐승을 찾아다니던 불안정한 생활에서

수인씨(燧人氏)　　　　복희씨(伏羲氏)　　　　신농씨(神農氏)

삼황오제_삼황오제는 중국 역사의 대표적인 인물들이다. 그런데 이들은 모두 동이족이었다는 중국의 사료들이 존재한다. 동이의 역사·지리적 범주가 과거 산동성이나 요동성 등을 포함했다는 점에 의거하면 삼황오제를 비롯해 동이 전체를 한민족으로 보는 비주류 역사관도 있다.

소호 금천씨(少昊 金天氏)　　전욱 고양씨(顓頊 高陽氏)

벗어나 일정한 땅에서 경작을 하는 정착생활을 하게 되었으며, 이로 인해 인간의 역사에 농경 시대를 활짝 열 수 있었다.

오제(五帝)는 황제의 뒤를 이은 다섯 자손을 뜻하며, 소호 금천씨(少昊 金天氏), 전욱 고양씨(顓頊 高陽氏), 제곡 고신씨(帝嚳 高辛氏), 제요 도당씨(帝堯 陶唐氏), 제순 유우씨(帝舜 有虞氏)의 다섯 명을 일컫는다. 뒤의 두 명을 따로 떼어 성군(聖君)을 칭송할 때 관용적으로 쓰이는 요순(堯舜)임금이라고 부르기도 한다. 소호 금천씨는 황제의 아들로 황제가 승천한 후 왕위에 올랐다. 왕위에 오른 후 봉황이 날아들어 소호의 정치를 도왔다.

소호의 뒤를 이은 것은 전욱 고양씨로, 전욱은 소호의 형의 아들이었다. 아직 반고의 천지창조가 일어난 지 얼마 되지 않은 때라 하늘과 땅의 구별이 엄격하지 않았다. 전욱은 엄격한 법을 세워 하늘과 땅의 구별을 확실히 하고 인간 세상에서도 주종관계, 남녀관계 등을 명확히 세웠다.

전욱의 뒤를 이은 것은 소호의 아들인 제곡 고신씨였다. 그는 음악의 신으로, 각종 악기와 음악을 만들어 백성들을 즐겁게 하였다.

제요 도당씨는 다음 대의 군주인 순(舜)과 함께 이른바 요순이라 하여 성군의 대명사로 일컬어진다. 현재까지 요의 역사적 실존성은 정확히 밝혀진 바가 없고 다만 우왕과의 관계에서 하나라 이전에도 국가 비슷한 실체가 형성되어 있음을 보여 주는 자료로 사용된다.

제순 유우씨는 오제의 마지막 군주이다. 주로 선대의 요(堯)와 함께 이른바 요순이라 불리며 성군의 대명사로 일컬어진다.

제곡 고신씨(帝嚳 高辛氏)　　제요 도당씨(帝堯 陶唐氏)　　제순 유우씨(帝舜 有虞氏)

|32| 치우 신화

■ 중국 신화 ■

치우는 전설 속 동방 구려족(九黎族)의 수령으로, '양호(兩皥, 태호 복희씨와 소호씨)' 집단의 중요한 구성원이었다. 그의 활동 중심은 지금의 산둥성·허난성·허베이성 경계지대로 알려져 있다. 형제 81명이 모두 짐승의 몸뚱이에 사람 말을 하는데 머리는 동(銅)이고 얼굴은 쇠였다고 한다. 이런 형상을 하고 어딜 가나 싸움을 일으켰다고 한다. 치우는 성질이 급하고 사나워 용맹하게 싸움을 잘했다고 하는데 신화전설 시대의 가장 위대한 제왕이자 중화인의 선조로 꼽히는 황제와 천하를 다툰 동이족의 대표적인 수령이었다. 그가 황제와 벌인 탁록 전투는 신화 시대 최대의 전투이자 전쟁으로 꼽힌다.

    치우는 삼황의 하나인 염제 신농씨의 자손이다. 그의 생김새는 구리로 된 머리, 쇠로 된 이마, 사람의 몸과 소의 발굽을 하고 있고, 네 개의 눈과 여섯 개의 손을 갖고 있었다.

    염제 신농씨가 제왕에 오른 후로 8대째가 되던 시절, 염제의 자손은 덕이 없을뿐더러 욕망이 이끄는 대로 제후국을 침략했다. 이때 염제의 자손에게 도전했던 인물이 황제 헌원이다. 헌원은 염제의 자손과 싸웠는데, 세 차례 전투를 벌여 마침내 승리하여 천하를 손에 쥐게 되었다. 하지만 헌원은 염제의 자손을 멸하지 않고 남방의 제왕으로 삼았다.

    치우는 헌원에게 대항하기 위해 자신과 닮은 81인의 형제들과 바람의 신 풍백(風伯)과 비의 신 우사(雨師)를 지휘하였다. 치우의 첫 번째 전쟁 상대는 자신의 친척인 염제의 후손이었다. 압도적인 전력으로 진격한 치우는 염제의 자손을 간단히 격파하여 내쫓은 후 염제의 후계자라며 스스로를 염제라 칭했다. 이어서 치우는 군대를 탁록의 들판에 포진시켜 헌원의 군대를 기다리게 했다. 급보를 들은 헌원은 곧장 치우가 포진하고 있는 탁록으로 군대를 보내 양군은 그곳에서 한 치도 물러서지 않는 격렬한 전투를 벌

탁록 전투_치우와 황제 헌원과의 전투로 치우의 군이 연승하였으나, 최후의 전투에서 패배한다.

였다. 치우는 첫 전투에서 전쟁터를 짙은 안개로 뒤덮이게 했다. 헌원의 군대는 짙은 안개 속에서 전후좌우를 제대로 구분할 수 없게 되었고, 적군이 우왕좌왕하는 사이를 비집고 공격해 치우는 크게 이겼다.

헌원은 치우에게 어이없이 패하자 전열을 가다듬어 다시 치우를 공격했다. 그는 물을 모아 비를 내릴 수 있는 응룡(應龍)을 불러 치우에 대항하게 했으나 치우는 비장의 무기인 바람의 신 풍백과 비의 신 우사를 출전시켰다. 응룡이 비록 비를 내리는 능력을 갖고 있었지만 비의 신 우사의 능력에는 한참을 미치지 못했을 뿐 아니라 거기에 풍백의 능력까지 가세되자 그들이 일으키는 무서운 폭풍우 앞에서 응룡은 속수무책으로 당해 사라지고 말았다.

풍백과 우사가 일으킨 폭풍우가 응룡을 격퇴시키는 것을 가까이서 지켜본 헌원은 폭풍우를 진압하기 위해 자신의 딸인 발을 전장에 투입했다. 그녀가 내뿜는 열과 빛은 순식간에 풍백과 우사가 일으킨 폭풍우를 날려 버렸다. 그 후로 헌원 군은 두 번 다시 폭풍우로 인해 전투에서 고전하는 일은 없었다.

헌원 군이 딸의 힘을 빌어 이번 전투를 승리로 이끌었지만 문제는 치우군은 싸움마다 번번이 전투를 승리로 이끄는 바람에 사기가 충천해 있다는 것이었다. 그래서 헌원은 적의 사기를 떨어뜨리고 자신의 군대의 사기

치우_중국 고대 신화에 나타나는 인물로, 구려족(九黎族)의 우두머리로서 황제와 전쟁을 벌였다고 전해진다. 전투에 매우 뛰어난 능력을 보여 중국과 한국에서 '전신(戰神)'이나 '병기의 신'으로 숭배되기도 하였다.

를 높이기 위해 군고(軍鼓)를 만들었다. 그리고 기(夔)라는 짐승을 죽여 그 가죽을 북에 붙이고 뇌수(雷獸, 상상의 동물)의 다리뼈를 북채로 삼았다. 군고의 북소리는 전방 200km까지 울려 퍼졌고, 천지를 찢어놓을 듯한 거대한 굉음은 치우 군에게 경악과 공포를 심어 주었다.

안개와 폭풍우가 발에 의해 사라지고 개인적인 전투 능력 면에서 헌원에게는 치우보다 우수한 응룡이 있었지만, 치우에게는 아직 믿을 만한 구석이 남아 있었다. 그것은 바로 치우의 군대 통솔 능력이었다. 귀신과도 같은 신출귀몰할 치우의 전투지휘 능력은 여전히 헌원 군에겐 공포의 대상이었다. 이때 서왕모(西王母)는 헌원에게 사자를 보내 병법서인 《음부경(陰符經)》을 주었다. 이 책을 본 헌원의 지휘 능력이 그때부터 비로소 치우보다 우수해졌다.

이제 두 장수의 물러설 수 없는 한 판 승부가 시작되었다. 먼저 헌원이 천둥소리와 같은 굉음을 발하여 요괴들의 사기를 떨어뜨리는 군고를 계속 울리며 치우 진영을 공격해 들어갔다. 발의 능력이 풍백과 우사의 능력을 완전히 봉쇄하자 하늘은 맑고 구름 한 점 없었다. 헌원의 군은 응룡을 선봉에 세우고 맹수의 무리로써 빈틈없는 전투 대형을 짜고 치우의 군대를 몰아붙였다. 이날 헌원의 지휘 능력은 치우의 지휘 능력보다 우수했으므로 지휘 능력이라는 유일한 장점마저 잃은 치우 군은 싸움에서 완패했다.

치우 군은 헌원 군에게 철저히 섬멸당했다. 전세가 이미 기울었음을 직감한 치우가 하늘로 날아올라 전장을 탈출하려 했으나 응룡의 추격을 받아 결국 붙잡히고 말았다. 헌원은 치우가 다시는 부활하지 못하도록 그의 몸을 조각조각 나누어 두 곳에 매장되었다.

치우가 사망한 후, 천하가 다시 어지러워지자 헌원은 치우의 상을 그려 천하에 내보였다. 천하의 사람들은 그가 아직 죽지 않고 헌원의 신하가 된 줄 알고 그의 힘이 두려워 복종했다. 이것이 치우가 군신이 된 기원이다.

|33| 예(羿) 신화

■ 중국 신화 ■

중국 신화에 나오는 전설상의 궁수 신. 항아의 남편이며 비극적인 영웅. 《좌전》에는 이름이 이예(夷羿)로 기록되어 있다. 중국 고대 국가로 알려진 하나라의 비정통 국왕인 후예와 동일시된다.

    예는 원래 천상의 존재로, 옥황상제 제준(帝俊)과 태양의 여신 희화(羲和)의 아들이다. 당시 태양은 열 개였으며 그들은 교대로 활동했는데 어느 날 규칙을 깨고 태양이 모두 떠올라 난동을 피웠다. 그 열기에 강이 마르고 가뭄이 들자 숨어 지내던 괴수들까지 날뛰게 되었다. 대지에 있던 요임금이 다급한 마음에 구제를 요청하는 제사를 하늘에 올렸다.

    대지의 비상사태를 하늘에서 지켜보던 옥황상제 제준은 아들 예를 대지로 내려 보냈다. 예는 자신의 아내인 항아와 함께 대지의 요임금을 만나 태양을 없애 줄 것을 부탁받는다.

    예는 열 개의 화살을 화살통에 넣고 열 개의 태양을 쏘기 위해 산을 올라가던 도중 산중턱에 있는 노인의 집에서 하룻밤의 신세를 지게 되었다. 그런데 노인은 예가 태양을 없앨 것이라는 사실을 알고는 화살 한 개를 숨겼다.

    다음날 아침, 산꼭대기에 오른 예는 화살을 꺼내어 황금의 세발 까마귀(태양의 정령)를 떨어지게 했다. 화살은 모두

활을 쏘는 예의 조각상

하늘의 해를 떨어뜨리는 예_예는 본디 천신이었고, 인간이 되어 천계에서 추방당하였는데, 그 이유가 상제의 아홉 아들인 태양을 쏘았기 때문이다. 일월조정 등의 천지창조신화 중, 영웅형 신화의 전형적 인물상과 하나라의 예란 인물이 합쳐진 것으로 보인다. 한반도 창세 무가(巫歌)에서 나타나는 인물(대별왕, 소별왕 등)과 같은 기원으로 추정된다.

명중해 아홉 개의 태양이 떨어졌지만 나머지 하나의 태양은 화살이 없어 떨어뜨리지 못했다.

다음으로 예의 과업은 대지 위에서 날뛰는 괴수들을 물리치는 것이었다.

예는 먼저 착지라는 괴물을 맞이했다. 날카로운 이를 가진 착지는 과라는 창을 들고 다니고 방패를 쓰는데, 예는 과를 그냥 부러뜨려 버리고 이빨도 쪼개 버린 다음, 착지가 방패로 머리를 가리자 화살을 쏴 방패째 머리를 뚫어 버렸다.

다음에는 소같이 생긴 몸에 말발굽을 가진 사람의 얼굴을 한 알유를 제압했다.

그 다음에는 북방의 흉수에서 물과 불을 뿜어내는 괴수 구영을 없앴다. 예는 돌아오는 길에 북방의 해록 산이 무너지며 그 속에서 옥반지 하나를 얻는다. 다듬지 않은 자연 그대로의 옥반지는 예에게 엄청난 힘을 주었다.

예가 과업을 마치고 돌아오는 도중 동방에 있는 청구의 연못을 지나다 백성을 괴롭히던 대풍이라는 사나운 새를 만난다. 봉이 공작새이니 대풍은 거대한 공작새이다. 예는 대풍이 도망갈 수 있다고 여겨 화살에 실을 달아 맞춘 후 새를 찔러 죽인다. 그리고 나서 남방의 동정호에 사는 큰 구렁이 파사에게 갔다. 이 뱀은 검은 몸뚱이에 푸른 머리를 하고 있었고 큰 코끼리 한 마리를 통째로 삼켜버릴 수 있는 무시무시한 괴력을 지니고 있었다. 예는 파사를 찾기 위해 여러 날을 기다린 끝에 파사와 대적하여 승리를 했다. 파사의 거대한 시체의 뼈는 산을 하나 쌓을 수 있을 정도로 거대했는데, 이 산이 후세의 파릉(파구)이라고 한다. 지금의 호남성 악양현 성안의 서남쪽이다.

예의 마지막 일은 상림의 거대한 산돼지를 잡는 일이었다. 이 거대한 산돼지는 봉희라고 했는데 긴 이빨에 날카로운 발톱을 지닌, 소보다도 힘이 센 맹수였지만 예에게는 상대가 안 되었다.

이처럼 옥황상제인 제준의 명을 받들어 인간세상을 어지럽히던 괴물들을 처치해 대지의 재앙을 멸한 예였지만, 결과적으로 천제의 아들(태양)을 아홉 명이나 죽여 천상의 미움을 사고 만다. 이에 제준은 예를 신에서 인간으로 강등시켜 항아와 같이 살도록 천상에서 쫓아내 버린다.

천상에서 대지로 내려온 예는 아내 항아랑 같이 인간이 되어서 살다가 자신들이 늙은 것을 보고 충격을 받았다. 그래서 다시 신선이 되고자 방법을 찾던 중, 곤륜산의 서왕모가 그 방법을 안다기에 그의 거처를 찾았다. 하지만 서왕모가 살고 있는 산으로 가려면 새의 깃털조차 가라앉을 정도로 건널 수 없는 물이 흐르는 강인 약수와 화산을 건너야 했다. 예는 약수와 화산을 건너는 과정에서 화산에 사는 불쥐를 죽여 불쥐의 털옷을 얻어 강을 건넜다.

예는 천신만고 끝에 약수와 화산을 건너 서왕모를 만났다. 서왕모는 고난을 거쳐 자신에게 온 예에게 수고의 표시로 두 개의 선단을 주었다. 그런데 서왕모는 예와 항아에게 이 선단을 둘이 반씩 나누어 마시면 불로장생하고 혼자 모두 마시면 다시 신선이 되어 승천할 수 있다며 부부의 결정을 어렵게 만든다. 하지만 이 사실을 안 항아는 천계생활이 그리워 선단 두 개를 혼자 먹어 버리고는 달로 도망쳤다.

항아는 불사의 약을 훔쳐 달로 도망쳤지만 남편을 배신한 죄에 대한 벌로서 달에서 벗어날 수 없는 몸이 되었다. 달에는 불사의 약을 찧는 토끼 한 마리와 계수나무 한 그루가 있을 뿐 그 외에는 아무것도 없는 쓸쓸한 땅이었다. 항아는 이곳에서 영원히 지내게 된 처지가 되어서야 비로소 남편의 소중함을 깨달았으나 때는 이미 늦었다. 항아는 외롭게 달에서 토끼와 함께 유배생활을 보내게 되었다.

　항아의 배신에 충격을 받은 예는 그 뒤 세상 모든 게 다 귀찮아져 그만 한량이 되고 말았다. 그 후 예는 말년에 들인 봉몽이라는 제자와 결투해 제자가 만든 복숭아나무 곤봉에 뒤통수를 맞아 절명하고 만다.

전통적인 도덕관이 중국 신화에 미친 영향은?

　중국의 영웅 신화엔 불순물이 하나도 섞여 있지 않다. 흔히 영웅 신화에 나오는 영웅의 일탈이나 무자비한 살육, 성적 문란이 눈살을 찌푸린 독자가 있다면 중국 영웅 신화의 책장을 넘기면 무색무취할 정도로 중국 영웅들은 교훈적이고 계몽적이어서 나름 철학자 같은 풍모마저 풍긴다. 중국 영웅 신화는 일찍부터 전사 영웅의 도덕적 가치를 강조한 점에서 다른 신화와 차별화된다. 영화로 친다면 연령 제한이 없는 순수한 영혼을 지닌 영웅의 교육용 영화라고나 할까.

　중국 신화에서 약간의 핑크빛 분위기를 기대했던 독자들은 홍수 이야기에 나오는 여와와 오빠의 관계처럼 근친상간이 나오는 장면에서 은근히 그 캐캐묵은 교훈담이 사라지길 바라지만 이때에도 여지없이 두 신은 자신들의 행위에 수치심을 느껴 얼굴을 가린다. 중국 신화에서 방탕하게 바람을 피우고 돌아다니는 것은 허용되지 않는다. 사생아는 아예 설 자리가 없으며 가족 간의 분쟁도 용서받을 수 없다.

　대신에 중국의 신들은 대개 아주 부지런히 일하는 창조적인 성격을 지녔다. 예를 들어, 여와의 오빠인 복희는 그물을 발명하여 사람들에게 물고기 잡는 법을 가르친다. 공학의 신인 우는 위험한 홍수를 막는 방법을 생각해내 영생의 보상을 받는다. 황제는 옷과 동전을 발명하고, 신농은 약초의 효능을 알아내고, 심지어 새로운 약을 만들다가 죽는다. 앤 비렐은 "남녀 간의 사랑을 주제로 한 이야기는 아주 드물며, 설혹 있다 하더라도 성적 묘사는 지극히 제한적으로 서술되는데, 이것은 일찍부터 점잖은 방향으로 편집이 일어났다는 것을 시사한다"라고 지적한다.

　중국 신화에 등장하는 신은 수백 명이나 되는데 그 중에는 온 민족이 섬기는 신도 있고 특정 지역에서만 섬기는 신도 있다. 《산해경》에 등장하는 신은 200명이 조금 넘는다. 그 가운데 일부는 먼 옛날의 중국 역사에서 나왔으며, 실존했던 초기의 왕 가운데 훌륭한 업적을 남겨 신격화된 사람도 있을 것이다. 이러한 제왕 겸 신의 일부는 실제로 통치한 재위 기간이 명시돼 있기도 하다. 그 가운데 세 사람을 '삼황(三皇)'이라 부르고, 또 다른 셋을 '성군(聖君)'이라 부른다.

|신화를 알면 역사가 보인다|

제6장

헤브라이 문명의 신화를 찾아서

　헤브라이 신화의 중심무대가 되는 가나안은 메소포타미아와 이집트의 대제국들을 연결하는 일종의 육교지역에 위치해 있었다. 이런 태생적인 이유로 가나안 신화는 메소포타미아 신화에 크게 영향을 받은 신화체계가 생겨났는데, 가나안 신화가 이스라엘 민족의 믿음과 격렬하게 충돌할 수밖에 없는 것이 바로 이런 태생적 이유 때문이었다. 가나안에서 가장 널리 숭배되던 최고 신은 엘인데, 고대 셈어로 '신'이란 뜻이다. 역사상 어느 시점에, 가나안 사람들이 믿던 엘은 히브리 민족의 유일신으로서 모세에게 십계명을 준 야훼와 합쳐지게 된다. 가나안의 엘은 유대인의 유일신으로 합쳐진 반면, 가나안의 또 다른 주요 신의 말로는 좋지 못했다. 그 중 가나안 사람들이 풍요의 신으로 여겼던 바알은 성경에서 마귀의 두목으로 전락한다.

　바알은 고대 가나안 사람들이 풍요와 다산의 신으로 숭배하던 풍요와 폭풍우의 남성 신이다. 구약성서에서는 바알 신앙과 하나님 신앙이 경쟁관계였음을 짐작하게 하는 내용들이 나온다. 고대 도시국가인 수메르의 신인 아누, 엔릴, 이난나 같은 신들이 바알이라고 불렸다. 이후 메소포타미아 문명의 영향을 받은 페니키아인들이 기원전 2500년경 도시국가인 카난을 형성하면서 메소포타미아의 신들을 흉내내어 우가리트 신화를 만들었다.

　몰렉은 바알 또는 밀곰으로 추앙되며 가나안과 바빌론, 크레타 섬 등에서 시작된 우상이다. 몰렉의 형상은 소머리에 사람의 몸을 가지고 있는 모습으로, 고대 바벨론 지역에서는 번영을 위한 인신제사를 하도록 하여 집안의 장자를 불 위로 걷게 해서 태워 죽이는 의식을 하였다.

　율법에는 이런 가증스런 우상이 하나님을 욕되게 하는 일이라 규정하면서 그것을 숭배하는 자는 반드시 처형하되 돌로 쳐 죽이도록 명령하고 있다. 그럼에도 북이스라엘에서는 말할 것도 없고 남유다의 아하스, 므낫세 시대에 특히 몰렉 숭배가 심했다. 헤브라이 천지창조는 《구약성서》의 〈창세기〉의 서두에 언급된 세계창조를 말한다. 이 천지창조의 신화는 근대에 이르기까지 그리스도교·유대교적 세계관의 기본이 되었다.

　히브리어로 아담은 '사람' 또는 '인간'이라는 뜻이다. 성서 최초의 인간은 한 개인이 아니라 전체 인류의 대표이자 원형이다. 따라서 아담이 신의 뜻을 어겨 에덴에서 추방된 것은 곧 인류가 같은 운명에 처하게 되었다는 것을 의미한다.

　아담과 이브는 또 다른 자식 셋을 낳고 카인의 후손과 셋의 후손은 세상에 번창해 나갔다. 하지만 세월이 흘러 하나님이 만든 인간들이 타락하자 하나님은 세상을 물로 심판할 생각을 하고 므두셀라의 손자 노아를 불러 방주를 만들게 한다. 40일에 걸친 대홍수가 끝나고 다시 노아의 세 아들 셈, 함, 야벳이 새로운 인류의 조상이 된다.

| 34 | 바알 신화   ■ 가나안 신화 ■

바알은 고대 가나안 사람들이 풍요와 다산의 신으로 숭배하던 풍요와 폭풍우의 남성 신이다. 그의 아버지는 최고 신인 엘, 어머니는 바다의 신 아세라였다. 하지만 가나안의 지리적 특징 때문에 엘보다는 바알이 더욱 숭배되었다. 구약성서에서는 바알 신앙과 하나님 신앙이 경쟁관계였음을 짐작하게 하는 내용들이 나온다.

    초기의 바알이라는 단어는 남성 신에게 붙는 보통명사일 뿐 어떤 특정한 신을 지칭하는 것이 아니었다. 고대 도시국가인 수메르의 신인 아누, 엔릴, 이난나 같은 신들이 바알이라고 불렸다. 이후 메소포타미아 문명의 영향을 받은 페니키아인들이 기원전 2500년경 도시국가인 카난을 형성하면서 메소포타미아의 신들을 흉내내어 우가리트 신화를 만들었다.

    이때 수메르의 엔릴 신이 카난의 하드 신이 되었고, 수메르의 주신이 바알 엔릴이라고 불리던 것까지 그대로 페니키아인에게 넘어가 바알 하드라 불리던 것이 바알이라고 불리게 되면서 바알이 신의 고유명사로 정착된 것으로 보고 있다. 즉 우가리트 신화에서 말하는 바알은 바알 하드를 가리키는 것이다.

    우가리트 신화의 최고 신인 엘은 '신 중의 신'이라는 의미를 지니고 있어 아랍의 알라의 어원이며 구약성서에서 야훼의 다른 이름인 엘로힘의 어원이기도 하다. 바알은 최고 신인 엘, 어머니는 바다의 여신 아세라이다.

    바알은 스스로가 최고 신이 되고 싶었기 때문에 아버지인 엘을 제거한 뒤 왕위에 오르고 어머니인 아세라와 여동생이며 사랑과 전쟁의 여신인 아나트를 아내로 두었다.

　본래 왕위를 이어야 했던 형이며 바다의 신인 얌은 바알의 처신을 못마땅하게 여겼고 다른 신들을 모아 바알을 노예로 만들자고 했다. 신들은 얌을 두려워하여 그의 요구를 받아들였지만 바알은 단호하게 싸울 것을 결의하였다. 이때 신들의 장인(匠人)은 바알의 편에 섰고 바알에게 번개를 무기로 만들어 주었다. 번개로 무장한 바알은 얌과 싸웠고 그의 가슴과 어깨에 번개를 명중시켰지만 얌은 꺾이지 않았다. 그래서 신의 장인은 더욱더 강한 번개인 '추방하는 자'를 만들어 주었고 이번에는 얌의 두 눈 사이에 번개를 명중시켜 얌을 쓰러뜨렸다. 바알은 혼돈이었던 바닷물을 사람들에게 도움이 되도록 만들어 주었고 자신의 권력을 과시하기 위해 거대하고 웅장한 신전을 지었다.

　한편 남동생이며 명계의 신인 모트는 최고 신이 된 바알에게 공물을 바칠 것을 요구하였는데 바알이 거부하자 두 신은 결국 싸우게 되었다. 첫 싸움에서 바알은 패배하였고 모트는 바알을 노예로 만들어 부려먹다가 싫증이 나자 바알을 명계에 떨어뜨렸다.

바알 신상과 신전_시리아 고대도시 팔미라에 세워진 바알 신전으로, 고대 페니키아인들이 폭풍과 강우를 지배하는 여신 바알샤민에게 제사를 지내기 위해 세운 것이다.

헤브라이 문명의 신화를 찾아서

바알의 아내인 아나트는 명계로 떨어진 남편을 구하기 위해 몸과 옷을 흙먼지로 더럽히고 얼굴과 몸에 상처를 내어 상을 치른 후 태양신 샤파슈에게 길을 비춰 달라고 하며 명계로 내려갔다.

아나트는 바알을 지상으로 되돌려 보내기 위해 모트를 설득했지만 모트는 막무가내로 아나트의 말을 무시했다. 이에 아나트는 화가 머리끝까지 치밀어 모트를 칼로 두 토막 낸 뒤 불로 지지고 절구로 찧어 완전히 가루를 낸 뒤 들판에 뿌려 버렸다.

아나트의 활약으로 바알은 겨우 살아날 수 있었지만 모트 역시 죽음이 존재하는 한 사라지지 않는 존재였기 때문에 두 신은 영원한 싸움을 하며 계절마다 밀고 당기는 싸움으로 한 해를 지새우게 되었다. 바알과 모트의 싸움은 곧 계절의 순환을 의미한다. 곡식이 잘 자라는 여름이나 가을에는 풍요의 신인 바알이 이기고 있는 것이고 곡식이 사라지는 겨울은 죽음의 신 모트가 이기는 것이어서 곡식들이 전부 죽어 버리는 것이라고 한다.

바알은 일신교 신앙에 의해 악마로 전락하고 말았으며 솔로몬의 마도서 《레메게톤》에 72명의 악마들의 첫 번째 존재로 나오며, 동쪽을 지배하는 자며 악마의 계급은 왕으로 지옥의 66개의 군단을 통솔하였다.

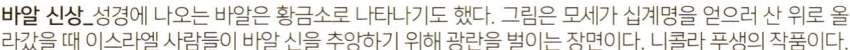

바알 신상_성경에 나오는 바알은 황금소로 나타나기도 했다. 그림은 모세가 십계명을 얻으러 산 위로 올라갔을 때 이스라엘 사람들이 바알 신을 추앙하기 위해 광란을 벌이는 장면이다. 니콜라 푸생의 작품이다.

| 35 | 바알과 아나트

■ 가나안 신화 ■

아나트는 수많은 싸움으로 많은 적을 죽인 매우 호전적인 여신이다. 그녀가 죽인 시체의 피가 허리까지 잠길 정도여서 사망자의 머리나 손이 허리까지 차올랐다고 전해진다. 그녀는 한편으로 처녀라고 불리고 바알의 자매 중 제일 아름답다고 여겨져 오라버니인 바알로부터 사랑을 받는 이면성이 있는 여신이다.

바알은 최고 신이 되기 위해 사판 산의 궁전에 있던 아버지 엘을 기습해 그의 생식기를 거세한 후 쫓아냈다. 하지만 아들에게 거세당한 엘은 분노하여 다른 신들의 도움을 받아 바알에게 복수하기로 결의했다.

엘의 부름에 먼저 달려온 것은 용의 모습으로 일곱 개의 머리를 가진 바다의 신 야무였다. 엘은 야무를 자신의 후계자로 선언하고 바알을 권좌에서 쫓아내기 위해 안간힘을 썼다.

야무는 곧바로 사판 산으로 달려가 자신이 엘로부터 왕위를 물려받았음을 선포하였다. 바알은 야무를 인정하지 않았다. 그는 자신의 뜻을 거부한다면 죽이겠다고 위협했다. 하지만 야무 역시 사자를 보내어 바알에게 항복할 것을 종용했다.

이윽고 바알과 야무는 왕의 자리를 놓고 전쟁을 벌였다. 하지만 바알 쪽은 힘이 부족하여 패할 것처럼 보였다. 이 위기에서 바알을 구한 것이 아나트였다. 그녀가 야무를 쓰러뜨렸던 것이다.

엘 신상_모든 셈족 언어에서 신을 가리키는 용어로 쓰이며 기본 의미는 '강한 존재'이다.

헤브라이 문명의 신화를 찾아서

전쟁에서 승리한 바알은 아스타르테의 제안으로 야무의 사체를 잘게 잘라 세계 속에 뿌렸다고 한다.

승리를 축하하기 위해 아나트는 신들을 위해 연회를 벌였다. 연회장에는 많은 신이 모였는데, 그녀는 전쟁에서의 흥분을 가라앉히지 못했는지 살육에 대한 욕구를 주체할 수 없었다. 여신은 왕궁의 문을 걸어 잠그고 신들은 물론 눈에 보이는 자들을 닥치는 대로 죽였다. 이들이 죽으면서 흘린 피가 아나트의 허리까지 차오르자 그녀는 죽은 자들의 머리와 손을 자신의 허리 주위에 두르며 몹시 기뻐했다.

바알은 여동생이자 아내인 아나트의 광기에 두려움을 느껴 몸을 피했다. 그리고 아나트에게 사자를 보내 "전쟁은 이미 끝났으니 이제 무기를 버리고 평화와 풍작을 위해 공물을 바치자"는 뜻을 전했다. 이에 아나트는 정신을 차리고 바알의 뜻에 따랐다.

하지만 평화는 오래 가지 못했다. 야무의 죽음을 안 명계의 신 모트는 바알의 행위를 맹렬히 비난하며 공물을 요구했다. 바알과 모트는 전쟁을 치렀으나 죽음의 신 모트가 이겼다. 바알은 힘 한 번 제대로 쓰지 못한 채 죽고 만 것이다.

아나트는 남편 바알의 죽음에 명계로 내려가 모트에게 바알을 살려낼 것을 설득했으나 그가 거부하자 살육의 여신은 죽음의 신에게 처절한 복수를 했다. 먼저 칼로 찌른 다음 그의 사체를 불에 태우고 절구에 찧어서 밭에 뿌렸다. 그리고 뼈는 새에게 주었다. 이는 그 유래를 찾아보기 힘든 잔인한 살해 방법이었지만 실은 풍작을 기원하는 의식의 순서대로 행한 것이었다.

◀**아나트**(162쪽 그림)_사랑과 싸움의 여신이다. 또한 폭풍우의 신 바알의 여동생 혹은 아내라고도 한다. 귀스타브 모로의 작품.

아나트 여신상

헤브라이 문명의 신화를 찾아서 **163**

| 36 | 하늘의 활

■ 가나안 신화 ■

하늘의 활은 고대 가나안의 대장장이 신이 전쟁의 여신을 위해 만든 것이다. 하지만 그는 이것을 인간 세상에 깜빡 잊고 두고 온다. 신의 활을 얻은 영웅과, 그 활을 되찾으려는 여신의 싸움으로 세상은 흉작을 겪는다.

아나트는 어느 날 오라버니인 바알이 그녀에게 "내게는 전용의 신전이 없다"라고 한탄하는 소리를 듣는다. 그의 이야기를 들은 아나트는 최고 신이자 아버지인 엘 앞에서 "머리를 잘라 떨어뜨리겠다"고 협박하며 바알의 신전을 건설해 줄 것을 요구했다. 결국 이 협박은 실패하지만 후에 엘의 아내인 아세라에게 뇌물을 바쳐서 뜻을 이루고, 대장장이의 신 코타르가 바알을 위해 사폰 산에 지상에서 가장 아름다운 신전을 지어서 바알의 신전이 된다. 그 외에 우가리트에도 바알 신전이 지어졌다고 한다.

이처럼 아나트 여신은 한 번 마음먹으면 물불을 가리지 않고 마침내 목표한 것을 성취하고야 마는 집요한 성격이었다. 아나트는 대장장이 신 코타르에게 명궁인 하늘의 활을 만들어 줄 것을 부탁하였다. 코타르는 활이 완성되자 활을 아나트에게 전달하려고 대지로 내려왔다. 그는 지상의 세상을 다니다가 배가 고파서 다니엘이라는 사람의 집에서 신세를 지게 되었다.

다니엘은 코타르에게 음식과 술을 대접하였다. 맛있게 음식을 먹고 술도 마셔서 기분이 좋아진 코타르는 그만 자신이 만든 활을 두고 다니엘의 집을 나왔다.

다니엘은 코타르가 놓고 간 활이 신의 선물이라 여기고는 아들 아크하트에게 주었다.

한편 코타르에게 부탁한 활이 오지 않자 지상을 샅샅이 뒤지던 아나트는 자신의 활이 다니엘의 아들에게 있다는 것을 알게 되었다. 그녀는 사냥을 나간 아크하트를 발견하고는 그의 손에 쥐어진 활을 확인하였다. 아나트는 활을 손에 넣기 위해 처음엔 부드럽게 아크하트에게 부탁을 했다.

"황금을 줄 터이니 그 활을 내게 다오."

하지만 아크하트는 그녀의 요구를 거절했다.

여신은 다시 아크하트에게 말했다.

"내가 너를 영원히 죽지 않는 불사의 몸으로 만들어 줄 터이니 그 활을 내게 다오."

하지만 이번에도 아크하트는 거절했다. 그는 인간은 언젠가는 죽는 운명이므로 아나트의 말은 믿을 수 없다고 여긴 것이다.

두 번이나 자신의 부탁을 거절하자 아나트는 그만 분노했다. 그녀는 전쟁과 수렵의 여신의 체면이 말이 아니라고 생각했다. 아무리 매력적인 제안을 해도 아크하트가 활과 교환하려고 하지 않자 결국 여신은 아크하트의 활을 강제로 빼앗기로 했다.

여신은 얏판이라는 난폭한 부하를 시켜서 아크하트의 활을 빼앗아 오라고 했다. 아크하트가 밥을 먹을 때 무기를 손에서 놓을 터이니 그 틈을 노리라고 자세한 방법까지 일러주었다.

여신의 명을 수행한 얏판은 아크하트의 활을 빼앗고는 그를 죽였다. 게다가 활을 여신

아나트 여신의 부조_ 아나트 여신은 전쟁의 여신이지만 그리스 신화의 아르테미스처럼 수렵과 사냥의 여신이기도 하다.

에게 가져가다가 바다에 빠트리고 말았다. 그 모습을 하늘에서 보고 있던 아나트 여신은 자기가 한 일을 후회했다. 그녀는 젊은 청년 아크하트의 죽음을 탄식하고는 노래를 지어 불렀다.

한편 아크하트가 돌아오지 않자 다니엘은 걱정에 사로잡혔다. 이때 아나트가 나타나 아크하트가 부활할 수 있는 방법을 알려주었다. 이 저주를 풀려면 아크하트를 잃은 가족이 여신에게 복수를 해야만 했다.

아크하트의 누이동생인 푸가트는 남장을 하고 품속에 무기를 품고 오빠를 죽인 범인을 찾아 나섰다. 원수를 찾아 지상의 곳곳을 여행하던 어느 날 푸가트는 하룻밤을 신세지려고 어느 집에 들어갔다. 그런데 그 집 주인이 자기가 아크하트를 죽였노라고 자랑을 늘어놓는 것을 보고 푸가트는 그자가 오빠를 죽인 범인 얏판이라는 것을 알았다.

그녀는 얏판에게 잔뜩 취하도록 술을 권하고 그가 잠이 들었을 때 칼로 베어 죽였다. 그리고 그의 배를 갈랐다. 그러자 그 속에서 아크하트의 뼈가 나왔다. 푸가트는 오빠의 뼈를 땅에 묻었다. 얏판이 죽자 여신 아나트를 옥죄고 있던 저주가 풀리고 바알 신은 대지에 다시 비를 뿌려 주었다. 그러자 기근이 풀리고 밭에서는 다시 싹이 자라기 시작했다. 그리고 매장되어 있던 아크하트는 빗물을 얻어 다시 이 세상으로 살아 돌아왔다. 또 바다에 떨어졌던 하늘의 활은 어느새 여신 아나트에게 돌아가 하늘의 성좌가 되었다.

아나트 여신의 활_아나트 여신의 활은 어떻게 생겼는지 전혀 묘사되어 있지 않다. 그저 전쟁과 수렵의 여신이 사냥을 하기 위해 만든 것이라는 사실만 나온다.

|37| 몰렉 신화

■ 가나안 신화 ■

몰렉은 바알 또는 밀곰으로 추앙되며 가나안과 바빌론, 크레타 섬 등에서 시작된 우상이다. 몰렉의 형상은 소머리에 사람의 몸을 가지고 있는 모습이었다. 고대 바벨론 지역에서는 번영을 위한 인신 제사를 하도록 하여 집안의 장자를 불 위로 걷게 해서 태워 죽이는 의식을 하였다.

    몰렉은 바벨론 지역에서는 명계의 왕으로 알려졌고 가나안에서는 태양과 천공의 신으로 추앙받았다. 몰렉 신을 섬기는 지역에서는 어린 자녀를 희생제물 삼아 불태우는 인신(人身) 제사가 드려지는 등 혐오스럽고 부패한 제의로 유명했다. 솔로몬 때에 결혼 동맹으로 인해 들어온 이방 여인들을 통해 유입된 몰렉 우상은 이스라엘을 오염시켰고, 이 같은 범죄는 결국 솔로몬 이후 왕국이 분열되는 결과를 낳게 된다.

    몰렉의 끔찍한 제사 터로 가장 잘 알려진 곳은 예루살렘 외곽에 위치한 힌놈의 골짜기다. 구약성서와 신약성서 중간 시대에 활동했던 유대인 작가들은 힌놈을 지옥의 입구라고 말할 정도였다. 힌놈이라는 지명은 나중에 신약성서에서 지옥을 뜻하는 그리스어 게헨나라는 이름으로 전승되었다.

몰렉 신앙_고대 바빌론 및 페니키아, 크레타 섬 등에서 행해진 인신 공양의 의식으로, 가나안에서는 태양과 천공의 신으로 추앙받았다.

힌놈의 골짜기_예루살렘 남서쪽에 있는 골짜기로, 왕국 시대 이후로 이곳에 있는 도벳 산당에서는 바알과 몰렉 등에게 인신 희생제사가 드려졌는데, 선지자 예레미야는 이곳을 '살육의 골짜기'라 불렀다.

한편, 율법에는 이런 가증스런 우상이 하나님을 욕되게 하는 일이라 규정하면서, 그것을 숭배하는 자는 반드시 처형하되 돌로 쳐 죽이도록 명령하고 있다. 그럼에도 북이스라엘에서는 말할 것도 없고 남유다의 아하스, 므낫세 시대에 특히 몰렉 숭배가 심했다.

훗날 남유다의 성군 요시야 왕은 종교개혁을 하면서 몰렉 제단을 철폐했지만 완전히 근절하지는 못했다. 이후에도 가나안 땅 안에서 인신 제사가 사라지지 않았고 이로 인해 선지자들은 가증스런 우상 숭배에 대해 끊임없이 경고하였다. 그리고 하나님의 준엄한 심판이 임하여 이스라엘 왕국은 결국 패망하게 된다.

이처럼 우상 숭배와 인신 공양으로 이스라엘 민족은 하나님의 저주를 받고 그들의 왕이 두 눈이 뽑혀 벌거벗은 채로 사슬에 묶여 바벨론으로 끌려갔다.

바벨론의 유수 때에도 여러 지역에서 이민 온 사람들이 믿는 신은 '아드람 멜렉' 또는 '아남멜렉'이라 했는데 그들도 멜렉 신에게 자식들을 불태우

몰렉 신상_위의 그림이 유명한 것은 인신 공양의 제사 방식 때문이었다. 제물로 선정된 아이를 위 그림과 같은 놋이나 동으로 만들어진 소머리 형상의 우상에 바치게 되는데, 이 우상의 가슴 부분이 아궁이로 되어 있었다. 여기에 불을 지펴 우상이 새빨갛게 달아오르면 그 팔에 살아 있는 아이를 안기는 방식이었다. 아이는 몸부림치다가 팔의 경사를 따라 아궁이 속으로 굴러 떨어지게 되며, 이때 아이의 절규와 부모의 오열을 사람들이 들을 수 없도록 매우 시끄러운 북소리를 곁들였다고 한다.

헤브라이 문명의 신화를 찾아서 169

몰렉 신상 부조_ 몰렉에게 아이를 바치는 부조이다.

는 인신 공양을 했으니 그 신은 몰렉 신의 변형이었다.

아드람 멜렉의 뜻은 영광스러운 왕이란 말로 태양을 상징하는 것이요, 아남멜렉은 별, 특별히 토성을 상징하는 것이라고 한다. 이처럼 몰렉에 대해 두 이름이 있는 것은 몰렉 신의 파괴적인 위력과 보호의 양면을 상징하는 것이었다.

몰렉의 인신 공양 의식은 매우 잔인하였다. 몰렉의 상에는 일곱 개 정도의 구멍이 있는데 순서대로 밀가루, 암양, 암소, 산비둘기 등을 집어넣고 마지막에는 아이들을 집어넣었는데, 아이들을 집어넣을 때의 비명소리를 지우기 위하여 북과 나팔소리로 이를 가렸다 한다.

몰렉은 솔로몬 왕이 봉인했다는 72마신 중 21위였다. 몰렉이 소환됐을 때는 수소의 몸체에 인간의 머리를 한 모습이거나 인간 몸체에 수소 머리를 한 모습으로 왕좌에 앉은 채로 나타난다. 기독교에서 지옥을 부르는 방식 중 하나인 게헤나의 근원이 된 악마라고도 한다. 제물은 어린 아이들을 원했으며, 제물의 피와 제물이 된 아이들의 부모의 눈물로 몸을 씻었다고 한다.

|38| 헤브라이 천지 창조 신화　　■ 헤브라이 신화 ■

헤브라이 천지창조는 《구약성서》의 〈창세기〉의 서두에 언급된 세계 창조를 말한다. 그에 의하면 하나님은 혼돈에서 빛과 어둠, 물과 하늘, 땅과 식물, 태양과 달과 별, 물고기와 새, 짐승과 인간(아담과 이브)을 6일 동안에 만들고 7일째는 안식일로 하였다고 한다. 이 천지창조의 신화는 근대에 이르기까지 그리스도교·유대교적 세계관의 기본이 되었다.

《성경》의 〈창세기〉는 천지창조와 유대인의 조상들에 관한 이야기다. 창세기의 첫머리는 이렇게 시작된다. "태초에 하나님이 천지를 창조하시니라." 일반적인 창조신화에서는 신이 기존의 재료를 가지고 세계를 창조하는 데 비해 창세기의 천지창조는 무(無)에서 출발한다. 그저 신의 말 한 마디만으로 사물이 생겨나는 것이다. 신은 빛을 창조하고 그것을 밤과 낮으로 나눈다. 그리고 땅, 식물, 해, 달, 별, 동물을 만든 다음 마지막으로 신의 형상을 한 인간을 창조한다. 일곱째 날에 신은 휴식을 취한다. 나중에 신은 인간에게도 일곱째 날(안식일)을 휴식의 날로 지키라고 명한다.

〈창세기〉의 창조 이야기는 다른 고대의 창조신화와 근본적으로 다르다. 신들의 다툼도 없고, 신이 이미 존재하는 바다와 싸워 이겼다는 식의 세계 창조 과정의 고투에 관한 언급도 없다. 또 인간이 신의 형상을 본떠 만들어진 존재라는 신화는 〈창세기〉가 유일하다.

태초의 세상_ 하나님이 세상을 만든 첫째 날을 묘사한 히에로니무스 보스의 패널 작품이다.

옛적부터 항상 계신 이_창조주 하나님을 나타낸 그림으로, 하나님이 세상을 창조하려는 모습이다. 이 작품은 애플의 창시자 스티브 잡스가 영감을 얻었다는 18세기 낭만주의 화가 윌리엄 블레이크의 작품이다. 위싱턴 국회도서관 소장.

《창세기》의 천지창조 이야기와는 다르게 《탈무드》의 천지창조 이야기는 기본적인 맥은 같이하고 있지만 결이 다른 새로운 천지창조를 전해 주고 있다.

하나님이 세상을 창조하기로 마음먹었을 때 스물두 개의 헤브루 알파벳

철자들이 하나님을 뵈러 갔다. 스물두 개의 철자들은 저마다 자기가 하나님이 세상을 창조할 때 발설하는 첫 번째 말이 되고 싶어했다. 그러나 결국 선택받은 철자는 베이스(Beth: 헤브루 알파벳의 두 번째 철자)였다. 하나님의 입에서 나온 첫마디가 '축복'을 뜻하는 바룩(Baruch)이었기 때문이다. 이렇게 하나님은 창조 작업을 축복으로 시작하셨다.

첫째 날 하나님은 하늘과 땅, 빛과 어둠, 낮과 밤을 만드셨다. 하나님은 돌을 들어 막막한 허공에 던지셨다. 그러자 그 돌이 허공에 자리를 잡으며 땅의 중심부가 되었다. 둘째 날 하나님은 천사들을 창조하고, 셋째 날에는 레바논의 거대한 삼나무를 비롯한 식물을 만드셨다. 셋째 날 하나님은 삼나무들이 너무 크게 자라 교만해질 것을 염려하여, 삼나무를 벨 수 있는 도끼를 만들라고 땅 속에다 쇠를 창조해 놓으셨다.

하나님은 아담과 이브가 살게 될 낙원, 즉 에덴동산을 창조하셨다. 에덴동산은 정의로운 사람들이 죽은 뒤 복락을 누리는 곳이기도 하다. 넷째 날에는 해와 달, 그리고 별들이 창조되었다.

다섯째 날에는 레비아탄을 비롯한 바다생물들이 창조되고, 전설적인 진을 비롯한 새들이 창조되었다.

하나님이 베헤모스를 비롯한 짐승들을 창조한 것은 여섯째 날의 일이었다. 인간들이 창조된 것 역시 여섯째 날의 일이었다. 하나님은 인간을 만드는 문제를 놓고 천사들과 의견을 나누셨는데, 천사들은 인간을 만드는 것이 좋은 생각이라고 자신하지 못했다. 어떤 천사들은 하나님이 자기들 외에 지각 있는 존재를 또 만들려고 하신다는 데 분개하여 불평을 늘어놓았다. 하지만 하나님은 천사들이 인간을 만드는 것에 불만이 있다는 것을 알았지만 천지창조가 제대로 역사하기 위해서는 세계를 다스리는 자신을 닮은 인간이 꼭 필요하다고 생각했다. 하나님은 인간을 만드시기로 결심했다.

| 39 | 인간의 창조와 추방　　■ 헤브라이 신화 ■

히브리어로 아담은 '사람' 또는 '인간'이라는 뜻이다. 성서 최초의 인간은 한 개인이 아니라 전체 인류의 대표이자 원형이다. 따라서 아담이 신의 뜻을 어겨 에덴에서 추방된 것은 곧 인류가 같은 운명에 처하게 되었다는 것을 의미한다.

　태초의 하나님이 천지를 창조하고 그 여섯째 날에 하나님 자신의 형상과 흡사한 모습을 한 존재를 만들기 위해 흙을 빚고 생명을 불어넣어 최초의 인간인 아담을 탄생시켰다. 하나님은 아담에게 온갖 동식물의 이름을 짓는 권리를 주고 에덴에서 자라는 나무들의 열매를 마음대로 먹어도 좋다고 허락했다. 다만 선악을 알게 하는 나무의 열매를 먹는다면 반드시 죽으리라 경고했다. 이후 아담이 짝이 없어 외로워하자 잠자는 틈을 타 갈비뼈를 빼내어 최초의 여성인 이브를 탄생시켰다.

아담의 창조_미켈란젤로의 시스티나 예배당 천장에 그려진 벽화의 하나이다. 하나님이 최초의 인간 아담에게 생명을 불어넣은 창세기 속 성경 이야기를 그리고 있다.

아담에게 선악과를 건네는 이브_이브가 사탄을 상징하는 뱀으로부터 선악과를 받아 아담에게 건네주고 있다. 파올로 베로네세의 작품이다.

어느 날 뱀이 이브에게 선악을 알게 하는 나무의 열매를 먹는다면 눈이 밝아져 하나님과 동등해질 것이라고 유혹했고, 이 유혹에 넘어간 이브는 선악을 알게 하는 나무의 열매를 따먹고 아담에게도 이를 먹였다.

이윽고 두 사람이 자신의 당부를 어긴 것을 알게 된 하나님은 크게 분노하며 두 사람을 책망했으며 이브에게는 임신과 출산의 고통을, 아담에게는 흙으로 돌아갈 때까지 평생 땅을 갈아 수고하고 땀을 흘려야만 먹고살 수 있는 저주를 내렸다. 결국 아담과 이브는 하나님으로부터 가죽옷을 받고 에덴에서 추방되었으며, 인간이 생명의 나무 열매를 따먹고 영생을 누릴 것을 염려한 하나님은 케루빔과 불칼을 두어 생명의 나무를 지키게 했다.

에덴에서 쫓겨난 아담과 이브는 장남 카인과 차남 아벨을 낳았다. 카인은 농부였고 아벨은 양치기였는데, 세월이 흐르고 하나님에게 제사를 바칠 때 카인은 자신이 기른 곡식을 바쳤지만 하나님은 새끼양의 고기를 바친 아벨의 제사만 받고 카인의 제사는 받지 않았다. 이에 분을 참지 못한 카인은 아벨을 들로 불러내어 돌로 쳐 죽였고 결국 추방되게 된다.

이후 아담과 이브는 또 다른 자식 셋을 낳고 카인의 후손과 셋의 후손은 세상에 번창해 나갔다. 하지만 세월이 흘러 하나님이 만든 인간들이 타락하자 하나님은 세상을 물로 심판할 생각을 하고 므두셀라의 손자 노아를 불러 방주를 만들게 한다. 40일에 걸친 대홍수가 끝나고 다시 노아의 세 아들 셈, 함, 야벳이 새로운 인류의 조상이 된다.

노아의 방주_모든 사람이 타락한 생활에 빠져 있어 하나님이 홍수로 심판하려 할 때 홀로 바르게 살던 노아는 하나님의 특별한 계시로 홍수가 올 것을 미리 알게 된다. 그는 120년에 걸쳐 상·중·하 3층으로 된 방주를 만들어 여덟 명의 가족과 한 쌍씩의 여러 동물을 데리고 이 방주에 탄다. 대홍수를 만나 모든 생물이 전멸하고 말았지만 이 방주에 탔던 노아의 가족과 동물들은 살아 남았다고 한다. 대홍수는 하나님의 심판을 상징하며 원시교회 이래 그리스도교 예술의 소재로 많이 다루어지고 있다. 야코포 바사노의 작품.

| 40 | 유대의 시조 아브라함

■ 헤브라이 신화 ■

《구약성서》에 나오는 유대인의 으뜸가는 조상의 이름이다. 원래 이름은 아브람(큰아버지)이었는데, 주님의 계시를 받고 아브라함(열국의 아비)으로 개명하였다고 한다. 부인은 이복누이인 사라였고 아들은 100세에 얻은 이삭이었다. 그에 앞서서 86세 때에 하갈이라는 첩에게서 아들 이스마엘을 얻었고, 그두라라는 첩에게서 아들 여섯 명도 얻었다.

지금의 이라크 땅에 살던 아브라함은 가족과 함께 하란 땅에서 지내고 있었다. 어느 날 "내가 너에게 보여 줄 땅으로 가라"는 하나님의 계시를 받고 나머지 가족은 하란에 둔 채 자기 조카 롯과 사라를 데리고 가나안 땅으로 온다. 하지만 이때 가나안은 기근이 들어 농사와 목축 등 생활의 방편으로 삼을 만한 것들이 마땅치 않은 상태였다.

이에 아브라함은 다시 이집트 땅으로 가게 된다. 이때 자신의 아내 사라의 미모를 보고 혹시 아내의 미모를 질시하는 사람들에게 해를 당할까봐 "사람들에게 내 아내가 아니라 누이라고 말해 주시오"라고 일행에게 당부한다. 하지만 이 말은 위장이랄 것도 없는 것이 사라는 진짜 아브라함의 이복누이다.[당시에는 이복 오누이 간에 결혼하는 것이 허용되었는데 나중에 가서 이런 관행이 금지되었다.]

아브라함이 염려했던 대로 사라가 이집트에 도착하니 이집트 사람들은 그녀의 미모에 놀랐다. 신하의 보고를 받고 사라를 궁전으로 부른 이집트의 파라오도 그녀의 미모에 반하여 그녀를 아내로 삼는 대신 막대한 재물을 아브라함에게 주었다. 결국 이 부정한 사태를 바로잡고자 하나님은 파

소돔과 고모라를 떠나는 롯과 가족들_아브라함의 조카인 롯은 소돔으로 이주했으나 소돔과 고모라가 워낙 타락한 탓에 신은 아브라함에게 두 도시를 파괴할 예정이라고 말한다. 이에 아브라함이 신에게 만약 그곳에서 열 명의 의인을 찾을 수 있다면 어찌하겠느냐고 묻자 신은 파괴하지 않겠다고 답했다. 그러나 소돔과 고모라에 의인은 열 명이 되지 않았다. 결국 신은 두 도시를 파괴하기로 마음먹었지만 사람의 모습을 취한 천사 둘을 미리 보내어 롯과 그의 가족을 구하게 했다. 존 마틴의 작품.

라오를 혼내주고 파라오는 즉시 사라를 아브라함에게 돌려보냈다. 그리고 아브라함 일가를 이집트에서 쫓아낸다.

이집트에서 쫓겨나 다시 가나안 땅으로 돌아온 아브라함과 롯은 땅에 비해 가축이 많았기에 친척 간에 다툼이 일어났다. 겨우 사태를 무마한 아브라함은 우리가 떨어져 사는 것이 좋겠다며 롯에게 먼저 땅을 고르라고 배려해 줬다. 롯은 요단 평원을 선택하고 아브라함은 가나안 땅에 남는다.

롯은 이후 소돔 가까운 곳으로 거처를 옮겼다. 롯이 이사해 간 소돔과 고모라는 너무나 악한 사람들이 많았기에, 나중에 하나님이 유황불을 내려 이곳을 멸망시켰다. 이때 아브라함이 하나님에게 소돔과 고모라에 의인(義人)이 50명, 30명, 20명, 10명이라도 있다면 용서해 달라고 몇 번이나 청했지만, 결국 의인이 그만큼 되지 않아 멸망했다.

소돔과 고모라가 멸망하기 전 어느 날 롯의 집에 인간으로 변장한 천사들이 방문했다. 밤이 되자 소돔 사람들이 롯의 집을 에워싸고 두 손님을 내보내라고 요구했다. 그들은 두 손님과 섹스를 하려는 것이었는데, 동성애를 뜻하는 남색이라는 말이 여기서 유래되었다. 소돔 사람들의 가당찮은 요구에 롯은 대담하게도 "내게 남자와 잠자리를 하지 않은 딸 둘이 있으니 내 딸로 대신하라"며 위험천만한 제안을 한다. 하지만 사람들은 무시했고,

롯과 두 딸들_ 롯의 두 딸이 차례로 아버지를 유혹하여 아버지의 씨를 받아 각각 모압과 암몬족이 생겨나게 한다. 시몽 부에의 작품.

보다 못한 천사들이 그들의 눈을 멀게 해 위기를 넘겼다.

소돔 땅에서 유일한 의인이었던 롯의 일가는 천사의 도움 덕분에 멸망 직전에 도망칠 수 있었으나 롯의 아내는 도망칠 때 뒤를 돌아보지 말라는 천사의 경고를 무시하고 뒤를 돌아보았다가 소금 기둥으로 변하고 만다.

롯은 산으로 들어가 딸들과 함께 동굴에서 살았다. 아버지는 연세가 많고 자신들은 결혼할 남자가 없어 일가의 후손을 잇지 못할까 염려한 두 딸은 아버지에게 술을 드려 취하게 한 후 차례로 동침을 했다. 이로 인해 모압과 암몬 민족이 탄생한다. 롯은 술에 취해 이 일을 몰랐다.

아브라함과 사라 사이에 자식이 없자 사라가 첩을 들이도록 종용해 여종 하갈이 아브라함의 서자 이스마엘을 낳았다. 그 이후에 사라가 이삭을 낳는다. 이로 인해 이스마엘과 이삭과의 후계문제 갈등이 생기고 만다. 결국 이스마엘이 이삭을 괴롭히고 그의 어머니 하갈과 함께 이삭의 탄생 연회에서 그를 모욕하자 분노한 사라는 두 모자를 쫓아내고 만다. 이삭이 태어날 때 사라는 90대, 아브라함은 100살이었다.

이삭이 무럭무럭 자라고 있을 때 하나님은 갑자기 아브라함에게 이삭을 산으로 데려가 자신에게 제물로 바치라는 명령을 내린다.

이에 아브라함은 주저하지 않고 이삭을 데리고 모리아 산으로 간다. 하나님은 아브라함이 이삭을 죽여서 제물로 바치려는 순간 그의 순종을 보고 이삭을 죽이는 것을 중지하라고 명하고 아브라함의 자손들이 크게 번성하고 복을 받게 되리라고 축복해 준다. 세월이 흘러 이삭이 새로운 족장이 되고 친척 집안에서 데려온 리브가와 결혼한다. 나중에 아브라함은 헤브론 근처 막벨라 동굴에 먼저 죽은 아내 사라와 함께 묻힌다.

이삭을 하나님의 제물로 바치려는 아브라함 조각상

| 41 | 야곱과 라헬

■ 헤브라이 신화 ■

야곱은 아브라함의 손자이자 이삭의 작은 아들로서 기록되고 있다. 히브리인들은 자신들의 자녀를 낳을 때 그 당시 상황이나 의미를 담아 이름을 지었다. 야곱이라는 이름의 뜻은 어머니 리브가가 쌍둥이 형인 에서를 낳을 때 형 에서의 발꿈치를 잡고 태어났다 하여 "발꿈치를 잡다"라는 의미이다. 즉 태어날 때부터 타인의 발꿈치를 잡고 딴지를 건다는 부정적인 의미가 그 이름에 담겨 있다.

　이삭은 아들 에서와 야곱을 낳았는데, 이들은 뱃속에서부터 사이가 안 좋아 자주 싸워서 아내인 리브가가 배가 아파서 못 견뎠다고 한다. 이처럼 천생 경쟁자였던 둘은 어머니 뱃속에서 나올 때도 동생인 야곱이 형인 에서의 발목을 잡고 있었다고 한다.

　아버지 이삭은 큰아들 에서가 사냥에 뛰어나고 그가 잡아오는 고기가 맛이 좋아 그를 더욱 사랑하였고, 어머니 리브가는 천막에 머물러 자기를 돕는 야곱을 사랑하였다. 하루는 에서가 사냥에서 돌아온 날 죽을 끓이고 있던 야곱에게 와서 죽 한 그릇을 먹자고 권하자 야곱이 그에게 죽 한 그릇을 주며 장자권을 얻었다. 아버지가 큰형 에서를 죽기 전에 축복하려고 하자 자신을 편애하는 어머니와 짜고 형과 아버지를 속이고 장자의 축복을 대신 받은 것이다.

　이를 안 에서에게 분노와 미움을 산 야곱은 외삼촌 라반에게 피신했다. 외갓집에서 외삼촌의 두 딸 레아와 라헬과 만나게 된 야곱은 아리따운 라헬에게 첫눈에 반하고 만다. 그 후 사랑하는 라헬과의 결혼을 조건으로 라반의 집에서 7년을 하인처럼 일했지만, 라반이 자신의 고장에서는 여동생

에서에게 팥죽을 주는 야곱_야곱은 어머니 리브가와 짜고 에서에게 팥죽과 장자 상속권을 맞바꾼다. 마티아스 스톰의 작품.

을 언니보다 먼저 시집보내지 못한다며 말을 바꾸자 7년을 더 일하는 조건으로 라헬과 결혼했다.

　야곱은 라헬과 결혼하고 7년이 지난 후에 약속대로 라반의 집에서 나가려고 하자 라반은 야곱이 일을 잘하므로 원하는 품삯을 줄 터이니 가지 말라고 붙잡았다. 이에 야곱은 라반의 양떼를 돌봐주는 대신 그 가운데서 검은 양의 새끼와 얼룩지고 점 있는 염소의 새끼를 품삯으로 달라는 요청을 해 라반의 승낙을 받았다.

　그러나 라반은 계약을 맺은 후 자기 아들들을 불러 야곱이 맡은 가축들 중에서 검은 양과 얼룩진 염소를 모두 빼고 야곱에게는 흰 양과 흰 염소만 맡겼다. 하지만 야곱은 이미 양과 염소들에게 흰 줄무늬가 난 가지들을 계속 보여 주면서 세뇌교육을 시켜 놓았었다. 가축들이 물을 마시는 구유 밑 바닥과 교미하는 자리에 줄무늬 가지를 보여 줘 그들이 검은 양과 얼룩진 염소를 낳게 했다.

야곱은 아무 가축이나 그렇게 세뇌한 것은 아니고 건강한 양과 염소에게만 교묘하게 흰 줄무늬가 난 가지들을 보여 줬던 것. 이렇게 되자 6년이 더 지난 후에는 야곱의 가축이 훨씬 많아졌고, 이에 앙심을 품은 라반과 그의 아들들이 야곱을 죽이려 했지만 위기감을 느낀 야곱은 라반을 떠나기로 한다.

　야곱은 레아와 라헬에게 라반의 집을 떠나자는 동의를 얻고 20년 만에 고향으로 돌아간다. 이때 라헬은 아버지인 라반의 보물인 수호신상을 몰래 가지고 간다. 당시 드라빔이라고 하는 수호신상은 재산 상속권을 나타내는 징표였는데, 이는 라헬이 아버지 재산을 훔친 셈이다. 라반이 수호신상을 찾으려고 야곱을 끈질기게 쫓아왔지만, 결국 돌무더기를 두고 계약하여 좋게 해결되었다.

야곱과 라헬_야곱은 아름다운 사촌 라헬을 처음 보고 깊은 사랑에 빠진다. 그녀를 너무 사랑한 나머지 야곱은 처음 본 그녀에게 입을 맞추고 소리 내어 울었다. 외삼촌 라반은 그를 환대해 주었으며, 야곱은 라헬과 결혼하기 위해 외삼촌에게 7년 동안 일해 주겠다고 약속했다. 이윽고 결혼식을 치른 다음날 아침 야곱은 크게 놀랐다. 침대에 있는 여자는 라헬이 아니라 못생긴 언니 레아였던 것이다. 교활한 라반은 야곱에게 언니를 먼저 시집보내는 게 관습이라고 말했다. 야곱이 속아 넘어간 것을 괴로워하자 마음이 약해진 라반은 야곱에게 다시 7년을 일해 주면 라헬도 아내로 주겠노라고 약속하여 또 다시 7년을 무보수로 일한다. 윌리엄 다이스의 작품.

야곱의 씨름_야곱이 가족들을 데리고 가나안에 오는 도중 야뽁 나루를 건너다가 아내와 여종, 아들들을 먼저 보내놓고 혼자 뒤떨어져 있었는데, 동이 트기까지 천사와 씨름을 하여 승리한다. 그러자 그 천사는 야곱에게 새로운 이름을 부여한다. 그 이름이 바로 '이스라엘'이다. 알렉산더 루이스 작품.

 야곱은 가나안으로 돌아가는 중에 하나님이 보낸 천사와의 씨름에서 이겨 '이스라엘'이라는 이명(異名)을 얻는다. 이때 천사가 도저히 야곱을 이길 수가 없어서 엉덩이뼈를 찼다. 그 이후로 야곱은 발을 절게 되었다. 다시 고향으로 돌아온 야곱은 형 에서가 복수할까봐 근심되었지만, 에서는 20년 만에 만난 동생 야곱을 끌어안고 눈물을 흘리며 기뻐했다. 이렇게 형과 사이좋게 화해하고 가나안에서의 삶을 영유한다.

 야곱은 레아와 라헬 사이에서 각각 열두 명의 아들을 두었는데, 이들은 이스라엘 12지파의 조상이 된다.

 야곱은 열두 명의 아들 중 평소 사랑하는 아내 라헬의 아들 요셉을 편애하였다. 아버지가 너무 요셉만 편애하는 것을 평소 못마땅해 한 형제들은 어느 날 요셉이 부모님과 형들이 자기한테 큰절을 하는 꿈을 꿨다고 이야기하자 이참에 요셉을 좀 손봐줘야겠다고 의논한다. 마침 요셉이 형들을 부르기 위해 멀리 나왔을 때 요셉을 죽이려 했는데, 맏아들 르우벤이 차마 형제를 죽일 수 없다고 반대하여 옷을 벗기고 메마른 우물에 처넣었다.

르우벤은 요셉을 나중에 꺼내 줄 생각이었으나 다른 형제들이 마침 지나가던 이집트 노예 상인에게 몸값 은화 20냥에 요셉을 팔아 버리고 아버지에게는 사자가 잡아먹었다고 거짓말을 하였다. 그런데 며칠 있다 요셉의 딸 디나가 세겜이라는 이방인에게 강간을 당하는 일이 일어난다. 그러자 요셉의 아들들이 이를 복수한다며 세겜에게 디나의 남편이 되려면 할례(포경수술)를 해야 한다고 꼬드긴 뒤, 사흘 뒤 세겜이 할례로 어기적거릴 때 시므온과 레위가 세겜 가족을 살해하는 일이 벌어진다. 야곱이 보복이 두렵다며 두 아들에게 면박을 주었지만 "그럼 우리 누이가 창녀가 되어도 좋다는 말씀이냐?"며 반문한다.

한편 유다라는 아들은 며느리인 다말과 관계를 가져 아들까지 낳고 장자 르우벤은 새어머니 빌하와 관계를 가져 장자권을 잃어버린다.

〈창세기〉 38장에는 오나니즘(자위행위)이라는 단어가 나오는데, 어원은 유다의 차남 오난에게서 비롯된 말이다. 유다에게는 아들 셋이 있었는데, 첫째 엘와 결혼한 다말은 갑자기 남편이 죽어 버리는 바람에 과부가 된다. 둘째 오난은 형사취수혼(형이 후사 없이 죽으면 동생이 대신하여 후사를 낳아 주는 풍습) 제도에 따라 다말과 결혼하지만 질외사정으로 하나님의 분노를 사 죽임을 당한다. 이제 셋째 셀라가 다말과 결혼해야 하지만 아들들이 죽는 걸 보고 싶지 않았던 유다는 셋째가 아직 성인이 아니라는 이유로 시간을 끌었다. 이때문에 결국 며느리 다말이 신전 창녀로 위장하고 유다와 관계를 가져 버렸다. 이때 유다도 아내가 죽어 홀아비 상태였다. 다말이 임신을 하고 있음을 안 유다는 분노하여 그녀를 불태워 죽일 생각이었지만, 그녀와 관계를 맺은 사람이 다름 아닌 자신이라는 사실을 알자 살려주고는 가까이 하지 않았다. 다말은 각각 베레스와 세라라는 쌍둥이를 낳았다.

| 42 | 요셉의 성공기

■ 헤브라이 신화 ■

요셉은 구약성서 <창세기>과 함께 꾸란의 <요셉장>에 나오는 주요 인물 중의 하나이다. 그는 야곱의 열한 번째 아들이었고 라헬의 첫 아들이었다. 요셉의 역사적 기록은《구약성서》외에는 발견되지 않았으며, 요셉 이야기와 내용이 비슷한 '두 형제 이야기' 설화와 기원전 17~19세기 무렵에 이스라엘 지역에서 기근을 피해 이주한 이민들의 지도자 이야기가 결합되어《구약성서》에 요셉 이야기가 실린 것으로 보인다.

요셉은 형제들의 가혹한 보복으로 인해 이집트 상인에게 몸값 은화 20냥에 노예로 팔리고 만다. 그리고 이집트 경호대장 보디발에게 팔리는데, 정직하고 현명하며 성실했던 그는 보디발의 총애를 받으며 단순 노예가 아닌 집사로 일하게 되어 보디발 집안의 모든 재산을 관리하는 일을 하였다.

하지만 보디발의 아내는 몸매와 얼굴이 뛰어났던 요셉에게 반해서 욕정을 품고 남편이 집을 비운 사이에 유혹하였으나 요셉은 이를 완강히 거절했고, 보디발의 아내는 요셉의 옷자락을 붙들고 매달리자 옷이 벗겨지는 것도 아랑곳하지 않고 방 밖으로 달아나 버렸다. 분노한 보디발의 아내는 요셉의 옷자락을 남편에게 들이대며 그가 자신을 강간하려 했다고 모함하여 요셉은 감옥에 갇히게 된다. 그곳에서도 요셉은 간수장의 마음에 들어 모든 죄수의 일을 전부 처리하게 되었다.

얼마 후 요셉이 있는 감옥에 파라오의 술을 따르는 시종과 빵을 만드는 시종이 파라오에게 잘못을 저질러 들어오게 된다. 두 사람은 서로 다른 꿈을 꾸는데, 술 만드는 시종은 포도나무 가지 세 개가 달린 포도나무의 꿈을 꾼다. 그 나무에서 열린 포도로 만든 포도주를 파라오에게 바치는 꿈이었다.

보디발 아내의 유혹을 뿌리치는 요셉_젊고 잘생긴 요셉에게 반한 보디발의 아내는 그를 유혹하려고 침실로 끌어들였으나 요셉은 완강히 피하고 있는 장면을 묘사한 그림이다. 장 밥티스트 나티에의 작품.

    요셉은 술 만드는 시종의 꿈을 듣고는 "사흘 내로 복직되어 파라오의 손에 술을 올리게 될 것"이라 해몽한다. 요셉의 해몽을 옆에서 듣고 빵 만드는 시종도 비슷한 꿈을 해몽해 달라고 하는데 요셉은 "사흘 만에 처형당하여 새들이 살을 쪼아 먹게 될 것"이라고 해몽했다. 결국 요셉의 꿈해몽은 현실로 되고 만다. 술 따르는 시종은 복직이 되었으나 그 시종은 자신은 결백하니 파라오에게 사정을 아뢰어 달라고 했던 요셉의 부탁을 잊어버린다.

    그리고 2년의 세월이 흐른 어느 날 파라오가 이상한 꿈을 꾸고는 마음이 불안해 꿈해몽자를 찾는다. 그런데 이집트의 모든 요술사와 현인(賢人)이 파라오의 꿈을 풀이하지 못하고 있는 와중에 술 따르는 시종이 요셉을 기억해 내어 그에 대한 이야기를 파라오에게 전한다.

파라오의 꿈은 살찐 암소 일곱 마리가 나일 강가에서 풀을 뜯고 있는데 피골이 상접하고 흉측한 암소 일곱 마리가 먼저의 암소들을 잡아먹는 꿈과 잘 여문 이삭 일곱 개를 바싹 마른 이삭 일곱 개가 휘감아 말려 버리는 꿈이었다.

요셉은 파라오의 꿈에 대해 7년 동안의 대풍년과 7년 동안의 대흉년이 들 것이라 해몽한다. 그러면서 지혜로운 사람에게 이집트를 맡기고 풍년이 든 7년 동안 이집트 땅 수확의 5분의 1을 저축하라고 조언한다. 파라오는 요셉을 경이롭게 여겨 인장 반지를 빼어 끼워 주고 일인지하 만인지상의 자리를 내린다. 파라오 아래 2인자인[파라오는 신분만 높을 뿐 통치권은 거의 모두 요셉에게 위임하였다.] 총리가 된 요셉은 풍년인 7년 동안 왕실 창고에 곡식을 풍족하게 저축해 두었다.

파라오의 꿈을 해몽하는 요셉_요셉이 파라오의 꿈을 해몽하는 장면을 묘사한 그림이다. 장 아드리앙 기녜의 작품.

애굽의 총리가 된 요셉_요셉은 파라오의 꿈을 해몽하여 총리가 된다. 그는 대흉년의 기근을 해결하여 모든 사람으로부터 존경을 받는다. 로렌스 알마 타데마의 작품.

　그리고 7년의 대흉년 동안 이집트는 그간 저축해 둔 엄청난 물량의 곡식 덕에 기근을 모면할 수 있었으나 다른 지역은 대비를 하지 않아 굶주림에 시달려야 했다. 그 때문에 외국인들이 이집트로 와서 곡물을 사 갔는데 가나안 역시 기근을 피할 수 없었으므로 야곱은 자식들에게 이집트로 가서 곡물을 사오도록 시켰다. 이때 야곱은 막내아들 베냐민만은 보내지 않는데, 요셉처럼 변을 당할까봐 걱정스러워서 그런 것이다.

　야곱의 명으로 이집트에 온 요셉의 형들은 백성에게 곡물을 나누어 주는 요셉을 보자 얼굴을 땅에 대고 절했다. 졸지에 과거에 꿨던 꿈이 현실이 된 셈이다. 요셉은 형들을 알아보았지만 형들은 그를 알아보지 못했다. 요셉은 형들이 과거에 자신을 노예로 판 일이 생각나 은근히 복수심도 일어나고 친동생 베냐민의 생사도 알고 싶었기에 자신의 정체를 밝히지 않은 채 형들을 첩자로 몬다. 형들은 "우리는 첩자가 아니며 고향에 계신 아버지와 동생을 위해 곡물을 사러 온 것뿐"이라며 해명하였다.

요셉의 애굽_ 성서 속의 애굽은 현재의 이집트를 말한다.

요셉은 "너희 중 한 사람이 여기 남고 나머지 사람들이 가서 막내동생을 데려오면 그 말을 믿어 주겠다"며 전부 옥에 가두어 버린다. 형들은 "우리가 요셉에게 못된 짓을 해서 벌을 받는 것"이라며 불안해했다. 요셉은 야곱의 차남 시므온을 지목하여 시므온만 남고 나머지는 돌려보낸다.

요셉의 형들은 아버지 야곱에게 "베냐민을 데려가야 시므온을 살릴 수 있다"고 했으나 야곱은 거부한다. 야곱은 과거 요셉을 잃었던 아픔이 있었기에 또 다시 자식을 잃기는 싫었다. 그러나 이집트에서 사온 곡식도 전부 다 떨어지고, 베냐민을 데려가지 않으면 시므온은 죽은 목숨이기 때문에 야곱은 내키지 않았지만 결국 베냐민을 함께 보냈다.

베냐민과 함께 온 형제들은 요셉의 환대를 받고 요셉의 집에 초대되어 호화로운 식사를 함께 하였다. 형제들은 관리인에게 지난번 곡식자루에서 나온 돈을 돌려주며 상황을 설명하자, 미리 요셉에게 지시받은 관리인은 "그것은 하나님의 선물일 것이다. 나는 지난번 곡식 값을 벌써 받았다"고 하며 돈을 받지 않았다.

시므온도 그간 감옥에 갇히지 않고 방에서 편히 지내고 있었다. 요셉은 형들에게 아버지의 안부를 묻고 특히 베냐민을 총애하였다. 요셉은 형제를 연장자 순으로 자리에 앉힌 후 식사를 하게 했다. 요셉은 형제들의 곡식자루에 가져갈 수 있을 만큼 곡물을 채워 주고는 막내인 베냐민의 곡식자루에는 몰래 자기 은잔을 집어넣도록 지시하였다. 형들이 옛날에 자신을 팔아 버린 것처럼 막내 베냐민도 버리고 가는지 시험해 보고 싶어서였다.

아버지 야곱을 만나는 요셉_요셉의 생애를 살펴보면 예수와 매우 흡사하다는 것을 발견할 수 있다. 예수가 하나님의 사랑을 받은 반면 유대인에게는 미움을 받았고, 요셉 역시 아버지의 사랑을 받았지만 형들에게 미움을 받았다. 예수는 가룟 유다가 은화 30냥에 팔았고, 요셉은 형들이 은화 20냥에 팔았다. 예수와 요셉은 다 누명을 쓰고 고난을 당했다. 예수가 못 박힐 때 같이 십자가형을 받은 두 죄수 중 하나(디스마)는 구원받고 다른 하나(제스따스)는 지옥으로 떨어진 것은 요셉이 감옥에 갇혀 있을 때 만난 두 죄수의 처지와 유사하다. 또한 예수가 본격적으로 공생애에 나설 때의 나이와 요셉이 이집트 최고대신의 지위에 올랐을 때의 나이가 똑같이 30세 전후이다. 그림은 렘브란트의 야곱을 만나는 요셉을 묘사한 작품이다.

요셉의 환대를 받으며 대접을 잘 받고 형제들은 기분 좋게 고향으로 돌아가다가 갑자기 이집트 병사들에게 잡혀 은잔 도둑의 누명을 쓰게 된다. 바로 베냐민의 곡식자루에서 은잔이 발견되었던 것. 결국 형제들은 또다시 요셉 앞에 끌려가게 되었다. 물론 사실은 요셉이 형들을 상대로 옛날 자신이 당했듯 베냐민을 버릴 것인지, 아니면 마음이 바뀌어 베냐민을 지켜주려 할지 우애를 시험해 본 것이다. 요셉은 "베냐민이 잘못을 저질렀으니 베냐민만 남기고 나머지는 돌아가라"고 명한다. 이때 형제 중 4남 유다가 아버지 야곱의 이야기를 하며 자신이 대신 종으로 남겠다고 간청한다.

요셉은 주위의 모든 이를 물린 후 자신의 정체를 밝힌다. 형들은 요셉에게 진심으로 사죄하고, 요셉은 자신을 죽이려 하고 노예상에게 팔아넘기기까지 했던 형들을 기꺼이 용서한다. 이후 요셉은 형들에게 아버지 야곱을 모셔오게 하고 그들은 이집트 고센 땅에 머무르게 된다.

야곱이 죽은 후 요셉의 형들은 "요셉이 우리에게 적개심을 품고 우리가 그에게 저지른 악을 되갚을지도 모른다"며 요셉에게 엎드려 용서를 빌었다. 그러자 요셉은 오히려 형들을 위로하고 다정하게 이야기하였다.

이후 요셉은 110세까지 살게 되는데, 죽기 전 "언젠가 자손들이 고향에 돌아가면 가나안 땅에 묻어 달라"고 유언을 남겼다. 그리하여 죽을 때는 이집트에 묻히나 후손들이 이집트를 탈출할 때 가나안 땅으로 옮겨진다.

요셉과 야곱의 만남을 새긴 부조_요셉의 이야기는 극적인 데다 감성적인 요소가 풍부하게 배합된 성서의 걸작이다. 요셉은 역경 속에서도 용기를 잃지 않고 도덕적으로 살아간 인물의 표상이다.

|43| 아랍 신화의 변천

■ 중동 신화 ■

고대 아라비아의 다신교 신화는 아이러니하게도 다신교를 극렬 반대한 유일신 신앙인 이슬람이 다신교의 폐해를 후세에 교훈으로 삼기 위해 일일이 기록한 덕택에 기록되고 정보가 보존된 특이한 사례이다. 또한 당시 아라비아에 널리 퍼져 살던 유대인들 때문에 아브라함 이야기와 신화가 결부돼 독특한 형태의 아랍 신화가 등장하게 된다. 아랍인들은 유대인들이 이삭의 자손이라면 자신들은 이스마엘의 자손이라 생각하였고, 무함마드가 메카의 하람 사원에 있던 아브라함의 그림을 우상이라며 찢어 버리라고 명령했던 기록 등이 있다. 그래도 몇몇 전승들이 현재까지도 내려오고 있기 때문에 이슬람교에게 영향을 준 부분도 적지 않다.

아랍 신화는 무슬림이 무함마드에게 계시되기 이전의 아라비아의 고대 정령숭배자들이 믿었던 신화를 말한다. 무슬림교가 출발한 아라비아 땅은 그 옛날 아브라함과 하갈 사이에서 태어난 이스마엘 자손들이 살아온 땅이었다. 아브라함은 유대인의 육체적인 자손이며 정신적인 조상이다. 무슬림에서도 그를 이브라힘이라고 부르며 존경했다.

아브라함은 사랑하는 아내 사라가 아이를 낳지 못하자 하녀인 하갈을 첩으로 들여 이스마엘을 낳는다. 그 이름은 '신이 말을 들어 준다'는 뜻이다. 이스마엘이 태어난 뒤 하갈은 콧대가 높아져 주인을 오만하게 대했으므로 사라는 그 사실을 남편 아브라함에게 고하면서 시비를 가려 줄 것을 청했다. 아브라함이 사라의 뜻대로 하라고 하자 사라는 하갈을 박대했고 하갈은 이를 피해 황야로 도망쳤다.

하갈과 이스마엘은 아브라함의 집을 나온 후에 사막을 헤매던 중 목이 말라 하나님께 부르짖었다. 그러자 하나님께서 우묵한 것을 터뜨려 우물이 솟게 하여 그들을 소생시켰다. 이스마엘은 감사하는 마음으로 우물 곁에다 신의 집이라는 의미의 신전을 지었다고 전한다. 오늘날 그곳은 사우

하갈과 이스마엘_아브라함의 집에서 쫓겨난 하갈과 어린 이스마엘이 사막에서 지쳐 있는 모습을 묘사한 그림이다. 루이지 알로이스 길라두지의 작품.

디아라비아의 메카인 카바 신전으로, 당시 360개의 신들의 우상이 존재했었으며 여러 신과 여신들의 신상으로 가득 차 있었다.

이후 그 우물을 차지하기 위한 부족 간의 암투가 벌어졌다. 오랫동안 그 우물을 지켜 오던 사람들은 예멘의 예루마이트 부족이었는데 우물을 차지하려는 세력들이 몰려오자 예루마이트 부족은 그동안 이 우물신전에 예배하려고 왔던 사람들이 가져다 신에게 바쳤던 보물들을 어떤 우물 속에 파묻어 놓고 모래로 덮어서 아무도 찾을 수 없게 만들어 버렸다고 한다.

예루마이트족을 몰아내고 그 우물신전을 차지한 사람들은 쿠자이트 부족이었다. 이들이 들어와서 섬겼던 신은 모압 사람들이 섬겼던 후발(훗날 이 후발 신이 변하여 알라가 되었다)이라는 신을 섬겼다.

그 후로도 이 우물을 차지하려는 도전은 계속되었고 마침내 이스마엘 직계 자손 중에 쿠라이슈 부족이 존경하는 한 인물이 나타났는데, 그 이름이 압둘 무타리부라는 사람이었다. 무타리부는 무함마드의 할아버지가 되는 사람이었다. 그는 메카 사람들의 존경을 받았다.

어느 날 압둘 무타리부는 환상을 보았는데, 에루마이트 부족이 보물들을 감춘 우물의 위치를 가리키는 것이었다. 무타리부에게 어떤 천사가 와서 계시하기를 "핏자국, 배설물, 개미 알과 모이를 쪼는 새를 찾으라"는 지시를 내렸다.

환상을 곰곰 돌이켜보던 무타리부는 마침내 환상의 의미를 깨닫게 된다. 즉 쿠라이슈 부족들이 희생 제사를 드리는 두 우상이 있는 자리가 바로 그 우물임을 알게 돼, 그 보물을 감추어 둔 우물을 찾아내게 되었다. 그로부터 그는 메카의 영웅이 되었다.

압둘 무타리부는 신에게 기도하기를, 만약 신께서 열 명의 아들을 주신다면 그 중의 한 아들을 카바에서 희생 제물로 바치겠다고 서원을 했다. 수년 후에 그 응답으로 그는 열 명의 아들을 얻게 되었고 그 중에서 압둘라라는 막내아들이 영리하고 총명하여 그를 특별히 사랑했다고 한다.

압둘 무타리부의 조각상_예언자의 조부로, 쿠라이슈 부족의 일족인 바누 하쉼족의 족장이었다. 어느 날 카바 옆의 히즈르 이스마일에서 잠을 자다가 꿈을 꾸었는데, 이 꿈의 계시로 쿠라이슈족이 전통적으로 제물을 바쳐온 곳을 파서 샘을 재발견하였다. 이 샘은 쿠라이슈족 이전에 정착한 주르후미트족이 샘을 묻은 후 아무도 그 위치를 알지 못하는 상태였다. 이 발견으로 압드 알 무타리부는 메카를 순례하는 사람들에게 물을 공급하는 권리를 획득하였다.

후발 신_무슬림 이전 세기, 쿠라이슈족이 메카에 오기 전에 그곳에 살던 주르훔 부족 우두머리인 암르 이븐 루하이가 시리아에서 메카로 우상을 가지고 왔다. 그 우상을 카바에 세운 후 메카 이교도의 주요 우상이 되었다. 그 후 제비를 뽑거나 화살로 점치는 의례 행위가 이 우상 앞에서 이루어졌다.

    신에게 서원을 지켜야 할 때가 되자 그는 열 명의 아들을 데리고 후발신에게 갔는데 놀랍게도 제일 사랑하는 막내아들 압둘라를 바치라는 계시가 내려왔다. 그러자 압둘라의 어머니와 형들이 이를 적극적으로 반대하게 되었다. 그는 이 상황을 어떻게 처리해야 할지를 알아보기 위하여 한 무당을 찾아가서 물었다.

    무당의 신탁은 아들 대신에 약대를 바치면 아들이 속량될 것이라고 했다. 그래서 무타리부는 약대 100마리를 바치고 아들을 속량해 내었다. 이렇게 약대 100마리로 속량된 사람이 바로 무함마드의 아버지가 되는 압둘라였다. 압둘라는 아미나라는 여성과 결혼하였다. 압둘라는 그 후 얼마 뒤 대상들과 함께 상업 차 길을 떠났다가 도중에 병을 얻어서 돌아오지 못했고, 그때 아미나는 무함마드를 임신하고 있었다. 아이가 태어나자 그의 할아버지 압둘 무타리부가 그를 메카로 데리고 갔다.

    그는 아들을 잃었지만 대신 손자를 얻은 것을 신께 감사드렸다고 전한다. 그 당시 아랍의 부유한 집안에서 아들이 태어나면 그 아이를 강하게 기르기 위하여 베두인 천막에 보내서 야성을 기르며 연단을 받게 했다. 무함마드 역시 그렇게 훈련을 받았는데 불행은 겹쳐서 오는 법인지 무함마드가 일곱 살 되던 해에 그의 어머니 아미나마저 세상을 떠나는 바람에 무함마드는 졸지에 고아가 되었다. 2년 뒤 무함마드가 아홉 살 되던 때 그를 돌보아 주던 할아버지 압둘 무타리부도 세상을 떠나게 되었다. 그래서 그는 아홉 살 되던 해부터 삼촌들을 따라서 낙타상인들과 동행하면서 어린 시절을 보냈다.

그러던 어느 날 어떤 가톨릭 수도사가 나타나 무함마드라는 소년의 등을 보여 달라고 해서 무함마드가 등을 보여 주었더니 그 수도사가 깜짝 놀라며 "이 표시는 예언자의 인"이라고 했다.

그리고 나서 수도사는 "당신들은 이 아이를 잘 보호하시오. 특별히 유대인들이 이 아이의 생명을 빼앗으려 할 터이니 신의 일을 하게 될 이 아이의 생명을 잘 지키도록 하시오! 이 아이는 장차 위대한 일을 하게 될 것이오!"라는 의미심장한 말을 남기고는 유유히 사라졌다.

그 후 무함마드는 25세 되던 해에 하디자라는 40세의 과부와 결혼을 하게 되었다. 이 두 사람 사이에서는 두 아들이 태어났으나 둘 다 어려서 죽었고 딸만 넷이 있었는데 그 중에 파티마라는 딸이 무함마드의 사촌 알리와 결혼하여서 대체로 널리 알려졌다. 한편 이 파티마와 결혼한 알리의 추종자들이 훗날 무슬림교의 시아파를 이루었다.

메카의 카바 신전에 앉아 있는 예언자 무함마드_
카바 신전은 무슬림 이전 시대에 다신교도의 총본산이었다.

헤브라이 문명의 신화를 찾아서 **197**

무함마드가 분쟁의 진원지인 흑석을 옮기다_긴 수염을 기른 무함마드(가운데)가 천 위에 흑석을 올려놓고 있다. 1315년경에 그려진 페르시아 세밀화다.

　서기 610년 무함마드는 환상을 보았는데 가브리엘 천사로부터 "너는 이제부터 알라 신의 사자이다!" 하는 사명을 받았다고 전한다.

　그 후로도 무함마드는 여러 차례 하늘의 계시를 받았는데 그 모든 계시를 해석해 준 사람은 가톨릭 신자였던 바라카라는 사람이었다. 바라카는 무함마드의 아내 하디자의 사촌 오라비였다.

　바라카는 아라비아를 두루 다니면서 "무함마드는 우리 민족의 예언자"라고 선전하고 다녔다. 무함마드가 포교를 시작한 지 약 5년 되던 해부터 무함마드에 대하여 반대하는 사람들과 박해하는 사람들이 서서히 늘어나기 시작했다.

　무함마드에 대해 반대하는 사람이 많아진 이유는 무함마드가 그동안 그들이 섬겨 왔던 여러 신을 다 버리고 알라신만 섬겨야 한다고 주장했기 때문이다. 무함마드는 그를 반대하는 사람이 많아지자 할 수 없이 자기를 따르는 추종자들과 함께 아비시니아의 네거스 왕에게로 망명을 가게 되었다. 그때 망명을 주선했던 사람은 바라카와 하디자였을 것으로 보인다. 네거스 왕은 가톨릭 신자였는데 무함마드의 가르침 속에 마리아에 대한 이론이 거의 일치된다고 하여 무함마드의 망명을 받아들였다.

무함마드와 가브리엘 천사_천사 가브리엘이 무함마드에게 계시를 내리는 장면이다.

　어느 날 무함마드는 꿈을 꾸게 되었는데 천사 가브리엘이 나타나 그를 깨우면서 부라크라는 천마를 그 앞으로 데리고 와서 그 말의 등에 태우고는 예루살렘으로 가서 파괴된 유대성전 터를 보여 주었다고 한다.
　꿈속에서 무함마드는 아브라함과 모세와 예수님과 수많은 성인을 만났다고 한다. 그는 다시 천마를 타고 천국으로 올라가서 선지자들을 만났고 마침내 알라를 만나게 되었다. 그리고 알라로부터 이슬람교의 교리를 받으면서 5일 동안 기도하라는 지시를 받았다고 전한다.
　그동안 아비시나에 머물렀던 무함마드는 이내 그곳을 떠나 메디나로 옮겨 갔다. 메디나는 메카에서 약 200마일이나 떨어진 곳이었다. 거기서부터 무함마드는 라지아(메카에서 오는 낙타상을 약탈하는 군대)의 통솔자가 되었다. 그는 작은 전쟁에서 승리하면서 힘을 길러 갔다. 그리고 그를 반대하는 사람이 있으면 가차없이 암살하였다. 이러한 암살은 무함마드가 지시한 것인지 측근들의 만행인지 알 수가 없다.

헤브라이 문명의 신화를 찾아서 **199**

서기 630년에 무함마드는 군대를 거느리고 메카를 향하여 진군해 들어갔고 메카는 지난번 전쟁에서 패배한 후로 약해져서 결국은 무함마드에게 항복하고 말았다. 메카에 들어오자 무함마드가 처음 한 일이 그때까지 메카 사람들이 섬겨 왔던 여러 신의 우상을 제거하는 일이었다. 무함마드는 메카를 점령하면서 강해져 갔고 그를 두려워하는 주변의 여러 부족이 무함마드의 교리를 받아들였다.

한편 무슬림의 경전인 《쿠란》에는 최고 신 알라에게는 자녀 신들이 있고, 알라는 딸들의 부탁을 거절 못 하는 딸바보로 생각했다고 한다. 따라서 고대 아라비아 정령숭배자들은 소원을 빌거나 구원을 청할 때 딸 신들에게 기도를 하곤 했다.

이러한 아랍의 신들과 신화는 무슬림들의 유일신 신앙이 확립되면서부터 이를 우상숭배로 배척하여 없애 버렸다. 하지만 무슬림의 상징은 다양하게 나타나고 있다.

쿠란과 하디스에서는 모스크, 베일과 초승달 등이 있다. 무슬림 상징에 관하여 공식적으로 인정한 항목은 없다. 이러한 상징들은 오늘날 무슬림의 가장 일반적인 이미지가 되었다. '초승달과 별의 기원'은 오스만제국의 깃발로 약 700년 동안 이슬람을 대표하였다.

모스크 돔 위의 적신월

|신화를 알면 역사가 보인다|

제**7**장

북유럽 문명의 신화를 찾아서

　북유럽 신화의 중심은 북서유럽에 정착한 게르만족에서 유래한 바이킹과 우랄알타이어 계열의 핀란드어를 쓰는 아시아에서 넘어온 핀란드의 신화로 크게 나누어 볼 수 있다. 그 중 북유럽 신화 하면 먼저 떠올리게 되는 것은 바이킹이 연상되는 스웨덴, 덴마크, 노르웨이 등지의 자유분방하고 익살스런 캐릭터로 빛나는 북구 신화이다.

　바이킹은 대부분의 역사 동안 흉포한 해적이자 전사로 살았다. 그들의 문화는 아주 가혹했고, 여성과 노예는 2등 시민이었으며, 원치 않는 아이는 한데다 내버려 그냥 죽게 했다. 이런 가혹한 환경과 문화에 걸맞게 북유럽의 신화도 잔인한 전쟁신이 피의 제물을 요구하는 등 살벌하기 그지없다. 바이킹은 죽을 때까지 싸우지 않고는 배길 수 없는 전사의 기질을 타고난 존재였다. 데인즈(Danes, 데인 사람), 노스먼(Norsemen, 고대 스칸디나비아인)으로 불린 바이킹은 프랑스, 독일, 이탈리아, 에스파냐 각지를 정복하고 약탈하면서 유럽 대부분을 공포의 도가니로 몰아넣었다. 바이킹(Viking)이란 이름은 노르웨이 남부 지방인 비크(Vik)에서 유래한 것이라고 문명인류학자들은 말한다. 바이킹은 그리스도교가 들어오기 전까지는 신화나 전설을 전혀 기록하지 않았다. 그러다 그리스도교 시대에 《에다(Edda)》라고 부르는 2권의 이야기 모음집에 방대한 분량의 바이킹 문학작품이 수록되면서 오늘날 우리가 알고 있는 북유럽 신화가 후세에 전해지게 된 것이다.

　《에다》에 따르면 남쪽 땅 무스펠(세상의 끝)과 다른 하나인 북쪽에 있던 얼음과 언 안개의 땅 니플헤임 사이의 긴눙가가프라는 거대한 텅 빈 공간에서 두 세계의 열기와 얼음이 충돌하며 만물이 생겨나고 최초의 생물인 서리 거인 이미르가 태어난다. 이후 두 번째 거인 부리가 아우둠라를 핥아 주자 얼음 속에서 보르라는 아들을 만들어내고, 보르가 여자 거인 베스틀라와 결혼하여 최초의 신족인 세 아들인 오딘, 베, 빌리를 낳는다.

　오늘날 북유럽 신화는 남녀노소 세대를 불문하고 특유의 자유분방하고 개성적이며 익살스런 활극을 펼치는 너무나 인간적인 영웅들의 에너지 넘치는 활약으로 인해 대단한 인기를 끌고 있다. 세상에 무서울 게 없는 오딘과 묠리니라는 무지막지한 망치를 휘둘러대는 미워할 수 없는 악동 토르, 익살과 뒷담화의 화신 로키에 이르기까지 너무나 인간적인 실수투성이의 신들이 펼치는 변화무쌍한 영웅 활극은 어쩌면 신들의 세계에서 인간이 바라는 욕망의 실현에 다름 아닐 것이다.

　핀란드 신화는 앞서의 북유럽 신화와는 근본적으로 다른 민족의 신화이다. 핀란드 신화에 등장하는 이야기의 근간이 아시아계 민족이 펼치는 이야기들이다. 이는 곧 북유럽의 약탈을 일삼는 바이킹족의 신화가 아닌, 한 곳에 정착해 살았던 아시아계 민족의 이야기인 것이다. 핀란드 신화는 〈칼레발라〉라는 서사시를 통해서 알려져 있다. 칼레발라에는 핀란드의 영웅 베이내뫼이넨의 활약이 쓰여 있는데, 그는 현명한 노인이며, 마법의 힘을 지닌 목소리를 가졌다. 톨킨의 《반지의 전쟁》에 등장하는 간달프의 모델이 된 존재이기도 하다.

| 44 | 북구의 천지 창조
■ 북유럽 신화 ■

이미르는 태고의 존재로, 모든 거인의 조상이다. 이미르는 니플헤임에서 발원하는 얼어붙은 강줄기 엘리바가르에서 방울방울 떨어져 내린 독액(에이트)이 풀 없는 공허의 자리인 긴눙가가프에 떨어져서 태어났다. 이미르의 양쪽 겨드랑이에서 남녀 요툰이 태어났으며, 다리에서는 머리가 여섯 개인 족속이 태어났다. 에시르족의 오딘과 빌리와 베이가 이미르를 죽여 그의 살로 땅을, 피로 대양을, 뼈로 구릉을, 머리카락으로 나무를, 뇌로 구름을, 두개골로 하늘을 삼았다. 그리고 이미르의 눈썹으로 방벽을 둘러, 그 방벽 안의 공간이 인간이 사는 중간계인 미드가르드가 되었다.

    태초에 우주는 텅 비어 있어 해도 달도 별도 없었고 심지어 풀 한 포기조차 없었다. 다만 이 텅 비어 있는 '기눙가의 심연'의 북쪽에는 심연의 밑바닥에 자리한 강에서 피어오르는 수증기가 서서히 얼어서 거대한 얼음덩이를 이루고 있었다. 그리고 심연의 남쪽에는 불꽃의 나라가 있어 그곳으로부터 불어오는 뜨거운 바람이 북쪽의 얼음세상을 녹이고, 그 녹은 물이 바닥 없는 심연으로 떨어졌다가 다시 수증기가 되어 피어올라 얼어붙는다.

    이렇게 가늠할 수 없는 시간이 되풀이되고 있는 동안에 그 얼음덩이 속에서 원초(原初)의 거인 이미르가 태어났고, 역시 얼음덩이에서 생겨난 거대한 암소 아우둠라의 젖을 빨고 자랐다.

이미르와 암소 아우둠라 조각상_신들이나 인간이 탄생하기 이전에 서리와 얼음의 나라 니플헤임의 얼음이 녹아서 밑바닥 없는 골짜기 속으로 흘러들어가 종유석 동굴이 생성되었을 때처럼 다시 응고되어 이미르 거인의 모습이 되었다. 그는 거대한 암소 아우둠라의 젖을 먹고 자랐다.

이미르는 신기하게도 잠자면서 땀을 흘리면 겨드랑이나 사타구니 사이에서 거인들이 생겨난다. 이것이 이른바 '서리의 거인족'인데, 수증기 속에 독이 있기 때문에 사악한 존재들이었다.
　한편 거대한 암소 아우둠라의 먹이는 맵고 짠 서리가 굳어진 얼음이었다. 암소는 얼음덩이를 핥았는데, 그 속에 아름답고 늠름한 남자가 갇혀 있었다. 그가 바로 신들의 시조인 부리였다. 부리는 첫째 날 머리가 나타나고, 둘째 날 얼굴까지 드러났으며, 셋째 날 완전하게 전신이 드러났다.
　부리의 아들 보르는 거인족의 딸 베스트라와 결혼하여 오딘, 빌리, 베의 삼형제를 낳았다. 이 세 신이 힘을 합쳐서 이미르를 죽인다. 이때 이들이 흘린 엄청난 양의 피에 빠져 거인들이 전멸하는데, 오직 베르겔미르만이 이 피의 홍수를 벗어나 세계 끝에 있는, 안개 덮인 거인의 나라 요툰하임 · 니플헤임에서 새로운 거인족의 시조가 되어 신들에 대한 복수심을 불태운다.
　오딘 삼형제는 이미르의 시체를 바다 없는 심연의 한가운데에 놓아 대지를 만들고, 두개골은 공중에 던져 하늘을 만든 다음, 불꽃의 나라에서 날아오는 불똥 가운데 큰 것만을 골라 해와 달을 만들어 세상을 비치게 하였다. 이때 작은 불똥은 별이 되었다. 이미르의 머리털은 숲이 되고, 뼈는 산, 피는 바다와 호수, 뇌수는 구름, 이빨은 바위와 돌이 되었다. 이어 세 명의 신은 해변에 표류하여 닿은 아스크(물푸레나무)와 엠블라(담쟁이덩굴의 일종)를 깎아 사람을 만든다. 이들에게 오딘은 호흡과 생명을, 빌리는 지혜와 신체를 움직이게 하는 힘을, 그리고 베이는 얼굴 모양과 말, 지각력을 각각 전해 주었다.
　또 이미르의 눈썹으로 대지를 둘러싸서 그 안에 요물이나 야수가 들어오지 못하게 했다. 이때 만들어진 둘러싸인 그 안쪽이 현재 인간들이 사는 세상 미드가르드(둘러싸인 안쪽, 대지)이다. 신들은 미드가르드의 중앙(가장 높은 산의 정상)에 신전을 짓고 날마다 시합을 벌이거나 연애를 하면서 재미있게 살았으며 그 주위에는 금과 같은 보물이 넘쳐흘렀다.

한편 썩은 이미르의 몸뚱이에서는 구더기와 같은 것이 기어 나와 바위 틈으로 숨어들었는데, 이것이 난쟁이족의 시원이 되었다. 따라서 그들은 대장간 일에 능하여 지하에서 금을 파내어 정교한 보물을 만들고 있다.

북유럽 신화의 창조신화는 끝없이 잠만 자는 거인이 어디가 사악한지, 암소 아우둠라는 어디에서 나타났는지, 얼음을 핥는 것에서 어떤 식으로 신이 만들어진 것인지, 조상이 되는 부리 등은 오딘 삼형제가 태어난 후 어디에서 무엇을 했는지 등을 자세히 언급하지 않았다. 그저 위에서 언급한 내용이 북구 신화를 다룬 기록의 남아 있는 전부다. 기록에 남은 이야기 이상의 자세한 내용은 그 어디에도 실려 있지 않아 전혀 알 방법이 없다. 북유럽 사람들이 그리스도교로 개종한 뒤 이교(異敎)로 취급받은 북유럽 신화는 거의 맥이 끊겼고, 주로 구전으로 전승되었기 때문에 많은 기록이 유실되기도 했다.

오딘_거대한 암소 아우둠라가 얼음덩이를 핥고 있는 동안에 그 속에서 나타난 최초의 신 부리의 아들 보르가 거인의 딸 베스트라와의 사이에 낳은 세 명의 아들 가운데 장남이다. 그는 아우들과 힘을 합쳐 태초의 거인 이미르를 퇴치하고 그 시체로 대지를, 두개골로는 하늘을, 뼈와 이빨로는 산맥이나 바위를, 털로는 숲을 만들었다.

| 45 | 신들의 주신 오딘

■ 북유럽 신화 ■

오딘은 에시르 신족에 속하며, 바람·전쟁·마법·영감·죽은 자의 영혼 등을 주관한다. 오딘은 격노 또는 광란이라는 뜻을 갖고 있다. 오늘날의 Wednesday(수요일)는 오딘의 이름에서 유래하였는데 '오딘의 날'이라는 뜻을 갖고 있다.

오딘은 세상을 창조하고는 대지의 여신인 표르긴의 딸 프리그와 결혼하여 신족을 크게 번성시켰다. 그리고 하늘에 자신의 왕국인 아스가르드를 건설하였다. 그는 바라스걀프 궁의 높은 의자에 앉아 세계를 내려다보고 있었다.

오딘은 많은 지식을 얻기 위해서라면 어떤 일도 마다하지 않았다. 현세의 모든 지혜를 손에 넣기 위해서 그는 현인 미미르의 우물에게 자신의 눈알 한 개를 제물로 바쳤다. 그리하여 미미르의 우물로부터 현세의 지혜를 얻게 된 오딘은 평생 외눈으로 살아가야 했다. 그는 사람들의 눈을 피하기 위하여 차양이 넓은 모자를 쓰고 수염을 길렀다.

오딘은 어느 날 우주를 뚫고 솟아 있는 거대한 물푸레나무인 위그드라실에 목을 매고 스스로 자기 몸을 창으로 찔렀다. 그는 오로지 자신의 마력만 믿고 생사의 갈림길에서 아흐레 동안 명상에만 전념하였다. 명상에 전념한 지 아흐레 만에 드디어 오딘은 현세의 속박에서 벗어나 저승에 도달하기에 이르렀다. 죽은 자들의 세계를 여행하고 돌아온 오딘은 저승의 지혜까지 얻게 되었다. 그리고 자연스럽게 신비의 룬 문자를 깨우치게 되면

물푸레나무의 오딘 목조상

서 18개의 강력한 마법들을 터득하여 죽음마저 극복한, 세상에서 가장 위대한 마법 능력을 얻었다.

오딘의 탐구열은 식을 줄을 몰라 거인족이 가지고 있는 미지의 지식을 손에 넣기 위해 다른 신들의 만류에도 불구하고 요툰헤임으로 오랫동안 여행을 떠났다. 그곳에서 오딘은 마력을 갖게 하는 노래 갈드르를 얻게 되고, 태고에 일어났던 일들에 대해 배웠으며, 로키라는 뛰어난 재주를 갖춘 자를 만나 그와 의형제를 맺게 된다.

요툰헤임에서 돌아온 오딘은 자기가 없는 동안 아스가르드의 옥좌를 차지하고 있던 동생들을 제거한 후, 동생들이 차지하고 있던 좌우의 옥좌에 요툰헤임에서 데려온 로키와 미미르를 앉혀 자신의 보좌관으로 삼아 심신일체를 유지하였다.

오딘은 인간의 전쟁에도 관여하여 승리와 패배를 결정하였다. 그는 전사들에게 광란이나 격노 등의 감정을 불어넣어서 전투를 하게끔 만들었다. 오딘이 승리를 보장한 군대의 머리 위에는 후긴(감정, 사고)과 무닌(기억)이라는 두 마리의 까마귀가 허공을 맴돌며 날았다. 오딘은 전쟁터에서 죽은 자들을 모두 자신의 부하로 삼기 위해 두 마리의 늑대를 풀어 전사자들의 시신을 먹게 하였는데, 늑대들의 이름은 각각 게리(탐욕스러운 자)와 프레키(굶주린 자)다.

오딘_오딘의 어깨에는 후긴과 무닌이라는 두 마리의 커다란 까마귀가 앉아 있고 발 곁에는 두 마리의 이리가 웅크리고 앉아 있는데, 커다란 까마귀는 하루에 한 번씩 공중으로 날아올라가 세상을 구경한 다음, 세상에서 일어나는 일들을 그에게 알려준다.

늑대들의 위장 속으로 전사자들의 시신이 들어가면 영혼은 오딘의 여전사 발키리에 의해 발할라로 운반된다. 그곳에서 전사자들의 영혼은 오딘에 의해 미래에 다가올 라그나로크 때 신들의 전사로서 싸우게 된다. 오딘의 전사들은 '베르세르크(곰의 속옷을 입은 자)' 또는 '울프헤딘(늑대의 모피를 입은 자)'이라고 불리는 망각 상태에 빠져 마치 곰이나 늑대가 된 것처럼 힘이 몇 배는 더 강해지고 성격도 난폭하게 변해 적을 향해 무차별 공격을 가하였다.

오딘은 가만히 앉아 있어도 세상의 모든 일을 자세히 알 수 있었는데, 그것은 자신의 양 어깨에 앉아 있는 도래까마귀 후긴과 무닌이 매일 아침마다 돌아와 세상에서 일어난 각종 사건들을 정기적으로 알려주기도 하고, 앉으면 세상의 이곳저곳을 다 볼 수 있는 마법의 의자가 있기 때문이다.

오딘은 프리그와 결혼하여 사랑과 빛의 신 발드르가 태어났다. 프리그는 결혼·가정·출산·풍요를 주관한다. 흔히 실을 잣는 모습이나 어린아이를 안고 있는 모습으로 그려진다. 오딘과 프리그의 아들 발드르는 무척 아름다운 데다 현명하고 친절해서 프리그는 아들을 끔찍이 아껴 불사신이 되는 방법을 가르쳐주었다. 그래서 다른 신들과 한 가지 계약이 이루어졌다. 그 내용은 발드르가 누구에게도 해를 끼치지 않으면 세계에 존재하는 어느 누구도 발드르에게 상처를 입히지 않는다는 것이었다.

신들은 그가 어떤 무기에도 상처를 입지 않는다는 것을 알았기 때문에 발드르를 향해 무기를 던지며 놀기도 했다. 하지만 이 계약에 유일하게 빠진 이가 있었다. 신 중에 야드리기는 너무 어렸기 때문에 이 계약을 맺지 않았던 것이다.

이 사실은 아무도 모르는 비밀이었다. 하지만 발드르의 높은 인기를 질투한 로키가 노파로 변신하여 발드르에 관한 비밀을 전해 듣고 계략을 꾸몄다. 그는 야드리기에게 화살을 만들게 해서 발드르의 형이자 앞을 보지 못하는 장애를 겪는 호두르에게 주었다. 호두르는 로키가 가르쳐준 대로

발드르의 죽음_ 프리그는 만물에게 발드르에게는 손가락 하나 건드리지 않을 것을 서약시킨다. 그런데 로키가 이 서약에 참가하지 않았던 야드리기에게 활을 만들어 호두르에게 건네준다. 호두르가 로키가 시킨 대로 그것을 발드르에게 던지자 곧바로 그것은 화살로 변해서 그를 뚫고 쓰러뜨린다. 빌헬름 에케르스베르크의 작품.

발드르를 향해 활을 쏘았다. 이 사건으로 발드르는 자신의 형의 손에 의해 죽고 말았다.

이런 사실을 안 프리그는 발드르를 소생시키기 위해 죽음의 나라를 찾아갔다. 그러자 명계(저승)의 왕 헤르는 "세상의 모든 생물이 발드르의 죽음을 슬퍼하며 그를 위해 울면 되살아날 것"이라고 대답했다.

헤르의 해법을 들은 프리그는 그날부터 세계를 떠돌아다니며 모든 생물에게 울어 달라는 부탁을 했다. 하지만 로키가 변신한 거인만은 이 부탁을 거부했기 때문에 발드르는 다시 살아날 수가 없었다. 오딘을 비롯한 신들은 발드르의 죽음이 로키의 계략이었다는 사실을 알고 그에게 엄한 벌을 주었다.

| 46 | 토르의 망치 묠니르　　　　■ 북유럽 신화 ■

북구의 신들이 쓰는 무기로 잘 알려진 것들이 오딘의 창과 천둥신 토르의 해머 묠니르다. 오딘의 창이 날카로운 번개라면 묠니르는 어마어마한 천둥이다. 토르는 그 엄청난 굉음과 위력으로 사람들에게 가장 인기 있는 신이었다.

　　토르가 어느 날 아침 일어나 보니 그의 강력한 망치 묠니르가 간밤에 사라지고 말았다. 토르는 당황하고 조바심에 애가 타 동생인 로키를 찾아가 아직 아무도 망치가 도둑맞은 줄 모른다고 말하고는 묠니르를 함께 찾아 나설 것을 청했다. 그들은 먼저 프레이야 거처로 갔다. 프레이야는 미의 화신이며 풍요의 여신으로 애정을 나누어 주는 신이었다. 토르는 프레이야에게 날개옷을 빌려 달라고 요청하였다. 그녀는 평소 흠모하던 토르의 부탁을 받자 흔쾌히 수락하였다. 그녀의 옷이 황금으로 만들어져 있어도 토르에게는 빌려줄 것이라며 날개옷을 내주었다.

　　토르는 날개옷을 로키에게 주었다. 토르가 건네준 날개옷을 걸친 로키는 한층 기분이 좋아져 휘파람 소리를 내며 날아갔다.

　　한편 거인의 나라인 요툰헤임에서는 거인 스림이 황금으로 자기 개들에게 채울 목걸이를 땋고 말들의 갈기를 빗어내고 있었다. 그때 로키가 나타나 토르의 망치 묠니르의 행방을 물었다. 사실 묠니르는 스림이 훔쳐간 것으로, 로키는 제대로 범인을 찾은 것이다. 로키의 추궁에 스림은 기다렸다는 듯 말했다.

신부로 변장한 토르_ 토르는 자신의 망치 묠니르를 찾기 위해 프레이야로 변장한다.

"그 망치는 내가 훔쳤지. 망치를 돌려받고 싶으면 프레이야를 내 신부로 만들어 주면 돌려주겠어."

그의 말을 들은 로키는 다시 날개옷의 휘파람 소리를 내면서 요툰헤임을 떠나 신들의 궁전으로 돌아갔다.

토르는 로키가 돌아오자 먼저 망치의 행방을 물었다.

"형, 그 망치는 거인 스림이 훔쳐갔어. 그런데 프레이야를 신부로 만들어 주어야 내놓겠데."

토르와 로키는 프레이야에게 가서 자기들이 요툰헤임에 모셔 갈 것이니 결혼 드레스를 입으라고 청한다. 그러자 프레이야는 분노하여 단칼에 거절했다. 토르는 이 문제를 해결하기 위해 여러 신과 회의를 하였다. 수 시간에 걸친 격론에도 결론이 안 나자 회의 끝에 헤임달이 나서서 말했다.

"이 문제는 프레이야가 있어야 풀릴 문제요. 하지만 그녀는 완강히 거절했기에 차선으로 토르 당신이 프레이야로 변장하여 직접 그를 만나야 할 것이오."

토르는 여자로 변장한다는 것이 못마땅했다. 그는 처음엔 거절했지만, 로키가 묠니르를 찾아올 방법은 그것뿐이라며, 묠니르가 없으면 요트나르가 언제든지 아스가르드로 쳐들어올 수 있다는 점을 상기시켰다. 신들은 내켜하지 않는 토르를 억지로 여장시키고, 로키도 여자로 변신해 들러리로 토르를 따라가기로 한다.

토르와 로키는 염소가 끄는 전차를 타고 요툰헤임에 도착하였다. 스림은 자기 저택 안에 있는 모든 요트나르에게 프레이야가 자기 신부로 왔으니 긴 의자 위에 짚을 깔라고 지시하였다. 스림은 자기가 모은 보물들과 짐승들을 꼽아 보면서, 자신이 갖지 못한 것은 프레이야뿐이라고 너스레를 떨었다.

초저녁이 되자 연회가 펼쳐졌다. 여장한 토르는 먹을 것이 눈앞에 놓이자 그만 참지 못하고 게걸스럽게 먹기 시작했다. 그리고 끝내는 스림의 짐승들을 몽땅 먹어치우고는 봉밀주 세 통까지 마저 탈탈 비워 버렸다. 이 모습을 본 스림은 기가 막혀 말이 안 나왔다. 그는 아름다운 프레이야의 모습과는 전혀 다른 행동을 보이는 신부의 모습에서 충격을 받았다. 그러자 옆에 있던 로키가 그에게 말했다.

"프레이야 신부는 이곳에 오고 싶어서 8일 밤낮을 아무 것도 먹지 않았어요."

그제야 신부의 배고픔을 이해하겠다며 고개를 끄떡이던 스림은 프레이야에게 키스하려고 면사포를 들어올렸다. 그런데 불처럼 타오르는 무시무시한 두 눈이 살기를 품고 자신을 노려보자 다시 한 번 놀라고 말았다. 이에 로키는 다시 말했다.

"신부가 너무나도 이곳에 오고 싶어서 8일 밤낮 동안 한 숨도 자지 못했어요."

로키의 재치 넘치는 임기응변에 또다시 속아 넘어간 스림은 프레이야에게 줄 결혼선물을 가져오라고 지시하였다. 이윽고 결혼선물인 토르의 망치 묠니르가 신부의 무릎 위에 올려졌다. 연회장에 모인 거인들은 스림과 프레이야가 드디어 결혼하였다고 축하를 보냈다. 그런데 이때 신부는 묠니르를 집어 들고는 웃음을 터뜨렸다. 신부에서 토르의 모습으로 돌아온 그는 스림과 연회장에 모인 거인들을 모조리 때려죽인 뒤 집으로 돌아갔다.

스림과 거인들을 혼내주는 토르_묠니르를 훔쳐간 토르가 신부의 모습에서 다시 자신의 모습으로 돌아와 그들을 혼내주는 장면이다. 마르텐 에스킬 뷘게의 작품.

| 47 | 사랑의 여신 프레이야 ■ 북유럽 신화 ■

사랑과 미의 여신 프레이야의 목에는 흑요정의 작품으로 여겨지는 황금목걸이 '브리싱가멘'이 장식되어 있다. 이 목걸이는 아시아의 동쪽 나라 아시아랜드에서 만들어졌다.

    프레이야는 사랑과 풍요, 아름다움의 여신으로 '여주인'이라는 뜻을 가진 여신이었다. 그녀의 용모가 눈부실 정도로 너무 매혹적이어서 생명을 가진 모든 존재는 그녀를 사랑하면서도 부러워하였다. 심지어 난쟁이나 신들의 적인 거인족마저도 프레이야의 미모에 반하여 그녀를 차지하기 위해 수단과 방법을 가리지 않을 정도였다. 프레이야는 브리싱가멘이라는 오색찬연한 황금목걸이를 목에 걸고 있으며, 가끔 두 마리의 고양이가 끄는 전차를 타고 전쟁터로 달려가 전사자들을 자신의 궁전의 연회석에 초대하였다.

    프레이야에게는 오드라는 남편이 있는데, 오드는 여행을 너무 좋아해서 아내도 내팽개치고 오랫동안 집 밖으로 떠나 돌아오지 않았다. 프레이야는 그러한 남편을 항상 그리워하며 눈물을 흘렸는데 그녀가 흘리는 눈물은 황금이 되어 떨어졌다고 한다. 이처럼 남편 사랑이 지극한 아내인 것 같지만 한편으로는 난쟁이들로부터 브리싱가멘 목걸이를 얻기 위해 그들과 몸을 섞기도 했다.

프레이야 목조상_ 프레이야와 그 쌍둥이인 프레이르 신은 원래 반신족이었지만 아스신족과 함께 살았다.

프레이야_ 프레이야는 반신족의 다른 신들처럼 풍요와 사랑을 주관하는 여신이었다. 그녀는 대단히 아름다웠으며 신들은 물론 소인족과 거인족까지 그녀를 사랑했다. 그녀는 두 마리 고양이가 이끄는 전차를 타고 다닌다. 닐스 블롬메어의 작품.

　프레이야는 어느 날 여행을 하다가 네 명의 드베르그 난쟁이들이 아름다운 목걸이를 만들고 있는 모습을 보았다. 그녀는 그 목걸이가 너무나 탐이 나서 난쟁이들에게 그 목걸이를 줄 수 없겠느냐고 물어보았다.

　난쟁이들은 구석으로 가서 한참 쑥덕거린 다음 자기들이 원하는 것은 오직 프레이야뿐이라고 대답했다. 자기들과 하룻밤씩 나흘을 지내면 목걸이를 주겠다고 말했다.

　프레이야는 눈앞에 어른거리는 눈부시게 빛나는 목걸이를 세상 그 어떤 대가를 치르더라도 손에 넣고 싶었다. 치욕보다 유혹이 더 강렬했다. 프레이야는 네 명의 난쟁이들에게 몸을 주고 목걸이를 목에 걸고서 본 모습을 드러냈는데,[당시의 프레이야는 세상을 떠돌던 상황으로 그 모습이 아름답지만 볼품없는 여인이었다.] 신도 난쟁이들도 놀라지 않았다. 난쟁이들은 이미 그녀의 정체를 알고 있었고 그저 브리싱가멘을 넘겨주고 그녀가 떠나가는 것을 바라만 볼 뿐이었다. 그렇게 난쟁이들은 그녀에게 목걸이를 주는 대신에 하룻밤의 꿈을 얻을 수 있었다.

프레이야와 난쟁이_ 프레이야는 목걸이를 얻기 위해 난쟁이들과 몸을 섞는다.
▶ **프레이야**(217쪽 그림)_ 난쟁이의 목걸이 브리싱가멘을 차는 프레이야. 제임스 도일 펜로스의 작품.

그런데 이 사실을 로키가 알아 버렸다. 아스가르드로 돌아온 로키는 싱글싱글 웃으며 곧바로 오딘의 궁전으로 갔다. 로키는 난쟁이의 동굴 속에서 일어난 일을 오딘에게 자세하게 고자질했다. 오딘은 탐욕에 굴복한 프레이야에 대해 화를 내며 로키에게 그 목걸이를 훔쳐오라고 명령했다.

아침에 일어난 프레이야는 목걸이가 없어진 것을 알았다. 그런 짓을 할 자는 로키밖에 없었다. 그렇다고 로키가 제멋대로 그런 짓을 하진 않았을 것이고 그 배후에 오딘이 있음을 짐작했다. 프레이야는 오딘을 찾아가서 목걸이를 돌려 달라고 했다. 프레이야는 오딘에게 목걸이를 훔쳐가는 일은 파렴치한 일이라고 비난을 했다가 오히려 오딘으로부터 난쟁이에게 몸을 팔아서 목걸이를 얻는 것이 더 파렴치하다는 분노 섞인 타박만 들었다.

"네가 용서를 받기 위해서는 다음과 같은 일을 해야만 한다. 각각 스무 명의 하인을 데리고 있는 두 명의 왕 사이에 끼어들어 서로 사이를 나쁘게 만들어서 싸움이 나게 만들어라. 그날의 싸움이 끝나면 부서진 무기도 죽은 자도 모두 새롭게 다시 살아나서 두 왕은 영원히 싸우지 않으면 안 된다. 프레이야, 너의 죄는 그것에 의해서만 용서받을 수 있다."

오딘은 신들의 최후의 전쟁 라그나로크에 대비하기 위하여 전쟁에서 죽은 영혼의 전사들을 모으기 위한 수단으로 프레이야에게 명령하였다. 그녀는 오딘이 준 임무를 확실히 수행했다.

그래서 이 세상 어딘가에 멈추지 않고 영원히 싸우고 있는 40명의 전사가 있다는 것이다. 그들이 영원히 잠들 수 있는 것은 라그나로크가 와서 세계가 함께 멸망하는 때뿐이다. 목걸이에 대한 탐욕으로 시작된 프레이야의 사랑은 이렇게 서로 죽고 죽이는 전쟁과 살육으로 귀결되었다.

◀**무지개의 신 헤임달에게 브리싱가멘 목걸이를 돌려받는 프레이야(218쪽 그림)_** 프레이야가 토르에게 빼앗긴 목걸이를 헤임달로부터 되돌려받는 장면이다. 닐스 블롬메어의 작품.
브리싱가멘_ 브리싱가멘은 프레이야를 상징하는 목걸이이다. 또한 이 목걸이의 일로 인해 프레이야는 전쟁과도 관련된 여신으로 묘사되기도 한다.

| 48 | 로키의 악담　　　　　　　　　■ 북유럽 신화 ■

로키는 거인족 출신으로 정식 신들 축에 끼이지는 못하나 오딘과 형제의 의를 맺음으로써 아스가르드에서 산다. 잘생기고 재주가 뛰어나 때로 궁지에 빠진 신들을 그의 기지로써 돕기도 하지만, 한편 신들에게 온갖 못된 장난을 걸어 '거짓말쟁이의 원조', '재난을 일으키는 자' 등으로 불리기도 한다.

　로키는 사기와 기만을 주특기로 갖춘 장난의 신으로 불리는 굉장히 독특한 신이다. 그는 거인족답게 체격이 크고 얼굴이 매우 미남이며 변신술에 능해서 세상 모든 생명체로 변신할 수 있다. 또한 로키는 몇 가지 소지품이 있는데 그 중 하나인 '땅에서도 바다에서도 달리는 구두'는 거의 순간이동을 할 정도로 빠르게 달리는 특수한 능력을 갖춘 신발이다. 로키는 잠을 잘 때도 이 신발을 신은 채 잔다. 다른 신들과 달리 본디 거인의 아들이며 오딘과는 의형제이다. 또한 라그나로크를 일으켜 신들과 세상을 멸망시키는 주범이기도 하다.

　로키는 변신의 귀재로 온갖 사물로 변신할 수 있으며, 그의 변신은 신들도 속수무책으로 속아 넘어갔다. 심지어 완벽한 암컷으로 변신해서 새끼까지 치는 것도 가능하다. 이러한 점을 보면, 로키의 변신은 단순히 겉모습으로만 변신할 수 있는 게 아니라 변신한 대상이 지니고 있는 특성이나 능력도 그대로 따라오는 것으로 보인다. 또한 신들의 모든 보물은 로키의 손을 한 번 이상 거쳐 갔다. 그리고 그는 신들을 향해 거침없는 악담을 퍼붓기로도 유명한 신이다. 한마디로 악동인 신이다.

한번은 바다의 신 에기르가 자기 저택에 여러 신과 엘프들을 초대해 연회를 열게 되었다. 신들이 에기르의 하인인 피마펭과 엘디르를 칭찬했는데, 그 꼴을 두고 보지 못한 로키가 피마펭을 죽여 버렸다. 이에 신들은 로키에게 소리를 지르며 그를 저택에서 내쫓아 버린다. 로키가 숲으로 달아나자 신들은 저택으로 돌아와 다시 술을 마셨다.

그런데 숲에서 기어 나온 로키는 저택 바깥에서 엘디르를 만났다. 로키는 엘디르에게 인사하며 신들이 술안주로 무슨 이야기를 하고 있느냐고 물어보았다. 엘디르는 신들이 아무도 로키에 대해 좋은 소리를 하는 이가 없다고 말한다. 로키는 심술이 나 연회가 벌어지는 저택으로 들어서자 모두가 순간 침묵에 빠졌다.

로키는 연회장에 들어서자마자 목이 마르다며 봉밀주 한 잔을 요구했다. 그러면서 말이 없는 신들에게 무례하게 굴면서 자신에게 자리를 내어 주든지 아니면 이곳을 나갈 것인지 선택하라고 말한다. 그러자 시의 신 브라기가 침묵을 깨고 말했다.

"이곳은 그대에게 줄 자리가 없소, 이 연회장은 초대한 신만이 좌석에 앉을 수 있기 때문이오."

브라기의 답변에 로키는 그럼 그렇지 하는 표정으로 브라기를 무시한 채 곧바로 오딘을 향해 말했다.

로키_로키는 한마디로 신화 속에 등장하는 신 중에서 '가장 자유분방한 플레이보이'라고 할 수 있다. 보기 드문 용모와 마법의 힘으로 그는 많은 사람을 자신의 것으로 만들었다. 여신 중에서 그와 잠자리를 하지 않은 신이 거의 없을 정도였다.

"기억하시는가, 오딘이여, 지나간 옛날 우리가 피를 섞어 맹세한 일을? 그대 말하길 우리 둘 모두에게 대접된 술이 아니라면 절대 술을 마시지 않겠노라 하지 않았던가."

그러자 오딘은 침묵하고 있던 자기 아들 비다르를 일어서게 하고 그 자리를 로키에게 내어주면서 말했다.

"동생, 지금 벌어지고 있는 일은 그대가 조용히 입을 다물고 연회에 참석하라는 뜻이니 오해하지 말게나."

비다르는 일어서서 로키에게 술을 한 잔 따라 주었다. 술을 마시기 전에 로키는 신들에게 건배를 돌리겠다고 열변을 토하는데, 단 브라기에게는 건배주를 주지 않겠다고 했다. 그러자 그의 후환이 두려웠던지 브라기는 로키에게 말 한 필과 검과 반지를 줄 테니 노여움을 풀라고 했다.

그러자 로키는 그를 향해 말했다.

"당신은 전쟁을 무서워하고 궁술이 형편없어."

로키의 비아냥거림에 브라기는 분노하여 대꾸했다.

"이곳이 연회 장소가 아니었다면 그대의 목을 날려 버렸을 거요."

그러자 음흉하게 웃는 얼굴로 로키가 말했다.

"당신은 앉아 있을 때만 용감하고 기백 있는 화난 사내와 마주하면 도망가는 벤치 장식품이오."

이때 청춘의 여신 이둔이 끼어들어 브라기에게 로키의 말에 대꾸하지 말라고 하였다. 그러자 로키는 이둔에게 악담을 퍼부었다.

"자기 오빠를 죽인 놈의 목에 깨끗하고 흰 팔을 두르는 당신은 이 세상 여자들 중 가장 남자에 환장하고 미친 여자가 아니오."

이둔은 로키와 브라기 사이에 싸움이 일어나길 원하지 않는다고 말하며 로키의 비난을 참았다. 그러자 농사의 여신 게피온이 로키를 옹호하는 발언을 했다.

로키의 말다툼_로키가 다른 신들에게 악담을 퍼붓는 것을 주제로 한 내용으로, 모든 신은 악동인 로키로부터 귀에 거슬리는 악담을 듣는다. 그림은 바다의 신 에기르의 저택에서 연회를 베푸는 장면으로 초대받지 않은 손님 로키가 등장하는 모습이다.

"로키는 그저 장난을 치고 있을 뿐이오. 살아 있는 모든 것이 그를 사랑하지요."

로키는 게피온의 말을 듣는 둥 마는 둥 하고는 곧바로 게피온에 대한 비난을 퍼부었다.

"게피온, 너는 한때 보석을 준 어린애에게 홀랑 넘어가 그놈에게 허벅다리를 감지 않았느냐?"

오딘은 로키가 게피온까지 욕보이자 그가 제정신이 아님에 틀림없다고 말했다. 로키의 무례를 보다 참지 못한 오딘의 아내인 프리그가 외쳤다.

"만약 여기에 발드르가 있었더라면 그렇게 건방지게 말하지는 못했을 것이다. 너는 죽어도 수백 번 죽었을 것이다."

이에 지지 않고 로키가 그녀를 향해 악담을 퍼부었다.

"프리그, 또 나의 독설이 듣고 싶은가? 네 아들을 저승으로 보낸 것도 살아오지 못하게 한 것도 모두 내가 한 짓이다. 너는 아직 아무것도 모르고 있었구나."

사랑의 여신 프레이야가 나서서 프리그를 옹호했다.

"프리그는 모든 운명을 알고 있지만 말하지 않을 뿐이오. 로키는 미친 것이 틀림없어."

그러자 로키는 프레이야를 향해 악담을 퍼부었다.

"이 자리에 있는 모든 남신이여, 프레이야는 그대들과 한 번씩은 애인노릇을 하지 않았소?"

로키의 악담에 프레이야는 거짓말이라고 날뛰었다.

"로키는 지금 그저 여러 남신과 여신들을 화나게 만들려고 사악한 말을 내뱉고 있어요. 미친 로키는 결국 목적을 이루지 못한 채 집에나 가게 될 거예요."

이에 로키는 악담을 멈추지 않았다.

"프레이야는 성질 나쁜 마녀요. 그녀는 한때 자기 오라비인 프레이와 관계를 가졌으며, 그때 다른 신들이 그들을 발견하자 놀라서 방귀를 뀌지 않았소."

그러자 분노한 프레이야의 아버지 뇨르드가 언성을 높였다.

"여자가 남편 이외에 또 애인을 만드는 것이 무슨 문제가 있으며, 남자 몸으로 새끼를 낳은 변태 신이 여기에 있는데 더 놀랄 일이 무엇이냐."

로키가 브라기를 조롱하다_ 콜링우드 판화 작품.

로키는 뇨르드에게 닥치라면서 반박했다.

"뇨르드, 너는 에시르와 바니르 전쟁 때 너와 네 자식들은 전쟁의 볼모로 잡혀 휘미르의 딸들의 오줌을 받아먹는 변기 신세였던 놈이 아니냐. 어디서 잘난 척이냐."

얼굴이 붉어진 뇨르드가 다시 반박했다.

"내가 에시르에게 보내진 것은 보상의 차원이었고, 내 아들 프레이는 에시르들에게 귀공자로 대접받았다."

"그 프레이는 네가 네 여동생하고 붙어먹어 낳은 아들이 아니냐?"

이번에는 전쟁의 신 티르가 나서서 프레이를 변호하였다. 그러자 로키는 티르에게도 닥치라면서 막말을 퍼부었다.

"그대는 사람들과 공정한 거래를 하지 못한다. 그래서 늑대를 묶으면서 손모가지를 날려먹는 바가지를 쓰고 말았다."

"내가 손목을 잃지 않았다면 네 아들인 늑대가 죽었을 것이다."

"그대의 아내는 나와 관계하여 아들을 낳았으며, 그대는 병신이 되었으면서 그에 합당한 보상을 받은 적이 한 번도 없으니 가엾을 지경이다."

이때 프레이가 끼어들었다.

"그대가 당장 닥치지 않으면 라그나로크가 도래할 때까지 묶인 신세가 될 것이오."

프레이의 경고에도 로키는 입을 다물지 않았다.

"그대는 아내 게르드를 돈 주고 사 왔으며, 그때 칼까지 내다버린 덕분에 라그나로크 때 쓸 무기조차 없는 처지가 아닌가. 그런 그대가 내게 경고를 하다니 정말 웃기는 일이 아니오."

이번에는 무지개의 신 헤임달이 나서서 로키를 말렸다.

"그대는 술에 취해 분별력을 잃었소. 그러니 그만 말하는 것이 좋겠소."

"너는 언제나 등이 진흙투성이에 다른 신들을 위한 감시꾼 노릇밖에 못하는 혐오스러운 삶을 살 운명이다."

더 이상 이 광경을 볼 수 없었던 토르의 아내 시프가 나서 로키에게 술을 따라주었다. 그녀는 로키가 술 마시고 잠이 들게 계속 술을 따라주었다. 로키는 기분 좋게 술을 받아 마시면서 말했다.

"그대는 허물이 없으며, 만약 있다손 치더라도 토르 몰래 바람을 피운 것밖에 없으며, 그 바람 상대가 내가 아니오."

그러자 비그비르의 아내 베일라가 말했다.

"조금 전 산이 흔들리는 느낌을 받았는데, 이는 곧 토르가 돌아오는 것 같아요. 그가 돌아온다면 이 난장판을 끝내고 평화가 올 거예요."

그러자 로키는 술을 뛰기며 말했다.

"닥쳐라! 에시르의 아이들 중에서 가장 못난 그 입을 다물라."

그때 베일라의 말대로 토르가 도착하였다. 그는 로키가 모든 신에게 악담을 퍼붓는 것을 알고는 자신의 망치 묠니르를 내보이며 위협했다.

"당장 입을 다물지 못하면 그대의 모든 뼈를 부러뜨려 버릴 것이다."

토르의 무시무시한 위협에 겨우 정신을 차린 로키는 연회장을 도망쳤다. 그러나 분노한 신들은 그를 잡으려고 모두들 정신없이 그를 쫓았다. 그러자 로키는 연어로 변신해 폭포 속에 숨어들었다. 하지만 에시르가 그곳을 뒤져 로키를 붙잡아 결박시켰다. 연회장에서의 수모에 화가 머리끝까지 치민 신들은 로키의 얼굴 위에 독사를 묶어놓았고, 그 독사의 아가리에서는 독액이 뚝뚝 떨어졌다.

로키의 아내 시귄이 옆에 앉아 사발을 받쳐 들고 독액을 받아냈지만, 사발이 다 차면 그녀는 사발을 비우기 위해 자리를 떠나야 했다. 그 동안 독액이 로키의 얼굴 위로 떨어졌고, 로키는 괴로워서 온몸을 뒤틀며 발광을 쳤다. 발버둥치는 로키의 힘으로 인해 온 대지가 떨리게 되고, 이것이 오늘날 지진으로 알려진 현상이라고 한다.

포박당한 로키_신들에게 무례하게 굴던 로키는 결국 신들로부터 포박당해 독사가 독을 떨어뜨리는 절벽에 결박당하는 죄값을 치른다. 마르텐 에스킬 윈지의 작품.

| 49 | 토르와 우트가르드　　■ 북유럽 신화 ■

우트가르드는 '외부세계'라는 뜻이고 요툰헤임의 별명, 또는 그 서울을 가리키며 노르웨이 중앙의 빙하를 안고 있는 고원이 현재 이 이름으로 불린다.

　토르와 로키가 두 마리의 염소가 끄는 토르의 전차를 타고 놀러 나갔다. 그들은 어느 농부의 집 앞에서 멈추어 그 집에서 하룻밤을 묵게 되었다. 토르는 자기 염소들을 도살하여 솥에 넣어 삶아 로키와 함께 먹었다. 토르는 하룻밤 묵게 해준 농부 가족에게도 같이 먹자고 하면서 절대로 염소의 **뼈**를 부러뜨리지 말라고 경고하였다. 그러나 로키는 농부의 아이 샬피를 꼬드겨 염소 뼈 중 하나의 골수를 빨아먹게 하였다. 농부 가족들과 함께 배불리 염소를 다 먹고 나자 토르는 다시 염소들을 되살리려고 했다. 이때 염소 한 마리가 다리를 절고 있었다. 공포에 질린 농부 가족은 아들 샬피와 딸 로스크바를 토르에게 바쳐 용서를 받았다.

　토르와 로키는 두 아이를 데리고 계속 동쪽으로 향하여 요툰헤임의 광활한 숲에 도달하였다. 그들은 어두워질 때까지 숲속으로 들어가다가 해가 떨어지자 밤을 지낼 곳을 찾았다. 어마어마하게 큰 건물과 마주친 그들은 옆방으로 들어가 잠이 들었다. 그날 밤 그들은 내내 지진에 시달렸다. 지진은 토르를 제외한 나머지 일행들을 겁에 질리게 만들었다. 토르는 방어를 위해 묠니르를 움켜쥐었다. 알고 보니 그 건물은 스크뤼미르의 장갑이

토르의 염소 수레_토르는 두 마리의 염소가 이끄는 수레를 타고 하늘을 자유자재로 날아다닌다.

었고, 스크뤼미르의 코 고는 소리가 지진으로 느껴졌던 것이었다.

한밤중에 토르는 잠에서 깨어났고, 토르가 자고 있는 스크뤼미르를 망치로 죽이려고 두 번 시도하는 와중에 다양한 사건이 일어났다. 스크뤼미르는 토르의 망치를 맞을 때마다 일어나서는 도토리가 떨어졌나 잔가지가 떨어졌나 하는 식으로 중얼거리며 잠을 잤다.

토르는 스크뤼미르가 망치에 맞고도 꿈쩍 않자 다시 망치를 휘둘러 그를 깨어나게 했다. 거인은 토르와 로키 일행을 보고는 우트가르드의 아성에 찾아가 잘난 체를 할 작정이라면, 우트가르다로키의 부하들은 그런 짓을 용납하지 않을 터이니 그만두라는 충고를 하면서 배낭을 등에 둘러메고 숲속으로 사라져 버렸다.

토르와 일행은 한낮이 될 때까지 여행을 계속해 광활한 공터에 자리 잡은 거대한 성에 도달하였다. 성은 너무 커서 꼭대기를 보려면 그들이 머리가 등에 닿을 정도로 뒤로 젖혀야 했다. 성의 입구는 잠겨 있었는데 토르조차도 그것을 열 수 없었다. 그들은 문의 빗장 사이로 끼어 들어가는 식으로 성 안에 들어가 커다란 회당으로 도착했다. 회당 안에는 기다란 의자가 두 개 있었고, 그 의자에는 덩치 큰 거인들이 각각 나눠 앉아 있었다. 성의 주인인 우트가르다로키 역시 앉아 있었다.

우트가르다로키는 토르와 일행들을 발견하고는 자랑할 만한 솜씨가 없는 손님은 머무를 수 없다고 말했다. 로키는 잔칫상 앞으로 나가서 자기는 그 누구보다도 빠르게 먹을 수 있다고 주장하였다. 우트가르다로키는 그것이 사실이라면 솜씨라고 할 만하다면서 기다란 의자에 앉아 있던 거인 로기를 일어나게 하였다. 그리고 회당 바닥에 나무 쟁반이 차려지고 쟁반 위에 고기가 가득이 쌓였다. 로키와 로기가 각기 반대편에 앉아 고기를 먹기 시작했다. 로키는 자기 앞의 고기를 몽땅 먹고 발라낸 뼈를 옆에 쌓아 놓았지만 로기는 고기도 먹고 뼈도 먹고 쟁반까지 먹어치웠다. 로키가 졌다는 것은 명백했다. 다음 차례로 샬피가 후기라는 거인과 달리기 대결을 세 번 해서 세 번 모두 졌다.

토르는 마시기 대회에 참가하겠다고 했지만 엄청난 들이로 세 번 들이킨 뒤 탈락하고 말았다. 토르는 회당에 있던 커다란 회색 고양이를 들어 올려 보겠다고 했지만 고양이를 머리 위까지 번쩍 들어도 고양이의 등이 휠 뿐 고양이의 네 발 중 하나만 바닥에서 떨어졌다. 토르는 회당 안의 누군가와 싸워 보겠다고 요구했지만, 회당 안의 거인들은 토르가 너무 약해서 그런 싸움은 자기들에게 모욕이 될 것이라고 대답하였다. 그러자 우트가르다로키는 식모인 노파 엘리를 불러 토르와 씨름을 붙였다. 그러나 토르가 힘을 주면 줄수록 엘리의 힘도 세졌고, 결국 토르는 한쪽 무릎을 꿇고 말았다. 우트가르다로키는 나머지 사람들과는 싸워 볼 것도 없겠다고 말했다. 그리고 밤이 깊어지자 우트가르다로키는 토르와 일행에게 방을 잡아주고 후하게 대접해 주었다.

토르의 씨름_ 식모인 노파 엘리와 씨름하는 장면이다.

토르_토르는 로마의 게르마니아 정복 때부터 민족 대이동기를 거쳐 스칸디나비아의 기독교화가 이루어지기 시작한 바이킹 시대에 이르기까지 게르만 민족들에게 널리 숭배받은 신이다.

다음날 아침 토르와 일행은 옷을 입고 아성을 떠날 준비를 한다. 그때 우트가르다로키가 나타나서 하인들에게 상을 차리라고 시켰다. 일행은 모두 즐겁게 먹고 마셨다. 그들이 떠나려는 순간, 우트가르다로키는 토르에게 자신과 놀아보니 어땠느냐고 물었다. 그러자 토르는 솔직히 자기가 그렇게 잘 한 것 같지는 않다고 털어놓았다. 우트가르다로키는 토르와 일행을 성 밖으로 내보낸 뒤 다시는 찾아오지 말라고 경고하였다. 그리고 우트가르다로키는 일행에게 그간 그들이 보았던 것들의 정체를 밝혔다. 사실 스크뤼미르는 우트가르다로키가 변신한 것이었고, 스크뤼미르를 망치로 때린 것은 땅바닥을 때린 것이었다. 그리고 토르의 힘이 너무 셌기에 토르가 때린 곳마다 골짜기가 생겨났다.

또한 로키가 겨루었던 로기는 불 그 자체였으며 샬피가 상대한 자는 생각이었다. 토르의 뿔잔은 사실 바다에 닿아 있었기 때문에 토르가 마실 때마다 바닷물의 수위가 낮아졌다(이것을 훗날 사람들은 조석이라고 했다). 토르가 들어 올린 고양이는 사실 세상 뱀 요르문간드였다. 또한 토르가 고양이의 발 하나를 들어 올리는 것을 보고 거인들은 모두 토르의 힘에 공포에 질렸다. 토르는 사실 그 거대한 뱀을 하늘 높이 쳐들었던 것이다. 토르가 씨름을 했던 노파는 노화였으며 그 노화를 멈출 수 있는 자는 아무도 없었다. 우트가르다로키는 앞으로 절대 만나지 않는 것이 쌍방에게 좋겠다고 말했다. 이 이야기를 모두 들은 토르는 망치를 들어서 우트가르다로키를 후려치려 했지만, 이미 그와 그의 성도 사라져 버렸고 광활한 빈터만이 남았다.

세상뱀 요르문간드를 들어올리는 토르
▶ **토르와 우트가르다로키**(233쪽 그림) _토르와 일행들이 거인인 우트가르다로키를 쫓는 장면이다.

| 50 | 신들의 멸망 라그라로크 ■ 북유럽 신화 ■

라그라로크는 일반적으로 '신들의 황혼'이라고 번역되고 있으나 '신들의 운명' 혹은 '신들의 몰락'을 의미한다. 오딘의 아들이며 광명의 신인 발드르가 로키의 간계로 죽자 신들의 황금 시대는 끝나고 세계는 혼란 속에 빠진다.

"도끼의 시대, 칼의 시대에는 방패에 깊은 흠집이 날 것이다. 그리고 세상이 완전히 파멸하기 전 온 세상을 휘감는 바람의 시대와 늑대와 같은 야성의 시대가 도래할 것이다."

신들의 황금 시대가 저물 무렵 가장 먼저 미드가르드가 3년 간의 전쟁에 의해서 황폐화되고, 아버지가 아들을 죽이고 피를 나눈 형제들끼리 서로 살육하고, 근친상간이 곳곳에서 벌어지는 현상이 나타났다. 이후 매우 혹독한 겨울이 온 미드가르드를 휩쓸고 지나가면서 여름이 전혀 존재하지 않는 겨울이 3년 동안 지속되며 종말이 시작되었다.

요툰헤임의 아스가르드 갈그비드 숲속에서 핏빛 수탉, 발할라에서 황금빛 수탉, 지하세계 헬헤임에서 검붉은 빛의 수탉이 힘차게 울어대며 라그라로크의 시작을 알렸다. 라그라로크가 시작되자 세상의 모든 것이 속박과 묶여 있는 것에서 풀려났다. 그리고 죽은 자의 세계가 암흑의 지하세계에서 땅 위로 솟아올랐다.

늑대 스콜은 태양을 집어삼키고 스콜의 동생 하티 역시 달을 잡아먹자 별들이 하늘에서 사라졌다. 이후 온 대지가 진동하고 산들과 바위가 무너

포박당한 늑대 펜리르_사지가 글레이프니르로 포박당했으며, 입에서 흘러나온 침이 강을 이루고 있다.

지면서 묶여 있던 거인들이 튀어나오기 시작하였다. 바다에서는 세계 뱀 요르문간드가 육지로 나오기 위한 몸부림을 치면서 거대한 해일이 해안을 덮쳤다. 또한 독사가 독을 떨어뜨리는 절벽에 결박당해 있던 로키는 복수의 이를 갈며 풀려났다.

늑대 스콜과 하티의 아버지인 늑대 펜리르는 로키와 거인 여자인 앙게르보다와의 사이에 낳은 세 명의 자식 중 하나였다(다른 두 명의 자식은 죽음의 나라의 여왕이 된 헬과 대지를 휘감고 있는 큰 뱀 요르문간드). 펜리르의 괴력과 악업을 두려워한 신들은 난쟁이들이 만든 마법의 끈으로 그를 묶었는데, 이때 티르 신은 한쪽 손을 물려 절단되었다. 펜리르는 최후의 전쟁이 다가오자 사슬을 끊고 로키를 따랐다.

그리고 그들은 신들의 세상인 아스가르드의 무지개다리를 건넜다. 무지개다리는 그들의 무게를 이기지 못하고 무너져 버렸다. 그들은 세상에서 가장 넓은 비그리드 들판으로 진군하였다. 세상은 혼란에 빠지고 거인들과 괴물들의 세력이 온 땅을 뒤덮게 되었다.

이에 맞서 오딘은 인간 전사들을 모으던 궁전 발할라의 성문 하나에서

라그라로크_라그라로크는 신들과 인간세계의 종말, 특히 신들의 멸망을 나타내는 말이다. 피터 니콜라이 아르보의 작품.

800명씩 모두 43만 2천 명의 전사를 이끌고 나왔다. 헤임달은 비브로스트의 위에 서서 뿔피리를 크게 불어 진군의 소리가 비그리드 들판을 울려 퍼졌다. 하늘은 찢어지고 대지는 진동했다.

거인족의 왕 흐림은 창을 들면서 요툰모드(거인의 분노)로 변한 일족들과 함께 공격해 왔다. 펜리르 늑대는 아래턱을 대지에, 위턱을 하늘에 대고서 이 세상의 모든 것을 삼켜 버리려고 하였다. 그 눈이나 코에서는 불이 뿜어져 나오고 있었다. 또한 세계 뱀 요르문간드는 독을 내뱉으면서 대지를 기어 가고 있다. 최후의 싸움의 서막이 이제 막 열리기 시작했다.

드디어 결전이 시작되었다. 그러나 신들의 주신인 오딘은 로키의 아들 펜리르 늑대에게 통째로 잡아먹혀 죽고 말았다. 그 아내 프리그는 두 번째로 깊은 슬픔을 맛보았다. 하지만 오딘의 아들 비다르가 펜리르의 입을 찢고 심장에 창을 박아 아버지의 복수를 하였다.

가장 힘이 센 토르는 요르문간드와 대결을 펼쳤다. 요르문간드는 수령

같은 아가리를 열고 공중을 향해 입을 벌렸다. 토르의 묠니르로 사정없이 내리쳐 죽였지만 토르도 뱀이 내뿜는 독기 때문에 아홉 발자국을 걷고는 죽고 말았다.

로키와 헤임달은 서로의 무기에 찔려 죽고, 티르는 저승의 개 가름과 싸우다 함께 죽었다. 모든 자가 죽었고 전쟁터에 남은 것은 단 둘뿐이었다. 신족의 프레이와 불의 나라 무스펠의 우두머리 수르트였다.

프레이는 손에 든 사슴의 뿔로 수르트를 공격했다. 하지만 불꽃 검을 가진 수르트에게 프레이의 뿔은 상대가 되지 못했다. 결국 프레이는 죽음을 당했고 세상에 남은 것은 단 하나 수르트뿐이었다. 수르트는 검을 번쩍이며 세상에 불을 질렀다.

세계수 이그드라실은 비명을 내지르며 타기 시작하고 수르트는 어디론가 사라졌다. 대지는 바다에 삼켜지고 별들은 하늘에서 떨어지고 모든 것을 태워 버린 불꽃만이 하늘을 붉게 물들였다.

요르문간드와 싸우는 토르_토르는 세계 뱀 요르문간드와 결투하여 승리를 하나 독의 파편에 맞아 죽고 만다. 에밀 되플러의 작품.

단 하나 살아 있는 것은 니블헤임에 있는 비룡 니드호그와 독수리 흐레스벨그만이 계속해서 밀려오는 죽은 자를 먹기 위해 서로 싸우고 있었다.

신들의 세상은 이렇게 종말을 맞이했다.

종말의 대재앙 이후에 세례를 받고 새로운 세계가 태어났다. 바다로부터 아름답고 푸르른 땅이 솟아올랐다. 태양은 늑대가 삼켜 버리기 전에 한 명의 딸을 낳았다. 그녀는 성장해서 새로운 대지를 비춰 주었다. 새로운 대지는 씨를 뿌리지 않아도 작물이 자랐고, 그곳에는 생명이 가득하고 죽었던 신들이 새롭게 태어났다. 수르트의 불길을 피한 오딘의 아들 비다르와 발리가 그곳에서 살게 되었다. 토르의 아들인 모디와 마그니도 아버지의 망치인 묠니르를 들고 그곳으로 향했다. 그리고 헬헤임에서 발드르와 호드가 올라왔다. 한데 모인 여섯은 지난 기억들을 회상하다가 풀밭에서 옛날 에시르들이 갖고 놀았던 황금 놀이도구 조각을 발견하였다. 그리고 헤니르가 신들의 제사장이 되면서 새로운 세계가 시작되었다.

두 사람의 남자와 여자는 숲속에 숨어 아침이슬을 먹으면서 살아남았다. 남자 리브(생명)와 여자 리브스라시르(생명의 외침)라는 이 두 사람이 최후의 인간이었다. 그들의 후손들로 세상은 다시 넘치게 될 것이다.

신세계의 태동_라그라로크 이후의 신세계. 에밀 되플러의 그림.

|51| 핀란드 창조 신화

■ 핀란드 신화 ■

핀란드 하면 우리는 흔히 북유럽의 한 지역을 생각하기 쉽다. 그래서 핀란드 신화 역시 북유럽의 다른 신화들과 유사한 신화라고 짐작할 수 있지만 엄연히 핀란드 신화와 북유럽 신화는 차이점이 많다. 왜냐하면 핀란드는 북유럽(노르웨이, 덴마크, 스웨덴) 국가와는 다른 언어를 쓰는 국가이고 핀란드 신화에 등장하는 이야기의 근간이 아시아계 핀족이 펼치는 이야기이기 때문이다. 이는 곧 북유럽의 약탈을 일삼는 바이킹족의 신화가 아닌, 한 곳에 정착해 살았던 아시아계 핀족의 이야기인 것이다. 북유럽 국가인 노르웨이, 덴마크, 스웨덴의 언어는 게르만어파에서 나왔지만 핀란드어는 우랄 알타이어족이다. 핀란드 신화는 〈칼레발라〉라는 서사시를 통해서 알려져 있다. 칼레발라에는 핀란드의 영웅 배이내뫼이넨의 활약이 쓰여 있지만 대부분의 핀란드 신화도 칼레발라에 쓰여 있다.

본래 세상에는 물과 하늘밖에 없었고 하늘에게 일마타르라는 딸이 있었다. 어느 날 일마타르가 쉴 곳을 찾아 물로 내려와 7백 년 동안 헤엄을 치며 떠다니다가 아름다운 새 한 마리가 쉴 곳을 찾는 것을 보았다. 일마타르가 물 밖으로 무릎을 드러내자 새가 그곳에 앉아 일곱 개의 알을 낳았다. 여섯 개는 금으로 된 알이었고 나머지 한 개는 철로 된 알이었다. 새가 일마타르의 무릎에 앉아 알을 품자 점점 그의 무릎이 따뜻해지더니 급기야는 불이 붙었다. 일마타르는 뜨거운 열기에 놀라 무릎을 파르르 떨었고, 그 바람에 새알들은 무릎에서 굴러 떨어져 물속에서 박살이 났다.

이때 알껍데기들의 절반은 대지가 되었고, 절반은 하늘이 되었으며, 흰자가 달과 별이 되고 노른자가 태양이 되었다.

일마타르 조각상_일마타르의 무릎에 앉자 알을 낳는 새를 묘사한 조각상이다.

일마타르_핀란드의 민족서사시 <칼레발라>에 등장하는 공기의 처녀신이다. 일마타르는 바다와 바람에 의해 임신하여 배이내뫼이넨을 낳았다. 로베르트 빌헬름 에크만의 작품.

그 뒤로도 일마타르는 수백 년 동안을 물에 떠다녔으며, 그녀의 발자국은 물고기들이 사는 못이 되었고, 그녀가 손가락을 가리키는 곳마다 등고선이 생겨 산맥을 만들었다. 그러던 어느 날 일마타르는 최초의 인간인 배이내뫼이넨을 낳았는데 그 아버지는 바다였다. 배이내뫼이넨은 육지를 찾을 때까지 헤엄쳐 갔으나 가는 곳마다 육지는 척박했고, 그는 척박한 땅을 기름지게 하는 방법을 알려달라고 하늘의 큰곰에게 도움을 청했다. 그러자 하늘에서 씨앗을 가진 소년을 내려보냈고, 이 아이가 육지 곳곳을 다니며 식물의 씨를 뿌렸다.

핀란드 신화에서 새들은 상당히 중요한 의미를 지니고 있다. 사람이 태어날 때면 새들이 사람의 영혼을 물어오고 죽을 때면 새들이 도로 물고 거두어 간다. 어떤 지역에서는 사람이 자다가 영혼이 빠져나가는 것을 막기 위해 나무로 깎은 새를 머리맡에 두기도 한다. 이 목각을 '영혼새'라는 뜻의 시엘루린투라 하며 영혼이 꿈속에서 길을 잃는 것을 막아 준다고 한다.

| 52 | 배이내뫼이넨과 영웅들

■ 핀란드 신화 ■

배이내뫼이넨은 핀란드 신화의 신 또는 영웅이자 국민서사시 <칼레발라>의 중요 등장인물이다. 배이내뫼이넨은 현명한 노인이며 마법의 힘을 지닌 목소리를 가졌다. 톨킨의 《반지의 전쟁》에 등장하는 간달프의 모델이 된 존재이기도 하다.

　배이내뫼이넨은 최초의 여신 일마타르가 처녀임신으로 730년 간 임신하다 낳은 존재여서 늙은이의 모습으로 태어났다. 그는 세상을 가꾸고 하프 모양의 핀란드 현악기 칸텔레를 연주하며 마법을 배워 나갔다. 그의 명성은 곧 멀리까지 전해져서 핀란드 최고의 음유시인이라는 평판이 났다.

　그런데 라프란드에 사는 청년 요우카하이넨은 배이내뫼이넨의 높은 명성을 심히 못마땅하게 생각하고 있었다. 요우카하이넨은 자기가 더 훌륭한 마술사라고 주장하며 배이내뫼이넨을 찾아가 노래 시합을 하자고 제안한다. 노래 시합은 싱겁게 배이내뫼이넨의 승리로 끝났다. 이에 화가 난 요우카하이넨은 다시 검으로 결투를 하자고 제안한다.

　배이내뫼이넨은 자꾸 도발해 오는 요우카하이넨의 요구에 더 이상 응하지 않고 주문을 외어 요우카하이넨의 썰매를 나무로, 채찍을 풀로, 말을 바위로 둔갑시켰다. 그리고 요우카하이넨을 질퍽질퍽한 늪지에 처박아 버렸다. 배이내뫼이넨의 강력한 응징에 더 이상 버티지 못한 요우카하이넨은 자신의 여동생을 주겠다는 약속을 하고 겨우 구조되었다.

　그러나 그의 여동생 아이노는 배이내뫼이넨이 너무 늙었다며 오라버니

배이내뫼이넨_ 배이내뫼이넨은 태어날 때부터 지혜를 가지고 있었으며, 어미의 자궁 안에서 700 하고도 30년을 살았다. 그동안 어미는 바다 위를 떠다니며 땅을 만들어냈다. 해와 달과 큰곰(큰곰자리의 별들)에게 빌고 나서 그는 어미의 자궁에서 나와 바다로 뛰어들었다. 로베르트 빌헬름 에크만의 작품.

배이내뫼이넨을 피하여 강으로 뛰어드는 아이노_배이내뫼이넨이 너무 늙어 그와의 결혼을 피하려고 강물에 투신하려는 아이노와 이를 말리는 배이내뫼이넨의 장면을 나타냈다. 악셀리 갈렌칼렐라의 작품.

의 요구를 완강히 거절한다. 그래도 자신의 뜻이 관철되지 않자 그녀는 그만 강물에 뛰어들어 자살을 하고 만다. 배이내뫼이넨은 물고기로 변한 그녀를 낚아 올려 간청했지만 아이노는 그의 곁을 떠나고 만다. 낙심한 그에게 어머니는 포욜라의 지배자 로우히의 딸 무지개 처녀에게 청혼하라 일러주었다.

한편 아이노의 오빠 요우카하이넨은 자신에게 치욕을 안긴 배이내뫼이넨에게 복수를 다짐했다. 그는 자기를 패배시키고 누이를 죽음으로 몰아 넣은 배이네뫼이넨에게 복수를 하기 위해 마법의 화살과 활을 만들기 시작했다.

요우카하이넨의 활은 철로 만들어져 있었다. 활등은 구리로 도금되고 활 전체에 황금을 발랐다. 대마 줄기로 시위를 만들고 엘크 사슴의 다리뼈로 고정시켰다.

활은 아름답기 그지없었다. 그 아름다움은 그 활에서 용솟음치는 힘을 보여 주는 듯했다. 위력도 대단하여 말이 올라서도 부러지지 않고 소녀가 기대거나 토끼가 뛰어올라 타도 비틀어지는 일이 없었다.

화살은 단단한 떡갈나무로 대를 삼고 촉에 송진을 먹여 놓았다. 화살 깃은 세 갈래로 만들고 참새와 제비의 깃털을 꽂았다. 그리고 촉에 독사에서 얻은 맹독성 흑혈을 발라 놓았다.

　복수의 칼날을 날카롭게 벼린 요우카하이넨은 이 무기들마다 저주를 걸고 복수를 완수하겠다고 다짐했다. 이렇게 활과 화살을 만든 그는 원수 배이내뫼이넨이 지나가는 길목에 숨어서 그를 기다렸다.

　요우카하이넨의 무서운 복수를 알아챈 그의 어머니는 세상의 모든 노래를 읊는 배이내뫼이넨을 죽여서는 안 된다, 그런 짓을 하면 세상이 새까만 암흑으로 변한다고 경계했지만, 복수심에 불타는 요우카하이넨의 귀에는 아무런 소리도 들리지 않았다. 그는 어머니의 충고를 뿌리치고 배이내뫼이넨에게 화살을 쏘았다.

　하지만 불타는 증오심으로 눈이 어두워진 요우카하이넨은 복수의 희생양을 향해 제대로 쏘지를 못했다. 첫 번째 화살은 너무 높아 배이내뫼이넨의 머리 훨씬 위로 빗나갔다. 두 번째 화살은 반대로 너무 낮아서 땅에 꽂혀 버렸다.

요우카하이넨_누이동생을 죽음에 이르게 한 배이내뫼이넨에게 복수를 하려는 요우카하이넨. 악셀리 갈렌칼렐라의 작품.

마침내 세 번째 화살이 허공을 꿰뚫고 날카로운 금속성의 파열음을 내며 배이내뫼이넨이 타고 있는 말에 적중했다. 말은 즉시 숨을 거두고 배이내뫼이넨은 바다로 굴러떨어져 버렸다. 요우카하이넨은 뛸 듯이 기뻐하며, 파도 속으로 사라져 간 배이내뫼이넨에게 두 번 다시 이 땅을 밟지 못할 거라고 조롱했다. 그러나 배이내뫼이넨은 요우카하이넨에게 치명상을 입고도 죽지 않았다.

배이내뫼이넨은 무지개의 처녀와 결혼하기 위해 포욜라로 향했다. 포욜라는 뛰어난 마녀 로우히가 지배하고 힘센 전사와 주술사들이 우글거리는 공포의 땅이었다. 그러나 로우히의 딸 무지개 처녀는 바로 쳐다볼 수 없을 정도로 눈부시게 아름답고 사랑스러웠다. 무지개의 처녀들은 하늘의 무지개에 앉아 황금의 천을 짰다.

배이내뫼이넨은 포욜라에 도착해 로우히에게 딸과의 결혼을 허락해 줄 것을 부탁하였다. 그러나 로우히는 삼포(소유자에게 복을 가져다준다는 마법의 절구)를 만들면 허락할 것이라고 말했다. 배이내뫼이넨은 삼포를 만들기 위해 칼레발라로 돌아가던 중 로우히의 딸을 만나게 된다. 그는 무지개의 처녀에게 삼포 없이도 결혼할 수 있도록 도와달라고 부탁을 한다. 그러자 무지개의 처녀는 삼포 대신 몇 가지 임무만 완성하면 결혼에 응해 주겠다고 약속한다. 무지개의 처녀가 제안한 임무는 돌의 껍질을 벗기고, 달걀을 묶어 매듭을 만들고, 머리카락을 둘로 쪼개어 베틀의 추로 배를 만드는 것이었다. 도저히 불가능할 것 같은 일이었지만 신들의 세상에서는 가능할 수도 있는 임무였다.

신의 아들인 배이내뫼이넨에게는 그리 어려운 임무는 아니었지만, 문제는 이를 알고 찾아온 로우히의 방해였다. 배이내뫼이넨은 태양과 달을 만든 대장장이 일마리넨에게 대신 삼포를 만들어 달라고 부탁했다.

로우히의 관심은 오직 삼포에 있었기 때문에 그녀의 방해를 피하기 위해

삼포를 만드는 일마리넨의 대장간_ 삼포가 도대체 무엇인지에 관해서는 온갖 해석이 다양하게 있다. 세계축 또는 세계수, 나침반이나 아스트롤라베, 보물이 들어 있는 궤짝, 벤델 시대의 장식된 방패, 기독교 성유물 등 각양각색의 해석이 그렇다. 악셀리 갈렌칼렐라의 작품.

서는 이 방법밖에 없었다. 일마리넨은 어렵지 않게 삼포를 만들어냈다. 로우히는 기뻐하며 배이내뫼이넨 대신 일마리넨을 자신의 사위로 결정했다. 하지만 일마리넨과 로우히 딸의 결혼생활은 그리 오래 가지 못했다. 로우히의 딸이 쿨레르보의 저주를 받아 죽임을 당했기 때문이다.

일마리넨은 자신의 아내가 죽자 쿨레르보에게 로우히의 다른 딸과 결혼을 원했다. 하지만 로우히의 반대로 무산됐고 일마리넨은 칼레발라로 돌아갈 수밖에 없었다. 그런데 문제는 삼포를 포욜라에 두고 온 것이다. 삼포는 부의 상징이었다. 일마리넨이 삼포를 완성할 때 그의 고국은 신비한 유물 덕택에 가난과 어둠으로부터 해방됐다. 하지만 로우히가 삼포를 포욜라로 가져가자 삼포를 잃은 일마리넨의 고국은 다시 빈곤의 나락으로 떨어지고, 반대로 삼포를 얻게 된 북부 포욜라 지방은 풍요로움을 누리게 된 것이다.

배이내뫼이넨과 일마리넨은 삼포를 되찾기 위해 포욜라로 항해를 시작한다. 이 항해에는 모험가인 레밍캐이넨이 합류했다.

레밍캐이넨은 용맹하지만 경박하고 문란한 전사로 사흐리 섬의 미녀 킬리키를 납치해 전장에 나가지 않고, 킬리키에게 춤추러 다니지 않겠다는 약속을 맺고 그녀와 혼인을 한다. 그러나 킬리키가 약속을 어기자 분노하여 무지개 처녀에게 새장가를 들러 갔다. 어머니의 만류에도 불구하고 포욜라로 가던 길에 사악한 마법사들을 처치하고 늙은 목동 메르케하투마저 모욕했다. 메르케하투를 모욕한 일은 나중에 그에게 큰 실수가 된다. 우여곡절 끝에 포욜라에 도착한 그는 로우히에게 과업을 받았다. 레밍캐이넨은 로우히가 내린 과업인 악마의 사슴을 잡고, 악마의 불을 내뿜는 말을 데려오는 데까진 성공했다.

그러나 마지막 과업이 문제였다. 그 과업은 바로 투오넬라의 백조를 죽이는 일이었다.

투오넬라는 핀란드의 지하세계로, 투오니와 그 아내 투오네타르가 다스

쿨레르보의 자살_쿨레르보는 핀란드 신화에서 유일한 비극적 주인공이다. 그는 어릴 때 헤어진 누이를 만났으나 서로의 정체를 알지 못한 가운데 관계를 맺게 되는데, 결국 근친상간을 했다는 것을 알게 된 누이는 충격으로 자살한다. 쿨레르보는 분노로 미쳐 버리고 운타모의 부족으로 돌아가 그들을 모두 죽이고 자신도 자살한다. 그림은 쿨레르보가 자결하는 장면으로 자신의 생식기로 '세상은 적자 트로피다'라는 문구를 나타내고 있다. 칼레보 팔사의 작품.

투오넬라의 백조_투오넬라 강은 그리스 신화에 나오는 저승의 강 스틱스와 유사하다. 벤 개리슨의 작품.

리고 있었다. 투오넬라는 덤불과 숲, 시커먼 강물로 둘러싸인 어둠과 침묵의 세계다. 뱃사공의 도움이 있어야 들어갈 수 있는 곳이다. 투오넬라에 들어가게 되면 망각의 맥주를 마시고 지상에서의 삶을 잊게 된다. 이런 지하 세계에서 살아남은 유일한 이가 있었으니 그가 레밍캐이넨이었다.

하지만 투오넬라 강의 백조를 잡으려다 레밍캐이넨은 오는 중에 모욕을 주었던 메르케하투에게 기습당해 강에 빠져 죽지만 레밍캐이넨의 어머니가 마법으로 그를 다시 살려낸다. 그런데 레밍캐이넨은 포욜라에서 열린 일마리넨과 무지개 처녀의 성대한 결혼식에 자신만 초대받지 못했음을 알고 포욜라로 돌아가 주인을 살해한다. 레밍캐이넨은 주인을 죽이고 포욜라에서 도망친 후 로우히가 자신에게 복수하러 왔음을 알고는 멀리 떨어진 섬으로 도망쳤지만 그곳에서도 방탕하게 굴어 쫓겨나게 된다.

레밍캐이넨의 어머니_레밍캐이넨의 어머니가 어둠의 강에서 아들의 시체를 막 건져낸 장면이다. 핀란드 역사에서 가장 중요한 화가인 악셀리 갈렌칼렐라의 작품.

　폐허가 된 고향으로 돌아와 어머니와 만난 레밍캐이넨은 앙갚음을 하리라 맹세하고 전우 티에라와 로우히에게 복수하러 떠나지만 실패하고 고향으로 돌아왔다가 배이내뫼이넨과 일마리넨을 만나 합류한 것이다.

　세 영웅은 포욜라로 가는 항해 도중에 물고기를 한 마리 잡았는데 배이내뫼이넨은 그 물고기 등뼈로 칸탈레라는 악기를 만들었다. 그 악기 연주 소리를 들으면 누구든 금세 잠이 들어 버리는 마법의 악기였다.

　포욜라에 도착한 후 배이내뫼이넨은 칸탈레를 연주해 로우히의 부하들을 모두 잠들게 했다. 그런 다음 손쉽게 삼포를 되찾아 핀란드로 돌아오는 항해를 시작했다. 하지만 승리에 도취한 레밍캐이넨이 큰 소리로 외치는 바람에 로우히의 부하들이 잠에서 깨어났다. 분노한 로우히는 폭풍을 일으켜 그들의 배를 전복시켰다. 또 독수리처럼 생긴 마조(魔鳥)로 변신해 그들을 추격했다. 세 영웅과 로우히의 격투 중에 삼포는 부서지고 말았다. 일부는 바닷속에 가라앉고 말았다. 이때부터 바다가 더욱 풍성해졌다고 한다. 한편 배이내뫼이넨은 부서진 삼포 조각들을 모아 핀란드에 도착한 후 곳곳에 삼포 파편들을 뿌렸다고 한다.

|신화를 알면 역사가 보인다|

제**8**장

동유럽·슬라브 문명의 신화를 찾아서

발트 신화는 지금의 동북부 유럽에 해당하는 리투아니아, 라트비아 및 프로이센 지방에 살던 발트족이 믿던 신화이다. 발트족은 고대부터 기독교 세력이 침투하기 전까지 다신교를 믿었고, 내세를 믿었으며, 로부르참나무를 신성시하는 비기독교문화권이었다. 동유럽에서도 다소 이질적인 문화를 가지고 있던 발트 지역은 유럽에 남아 있는 최후의 이교도 지역으로 명맥을 유지하고 있었다. 이런 이유로 12세기 말 이교도 박멸을 기치로 이민족을 침공했던 독일 기사수도회의 전투 무대가 되었다. 발트어 문헌에 따르면 15~16세기 이후 그리스도교가 보급되면서 이교도 문화 지역이었던 발트 신화는 온전하게 보전되지 못했다. 그러나 13세기 이후 독일 수도회 기사들이 전하는 각종 연대기, 교회 순찰기록 등의 고문헌에는 발트인이 숭배한 이교의 신들, 제장 의식 등 상당히 풍부한 자료가 남아 있다.

발트 신화는 농경생활을 배경으로 빛·불·소리·태양 등 하늘과 관련된 남성적 원리로 신격화되고, 대지는 식물·구름·암석·물 등과 함께 여성적 원리로 나타났다.

그런데 발트 지역의 리투아니아를 포함한 주변 국가들과 달리 라트비아는 특이하게도 각각의 신들을 사람이나 동물 형상이 아닌 자수 문양의 형태로 표현했다. 이는 우리나라에서 자주 보는 겨울 스웨터나 목도리에 그려져 있는 무늬를 떠올리면 되는데, 예를 들어 태양신 사울레는 꽃모양으로, 지모신이자 운명의 여신인 마라는 역삼각형이나 끝부분에 줄이 쳐진 십자가의 형태로 표현하는 식이다. 그래서 같은 발트족 국가임에도 라트비아와 리투아니아의 고대종교 재현운동은 그 양상이 다르게 나타난다.

슬라브 신화는 정령과 작은 신들이 가득한 세계다. 숲에는 숲의 정령이, 샘과 호수에는 물의 정령이, 보리밭에는 한낮의 정령이 있으며, 나무와 풀에도 정령들이 붙어 있다. 이러한 정령들은 마을을 벗어난 자연에만 존재하는 것이 아니라, 인간들의 생활 깊숙이까지 섞여 들어와 살아가고 있다. 통나무집에도 부뚜막에도 곡식창고나 목욕탕에도 그곳만의 특유의 정령이 붙어 산다. 이처럼 작고 영롱한 신비의 땅이 바로 슬라브이다.

슬라브 신화는 빛과 어둠의 원시적인 이원론에서부터 시작한다. 빛은 생명을 주는 존재이자 선한 존재이며, 어둠은 파괴력을 나타내는 악한 존재를 의미한다. 빛을 의미하는 신은 벨로보그, 어둠을 의미하는 신은 체르노보그이며 두 신의 대립은 슬라브 신화의 기본적인 줄기로, 슬라브 지역의 여러 민족의 신화에서 두 신의 이름이 남아 있다.

오래된 신화적 신념과 이교도 축제의 단편들은 모든 슬라브 민족의 민속 관습, 노래, 이야기 및 민속 이야기에서 오늘날까지 살아남아 있다.

|53| 발트 신화

■ 라트비아 신화 ■

발트 신화는 지금의 동북부 유럽에 해당하는 리투아니아, 라트비아 및 프로이센 지방에 살던 발트족이 믿던 신화이다. 발트족은 고대부터 기독교 세력이 침투하기 전까지 다신교를 믿었고, 내세를 믿었으며, 로부르참나무를 신성시하는 비기독교문화권이었다. 동유럽에서도 다소 이질적인 문화를 가지고 있던 발트 지역은 유럽에 남아 있는 최후의 이교도 지역으로 명맥을 유지하고 있었다. 이런 이유로 12세기 말 이교도 박멸을 기치로 이민족을 침공했던 독일 기사수도회의 전투 무대가 되었다.

  발트 신화는 농경생활을 배경으로 빛·불·소리·태양 등 하늘과 관련된 남성적 원리로 신격화되고, 대지는 식물·구릉·암석·물 등과 함께 여성적 원리로 나타났다.

  그런데 발트 지역의 리투아니아를 포함한 주변 국가들과 달리 라트비아는 특이하게도 각각의 신들을 사람이나 동물 형상이 아닌 자수 문양의 형태로 표현했다. 이는 우리나라에서 자주 보는 겨울 스웨터나 목도리에 그려져 있는 무늬를 떠올리면 되는데, 예를 들어 태양신 사울레는 꽃모양으로, 지모신이자 운명의 여신인 마라는 역삼각형이나 끝부분에 줄이 쳐진 십자가의 형태로 표현하는 식이다. 그래서 같은 발트족 국가임에도 라트비아와 리투아니아의 고대종교 재현운동은 그 양상이 다르게 나타난다.

  하늘의 신 디에바스는 하늘의 높은 산에 궁을 짓고, 농원을 소유하며, 말을 사육하는 숭고한 모습으로 그려지며, 천상에서는 은 망토를 걸치고 있다. 그가 지상으로 내려올 때는 회색의 아마 망토를 걸치고 농민의 밭에 천천히 내려와서, 곡물의 씨를 뿌리거나 열매 맺은 논밭을 천천히 건드리면서 걸어다녀 농민에게 풍요를 가져다 주었다. 또한 사람이나 생물의 운

디에바스_하늘의 신이자 발트 신화의 최고 신이다. 천상에서 그는 은으로 된 요폐를 걸치고 있는데, 지상으로 내려올 때는 회색의 아마포 요폐를 걸친 늙은 남성 현인으로 변신한다.

명을 지배한다.

여신 라이마는 하늘의 신 디에바스와 함께 사람이나 생물의 운명을 관장하며 출산, 결혼, 죽음과 관련이 있는 신이다. 라이마는 임산부들의 보호자이기도 하다. 라이마는 힌두교의 여신 락슈미와 비슷하다. 라이마는 개인의 운명에 대한 최종 결정을 내리는 신이기 때문에 인기가 높다. 19세기 말의 출생 의식에는 암탉, 양, 수건 또는 기타 라이마 직물 재료가 포함되었다. 여성들만의 사우나에서 의식에 참가할 수 있었다.

사람들에 의해 그녀가 부르는 소리의 횟수는 사람이 얼마나 오래 살았는지 예측하는 것으로 믿어졌다. 그녀는 봄이 되면 한 해의 남은 시간을 어떻게 보내야 하는지 그 방법을 결정한다. 예를 들어, 뻐꾸기 소리를 들었을 때 남자에게 돈이 없다면 그는 남은 기간 동안 가난해진다고 믿는 식이다. 라이마의 신성한 나무는 린덴나무이다.

라이마 여신은 어느 날 상인이 아들을 낳은 가난한 사람의 집에 머물렀다. 상인은 가난한 사람의 아이를 사서 숲으로 들어갔다. 라이마는 하늘에서 내려와 악마로부터 그를 보호하려고 아이를 둘러싼 원을 잘랐다. 원에서는 아름다운 꽃이 피었고, 그는 아이와 과일을 가지고 여행을 하였다. 상인의 딸은 자라서 라이마를 위한 사람이 되었다.

리투아니아 발트 해의 십자가_ 발트족의 종교 상징이다.
◀**라이마 여신(256쪽 그림)_** 라트비아 리가의 길드 하우스 창문에 스테인드 글라스로 제작된 라이마. 앤시스 서울리스의 작품.

뇌신 페르쿠나스는 대기의 지배자이다. 그의 형상은 한 손엔 도끼를 들었고 구리 수염이 났으며, 숫양이 끄는 이륜 전차를 타고 바퀴소리를 내면서 하늘을 달렸다. 그는 정의의 신으로, 악령이나 부정자를 악착같이 따라다니면서 그에게 천둥을 때리기도 했다. 그는 또한 풍요의 신이기도 하며, 비를 내리고 봄에는 겨울의 악령을 쫓아내서 대지를 정결하게 정화시켰는데, 떡갈나무가 페르쿠나스의 성목이었다.

프로이센의 14~16세기 연대기에는 나드루바 지방의 로모보라 불리는 땅에 발트인 전체의 중심적인 제장이 있으며, 페르쿠나스의 우상이 다른 우상 신의 중앙에 받들어져 있다고 기록되어 있다.
프로이센 지방에서는 커다란 떡갈나무를 배경으로 하고, 신들의 앞에서 영원히 꺼지지 않는 성스러운 불이 제사에 의해서 불탄다고 한다.

페르쿠나스 목조상

태양의 여신 사올레는 천계에서 디에바스의 옆의 궁에 거주하고 있었다. 사올레는 낮에는 지치거나 땀을 흘리지도 않으며, 불을 내뿜는 말이 끄는 전차를 타고 쉬지 않고 하늘의 산을 넘어서 여행하였다. 사울레는 풍요의 최고 신으로서 존경받았으며, 특히 백야의 하지의 날에는 성대한 〈요한제〉가 열렸다. 요한제에서 라트비아의 젊은이들은 '리고, 리고(태양이 흔들린다. 돈다)'를 외치며 무수한 태양찬가를 밤새워 노래하면서 춤추었다.

한편 남신인 달의 신 메네스는 성좌의 가운을 걸치고 회색 말이 끄는 전차로 하늘을 여행하였는데, 가끔 태양신 사울레 궁의 문전에서 그녀의 딸에게 구혼하였다. 메네스가 새벽의 명성 아우세클리스의 약혼자였던 사울레의 딸을 유괴했기 때문에 사울레는 분노해서 메네스를 검으로 갈라 버렸는데 달의 차고 기움이 거기에서 생겼다고 한다. 또한 메네스는 별들의 신을 데리고 온 군신이기도 하며 전장 군인들의 비호신이다.

마라는 라트비아 신화의 최고 신으로 대지 모신에 속한다. 마라는 라트비아의 디에바스의 여성형인 디에스이다. 인간의 영혼은 디에바스가 관리하고 육체는 마라가 관리하고 있다. 라트비아에서는 8월 15일을 기념일로 하고 있다.

마라는 모든 여성의 의무(어린이, 소), 모든 경제활동의 후원자(신이 테이블을 만들었고 마라가 빵을 만들었다), 심지어 돈과 시장까지도 후원한다. 디에스의 다른 면모를 지닌 그녀는 디에스가 영혼을 취하는 동안 자신의 죽음 이후에 시체를 가져간다. 그녀는 마라의 땅이라고 불리는 땅의 여신이다. 서부 라트비아에서 마라는 라이마와 긴밀하게 연관되어 있었으며, 어떤 면에서는 동일한 신으로 간주되었을 수도 있다.

사울레_태양신은 보통 남성으로 많이 표현되지만, 특이하게도 사울레는 여신이다. 발트 신화에서 최고의 풍요의 신으로 추앙받는다.

마라 여신을 주제로 한 노래가 있다. 그 노래는 우리에게도 잘 알려진 〈백만송이 장미〉이다. 이 노래는 러시아(소련)의 국민가수 알라 푸가초바가 불러 대중에게 널리 알려졌다. 이 곡은 핀란드와 스웨덴, 헝가리, 한국, 일본에서도 번안되어 대중들에게 애창되는 곡이기도 하다. 소련 시절 알라 푸가초바가 불러 대중에 널리 알려진 곡 〈백만송이 장미〉의 가사는 안드레이 보즈네센스키가 작사한 것으로, 조지아의 화가 니코 피로스마니가 프랑스 출신 여배우와 사랑에 빠졌던 일화를 바탕으로 쓴 것이다.

> 한 화가가 살았네 홀로 살고 있었지
> 작은 집과 캔버스를 가지고 있었네
> 그러나 그는 꽃을 사랑하는 여배우를 사랑했다네
> 그래서 자신의 집을 팔고, 자신의 그림과 피도 팔
> 그 돈으로 완전한 장미의 바다를 샀다네
> 백만송이 백만송이 백만송이 붉은 장미
> 창가에서 창가에서 창가에서 그대가 보겠지
> 사랑에 빠진 사랑에 빠진 사랑에 빠진
> 누군가가 그대를 위해 자신의 인생을 꽃으로 바꿔 놓았다오(중략)

〈백만송이 장미〉의 원곡은 라트비아의 노래로, 가사 내용은 위의 대중가요 가사와는 달리 당시 소련 치하에 있던 라트비아의 역사적 아픔과 설움을 은유적으로 표현한 것이다. 즉 지모신이자 운명의 여신 마라가 라트비아라는 딸을 낳고 정성껏 보살폈지만 가장 중요한 행복을 가르쳐주지 못하고 그냥 떠나 버렸기 때문에 성장한 딸에게 기다리고 있는 것은(독일과 러시아의 침략과 지배라는) 끔찍한 운명이었다는 이야기를 묘사한 곡이다.

| 54 | 슬라브 신화

■ 동유럽 신화 ■

슬라브 신화는 고대 그리스나 인도, 이집트 신화와 달리 직접적인 문헌기록은 없다. 슬라브인들이 862년 성인 키릴루스와 메토디우스가 슬라브 땅에 도착하기 전에 어떤 종류의 문자가 있었는지는 입증되지 않았기 때문이다. 따라서 그들의 원래 종교적 신념과 전통은 모두 세대를 거쳐 구전되었을 것이고, 그 전에 슬라브 종교의 희박한 기록은 주로 슬라브 사람이 아닌 기독교 선교사들이 기록했다. 기존의 슬라브 숭배 문화에 관한 문화 유물이나 고고학 유물은 종종 발견되었지만 슬라브 민족에 관한 역사는 기존의 단편적인 역사적 기록을 확인하는 것 이외에는 거의 얻을 수 없었다. 오래된 신화적 신념과 이교도 축제의 단편들은 모든 슬라브 민족의 민속 관습, 노래, 이야기 및 민속 이야기에서 오늘날까지 살아남아 있다.

슬라브 신화는 정령과 작은 신들이 가득한 세계다. 숲에는 숲의 정령이, 샘과 호수에는 물의 정령이, 보리밭에는 한낮의 정령이 있으며, 나무와 풀에도 정령들이 붙어 있다. 이러한 정령들은 마을을 벗어난 자연에만 존재하는 것이 아니라 인간들의 생활 깊숙이까지 섞여 들어와 살아가고 있다. 통나무집에도 부뚜막에도 곡식창고나 목욕탕에도 그곳만의 특유의 정령이 붙어 산다. 이처럼 작고 영롱한 신비의 땅이 바로 슬라브이다.

슬라브 신화는 빛과 어둠의 원시적인 이원론에서부터 시작한다. 빛은 생명을 주는 존재이자 선한 존재이며, 어둠은 파괴력을 나타내는 악한 존재를 의미한다. 빛을 의미하는 신은 벨로보그로 '희다'는 의미의 형용사 '벨리'와 '신'을 뜻하는 명사 '보그'를 합성한 말이다. 어둠을 의미하는 신은 체르노보그로 '검다'는 의미의 형용사 '초르니'와 '보그'의 합성어로 만들어진 이름이다.

이 두 신의 대립은 슬라브 신화의 기본적인 줄기로, 슬라브 지역의 여러 민족의 신화에서 두 신의 이름이 남아 있다. 빛과 어둠의 두 신의 활동 이후에 본격적인 신화가 탄생한다. 본격적인 신화에 나타난 첫 번째 신은 태

스바로그_ 하늘의 신, 태초의 신 '로드'의 아들로, 로드가 시작한 창조를 마무리한 신이다.

초의 신 하늘이었다. 그는 스바로그라는 이름의 신으로 두 자식을 낳았다. 스바로그의 두 자식은 다지보그라는 '태양'과 스바로기치라는 '불'의 신이었다. 이 중 스바로기치는 '스바로그의 자식'이라는 의미로, 사람들은 불을 신이 내린 선물로 생각했다고 한다. 스바로그는 우주를 지배하고 만물을 창조하는 힘을 자식들에게 물려주었다고 한다. 그 뒤 추종자들로부터 강력한 숭배를 받는 신은 태양신인 다지보그가 된다.

어둠과 추위와 가난의 정복자인 태양신 다지보그는 나쁜 자에게는 벌을 주며 선한 자에게는 상을 주기도 하는 심판관의 역할을 하였다. 그는 또한 인간의 운명을 결정하는 신이기도 했다.

다지보그의 부인은 달의 여신 메시아츠이다. 태양의 신 다지보그와 달의 신 메시아츠 부부는 서로 사랑해 무수히 많은 별을 낳았다. 사람들은 이들 부부가 사이가 나빠져 서로 화를 낼 때 지진이 일어난다고 믿었다.

태양신 다지보그의 옆에는 오로라를 신격화한 존재인 '조리아'들이 있다.

새벽의 오로라인 조리아 우트렌니아이아와 석양의 오로라인 조리아 베체르니아이아가 그들인데, 이들은 태양신이 아침에 나설 때 하늘의 궁전 문을 열고 닫는 일을 했다. 다른 신화에서 이들은 둘이 아니라 세 자매로, 석양의 조리아, 한밤의 조리아, 새벽의 조리아로 나타나기도 한다. 이 세 자매는 우주와 별자리를 관리하는 임무를 맡고 있다.

이 외에 중요한 신으로는 대지의 여신 마티-시라젬리아가 있다. '축축한 어머니 대지'라는 의미의 이름을 가진 이 여신은 미래를 예견하는 능력이 있었다. 만일 인간이 그녀의 말을 이해할 수 있다면 그는 어머니 대지로부터 미래에 대한 예언을 들을 수 있었다.

러시아 민족의 영웅 서사시인 〈빌리니〉에는 축축한 어머니 대지와 한 용사에 대한 비극적인 이야기가 전해져 온다.

스비아토고르라는 용사는 너무나도 강력한 힘을 가진 나머지 자신의 힘을 무거운 짐처럼 지고 다닐 정도였다. 자신의 너무도 강력한 힘만 믿고 그만 자만심에 빠진 그는 대지의 무게를 한 곳에 모을 수 있는 장소가 발견된다면 대지조차도 들어올려 보이겠다고 주위에 호언장담했다.

그러던 어느 날 그는 대초원에서 작은 주머니 하나를 발견하고 호기심에 지팡이로 톡톡 건드려 보지만 주머니는 전혀 움직이지 않았다. 이에 더욱 호기심이 동한 그는 손가락으로 주머니를 건드려 보지만 역시 주머니는 조금도 움직이지 않는다. 스비아토고르는 말에서 내리지 않은 채 주머니를 잡아 보지만 어찌된 일인지 주머니를 들어올릴 수 없었다. 결국 그는 말에서 내려 주머니를 두 손으로 움켜잡은 채 무릎 위까지 들어올렸다. 그러나 주머니는 움직이지 않고 대신 무릎까지 땅에 파묻혔다. 그때 그의 얼굴에 흐르는 것은 눈물이 아니라 피었다. 조그만 호기심에서 비롯된 별 것 아닌 호승심이 결국 그로 하여금 자신이 묻힌 곳에서 일어나지 못하고 최후를 맞게 하고 말았다.

스비아토고르_러시아 민족의 영웅 서사시에 등장하는 스비아토고르는 자신의 힘을 과신하다가 조그만 주머니를 들어올리지 못하고 그곳에 묻히고 만다.

　슬라브 신화에는 실제로 큰 존재의 신들은 거의 나타나지 않는다. 그건 아마도 크리스트교가 슬라브 역사에 등장하면서 슬라브의 신들을 이교로 간주해 축소시켰기 때문일 것이다. 즉 크리스트교가 슬라브 종교와의 헤게모니 쟁투에서 승리함으로써 슬라브의 주요 신들은 역사에서 지워지고 파괴되고 사라졌기 때문이다. 그러나 그나마 다행스럽게도 슬라브의 작은 신들은 살아남을 수가 있었다. 신과 정령의 중간쯤 되는 작은 신의 존재인 '디이 미노레스'들은 슬라브인들이 크리스트교도가 된 이후로도 그들의 생활 속에 건재하게 남아 있었다.

　작은 신들은 요정이나 정령을 말한다. 세계 신화에서 작은 신들로 가장 유명한 나라는 영국일 것이다. 영국의 요정들은 자신들만의 사회를 유지하고 숲 등지에서 살아가며, 민가에서 인간들과 어울려 살아가는 일은 드물다. 브라우니 등의 요정은 집안에서 살아가기는 하지만, 그것은 거의 보이지 않는 하인과 같은 역할로, 인간들과 대등하지 못하다.

　그에 비해 슬라브의 작은 신들은 상당수가 인간과 함께 어울려 살아가고 있다. 인간의 집에 기생하는 입장인데도 수호신처럼 추앙받고 있다.

작은 신들의 기원에 대해서는 다음과 같은 이야기가 있다.

신들의 세계에서 최고 신이 세계를 창조할 때 정령들 중의 일부가 반란을 일으켰다. 최고 신은 그 정령들을 지상으로 내던져 버렸다. 그 중 숲이나 물속에 떨어진 정령들은 반란을 일으켰던 때의 사악한 마음을 그대로 지니고 있었지만 민가에 떨어진 정령들은 인간에게 호의를 품고 선한 마음을 가지게 되었다.

인간들과 어울려 살아가는 정령 중 가장 유명한 것은 도모보이이다. 슬라브의 정령 중 가장 유명한 존재인 도모보이는 집이라는 의미의 '돔'이라는 단어에서 유래한 이름이다. 즉 도모보이는 집의 신, 혹은 정령인 것이다.

도모보이는 인간의 모습과 비슷하지만 손바닥을 포함한 전신에 하얗고 부드러운 털이 나 있다. 그의 양손은 털로 뒤덮인 점만 제외하면 인간의 손과 꼭 닮았다. 뿔이 있거나 꼬리가 달려 있는 모습으로 등장하는 설화도 있다.

도모보이_사람들에게 행복을 가져오는 정령으로, 눈치 채지 못하게 밭일을 도와주거나 울음소리를 내서 다가오는 불행을 알려준다고 한다.

도모보이_ 잠자는 상인의 아내를 훔쳐보는 도모보이를 묘사한 작품이다. 보리스 쿠스토디예프의 작품.

    그는 변신에 능해 가축이나 건초 묶음 등의 모습을 취하기도 한다. 변신한 그의 모습을 보는 것은 상관없지만, 그의 본 모습을 보는 것 자체가 어렵기도 하거니와 매우 위험하다. 그의 본 모습을 본다는 것은 불행이 다가올 징조이기 때문이다. 그러나 도모보이의 목소리는 별 위험 없이 들을 수 있다고 한다. 보통 도모보이의 목소리는 상냥하고 즐겁게 들려오지만, 우울하거나 성급한 말투로 들려오면 집안에 좋지 않은 일이 생길 징조라고 한다. 도모보이는 집주인 가족 중 누군가가 죽게 되었을 때는 울음소리를 내어 알려준다고도 한다.

    도모보이는 자신이 사는 집에 애착을 가지게 되면 떠나지 않고 그 집을 계속 수호해 준다. 그래서 슬라브 농부가 새 통나무집을 지었을 때 농부의 아내는 새 집에 들어가 살기 전에 빵 한 조각을 떼어 난로 밑에 두고 도모보이가 빵에 꾀여 새 집에 들어와 주기를 바란다. 일단 새 집으로 들어온 도모보이는 난로 곁이나 입구 문턱 밑에 살기를 좋아한다고 한다. 도마니아라고 불리는 그의 아내는 지하실에 살며 절대로 인간에게 모습을 드러내거나 소리를 내지 않는다고 한다.

슬라브의 욕실은 여러 명이 동시에 들어갈 수 있는 사우나실로 유명하다. 이 사우나를 지키는 정령은 '반니크'라고 한다.

곡식창고는 오빈니크라고 불리는 정령의 구역이다. 그는 곡식창고의 한 구석에서 살고 있으며 털이 마구 엉킨 커다란 검은 고양이의 모습을 하고 있다. 모습은 고양이지만 개처럼 짖으며 큰 입을 벌리고 사람처럼 웃기도 한다고 한다.

뜰에도 드보로보이라는 정령이 살고 있다. 그는 가축들을 돌보아주는 일을 하기 때문에 사람들은 가축우리 안에 암양의 털 약간과 무언가 반짝이는 작은 물건, 한 조각의 빵을 놓아두며 그의 비위를 맞춰 준다.

폴레보이는 들판의 정령이다. 들이라는 의미의 '폴레'에서 유래한 폴레보이는 지방에 따라 다양한 모습으로 알려져 있다. 즉 흰 옷을 입은 사람 형태에서부터 새카만 육체에 양쪽 색이 다른 눈동자를 가진 모습, 머리카락 대신 푸른 풀이 나 있는 머리를 가진 모습, 기형적인 난쟁이의 모습 등 다양한 형태를 지닌 정령들로 각 지방마다 다르게 알려져 있다. 그들은 몹시 장난이 심해 밤길을 가는 나그네를 이리저리 헤매게 만들곤 한다.

반니크_인간과 똑같은 모습을 하고 있지만 뜨거운 김을 통해 보이는 때가 많기 때문에 확실한 모습은 알 수 없다. 사우나 목욕탕이나 욕조를 지키는 요정으로, 인간이 들어갔다 나온 후에 그들을 위해서 욕실을 비워 두면 반니크가 여러 정령을 데리고 와서 욕조에 들어간다. 이런 배려가 반니크와 친해지는 비결인데, 요정들이 왔다고 해서 모습을 보려고 문을 열거나 해서는 안 된다.

오빈니크_슬라브 여러 국가의 곡물 창고에 살고 있다고 여겨지는 정령의 일종. 온몸의 털이 무성한 검은 고양이, 아니면 무시무시한 개의 모습을 하고 있다고 한다. 짖으면 개와 같고, 눈은 불타는 것처럼 붉게 번쩍거린다. 성격은 사악하며 곡물 창고에 살고 있으면서도 그 곡물 창고를 불태워 버릴 때도 있다. 정령 그림으로 알려진 빌리빈의 그림에서는 원숭이처럼 털이 무성하고 뼈가 앙상한 노인의 모습을 하고 있는데, 머리는 벗겨지고 배가 나온 모습으로 그려져 있다.

 슬라브 신화의 정령들은 하늘에서 떨어진 일종의 천사와도 같은 존재들이다. 특이한 것은 하늘에서 추방된 정령들은 인간과 가까이 살수록 온화하고 착한 존재가 되며 민가에서 멀어질수록 사악한 존재가 된다고 한다. 즉 집안을 지키는 도모보이는 가장 온순하며, 정원과 곳간들을 지키는 정령들은 온순하지만 간간히 심술을 부리고, 마을을 벗어나 민가에서 멀리 떨어진 숲이나 들판, 물의 정령들은 몹시 사악하고 위험한 존재라는 것이다.

 바로 이 사악하고 위험한 존재에 속하는 폴레비크는 이유 없이 사람들을 괴롭히는 것을 즐기며, 술주정꾼의 목숨을 끊어 버리기도 한다. 그래서 사람들은 그의 호의를 사기 위해서는 땅에 구멍을 파고 달걀 두 개와 울지 못하게 된 늙은 수탉을 그 안에 넣어두면 된다고 한다.

드보로보이_집의 정령인 도모보이가 어느새인가 야생적이 되어 뜰에 살게끔 된 것이라고 한다. 인간과 비슷한 모습으로 온몸에 털이 무성하고 인간에게 친절하지는 않지만 특별히 잔혹하지도 않다.

이들 외에도 숲과 들판에서 사는 정령은 많다. 경작을 담당하는 라브카 파팀, 과일을 생장시키는 마르잔나, 들판과 과일을 수호하는 크리코, 체리를 익게 하는 키르니스, 꿀벌의 수호신 조심, 무엇으로든 변신하는 숲의 정령 시크사 등이 그들이다.

물에서 사는 정령들은 매우 잔인하고 심술궂다. 물의 정령은 어느 나라에서나 사람을 물속으로 끌어들여 죽게 하는 존재라는 이미지가 강하다.

보디아노이는 물의 정령으로, 그의 이름은 '물'이라는 의미의 '보다'라는 단어에서 나온 것이다. 그들은 매우 다양한 모습으로 변신하기에 그들의 모습은 다양하게 묘사되고 있다.

그는 인간의 얼굴을 하고 있지만 손발 대신 동물의 다리를 가진 채 긴 뿔과 꼬리, 불타는 눈을 가진 존재로 나타나는가 하면 온몸이 풀과 이끼로 뒤

덮인 거인으로 등장하기도 한다.

　슬라브 신화에서 루살카들은 이중생활을 하는 것으로 나타난다. 그녀들은 여름이 시작될 무렵까지는 물속에서 살지만, 여름의 일정 기간 동안은 숲속 나무 위에서의 생활을 한다. 슬라브인들은 녹색나무는 죽은 이들의 거주지라고 믿었다.

　여름이 오기 전, 물이 아직 어둡고 차가울 때에 그녀들은 물속에 머물 수 있다. 그러나 어두움과 죽음의 정복자인 태양빛이 스며들어 물이 따뜻해지는 시기가 오면 본디 죽은 아가씨들의 넋인 루살카들은 푸른 나무들에게로 도망치는 것이다. 숲속의 루살카들은 밤이 되면 나무에서 내려와 달빛을 받으며 숲속의 빈터에서 춤을 추거나 소리를 지른다. 숲의 정령 루살카에 대한 묘사는 체코의 작곡가 안토닌 드보르작의 오페라에 등장해 슬픈 운명의 삶을 노래하고 있다.

루살카_러시아의 강이나 샘에 사는 물의 정령의 일종. 인간 소녀가 강에서 빠져 죽으면 이 정령이 된다. 전체적으로 창백하고 병적인 느낌이지만 머리카락이 길고 아름다운 여성의 모습이다. 강변을 걸어가는 남자가 있으면 자기의 매력으로 유혹해서 강 속으로 끌고 들어가 버린다고 한다. 이반 크람스코이의 작품.

|신화를 알면 역사가 보인다|

제**9**장

아메리카 문명의 신화를 찾아서

　아메리카 원주민의 신화는 종족이나 부족의 수만큼 풍부하고 다양하다. 수많은 자연신, 짓궂은 장난꾸러기 동물신, 세상에 두려울 게 없는 영웅신 등이 등장하는 아메리카 신화는 세상 전체를 포괄하는 위대한 창조 이야기도 포함하고 있다.
　아메리카 원주민이 세계에 모습을 드러내게 된 시기는 대략 1만 2,000년 전 마지막 빙하 시대가 끝나갈 무렵, 유랑생활을 하던 수렵, 채취인이 시베리아와 알래스카 및 캐나다를 잇는 약 1,600킬로미터의 육교를 건너 북아메리카와 남아메리카 대륙으로 퍼져 나가게 됐다는 게 인류고고학자들의 설이다. 기원 후 시대로 넘어오기 전에 많은 부족이 북아메리카로 널리 퍼졌고, 중앙아메리카와 멕시코 지역에서 인상적인 문명이 일어서기 시작했다.
17세기 무렵의 북아메리카에는 2,000개 이상의 독립적인 인디언 부족이 있었다. 현재는 300개로 줄어 보호구역에서 생활하고 있다. 북아메리카 전체에 퍼져 살던 인디언들은 단순한 수렵채취 부족에서 진보된 취락생활 부족까지 문명화의 정도가 다양했다.
　잉카 신화는 현재의 페루와 볼리비아 서부를 중심으로 남아메리카의 안데스 산지(山地)와 태평양 연안에 살던 토착민족의 신화이다. 태양신 인티에 관련된 신화도 많은데, 잉카인들은 자신들이 태양의 자손이라고 믿고 있다. 잉카 신화는 고산지대의 특징과 태양숭배사상, 잉카의 전설상의 황제 이야기가 어우러져 만들어진 신화다.
　이누이트(에스키모) 신화는 동물과 인간의 상호조응 관념이 깃들어 있다. 가혹한 환경에서 살아가는 수렵민의 생활이 반영된 때문인지, 특히 식량이나 사냥의 동반자로서 동물들은 신화 속에서 중요한 역할을 맡고 있다. 이렇게 사냥 대상인 동물에게 신성을 부여하는 방식(에스키모에겐 물개나 바다표범, 순록, 인디언에겐 들소가 신성한 존재이자 일용할 식량이다)은 북미 원주민 신화에서 나타나는 공통요소이기도 하다.
　마야의 기원 신화는 이들의 성서라고 할 수 있는 《포폴 부》의 첫 번째 부분에서 나온다. 이 부분에는 최초의 바다와 하늘로부터 세상과 피조물이 창조되는 과정을 감동적으로 묘사하고 있다. 《포폴 부》에 따르면, 인간은 신들에게 영양을 공급하고 그들을 위해 제식과 희생을 베풀기 위한 목적으로 창조되었다.
　메소아메리카에는 많은 부족이 살고 있지만 그 중 나우아어를 사용하는 부족을 총칭하여 '나와틀'이라고 한다. 아스테카 제국을 건설했던 아스테카(멕시카)족도 그 중의 하나인데 이들은 모두 공통의 신화를 가지고 있었다. 아스테카는 12세기부터 16세기에 걸쳐 멕시코에 존재했던 문명으로, 그들은 태양을 숭배하면서 산 제물을 바친 것으로 유명하지만, 그러한 의식의 원류는 그들의 신화 속에 있는 것이다.

| 55 | 이누이트 신화

■ 에스키모 신화 ■

이누이트(에스키모) 신화는 동물과 인간의 상호조응 관념이 깃들어 있다. 가혹한 환경에서 살아가는 수렵민의 생활이 반영된 때문인지, 특히 식량이나 사냥의 동반자로서 동물들은 신화 속에서 중요한 역할을 맡고 있다. 이렇게 사냥 대상인 동물에게 신성을 부여하는 방식(에스키모에겐 물개나 바다표범, 순록, 인디언에게는 들소가 신성한 존재이자 일용할 식량이다)은 북미 원주민 신화에서 나타나는 공통요소이기도 하다. 이는 아마도 동물의 생명에 부족이나 가족의 생명을 걸어야 하는 수렵 신화의 고유한 특성에서 비롯된 현상으로 보인다.

    이누이트 신화에는 수렵민의 생활이 반영되어 있는데, 특히 동물들이 중요한 역할을 맡고 있다. 가장 잘 알려진 신화는 바다의 여신 세드나 신화이다. 세드나에 관해서는 여러 가지 전승이 전해져 내려온다.

    세드나는 아름다운 소녀였는데, 시집 갈 나이가 되자 아버지가 결혼 상대를 봐두었으나 그녀는 아버지가 정해 준 사람에게 시집가기를 거부하였다. 그러자 아버지 안구타는 화가 나서 자신의 딸을 개의 신부로 줘 버렸다.

    개와 결혼하게 된 세드나는 결혼생활을 견디지 못하고 아버지에게 도움을 요청했고, 아버지는 곧 딸의 요청을 들어 몰래 그녀를 빼돌려 도망쳤다.

    하지만 개가 술수를 부려 세드나와 아버지를 태운 배를 향해 풍랑을 일으키자 아버지는 곧 두려움에 휩싸여 자신의 딸을 바다 밑으로 떠밀었다.

    세드나는 뱃전을 붙잡았으나 공포에 질린 아버지에 의해 양 손가락이 모두 잘려 결국 바다에 떨어지고 말았다. 이후 세드나의 손가락은 바다표범 또는 고래가 되었으며, 세드나는 바다 밑 이누이트 신화의 저승인 아들리분을 다스리는 여왕이 되었다고 한다.

    이누이트족이 가장 신성시하고 숭배하는 동물은 바로 '곰'이다. 그들은

바다의 여신 세드나_세드나는 물고기들도 지배하는데, 지상에 있을 때의 자신의 불행에 대한 분노로 폭풍우를 일으키므로 흉어일 때는 인간들이 세드나에게 신탁을 구한다. 인간 주술사들이 때때로 물고기로 변해 바다로 들어가서 손가락을 잃어버린 세드나의 머리를 빗겨 주면 매우 기뻐한다고 한다.

곰의 영혼을 인간들의 조상으로 생각한다. 그래서 위험에 직면하였을 경우 곰은 그들을 보호해 주는 조상들의 위대한 영혼이라고 생각하고 있다. 뿐만 아니라 곰은 동물이 아니라 사람과 가장 비슷하게 닮은 인간 형상을 한 동물로 생각하고 사람과 동일하게 취급하고 있다.

 곰을 숭상하는 이누이트족에는 북극곰의 신 토르나르숙이 존재하고 있는데, 그는 어떨 때는 인간의 모습으로, 어떨 때는 북극곰의 모습으로 묘사되고 있다.

 이누이트족의 사람들 중 샤먼(주술사)이 되고자 하는 자는 반드시 곰이 살았던 동굴에 들어가야 하는데, 토르나르숙이 동굴의 수호신이기 때문이다. 그리고 영적 세계에서 북극곰 신과 마주치게 되고 입문자의 시련이 시작된다.

 여성 샤먼일 경우 반인반웅(절반은 사람, 절반은 곰)의 모습으로 나타난 토르나르숙이 그녀와 성관계를 하고, 이로 인해 곰이 자신과 관계한 여인에게 주술적 능력을 부여했다. 또한 토르나르숙은 이누이트들에게 물개를 잡는 방법을 가르치기도 했다.

이누이트 신화에서 타파수마는 천상의 내세를 지배하는 여신으로, 바다의 내세를 지배하는 세드나의 반대편에 위치하는 여신이다. 이누이트 신화의 특징은 두 가지 종류의 내세가 존재한다는 것이다. 고결한 영혼을 위한 장소와 악한 영혼을 위한 장소를 나누지 않고 두 세계 모두에 상과 벌을 주는 것은 일반적인 구분이 아니다. 그 차이는 장소나 시간, 혹은 둘 모두이다.

이누이트 사람들이 생각하는 세상은 거대한 이글루의 형태였고, 별은 이 거대한 구조물의 천장에 뚫린 구멍 밖의 우들로미우트에서 오는 빛으로 여겨졌다. 우들로미우트의 영혼은 음식, 온기와 물뿐만이 아니라 그들이 힘들었던 지상생활에서 가지지 못했던 모든 여가시간을 보낼 수 있었다.

세케넥은 이누이트 신화에 나오는 태양의 여신이다. 태양은 그녀가 하늘을 가로지를 때 높이 들어올리는 활활 타는 횃불이었다.

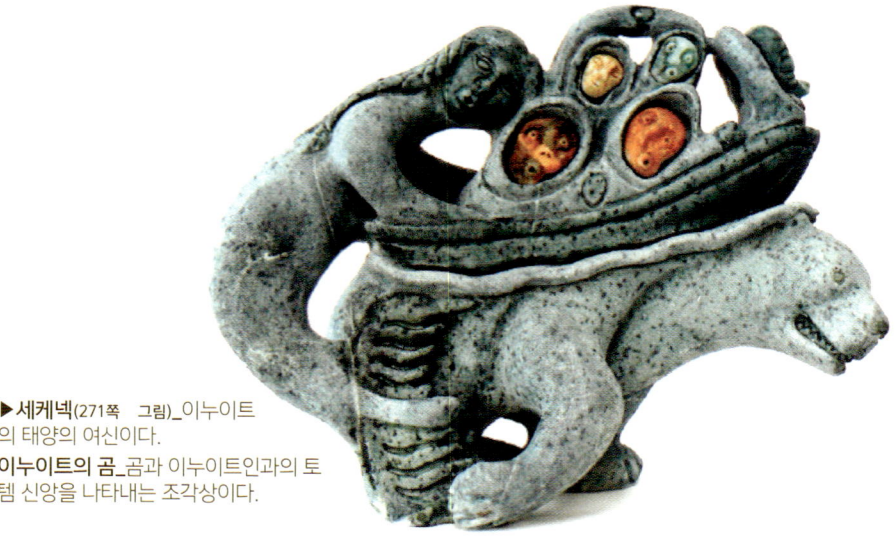

▶**세케넥**(271쪽 그림)_이누이트의 태양의 여신이다.
이누이트의 곰_곰과 이누이트인과의 토템 신앙을 나타내는 조각상이다.

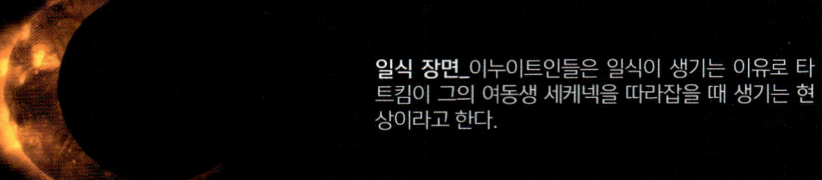

일식 장면_이누이트인들은 일식이 생기는 이유로 타트킴이 그의 여동생 세케넥을 따라잡을 때 생기는 현상이라고 한다.

    해가 지는 밤에 그녀가 오빠인 달의 신 타트킴(타트킴은 매달 타마수마를 위해 환생한 영혼들을 땅으로 내려보낸다는 신이다)과 같이 쓰는 주거지로 간다. 하지만 그들은 주거지에 동시에 있을 일이 없었다. 그 주거지는 우들로미우트, 하늘보다 위에 있는 사후세계의 왕국에 있다. 하지만 어떤 전승에서는 타트킴은 서쪽의 집에, 세케넥은 동쪽의 집에 산다고 한다. 전승에 따르면 일찍이 태양의 여신이 밀애자를 가졌는데, 그는 그녀와 비밀스런 사랑을 나누기 위해 밤마다 몰래 그녀를 찾았다. 마침내 그녀가 사랑하는 자가 자신의 오빠인 타트킴이라는 것을 깨달으면 그녀는 그의 구애에서 도망쳤고, 타트킴은 그녀를 쫓았다. 타트킴의 햇불은 그가 그녀를 쫓으며 달릴 때 부분적으로 사위어 들어갔다. 타트킴의 햇불이 사위어 드는 원리가 바로 달이 태양보다 어두운 이유에 대한 이누이트들의 설명이다. 타트킴은 여전히 매일 그의 여동생을 쫓아가고 있다. 또한 일식은 가끔씩 타트킴이 세케넥을 따라잡을 때 일어나는 현상이라고 한다.

    타트킴은 이누이트 신화에서 반쯤 꺼진 햇불을 든 달의 신이다. 그는 윤회의 고리에서 매우 중요한 역할을 하는 신으로 초천상의 사후세계인 우들로미우트에 있던 영혼이 환생할 때가 되면 여신 타마수마가 타트킴에게 그들을 땅으로 돌려보내야 한다고 알려주고 개개의 영혼들이 어떤 모습으로 다시 태어나는지도 일러준다. 그러면 달의 신은 이 영혼들을 네 마리의 큰 개가 이끄는 신성한 개썰매에 태우고 지상으로 내려간다. 이 일은 그믐날에 이루어지고, 그래서 그믐밤에는 하늘에 달이 보이지 않는 것이라고 한다.

|56| 아메리카 인디언의 창세 신화 ■ 북아메리카 신화 ■

17세기 무렵의 북아메리카에는 2,000개 이상의 독립적인 인디언 부족이 있었다. 현재는 300개로 줄어 보호구역에서 생활하고 있다. 북아메리카 전체에 퍼져 살던 인디언들은 단순한 수렵채취 부족에서 진보된 취락생활 부족까지 문명화의 정도가 다양하다. 문화생활에 따라 다양한 신화들이 존재하게 되었다. 또한 천지창조나 부족의 문화적 주인공에 관한 것이 많은데, 그 내용은 부족에 따라서 각각 다르기 때문에 인디언 전체에 공통적인 신화를 찾는 것은 불가능하다.

　북방 알공퀸 인디언의 창세신화에서 가장 강한 마니투인 키키 마니투는 대신(大神)으로 다른 존재에 의해 만들어지지 않은 존재이며, 모든 생명의 아버지였다. 그는 선(善)의 근원이며, 모든 정령 위에 존재하며, 하늘에 거주하였다. 그는 빛의 주인이며, 태양에 의해서 나타나고, 생명의 입김으로써 바람의 모습을 취하여 도처에 나타났다.

　알공퀸 인디언에게 있어서 중요한 마니투로는 미챠보(큰 토끼)가 있다. 미챠보는 미치리마키나라는 땅에서 태어난 알공퀸 부족의 시조이며 물에 잠긴 세계를 복귀시킨 존재였다. 미챠보는 그물을 발명하고, 물과 물고기와 큰 사슴을 창조하였으며, 사람을 잡아먹는 마니투를 쫓아 보내기도 하였다.

마니투 _아메리카 인디언들은 자연계의 만물은 동물이건 식물이건, 심지어 광물마저도 다른 사물에 영향을 미치는 신비로운 힘을 지니고 있다고 믿었다. 이러쿼이족은 이를 '오랜다'라고 부르고 알공퀸족은 '마니투'라고 했다. 이것에 의해서 가장 초보적인 것에서부터 가장 고등한 것을 포함한 모든 주술적 능력이나 의료기술을 가르쳤다. 인간은 하등한 정령들은 마음대로 다룰 수 있으나 반대로 강력한 힘을 지닌 마니투들에게는 반드시 환심을 사야 했다.

미챠보의 세상 창조_미챠보는 물로 덮인 세상에 땅을 만들기 위해 여러 동물에게 진흙을 구해 올 것을 부탁했으나 오직 사향쥐만이 진흙을 구해 와 사향쥐를 아내로 삼았다고 한다.

　미챠보의 집은 해가 뜨는 곳에 있으며 많은 종류의 동물로 변신하는 능력을 갖고 있다. 그가 사는 곳에는 착한 인디언들의 혼이 모여 맛 좋은 과일을 먹으며 살고 있다고 한다.
　미챠보가 물에 잠긴 세상을 복구하여 땅을 만든 이야기는 다음과 같다.
　어느 날 미챠보가 사냥을 나갔다. 그는 사냥개 대신에 이리들을 데리고 갔는데 어느 호수에 이르러 이리들이 사라진 것을 깨달았다. 그가 이리들을 찾아 이리저리 헤매고 있을 때 새 한 마리가 날아와서 이리들이 호수 속으로 사라졌다고 말해 주고는 날아갔다. 미챠보가 이리들을 구하기 위하여 호수 속으로 뛰어들어가려고 할 때 호수가 넘쳐흘러서 땅을 덮어 버렸다.
　당황한 미챠보는 까마귀에게 진흙 한 덩이를 구해 오라고 부탁하였다. 그는 이 진흙 한 덩이로 땅을 만들어 낼 생각이었다. 그러나 까마귀는 흙을 구해 오지 않았다. 그래서 그는 다시 수달에게 진흙을 구해 오라고 시켰다. 수달은 물속에 들어가기는 했으나 아무것도 보이지 않는다며 진흙을 가져오지 않았다. 끝으로 그는 사향쥐를 보냈다.

사향쥐가 물속 바닥에서 진흙을 조금 가져오자 미챠보는 그것으로 땅을 만들었다. 그리고 그가 화살을 나무기둥에 꽂자 화살은 가지가 되었다. 미챠보는 이리들을 호수에 잡아둔 자들에게 복수를 하고, 후에 진흙을 가져온 사향쥐를 아내로 삼아 수많은 자식을 낳았다. 그리고 자식들은 세상에서 계속 번식하여 갔다.

이러쿼이 인디언족과 휴톤 인디언족의 창세신화에서는 하늘의 둥근 천정 저 편에 우리가 살고 있는 이 세계와 같은 세계가 있어 지상의 전사들과 마찬가지로 하늘의 전사들이 사냥하러 나갔다가 밤이 되면 긴 오두막 속에서 잠을 잔다고 알려져 있다. 만물의 창조를 서술하는 이러쿼이와 휴톤족의 신화는 그 서두에서 이 괴로움을 모르는 하늘나라에 대해서 설명하고 있다.

처녀인 아타엔치크는 아버지가 죽은 지 얼마 안 되어 태어났다. 주목해야 할 점은 하늘의 거주자가 죽은 것은 이번이 처음이라는 것이다. 시신은 장식된 침대 위에 안치되었고, 그때부터 아타엔치크에게는 그곳에 와서 죽은 아버지와 이야기하는 습관이 생겼다. 그녀가 성숙한 처녀가 되자 아버지는 대지를 소유하고 있는 추장의 영토로 가서 추장과 결혼하라고 당부한다.

아타엔치크 아타엔치크는 이러쿼이족과 휴톤족의 창조신화에 등장하는 여인으로, 아버지가 죽은 지 얼마 안 되어 태어났다. 그녀는 죽은 아버지의 혼령과 대화를 나누고 있었는데, 아버지의 뜻으로 추장과 결혼하지만 의처증이 있는 추장의 의심으로 인해 하늘나라에서 추방되어 물로 이뤄진 세상에 떨어지게 된다.

아메리카 문명의 신화를 찾아서 275

이러쿼이 인디언족의 신화_아타엔치크가 남편의 질투로 인해 뿌리 뽑힌 나무 구멍으로 떨어지는 장면을 묘사한 그림이다. 아타엔치크는 광활한 바다만이 존재한 구멍 밖의 세상에 많은 동물이 그녀를 위해 땅을 만들었다. 어니스트 스미스의 1936년도 작품이다.

그녀는 아버지의 지시를 따르기 위해 고향을 출발하여 단풍나무를 따라 강을 내려가 수많은 위험을 겨우 벗어나서 하늘의 큰 나무 곁에 있는 추장의 오두막에 도착하였다. 그곳에서 여러 가지 시련을 거친 후에 그녀는 추장의 아내가 되었다. 하지만 아타엔치크가 임신하자 남편인 추장은 그녀가 화룡과 밀통했다고 생각하고는 이유 없는 질투를 한다. 그녀는 이처럼 난처한 상황에 처한 가운데 곧 딸인 미풍(微風)이 태어났다.

어느 날 모든 신이 추장이 소집한 회의에 참석하여 회의를 열었다. 북극의 오로라가 아타엔치크의 남편의 왜곡된 말을 듣고는 추장의 편을 들어 하늘의 큰 나무를 뿌리 뽑으라고 말했다. 그리고 추장은 이를 그대로 시행하였다. 그러자 그곳에는 뿌리 뽑힌 자리에 큰 구멍이 생겼다. 추장은 큰 구멍 속으로 아내와 딸을 던져 버렸다.

아타엔치크가 큰 구멍으로 떨어져 대기권을 지나치는 동안 파란 광채가 눈에 띄었다. 그녀가 자세히 보니 그 파란 광채는 거대한 호수로, 어디에도 땅이 보이지 않았다. 호수 속에 살고 있던 생물들도 하늘에서 아타엔치크가 떨어져 내려오는 것을 보고 깜짝 놀라서 물밑으로 흙을 찾으러 갔다. 몬조 수달과 거북이가 흙을 찾으러 갔으나 실패하고 나중에 사향쥐가 흙을 침전시키는 데 성공하여 거북의 등에 지반을 얹고 돌아왔다. 그러자 거북의 등이 무한히 넓어져서 단단한 지반이 되었다. 아타엔치크는 새들의 보호를 받으며 이 땅 위에 무사히 내렸다.

그렇게 무사히 위기를 넘긴 아타엔치크와 미풍도 어느덧 오랜 시간이 흘러 미풍은 듬직한 어른이 되었다. 그리고 어느 날 밤, 바람의 주인의 방문을 받고는 미풍은 이오스케하와 타위스카라라는 쌍둥이를 임신하였다. 그런데 이 쌍둥이는 사이가 안 좋아서 어머니의 태내에서부터 싸움을 하여 그들이 태어났을 때 어머니를 죽게 만들었다.

한편 아타엔치크는 자신의 몸으로 태양과 달을 만들었는데 그것을 하늘에 놓아두지는 않았다. 타위스카라는 어느 날 할머니인 아타엔치크에게 이오스케하가 어머니인 미풍의 죽음에 책임이 있다고 고자질하여 이오스케하는 추방당했다. 추방된 그는 아버지인 바람의 주인에게로 갔다. 그리고 아버지로부터 옥수수와 화살 등의 선물을 받고 동식물을 먹고 사는 법을 배웠다.

그 후 이오스케하는 수많은 동식물을 창조해 낸다. 그리고 질병의 근원인 곱추등을 하고 있는 하두위와 싸워 그를 제압하고는 그로부터 의술과 담배의 의식적 용법을 알아내었다. 그는 타위스카라와 아타엔치크로부터 태양과 달을 훔쳐내어 그것을 하늘에 회전시켰다. 그리고 끝으로 인간을 만들었다. 이오스케하가 여러 가지 생물을 만들어 내는 것을 보고 시기한 타위스카라는 자신도 생물을 만들려고 시도했다. 그러나 타위스카라가 만든 것은 모두 해로운 괴물들뿐이었다. 이렇게 인간에게 해되는 것들을 만들어 낸 타위스카라는 결국 이오스케하에게 추방당하고 말았다.

이러쿼이족의 신앙_이러쿼이족이란, 5대 아메리카 부족의 총칭으로 모호크족, 세네카족, 오논다가족, 카유카족, 오나이다족을 말한다. 선악 원리를 상징하는 쌍둥이 이오스케하, 타위스카라가 천녀에게서 태어나 이오스케하는 수많은 동식물을 창조하고 인간을 만들었다. 이에 타위스카라는 인간에 반하는 괴물들을 만들었다.

나바호 인디언족의 모래 그림_미국의 남서부 지역에 거주해 온 아메리카 원주민 인디언 부족이다. 미국 내에 있는 인디언 부족은 565 부족이 있는데 그 중에서 가장 큰 부족이 나바호 부족이다. 그들은 자연의 모든 것은 생명이 있고 신성하다고 믿고 있다. 동서남북 네 곳에 있는 신성한 산에 신이 살고 있다고 믿으며, 이들 신의 도움을 받기 위해서 다채로운 예식을 행하였다.

뉴멕시코의 나바호 인디언족의 창세 신화에서는 마야 신화나 아스테카 신화와 비슷하면서도 본질은 다른 신화가 전해진다. 그들이 생각하는 이 세상은 다섯 번째 세상이다. 처음에 세상은 안개인지 물인지 구분도 되지 않는 모호한 바다 위에 떠 있는 작은 섬이었는데, 네 번째 변화하여 지금의 세상처럼 큰 땅을 이루었다.

해와 달이 생겨난 것도 현 세상인 변화의 세상에서의 일이었다. 첫 세상은 닐호딜딜이라고 하는데 그것은 캄캄한 세상이었다. 이 세상에는 다만 사방에 검은 구름, 흰 구름, 누런 구름, 푸른 구름이 있어, 그 속에 만물의 근원인 네 가지 기운이 들어 있었다. 검은 구름에는 여성의 기운이 잠든 아기처럼 어둠속에 고요히 있었다. 흰 구름 속에는 남성의 기운이 들어 있었는데, 마치 잠을 깨우는 새벽의 빛과 같았다. 이 두 구름이 동쪽에서 만나서 첫 남자와 흰 옥수수를 낳았다.

그때 서쪽에서 누런 구름과 푸른 구름이 만나 첫 여자와 누런 옥수수를 낳았다. 이 남녀들은 마치 안개 같아서 형태가 고정되어 있지 않고 사람, 짐승, 새 등으로 변하는 존재였다. 그리고 아주 작은 이 세상의 땅에는 소나무가 한 그루 서 있었다. 이 소나무는 땔감이 되어 주었다. 어느 날 남자는 지혜와 마음을 상징하는 맑은 구슬을 태웠다. 그 연기를 보고 여자가 네 번의 시도 끝에 다가가서 둘은 부부가 되었다.

네브라스카의 포우니 인디언족의 창세 신화는 우주적 관점에서 시작되었다. 태초에 대추장인 티라와와 그의 아내인 아틸라가 하늘에 살고 있었다. 그리고 그들의 주위를 다른 신들이 둘러싸고 있었다. 어느 날 티라와가 다른 신들에게 말하기를 "나는 너의 형태를 본떠서 인간을 만들려고 하는데 너희에게도 나의 능력과 하늘에서 해야 할 일들을 나누어 주겠다. 내가 만들 인간들은 장차 모두 너희의 보호 아래에 살게 될 것이니 잘 돌보아 주기를 바란다"고 당부하였다.

　이렇게 해서 티라와는 샤르크(태양)를 동쪽 하늘에 놓고는 빛과 열을 주었고, 파아(달)를 서쪽 하늘에 놓아 밤을 지키게 하였다. 그리고 빛나는 별, 즉 저녁별에게 "너는 서쪽으로 가서 지내라. 앞으로 모든 사물은 너를 통하여 만들어질 것이니 너는 만물의 어머니가 될 것이다"라고 말하고 큰 별, 즉 샛별에게는 "너는 동쪽으로 가서 투사가 되어라. 그리고 사람들을 서쪽으로 가게 할 때는 낙오하는 자가 없도록 잘 보길 바란다"라고 말했다.

　티라와는 북쪽에 북극성을 배치하여 하늘의 뭇별들 중에 우두머리로 삼고, 남쪽에는 정령들의 별과 죽음의 별을 두었다. 그리고 나서 북서, 북동, 남서, 남동 네 곳에 별을 하나씩 배치하여 하늘을 지탱하도록 하였다. 만사가 뜻대로 되자 티라와는 저녁별에게 이렇게 말했다. "너에게 구름, 바람,

티라와로부터 하늘의 해와 달, 별이 창조되고 대지가 만들어지는 장면을 묘사한 그림

인디언의 천막_유럽인들이 아메리카 대륙에 진출하기 전까지는 인디언의 천막은 지상낙원이었다. 하이네 하트비히의 작품.

번개, 천둥을 보낼 것이니 그것들을 하늘의 뜰 곁에 배치하여라. 거기서 그들은 인간이 될 것이다. 나는 그때 그들에게 들소가죽옷을 입히고 오카 신을 신게 하겠다"고 명하였다. 티라와의 말이 끝나자 바로 구름이 몰려오고 바람이 불고 천둥과 번개가 요란하게 울렸다. 그때 티라와가 작은 돌멩이를 하나 구름 위에 떨어뜨렸다. 그러자 구름이 열리고 넓은 물의 수면이 나타났다. 티라와는 하늘의 사방을 수호하는 네 명의 별의 신들로 하여금 많은 무기로 무장하여 물의 수면을 치도록 하였다. 그들이 그녀의 말대로 행하자 물은 분리되고 대지가 나타났다.

티라와의 새로운 명령에 따라 네 명의 신은 노래를 부르며 대지의 창조를 축하하였다. 이 노랫소리에 따라 구름과 바람과 번개와 네 신이 모여서 굉장한 뇌우를 일으켰다. 그 힘에 의하여 대지에 구름이 끼어 산과 골짜기가 생겨났다. 다시 네 명의 신이 숲과 대초원을 찬양하자 다시 뇌우가 울리고 대지가 수목과 풀로 뒤덮여 녹색이 되었다. 그들이 세 번째 노래를 부르자 이번에는 강과 급류가 거세게 흐르기 시작했다.

인디언과 늑대_늑대는 아메리카 인디언에게는 숭배의 대상이었을 정도로 신비하고 영리한 동물로, 인간이 창조되기 전부터 신들과 함께 활동하였다.

 그리고 네 번째 노래에 모든 종류의 곡물이 자라나 대지를 풍성하게 했다. 이렇게 만들어진 지상의 낙원에 인간이 살도록 티라와는 태양과 달에게 부부가 되도록 명령하였다. 그러자 그들 사이에서 사내아이가 태어났고 저녁별과 샛별 사이에서도 여자아이가 태어났다.

 이렇게 태어난 두 어린아이가 대지로 보내져 어른이 되자 티라와는 그들에게 자연의 비밀을 가르쳤다. 여자아이에게는 곡식과 그것을 자라게 하는 습기와 오두막과 솥이 주어졌고 남자아이에게는 옷과 투사의 무기가 주어졌다. 그리고 그들이 싸울 때 얼굴에 색칠하는 방법이나, 동물들의 이름, 화살과 부싯돌을 쓰는 방법을 가르쳤다. 또한 빛나는 별은 젊은 남자에게 산 제물을 바치는 의식을 가르쳐 주었다.

 그동안 별들에 의하여 많은 사람이 만들어졌기에, 태양과 달 사이에서 태어난 젊은 남자는 그들의 추장이 되어 그가 배운 것들을 인간들에게 가르쳤다. 그리고 하늘에서 세계를 창조할 때 그러했듯이 여러 개의 천막을 조립하여 둥글게 배치하였다. 이렇게 해서 지상의 모든 질서와 운행법칙이 비로소 잘 돌아가게 되었다.

| 57 | 아스테카의 신화

■ 중앙아메리카 신화 ■

메소아메리카에는 많은 부족이 살고 있지만 그 중 나우아어를 사용하는 부족을 총칭하여 '나와틀'이라고 한다. 아스테카제국을 건설했던 아스테카(멕시카)족도 그 중 하나인데 이들은 모두 공통의 신화를 가지고 있었다. 아스테카는 12세기부터 16세기에 걸쳐 멕시코에 존재했던 문명으로 그들은 태양을 숭배하면서 산 제물을 바친 것으로 유명하지만, 그러한 의식의 원류는 그들의 신화 속에 있는 것이다.

나와틀 신화에 따르면 세계는 네 차례 멸망했고 다섯 번째로 재생한 것이 지금의 현세라고 한다.

전승에 따르면 최초의 세계는 거인이 살았던 흙의 태양 시대, 즉 '네 마리 호랑이'의 시대였다. 첫 번째 태양을 뜻하는 신인 테스카틀리포카는 시팍틀리라는 물고기를 유인해 자신의 발을 물어뜯게 한 다음 이 물고기를 잡아서 땅을 만들고 인간을 창조했다. 하늘이 무너져 땅에 붙었을 때는 생명의 신 케찰코아틀과 합심해 하늘을 들어올리기도 했다.

테스카틀리포카 신은 676년 동안 세상을 지배했다. 테스카틀리포카는 전능한 신이다. '연기 나는 거울'이라는 이름이 뜻하듯이 가슴에 달린 거울에는 세상만사가 전부 나타난다. 그래서 인간의 생각과 마음을 포함해 세상일을 모두 알고 있다. 그래서 점쟁이나 주술사의 신이었다.

아스테카인은 이 신을 존경하고 또 두려워했다. 인간에게 기쁨을 주지만 동시에 슬픔도 주기 때문이다. 부귀와 영화를 누리게 하다가도 모든 것을 단숨에 빼앗아 간다. 그래서 이 신이 지상에서 돌아다닐 때는 불화와 다툼이 일어나지 않았다. 그런데 테스카틀리포카는 케찰코아틀에게 쫓겨나 재규어가 되었다고 한다. 그 후 사나운 재규어 무리가 나타나 거인들을 잡아먹는 바람에 세상이 멸망했다.

그 다음 시대는 케찰코아틀이 세상을 지배했던 '네 바람'의 시대였다. 케찰코아틀을 아스테카인들은 생명의 신, 빛의 신, 지혜의 신, 풍요의 신, 바람의 신, 샛별의 신으로 여겼다. 또 옥수수를 발견한 신이자 역법(달력)과 예술 등 문화의 창조자로 신봉했다. 케찰은 '아름답다', 코아틀은 '뱀'이라는 뜻으로, '아름다운 뱀'이라는 의미다.

케찰코아틀이 지배하는 세상은 364년 동안 지속되었지만, 이번에는 거꾸로 테스카틀리포카가 케찰코아틀을 쫓아냄으로써 세상은 다시 종말을 고하게 되었다. 사람들은 큰바람에 날아갔고 살아남은 사람들은 원숭이가 되었다.

케찰코아틀_신으로서의 기원은 오래되어서 기원전 수세기까지 거슬러 올라간다. 케찰코아틀의 원형은 물이나 농경과 관련된 뱀신이었는데, 테오티와칸 문화기부터는 '털 있는 뱀'이라는 용과 같은 가공 동물의 모습으로 표현된다.

세 번째 시대는 틀랄록이 비의 태양이 되어 지배했던 '네 비'의 시대였다. 틀랄록은 비의 신으로, 메소아메리카에서 가장 오래된 신이다. 아스테카인은 틀랄록이라고 하고 마야인은 착이라고 부르는 등 이름은 달랐으나 메소아메리카 전역에서 숭배했다.

틀랄록이 지배하는 시대는 312년 동안 계속되었지만 케찰코아틀이 불비를 내려 세상은 멸망하고 말았다. 이때 사람들은 칠면조로 변하여 죽었다고 하는데 공중을 나는 새들만은 죽음을 피할 수 있었다고 한다. 불비는 화산의 분화를 의미하는 것으로 해석된다. 실제로 1세기에 신들의 도시로서 번영을 누렸던 도시국가 테오티우아칸은 분화로 인해 멸망한 것으로 추정되고 있다.

네 번째 시대는 물의 여신 찰치우틀리쿠에가 물의 태양이 되어 지배했던 '네 물'의 시대였다. 찰치우틀리쿠에는 미와 정열을 주관하는 물의 여신이다. 이 여신은 비의 신 틀랄록의 여동생인 동시에 아내이기도 하다. 비의 신 틀랄록은 젊고 아름다운 여신 소치케찰과 결혼했는데, 테스카틀리포카가 그녀를 유혹해서 달아나는 바람에 한동안 독신으로 지냈다. 그러던 중 강물과 샘의 여신 찰치우틀리쿠에에게 구애하여 재혼했다. 이로써 틀랄록 부부는 지상의 물을 모두 통제하게 되었다고 한다.

틀랄록_농경문화의 발생에 따라 생긴 주신의 하나다. 수염 같은 것을 단 입과 동그라미를 그린 큰 눈을 가진 모양으로 표현된다. 그의 표상은 과테말라, 혼두라스, 엘살바도르 등 고대문화에도 나타나 그 영향력의 강함을 엿볼 수 있다.

찰치우틀리쿠에가 지배하는 시대는 676년 동안 지속되었지만 역시 멸망하고 말았다. 52년 간 계속 내린 비로 대홍수가 일어나 지상의 모든 것이 떠내려갔고 하늘도 무너져 버렸다. 지상의 생물은 절멸했지만 이때 찰치우틀리쿠에는 천국으로 올라가는 13계단의 사다리 가장 밑에 다리를 놓아 세계 멸망에서 살아남은 사람들을 구했다고 한다. 또한 사다리를 오르지 못한 인간을 물고기로 변신시켜 물속에서 살아가게 했다. 이때부터 바다에 물고기가 생겨났다고 한다.

다섯 번째 시대의 태양은 '움직이는 태양'이라고 불렸다. 이 태양은 아침에 솟아났다가 밤에는 땅 밑으로 꺼지는 지금의 태양을 말한다. 물로 뒤덮인 세계를 보고 신들은 다시 세상을 창조하기로 했다. 우선 하늘과 땅을 만들고, 그 다음에는 그곳에서 살아갈 인간을 창조하기 위해 케찰코아틀은 인간의 뼈를 가지러 '미크틀란'이라는 명계로 갔다.

케찰코아틀은 명계의 신 미크틀란테쿠틀리와 그의 아내 미크테카치우아틀 앞으로 다가가 "인간의 선조가 될 뼈를 주십시오" 하고 도움을 청했다. 미크틀란테쿠틀리는 이때 케찰코아틀 신에게 온갖 어려움을 겪게 했을 뿐만 아니라 뼈도 건네주지 않았다. 그래서 케찰코아틀은 인간의 뼈를 훔쳐 도망쳤다. 미크틀란테쿠틀리는 재빨리 추격에 나섰지만 결국 실패함으로써 다섯 번째 태양이 비추는 세상에서 인간은 복원될 수 있었다.

찰치우틀리쿠에_이 여신을 숭배하는 사람들은 물과 관련된 사람이 많았다. 선주나 선박 수리공, 어부 등 물로 생계를 이어가는 사람들이었다. 녹색 돌로 만든 목걸이와 청록색의 귀고리를 하고, 물빛 치마를 입은 여신의 모습은 물위에 비치는 빛처럼 대단히 아름다웠다고 한다.

그런 다음 먹을 것과 마실 것을 창조한 신들은 테우티우아칸(멕시코 시에서 북동쪽으로 52km 떨어져 있는 고대 도시)에 모여 세상을 밝힐 태양과 달이 될 두 명의 신을 선출했다. 거만한 텍시스테카틀 신이 태양신으로, 나나와친 신이 달의 신으로 결정되었다. 이들은 격렬하게 타오르는 불 속에 뛰어들어 전생(轉生:다시 태어남)을 하게 되었다. 텍시스테카틀 신의 몸은 완전히 불타고 화염 속에서 태양신 토나티우로 다시 태어났다. 하지만 토나티우는 신들이 자신에게 충성을 서약하고 피를 바칠 때까지 활동하지 않겠다고 선언했다. 태양을 움직이기 위해 신들은 희생을 필요로 했다. 그래서 신들의 대리인인 인간을 인신공희(人身供犧)한 것이다.

아스테카 고유의 신이자 최고의 신으로 추앙되는 신은 전쟁의 신 우이칠로포츠틀리 신이다. 그는 아스테카인을 테노츠티틀란(고대 아스텍 문명의 수도로, 현재의 멕시코시티)으로 인도한 신이기도 하다. 이처럼 중요한 신이므로 아스테카인은 틀락록과 나란히 대신전에 안치하고 숭배했다.

인신공희_옛날 제사에서 공양의 희생물로 인간을 신에게 바친 일로, 세계 여러 민족에서 볼 수 있던 공신(恭神)의 풍습이다. 수렵 시대·유목 시대를 거쳐 농경 시대까지 존재한 것으로 추정된다.

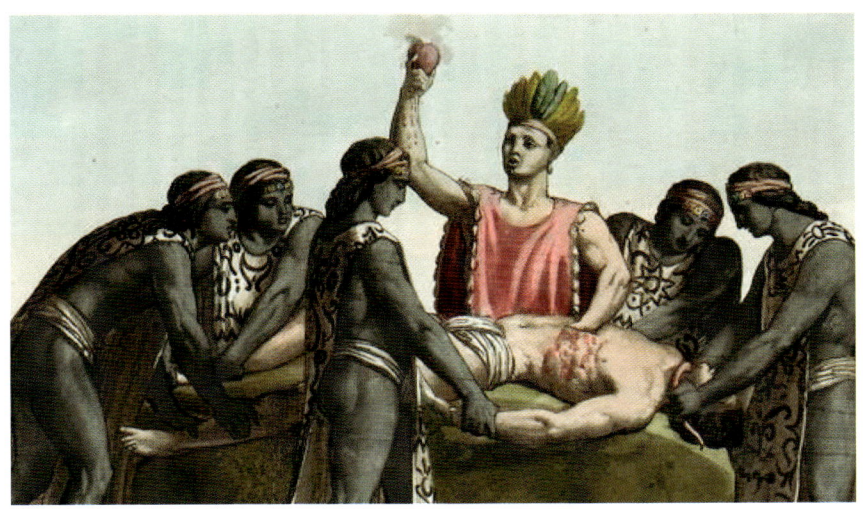

아스테카의 신들은 이중적이어서 남성 또는 여성이라고 말할 수 없는 경우가 많다. 그러나 농작물, 어머니, 다산과 관련된 신은 여신이었다. 여기에 속하는 신으로는 옥수수 여신 실로넨, 용설란과 풀케의 여신 마야우엘, 우이칠로포츠틀리의 어머니 코아틀리쿠에(뱀 치마) 등이 있다.

여러 어머니 신 가운데 가장 유명해진 어머니 신은 토난친(우리 어머니)이다. 스페인이 아스테카를 정복한 후 이 여신의 사당이 있던 테페약 언덕에서 과달루페 성모가 현현했다고 전한다. 과달루페 성모는 전통의 어머니 신을 잃어버려 고아나 다름없게 된 원주민을 위로하고 품에 감싸 준 또 다른 어머니 신이었다.

사랑과 관련된 여신으로 '귀한 꽃'이라는 뜻의 소치케찰과 '오물을 먹는 여신'이라는 뜻의 틀라솔테오틀이 있었다. 소치케찰은 젊고 아름다고 명랑한 여신이다. 원래는 물의 신 틀락록의 아내였는데, 미모에 반한 전능한 신 테스카틀포카가 납치하여 아내로 삼았다. 전해 오는 이야기에 의하면, 높은 바위에 혼자 올라가 고행하는 미혼의 젊은 전사가 있었다. 이 전사를 시험하기 위해 테스카틀리포카는 여러 여자를 보냈는데 번번이 실패했다.

위칠로포치틀리_수렵 시대 아스테카의 옛 신에 태양 신앙의 혼합으로 형성된 신이라 하며 아스테카의 수도 테노치티틀란의 중심부에 있는 대 피라미드에 물의 신 트라로크와 함께 봉영되어 있었다. 그 신전은 스페인들에게 완전히 파괴되어 현존하지 않고 우상도 남아 있지 않으나 몇 개의 그림문서에 그 신의 모습이 그려져 있다.

그러자 오기가 생긴 나머지 아내 소치케찰을 올려 보냈다. 이 여신이 바위산을 힘들게 올라서자마자 전사는 그만 넋도 잃고 동정도 잃고 말았다. 잘못에는 징벌이 따르는 법, 신들은 이 전사를 전갈로 만들어 버렸다고 한다.

또 다른 사랑의 여신 틀라솔테오틀은 기혼자의 성적 방탕과 일탈을 부추기는 여신이다. 아스테카인은 이런 일을 '추잡하다'고 여겼으며 간통을 하다가 발각되면 사형으로 다스렸다.

죄를 짓지 않고 살 수 있으면 좋으련만 아스테카인의 삶도 꽤나 복잡했던 모양이다. 도둑질, 만취 같은 범죄를 저지르고도 처벌을 받지 않고 평생 양심의 가책에 시달리면서 늙은 사람은 전능한 신 테스카틀리포카에게 고백하고 도덕적으로나 법률적으로 용서를 받았다. 그리고 육욕으로 인한 죄를 저지른 사람은 틀라솔테오틀에게 고백하고 용서를 받았다. 온갖 추잡한 짓을 벌이기도 하지만 이런 것을 깨끗하게 다 먹어치워 정화해 주는 여신 또한 틀라솔테오틀이기 때문이다.

틀라솔테오틀_성추행자 혹은 부적절한 성적 행위를 한 남자는 욕정과 성욕, 부적절한 성적 행위를 관장하는 틀라솔테오틀 여신 앞에서 고백하고 참회를 했다고 한다. 이때 고백이 끝난 남자는 여신과 관련된 문양이 새겨진 옷을 입고 단식을 하고는 밤이 되면 아이를 낳다 죽은 여성들을 위해 지은 사당 중의 하나로 가서 참회 의식 때 입었던 옷을 그곳에 벗어 두어야 했다. 남자는 벌거벗은 채로 집으로 돌아가야 한다. 아스테카 전통에 따르면 고백자가 공개된 장소에서 벌거벗는 행위는 자신의 범죄에 대한 수치심을 불러일으키고 범죄의 심각성을 보여 주기 위함이었다.

| 58 | 마야 창조 신화

■ 중앙아메리카 신화 ■

마야의 기원 신화는 이들의 성서라고 할 수 있는 《포폴 부》의 첫 번째 부분에서 나온다. 이 부분에는 최초의 바다와 하늘로부터 세상과 피조물이 창조되는 과정을 감동적으로 묘사하고 있다. 태양이라 불리는 다섯 세계에 관한 아즈텍 신화와 같이 여러 차례의 창조와 파괴가 있었고 각 단계마다 그에 해당하는 특이한 형태의 인간이 존재한다. 여기서 여러 종류의 인간들은 특정한 원인에 의해 창조되고 또 파멸된다. 《포폴 부》에 따르면 인간은 신들에게 영양을 공급하고 그들을 위해 재식과 희생을 베풀기 위한 목적으로 창조되었다.

    마야 신화의 세상창조는 대지가 만들어지기 전과 대지가 만들어진 후의 이야기로 나뉜다. 세상에 대지가 만들어지기 전에는 하늘 아래 바다만이 존재했다. 세상은 고요했다. 그곳에는 사람과 그 어떤 생명체도 없었다. 도무지 한 덩어리의 돌멩이도 보이지 않는 온통 검고 적막함이 있을 뿐이었다.

    그럼에도 바다의 물살은 끊임없이 출렁거렸으며 그 속에 초록과 파랑 깃털을 가진 구쿠마츠라는 커다란 뱀이 누워 있었다. 하늘 위에는 우라칸이라 불리는 '하늘의 심장'이 있었다. 그는 세 가지 형태의 번개로 나타났다. 이후 구쿠마츠와 우라칸은 거대한 빈 공간이었던 세상에 산과 땅, 나무와 숲 등 각종 자연을 창조해 냈다.

    하지만 세상이 자연만으로 존재하는 건 무언가 허전했다. 그래서 구쿠마츠와 우라칸은 새로운 세상에 어울리는 새 생명을 창조하기 시작했다. 새, 사슴, 재규어, 뱀 등 숲에 사는 동물들을 하나둘 만들었다. 하지만 신들은 동물들의 지위를 인간의 먹이로 격하시키고 말았다. 구쿠마츠와 우라칸은 동물들이 자신들에게 제물을 바치고 늘 찬양해 주길 바라는 마음으로 동

구쿠마츠_깃털 달린 뱀으로, 마야 신화 속의 태초의 바다신이다. 구쿠마츠는 하늘의 신 우라칸과 함께 세상을 창조하고 자신들에게 제물을 바칠 인간을 만든다. 위와 아래의 사진은 마야 문명의 구쿠마츠 조각문양이다.

물들을 만들었지만 동물들은 말을 할 줄도 몰랐고 신들의 뜻을 제대로 받들지도 못했다. 결국 신들은 자신들이 바라는 바를 잘 구현해 줄 인간을 만들기로 하고 진흙으로 한 명의 인간을 빚었다.

하지만 신들이 만든 최초의 인간도 그들의 뜻에 부합하지 못했다. 말을 하긴 했지만 서로 소통이 되지 않았고 진흙으로 만든 탓인지 너무 쉽게 부서지고 말았다. 할 수 없이 구쿠마츠와 우라칸은 점쟁이 부부인 스피야콕과 스무카네를 찾아가 도움을 요청했다. 스피야콕과 스무카네는 나무로 인간을 만들어야 한다는 점괘를 주었다. 신들은 즉시 나무로 인간을 만들었다. 다만 남자는 나무로 만들었지만 여자는 골풀로 만들었다고 한다.

이제 신들이 원하던 대로 나무 인간들이 자신들에게 제물을 바치기를 원했지만 오히려 나무 인간들은 진흙 인간들보다 더 형편없었다. 나무 인간은 말할 수는 있지만 얼굴에는 아무런 표정도 없었고 창조신들에게 제물을 바치기는커녕 신들을 섬기려 들지도 않았다. 여기에 더해 신들은 나무 인간들이 자신들을 모욕하고 파멸하려 들지도 모른다는 걱정까지 하게 되었다. 결국 신들의 결론은 나무 인간들도 파멸시키는 수밖에 달리 방법이 없겠다는 거였다.

마야 창조를 나타내는 판화 그림

구쿠마츠와 우라칸은 송진 비로 대홍수를 일으켜 나무인간들을 쓸어 버렸다. 뿐만 아니었다. 나무인간들이 사용하던 도구와 다른 동물들도 그들을 향해 달려들었다. 결국 나무인간들이 숨을 곳이 없었다. 홍수를 피해 살아남은 나무인간들은 깊은 숲속에 자신들의 몸을 숨길 수밖에 없었다. 마야 신화에 따르면 숲속의 원숭이들이 바로 나무인간들의 후손이라고 한다. 신들이 숲속에 원숭이를 남겨 둔 이유는 신들의 신중치 못했던 창조 행위를 기억하려는 의미에서 그런 것이라고 한다. 이후 세상에는 당분간 인간들이 존재하지 않았다.

인간들이 존재하지 않은 세상에서 여명과 밤의 신의 아들인 쌍둥이 운우나푸와 부쿱우나푸 형제는 공놀이를 하며 세월을 보냈다. 그러던 어느 날 공놀이하는 소란스러운 소리에 화가 난 지하세계 신들이 그들을 지하세계로 올 것을 명령했다. 쌍둥이 형제는 네 갈래 길에 도달하여 지하세계로 이끄는 검은 길을 택했다. 그들은 어둠의 집, 호랑이의 집, 불의 집, 박쥐의 집, 칼날의 집 등 많은 곳에서 시험과 고통을 이겨내지 못하고 죽임을 당했다. 운우나푸의 잘린 머리는 카카오나무에 매달려 조롱박이 되었다. 지하세계 신의 딸 스퀵이 이를 보러 왔다가 조롱박이 된 운우나푸는 그녀를 임신시켰다.

스퀵은 지상으로 나와서 다시 쌍둥이 형제를 낳았다. 우나푸와 스발란케이다. 그들도 역시 공놀이를 즐기다 지하세계의 부름을 받았는데, 이들은 아버지와 삼촌이 받았던 지하세계의 모든 시험을 이겨냈음에도 불구하고, 그들을 죽이고자 하는 지하세계의 신들의 뜻을 간파하고는 스스로 죽었다. 그러나 그들의 뼛가루를 강에 뿌리자 쌍둥이 형제는 곧 청년으로 다시 태어났다. 그리고 이들이 죽었다고 믿는 지하세계의 신들을 찾아가 계략을 꾸며 그 신들을 완전히 멸망시켰다. 그들은 죽은 아버지와 삼촌에게 제사를 지내고 부활시켜서 마야 사람들의 조상이 되도록 하였고, 자신들

운우나푸와 스퀵_운우나푸와 부쿱우나푸가 카카오나무의 조롱박이 되었다. 그림은 조롱박으로 변한 운우나푸가 지하세계의 시발바 주인의 딸인 스퀵에게 정액을 붓는 장면으로, 그녀는 임신하여 쌍둥이 형제를 낳는다. 존 보젤라스의 작품.

은 하늘에 올라가 해와 달이 되었다.

《포폴 부》에 따르면 운우나푸가 다시 살아나지는 못했지만 옥수수로 다시 태어났다고 믿었다. 이전의 나무인간들과 달리 옥수수로 만든 인간은 지식과 지혜를 지니고 있었으며 자신들을 만든 이를 알아보고 감사드릴 줄도 알았다. 하지만 구쿠마츠와 우라칸은 곤혹스러웠다. 이 옥수수로 만든 인간들은 땅 끝에서 우주의 끝까지 어디든 볼 수 있었던 것이다. 인간들이 자신들과 너무도 닮은 것을 깨달은 신들은 이들의 힘을 빼앗기로 결정하였다. 인간들이 거의 위의 안개를 들이마시고 있을 때 신들이 그들의 시야를 흐리게 했고, 결국 가까운 것만 잘 보이게 되었다. 창조자들은 인간들에게 전지전능함을 부여하는 대신 네 명의 아름다운 부인들로 짝을 맺어 주었다.

키체족의 첫 번째 혈통은 이 네 여인으로부터 시작된다. 어둠 속에서 이 세상 최초의 부족이 '일곱 동굴과 일곱 계곡'의 장소인 툴란 주이바로 길을 떠났다. 그곳에서 그들은 키체족의 수호신이며 불의 신인 토일을 비롯한 많은 신을 만났다. 여러 부족들은 각기 다른 신을 모시고 툴란을 떠났고, 이때부터 사람들은 서로 다른 말을 쓰게 되었다. 동 트기 전의 어둠 속에서 각 부족은 서로 다른 방향으로 떠났고 키체족은 서쪽으로 향했다. 새벽을 기다리며 키체족은 뒤로 돌아 툴란 주이바 지역인 동쪽을 쳐다보았다. 마침내 키체족도 아카우이츠 산에 다달아 그곳에서 새벽을 맞았다. 아침별이 나타나자 그들은 동쪽을 향해 향을 피웠고 곧 태양이 나타났다.

태양은 인간의 형상을 하고 나타났다. 그 얼굴은 너무 뜨거워서 지표를 말라붙게 했다. 태양이 떠오르기 전에 지구는 축축하고 지표는 진창이었다. 얼마 후 인간의 모습을 한 태양이 떠올랐고 그 열기는 견딜 수 없을 정도였다. 이 순간 키체족의 신들은 퓨마, 재규어, 방울뱀 등과 같은 강인한 동물 모양의 돌로 변하였다. 이렇게 해서 첫 새벽 이래 세상에는 동물들이 나타나게 된 것이다.

마야인의 성서 《포폴 부》는 어떤 책인가?

마야인들의 성서라 불리는 《포폴 부》는 영어 번역본으로 100쪽이 조금 넘고 모두 5부로 이루어져 있는 다소 간단한 구조로 된 신화집이다. 이 책에 나오는 이야기의 주된 꺼리는 위로는 텅 빈 하늘과 아래로는 바다밖에 없었던 세상에서 창조가 일어나는 이야기로 시작한다. 이 창조 이야기에서 중심 역할을 하는 신들은 바다에서 나온 신과 하늘에서 나온 신 두 부류가 있다. 이들은 땅과 식물과 사람을 만들기로 결심한다. 이후 사람을 만드는 데 여러 차례 실패를 거듭한 이야기를 한 뒤, 반신반인인 두 쌍둥이 형제 영웅에 관한 길고도 복잡하고 기괴한 이야기가 나온다.

《포폴 부》는 세계창조와 신이 정한 율법, 마야인의 건국의 역사를 다룬 내용이 주를 이룬다. 이 책을 통해 마야인들은 마야의 왕들은 하늘의 명을 받아 세상을 통치한다는 권력자의 정당성을 부여하며, 마야인들이 숭상했던 자신들의 전설적인 왕들과 신을 연결한다. 마야인에게 《포폴 부》는 한마디로 신들의 말씀이었다. 그래서 그들은 수백 년 동안 구전으로 《포폴 부》의 내용을 잊지 않기 위해 서로에게 전해 내려주다가 16세기 어느 사제에 의해 한 필사자가 그 내용을 기록으로 옮겼다. 이 필사자가 기록한 내용에는 마야인들의 전통적인 구전 내용 외에 창조에 관한 서적의 서술과 죽음이나 세계 파괴에 관한 무서운 이야기까지 수록되어 있다. 하지만 마야족 사제들이 이 책을 대중에게 널리 퍼뜨리기 전까지 세상 사람들은 《포폴 부》가 어떤 내용의 책인지를 전혀 몰랐다.

16세기 중엽 라틴어를 배운 마야족 사제들은 비밀리에 익명으로 상형문자로 쓰인 마야의 고서를 라틴어로 번역했다. 그들은 가톨릭 교리를 자신들의 종교에 접목해 두 종교를 융합하기 시작했다. 1700년경에 과테말라의 한 도시에서 프란시스코 히메네스라는 신부가 고대 마야의 텍스트를 라틴어로 번역한 책을 발견했다. 히메네스는 그 책을 없애는 대신에 에스파냐어로 번역했고, 마야의 왕들 명단에다가 과테말라의 에스파냐인 총독 몇 사람의 이름을 첨가했다. 아마도 이 신부는 자신의 이단 행위가 발각되더라도, 총독의 이름을 첨가한 것이 자신을 궁지에서 구해 줄 것이라고 기대했던 듯하다.

《포폴 부》는 이렇게 해서 살아남게 되었다. 에스파냐인이 강요한 '하나님의 말씀'보다 '전래의 말씀'을 더 소중하게 여겼던 마야족 필사자의 손을 거쳐 전해 내려온 《포폴 부》는 비록 에스파냐 식민지 시기를 거치며 약간 수정이 되긴 했지만 여전히 희귀하고 중요한 문헌이다.

| 59 | 마야 달력의 신화　　■ 중앙아메리카 신화 ■

마야 달력은 마야인들이 사용하던 달력으로, 천체 관측이 뛰어난 마야인들이 만들었다고 한다. 마야의 장기 달력은 2012년 동지 부근(12월 21일부터 12월 23일까지)에서 끝난다고 여겨져 종말론을 예언하는 메시지로 퍼지면서 종말론에 기름을 부었다. 그러나 대다수의 마야 문명의 학자들은 달력에서 말하는 종말은 고대의 희박한 정보만을 가지고 날조한 근거가 희박한 정보일 뿐이라고 일축하고 있다. 그러면서 마야의 달력은 한 주기가 끝나도 새로운 주기로 다시 시작될 뿐 종말을 예언하지 않았다는 주장을 제기하고 있다.

　중앙아메리카의 고대 문명들 가운데 가장 발달된 문명과 문자를 지녔던 마야인들은 세계는 창조와 파괴가 무한히 반복된다는 순환적 우주관을 가지고 있었다. 이런 생각을 잘 보여 주는 문헌은 16세기 후반에 과테말라 고원에 살던 키체족의 신화적 서사시인 《포폴 부》, 즉 '회의록'이다.

　《포폴 부》의 첫 장면은 하늘과 땅이 멀어지면서 빛이 이 세상에 처음 생겨나는 것으로 시작된다. 그 다음에는 창조주인 신들이 세상에 인간을 살게 하는 과정이 나온다. 신들은 먼저 짐승들을 만들지만 짐승은 말을 하지 못해 창조주를 찬미할 수 없기 때문에 실패작이 되어 숲속으로 쫓겨난다.

　두 번째로 진흙인간이 만들어졌으나, 이들은 알지 못할 소리만 꺽꺽대고 몸이 허물어진다. 신들은 그들도 마음에 들지 않아 부숴 버린다.

　세 번째로 창조된 인간은 나무로 만들어졌지만 영혼이 없어 창조주를 잊는다. 이들을 파멸하기 위해 신들은 홍수, 불, 악마들을 만들고 식기들까지 움직여서 그들의 얼굴을 때린다.

　마지막으로 신들은 옥수수 반죽을 생명체의 형태로 빚었는데 이것이 오늘날의 인간이다.

《포폴 부》의 신화에는 마야 문명의 전성기였던 고전 시대(250~909년)의 예술을 잘 보여 주면서 아주 먼 고대의 사상이 어떤 것이었는지를 나타내고 있다. 고전 시대 마야인들이 순환적 우주관을 가졌다면 천지창조와 종말의 시기는 그들의 장기계산법이라는 역법에 들어 있어야 한다. 이 역법이 언제 어디서 발명되었는지는 모르지만, 그에 따르면 우리가 사는 시대는 기원전 32년에 시작되었다.

마야 문자가 해독되면서 마지막 13번째 박툰 연대인 기원전 3114년에 일어난 일에 관해 알게 되었다. 여기서 중요한 것은 파괴가 아니라 창조다. 신들이 서열을 이루고, 중앙 난로가 생기고, 돌들을 배치하는 일이 그것이다. 이 해가 진짜 0년은 아니다. 비문에는 기원전 3114년 이전의 신화적 사건들도 나온다.

마야인의 달력_마야인들이 사용하던 달력으로, 천체 관측이 뛰어난 마야인들이 만들었다고 한다.

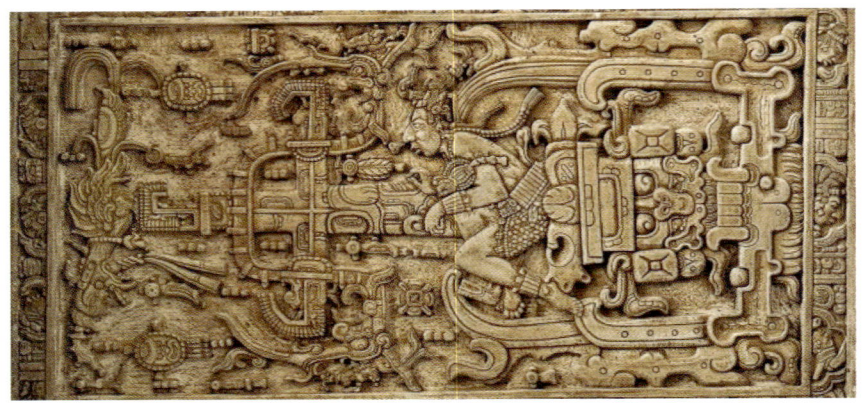

하강하는 신_마야인의 상징인 하강하는 신의 부조는 마치 우주선을 타고 지구로 내려오는 모습으로 현재의 컴퓨터 회로와도 같은 미스터리의 문제를 제공하고 있다.

또한 마야인들은 미래의 연대도 계산했는데, 그에 따르면 어느 왕의 기념일은 4772년으로 되어 있다. 따라서 2012년이 시간의 종말을 뜻한다고 볼 수는 없다.

토르투게로 유적에서 발견된 비문 하나만이 13회 박툰이 끝나는 해가 2012년이라고 예언했다. 안타깝게도 그것은 훼손이 심해 일부분밖에 해독되지 않았다. 비문의 내용에는 볼론 옥테라는 마야 신의 이름이 있고 그 앞에 '엠'이라는 용어가 내려가는 형태로 새겨져 있다. 이것은 고전 시대 이후(909~1697년)의 마야 예술에서 흔히 보는 하강하는 신의 이미지를 연상시킨다.

마야인의 장기계산법은 그 원대한 꿈을 일부분밖에 펼치지 못하고 사라졌다. 마지막으로 사용된 연대는 멕시코의 토나나에 새겨진 909년이었다. 그 전 세기에는 사회, 생태, 인구상의 위기가 덮쳐 고전 문명이 종말을 맞았다. 그러나 이것은 16세기에 일어난 재앙에 비하면 아무 것도 아니다. 당시 유럽인들은 남북아메리카의 다른 지역에서도 그랬듯이 수많은 마야인들을 죽였다. 전염병으로 죽고, 고통과 처형의 위협 하에서 새 종교를 강요당하고, 전통적인 문화가 모두 사라진 것은 바로 고대의 예언에 나오는 재앙에 다름 아니었다.

|60| 잉카 신화

■ 남아메리카 신화 ■

잉카 신화는 잉카제국에서 전승되어 온 신화로, 잉카제국이 안데스 산맥에 걸쳐 있다 보니 안데스 산맥과 관련된 신화가 많다. 그리고 태양신 인티에 관련된 신화도 많은데, 잉카인들은 자신들이 태양의 자손이라고 믿고 있으며, 그 이유가 자신들이 태양신 인티의 아들 망코 카팍(전설상 잉카제국의 제1대 황제)과 딸 마마 오크요가 잉카를 세웠기 때문이다. 페루에서는 6월이면 인티 라이미라는 축제가 성대히 열린다. 이것이 바로 태양신 인티를 숭배하는 축제로, 잉카인이 태양을 숭배한 것을 알 수 있다. 잉카 신화는 고산지대의 특징과 태양숭배사상, 잉카의 전설상의 황제 이야기가 어우러져 만들어진 신화다.

잉카 신화는 현재의 페루와 볼리비아 서부를 중심으로 남아메리카의 안데스 산지(山地)와 태평양 연안에 살던 토착민족의 신화이다.

페루는 잉카를 그 최고봉으로 하는 남아메리카 인디언 문화의 중심지이며 그곳에 전해진 신화들을 15세기 스페인의 정복자 및 그 후의 선교사들의 기록을 통해서 알 수 있다. 잉카 시대 이전의 해안지방 인디언의 신화에 의하면 태양과 달의 아들 콘이 세계와 인류를 만들고, 이어 그 형제인 파차카마가 역사 시대의 인디언을 만들었다고 한다.

그는 또한 한 쌍의 남녀를 창조하여 그 여자가 태양광선에 의해 낳은 사내아이를 죽여 그 시체에서 여러 가지 작물이 돋아나게 하였다. 그 어머니는 자식을 죽인 콘에게 보복하기 위하여 다시 태양에 의해 사내아이 비차마를 낳은 후 파차카마에게 살해되었다. 그 뒤 파차카마는 장성한 비차마에게 쫓겨 호수로 뛰어들었다고 한다(이 호수는 리마 도처에 있으며, 같은 이름의 유적이 남아 있다).

파차카마 목조상

파차카마 유적의 부조_파차카마 유적은 파차카마(창조신) 신앙의 중심지로 번영하여 7세기 이후 티아와나코 호라이즌이 형성될 시기에는 고원의 와리와 그 중심적 도시로 되었다.

비차마는 어머니를 다시 살아나게 한 다음 파차카마가 만든 인류를 멸망시키고 태양으로부터 금과 은과 구리의 세 알을 얻었으며, 그 하나하나에서 귀족, 귀족의 아내, 그리고 대중(大衆)이라는 인류의 새로운 세 계급이 생겼다.

한편 파차카마가 두 쌍의 별의 부부를 지상으로 보내어 인류의 조상이 되게 했다고 하는 신화도 있다. 또 티티카카 호(湖) 부근의 인디언 신화에 의하면, 처음에는 없었던 태양이 사람들의 기도로 갑자기 호수 속에서 솟아올랐고, 동시에 남쪽으로부터 티키비라코차라는 하얀 신이 와서 산을 고르게 하여 우물을 만들고 사람들에게 평화를 가르치면서 북쪽으로 사라졌다고 한다.

잉카 신화에서는 이 신이 비라코차 또는 파차야차치크라고 불리며 천지의 창조자·지배자로 알려졌다. 잉카는 '태양의 사람들'이라는 뜻이며, 태양과의 관계가 종교적 형태를 취하고 쿠스코에게 그 숭배의 중심을 두게 된 것은 비교적 가까운 시대의 일인 것 같다. 이와 함께 천체에서 인류세계의 운명을 읽어내는 점성술도 발달하였는데, 점성술을 통해 스페인의 침입도 미리 알고 있었다고 한다. 그러나 위와 같은 신화는 사회의 지도계급 사이에서나 존재했을 뿐 일반 대중은 스페인 침입 당시에도 아직 애니미즘의 단계에 있어, 파차카마의 아내로 여겼던 지모신(地母神) 파차마마와 함께 모든 작물에는 각각 그 정령이 있다고 생각하였다. 따라서 토테미즘이 존재했던 것이 확실하다.

잉카인들은 죽음의 세계는 천상에 있다고 믿어, 죽은 자는 무덤 곁에 켜진 불빛을 따라 나흘 밤낮 동안 어두운 길을 걸어 땅끝에서 은하를 거쳐 하늘로 오르는데, 용감한 자를 위한 길은 편하고 비겁한 자의 길은 괴롭다고 한다. 물론 잉카의 귀족들은 태양의 나라로 간다고 하였다. 또한 하늘로 가는 것은 귀족들뿐이고 대중은 지하에 있는 사자의 나라에 산다는 등의 신화 형태도 있었다.

마추픽추_신의 도시 마추픽추는 '늙은 봉우리'라는 뜻으로, 해발 약 2,437m에 위치한 고산도시다. 산 아래에서는 이곳이 어디에 있는지도 알 수 없다고 해서 '잃어버린 도시'라는 이름으로도 불린다. 마추픽추의 시공간은 수수께끼로 가득하다. 200톤이 넘는 거석, 정교한 다면체로 쌓아올린 '태양의 신전', 주신전 등은 건축기술이 고도로 발달한 선사 시대 사람들의 작품이다. 후대의 잉카인들도 고대인들만은 못하지만 나름대로의 기술로 고유의 건조물을 세웠고, 유적 붕괴 후에는 생존자들이 유적을 재건하고자 석축을 쌓았다. 유적 꼭대기에 '인티파타나'라고 하는 제례용 석조물이 있다. 인티파타나는 '태양을 잇는 기둥'이라는 뜻이다.

잉카 신화에서는 천체 중에서 태양신 인티가 최고의 신으로 추대되고 있다. 인티의 아들 망코 카팍이 티티카카 호에 내려와 잉카족의 조상이 되었다고 한다. 잉카제국은 콜럼버스 이전의 아메리카에서 가장 거대한 제국이었다. 잉카제국의 행정, 정치, 군사의 중심은 지금의 페루인 쿠스코이다.

잉카제국의 건국 신화에는 홍수 신화와 맥을 같이 하는 다음과 같은 이야기가 전해 오고 있다.

아주 먼 옛날 세상은 어둠에 묻혀 있었다. 그때 콜라수유라는 호수에서 비라코차 신이 세 명의 인간을 데리고 나타났다. 비라코차는 세상을 밝게 비추기 위해 태양과 달, 그리고 별들을 창조했다. 타완티수요의 황제인 잉카는 바로 비라코차가 만든 태양의 자손이다. 비라코차는 커다란 바위들을 가지고 인간을 더 만들었다. 그 가운데는 이미 아이를 잉태하고 있는 여자들도 있었다. 비라코차는 이 사람들을 세상 곳곳으로 떠나보냈다.

전설에 의하면 그들의 세상은 네 단계를 거쳐 오늘날에 이르고 있는데 그 첫 번째 세상은 비라코차의 인간 시대였다. 이 시대는 전쟁과 전염병으로 인해 모든 사람이 죽었으며 모든 사물도 반란을 일으켰다.

비라코차 형상_잉카의 창조신. 비라코차의 도상은 남아 있지 않지만 수염을 기른 백인의 모습을 하고 있었다 한다.

비라코차_잉카의 창조신. 티티카카 호에 모습을 나타내어 사람을 만들었다고 한다. 쿠스코 및 쿠스코 동남방의 성 페드로 데 카차에 비라코차 신전이 있었는데, 후자의 유구는 오늘날에도 일부 남아 있다. 비라코차는 잉카 제 8대의 황제명이기도 하다.

비라코차는 잉카 제 8대의 황제명이기도 하다.

두 번째의 세상은 신성한 인간 시대였다. 태양이 계속해서 지구를 돌기에 너무 힘이 들어 지쳐 쓰러졌고, 지친 태양에게 힘을 주기 위해 인간들이 제사와 제물을 바쳐 태양을 다시 돌게 하였으나 하늘의 불이 이 모두를 앗아갔다. 물론 인간들도 모두 죽고 말았다.

세 번째 세상은 전쟁의 인간 시대였다. 이때에는 우주의 혼돈이 있었고 이로 인해 모든 인간이 여성화되었으며, 결국은 문란한 동성연애로 인하여 그 시대가 막을 내렸다.

결국 우리가 사는 세상은 이렇게 네 단계를 거쳐 오늘날에 이르렀다. 이처럼 불완전하였던 세상이 가고 온전한 세상이 만들어진 이후 태양신 인티의 계시에 따라 대홍수가 일어났다.

페루의 산악지방에는 고운 심성을 지닌 목동 형제가 살고 있었다. 그런데 그 형제들이 키우는 라마들이 아무것도 먹지 않고 밤에는 슬픈 표정으로 별만 바라보고 있었다. 걱정이 된 형제는 라마들에게 왜 그러느냐고 묻자 라마들은 곧 대홍수가 일어나 땅 위의 모든 생물이 죽게 될 것이라는 말을 별에게 들었다고 대답하였다.

형제와 그들의 가족은 가장 높은 산에 있는 동굴로 들어가 홍수를 피하기로 했다. 그들이 라마 떼를 몰고 동굴로 들어가자 비가 내리기 시작했다. 비는 몇 달 동안 쉬지 않고 계속 내렸다. 그들은 높은 산에서 온 세상이 물로 인해 파괴되고 비참하게 죽어 가는 인간들의 울부짖음을 보고 들을 수 있었다. 하지만 비는 계속 내려 그들이 서 있는 동굴 입구까지 차올랐다. 그러자 산은 점점 높아져 물이 형제들에게 올 수 없게 만들었다.

그 후 산은 물이 차오를 때마다 점점 더 높아져만 갔다. 어느 날부터인가 형제들은 비가 멈추고 물이 빠지고 있다는 것을 알게 되었다. 그리고 태양신 인티가 다시 나타나 미소를 지으니 물은 사라져 버렸다. 때마침 식량이 떨어져 가던 형제가 아래를 내려다보니 땅은 이미 말라 있었다. 산은 원래의 높이로 되돌아갔고 목동 형제와 가족들은 다시 땅에서 살게 되었다. 그때부터 인간들은 어느 곳에서나 살 수 있었다. 그러나 지상에 대홍수가 몰아닥친 후에는 라마는 그때의 공포를 잊지 못해 산악지대에서만 산다고 한다.

라마_남아메리카의 해발 5,000m까지의 산악지역에서 살아간다. 높은 고도에 적응하기 위해 비슷한 몸집의 다른 포유류보다 심장이 15% 정도 더 크다.

쿠스코 아르마스 광장_잉카의 수도였던 페루의 쿠스코는 케추아어로 '배꼽'을 뜻한다. 태양신을 숭배하고 잉카제국을 건설하였던 당시 사람들에게 쿠스코는 세계와 우주의 중심이었다. 16세기 스페인이 페루를 정벌하면서 페루인들은 세계의 중심인 페루 도시를 버리고 오지로 쫓겨 갔다. 페루인들이 떠난 이 도시에 스페인 사람들은 교회와 저택 등의 유럽식 건물을 지으면서 지금은 두 문화의 흔적이 공존하는 이색적인 모습을 띠고 있다.

    태양신 인티는 자신의 명성을 널리 알리고 인간세계에 문명을 전해 주기 위해 자신의 아들 망코 카팍과 딸 마마 오클로에게 금지팡이를 주어 티티카카 호수의 한 섬에 내려 보냈다. 그리고 그 금지팡이가 땅속 깊게 박히는 곳을 수도로 정해 나라를 세우라고 했다. 여러 날의 고생 끝에 남매는 금지팡이가 깊숙이 박힌 곳을 발견했는데 그곳이 쿠스코의 중심 광장인 아우카이파타(지금의 아르마스 광장)이었다. 그들은 이곳에 금지팡이를 두드리자 이때 기적처럼 땅이 갈라지면서 그 안으로 금지팡이가 들어가 나오지 않자 이곳에 수도를 건설했다. 쿠스코는 배꼽을 뜻하는데, 쿠스코 도시가 세상의 중심(배꼽)이라는 상징적인 의미를 뜻한다. 이곳을 수도로 하여 세운 나라가 잉카제국이다.

| 신화를 알면 역사가 보인다 |

제 **10** 장

폴로네시아 문명의 신화를 찾아서

　태평양에는 수만 개나 되는 섬이 북쪽의 하와이 제도, 남쪽의 뉴질랜드, 동쪽의 이스터 섬을 정점으로 대략 삼각형 모양을 이루며 흩어져 있다. 태평양의 섬들과 오스트레일리아의 주민은 수만 년 전에 동남아시아 지역에서 이주해 온 사람들의 후손으로 추측된다고 인류문명사학자들은 말한다. 그들은 해수면이 지금보다 120~180미터 정도 낮았을 때 걸어서 또는 배를 타고 섬에서 섬으로 이주했을 것이다. 이들 초기의 대양 항해자들 중 많은 부족은 독자적인 신화를 발전시켰는데, 그 뿌리를 캐 보면 폴로네시아인의 신화로 연결될 때가 많다. '많은 섬'이란 뜻의 폴리네시아는 남태평양에서 가장 넓은 면적을 차지하고 있는 지역으로, 북쪽의 미드웨이 섬에서부터 남쪽으로 뉴질랜드까지 뻗어 있다.

　오세아니아 신화는 모든 나라가 섬인 지역답게 섬지역의 특색이 잘 살아 있는 신화이다. 대륙지역 신화의 주신이 하늘이나 대지의 신인 반면에 오세아니아 신화는 바다의 신이 주신이다. 섬나라가 많아서 바다와 관련된 신화가 대륙지역의 신화보다 더 많다. 오세아니아 신화 중에서 가장 유명한 신화는 하와이 신화와 애보리진(호주 원주민) 신화, 마오리(뉴질랜드 원주민) 신화이다. 하와이 신화에는 펠레라는 화산의 여신이 유명하다.

　마우이 신화의 이야기는 폴리네시아 신화에 기반을 두고 있다. 마우이는 폴리네시아 신화의 영웅으로 길가메시나 헤라클레스 같은 반신의 존재이다. 독특한 점이 있다면 마우이는 영웅인 동시에 트릭스터(장난꾸러기 또는 악동)라서 꼭 선하다고만 할 수 없는 신이다. '천 가지 계교를 지닌 마우이'라고 불릴 정도로 일을 교묘하게 처리하여 마오리족에게는 '너도 마우이처럼 사기꾼이다'라는 속담이 있을 정도라고 한다.

　태평양 세계의 또 하나의 풍부한 전통은 오늘날의 오스트레일리아 원주민의 조상들의 이야기이다. 그들은 약 6만 5천 년 전에 동남아시아에서 오스트레일리아로 이주해 온 것으로 보인다. 영국인이 유형지를 만들기 위해 1788년에 도착했을 때 오스트레일리아에 살고 있던 원주민은 500개가 넘는 부족에 30만~75만 명 정도가 살았다. 오스트레일리아 신화는 원주민 창조신화라는 독특한 신화를 갖고 있었다. 이 신화에 의하면 현재 살아 있는 모든 생명은 하나로 연결된 전체 우주의 한 부분인, 꿈의 시대에 존재했던 위대한 정령 조상으로부터 유래됐다는 이야기이다. 많은 부족은 여기서 조금씩 변형된 나름의 신화를 갖고 있지만 꿈의 시대라는 개념은 모든 부족의 신화에 공통적으로 등장한다.

　이 밖에도 오스트레일리아와 태평양 섬들에는 광대한 땅과 바다를 지나면서 이주해 간 옛사람들이 남긴 유산이 많다. 그 가운데 오늘날 눈길을 끄는 이야기는 키가 60센티미터밖에 안 되는 난쟁이 종족에 관한 이야기이다. 이 난쟁이 종족은 가끔 부주의한 여행자에게 작은 화살을 쏘며 자신들의 존재를 알리기도 하지만 동굴 속에서 평화롭게 살아간다고 한다.

| 61 | 마우이 신화

■ 폴리네시아 신화 ■

마우이 신화의 이야기는 폴리네시아 신화에 기반을 두고 있다. 마우이는 폴리네시아 신화의 영웅으로 길가메시나 헤라클레스 같은 반신의 존재이다. 독특한 점이 있다면 마우이는 영웅인 동시에 트릭스터(trickster:장난꾸러기 또는 악동)라서 꼭 선하다고만 할 수 없는 신이다. '천 가지 계교를 지닌 마우이'라고 불릴 정도로 일을 교묘하게 처리하여 마오리족에게는 '너도 마우이처럼 사기꾼이다'라는 속담이 있을 정도라고 한다.

    반신반인(半神半人)인 마우이는 처음부터 반신(半神)이 아니었다. 마우이가 태어났을 때 그의 어머니는 아기에게 먹일 것이 없어서 자신의 머리카락으로 바구니를 만들어 그곳에 마우이를 담아 바다에 버렸다. 마우이의 어머니는 척박한 환경에서 그 많은 자식을 배불리 키울 수 없었기 때문이었다. 마우이가 바다에 빠지자 해파리가 와서 그를 물속에 빠지지 않게 해주고 따뜻하게 감싸 주었다. 그러나 갈매기들이 마우이를 먹잇감으로 알고 잡아먹으려고 달려들었다. 그때 바다의 신 랑기가 나타나 갈매기들을 쫓아내고는 마우이를 키웠다.

  성인이 된 마우이가 가장 먼저 한 일은 가족을 찾는 일이었다. 마오리족의 세계에서는 신원이 분명하지 않으면 아무리 재능이 뛰어나도 성공하지 못한다는 불문율이 있었기 때문에 마우이는 가족을 찾아 자신의 위치를 발견하였고 많은 지식을 배우게 되었다. 신화의 여러 이야기에 따라 다르지만 한 신화에 의하면 마우이는 그 전까지 사람들은 새들의 노래 소리는 들어도 새의 모습을 보지 못했는데, 가족을 찾은 것을 기뻐한 마우이가 사람들에게 온갖 새를 다 볼 수 있게 해주었다고 한다.

할레아칼라 산_하와이 제도 마우이 섬 남쪽에 있는 거대한 화산으로, 온 산이 붉은색이다. 이는 용암 때문에 생긴 것으로 보인다. 이 화산은 하와이 주의 화산답게 순상 화산이고 현재는 휴화산이다. 할레아칼라라는 이름은 하와이어로 '해의 집'이라는 뜻인데, 신화에 의하면 반신 마우이는 낮을 길게 하고자 해를 이곳에 가뒀다고 한다. 할레아칼라 산은 1480년에서 1600년 사이에 폭발했다.

마우이가 천신만고 끝에 가족이 사는 마을로 돌아왔지만 그곳에는 하늘이 너무 낮아 사람들이 똑바로 서서 걷지 못하고 등을 구부린 채 움직였다.

어느 날 마우이는 큰 힘을 주는 요술 표시를 팔에 새기고 신적인 영험이 있는 여인으로부터 표주박의 음료를 얻어 마신 뒤 하늘을 들어 올렸다. 처음에는 나무 높이만큼, 다음에는 산 높이만큼, 그 다음에는 산꼭대기보다 더 높은 곳까지 하늘을 던져 버렸고, 지금의 하늘이 있는 높이까지 올라가게 되었다.

지금도 할레아칼라 산에는 가끔 검은 구름이 뒤덮이면서 비가 올 때가 있는데, 이 비구름은 마우이에게 던져질까봐 무서워서 오래 머무르지 않는다고 한다.

하늘을 들어 올린 마우이는 커다란 연을 만들어 띄우려고 했으나 바람이 너무 약해서 연을 제대로 띄울 수가 없었다. 그는 더 강한 바람을 가져와야겠다고 생각하고는 바람을 조종하는 마법사가 사는 와이포 계곡으로 갔다. 마우이가 마법사에게 바람을 풀어 달라고 떼를 쓰자 마법사는 할 수 없이 호리병의 뚜껑을 열어 연을 힘껏 날렸다. 그리고 배에 연을 달아 빠른 항해를 익혀 어떤 사람보다 물길을 빠르게 오갈 수 있게 되었다.

하지만 마우이는 집에서는 손도 까닥하지 않았다. 이에 마우이의 형들은 그가 게으르다고 불평을 했다. 화가 난 마우이는 자신은 형들보다 더 큰 물고기를 잡을 수 있다고 호언하였다. 그는 먼저 지하세계로 가서 반은 죽었지만 반은 살아 있는 조상 할머니로부터 턱뼈를 얻었다.

이윽고 바다낚시를 하러 떠나던 날 형들은 한사코 마우이를 떼놓고 가려 했다. 같이 가면 또 어떤 장난을 쳐서 자기들을 곤경에 빠뜨릴까 겁이 났기 때문이다. 그러나 형들이 그런다고 포기할 마우이가 아니었다. 그는 형들 몰래 배에 숨었다가 배가 바다 한가운데로 나가자 슬그머니 모습을 드러냈다. 형들은 깜짝 놀랐지만 바다 한복판에서 마우이를 어떻게 할 도리가 없었다. 그들은 대신 마우이에게 낚싯바늘을 주지 않았다. 형들이 신나게 고기를 잡는 모습을 보던 마우이는 죽은 할머니의 턱뼈로 낚싯바늘을 만들었다. 그러자 형들은 이번에는 낚싯밥으로 쓸 미끼를 주지 않았다. 그러자 마우이는 제 손으로 제 코를 힘껏 때렸다.

"무슨 짓이야, 마우이?"

형들이 놀라 소리쳤다. 그러나 마우이는 태연히 제 코피를 낚싯바늘에 묻혀 낚시를 하는 것이었다.

얼마 후 마우이의 낚싯줄이 어딘가에 닿고 낚싯바늘에 물고기가 걸린 것 같았다. 마우이가 힘껏 줄을 잡아당겼다. 하지만 낚싯대는 꼼짝도 하지 않았다. 형들이 달려와 함께 줄을 잡아당기기 시작했다. 마침내 물고기가 물 위로 모습을 드러냈을 때 형들은 놀라서 뒤로 나뒹굴 뻔했다. 그가 건져낸 것은 물고기 등에 있는, 위대한 신 탕갈로아의 손자가 사는 집이었다. 형들은 겁이 나서 아무 소리도 하지 못했다. 하지만 마우이는 호탕하게 웃으며 큰소리를 쳤다.

"이 물고기는 하하우 호에누아다!"

이것은 그동안 찾아 헤매던 육지라는 뜻으로 오늘날의 뉴질랜드이다.

마우이 기념우표 마우이가 낚시를 통해 뉴질랜드를 낚아 올렸다는 신화를 바탕으로 만들어진 기념우표이다.

마우이는 물고기를 형들에게 맡겨 두고 자기는 적절한 의식을 치르기 위해서 무당을 찾아 나섰다. 그러나 형들은 동생이 자리를 비운 그 새를 기다리지 못하고 물고기를 자르기 시작했다. 그러자 물고기가 고통에 겨워 몸부림치면서 산과 골짜기들이 생겨났다. 그것이 뉴질랜드 북 섬이 되었다.

마우이가 낚아 올린 북 섬은 '이카아마우이(마우이의 물고기)', 남 섬은 '와카아마우이(마우이의 카누)', 스튜어트 섬은 '테 풍가오테와카아마우이(마우이가 탄 카누의 닻으로 사용된 돌)'이며, 북 섬 북쪽에 가늘게 뻗은 육지는 '테 히쿠오테이카아마우이(마우이가 잡은 물고기의 꼬리)', 코로만델 반도의 가늘게 뻗은 땅은 '테 타라오테이카아마우이(마우이가 잡은 물고기의 수염)'라고 한다.

그리고 북 섬 동해안에 자리 잡은 기즈번의 북쪽, 그리고 서해안의 뉴플리머스와 타라나키 간 주위의 바닷가는 '응가 파카우오테이카아마우이(마우이가 잡은 물고기의 날개)'라고 불린다. 또한 북 섬 가운데에 있는 타우포 호수는 '테 피토오테이카아마우이(마우이가 잡은 물고기의 배꼽)'이며, 호크만의 구비는 '테 마타우아마우이(마우이의 낚시)'고, 웰링턴 지역은 '테 우포코오테이카아마우이(마우이가 잡은 물고기의 머리)'라고 하며 웰링턴 항구와 와이라라파 호수의 물은 '응가 화투오테이카아마우이(마우이가 잡은 물고기의 눈)'라고 한다. 즉 마우이가 섬을 낚아 올린 이야기로 인해 뉴질랜드의 수많은 지명이 생겨났으며, 이는 오늘날에도 잘 쓰이고 있다.

결국 마우이 덕분에 하늘은 멀어졌고, 바람도 불어 왔으며, 섬도 낚아 올려 사람들이 살기 좋아졌다. 그런데 이번에는 분별없는 태양이 큰 걱정이었다. 옛날에는 태양이 너무 빨리 돌아서 농부는 농작물을 거둘 시간이, 어부는 물고기를 잡아 저장할 시간이, 여인들은 타파(남태평양 제도에서 꾸지나무 껍질로 만든 종이 같은 천)를 짤 시간이 없었다.

사람들이 고생하는 것을 본 마우이는 태양을 붙잡아 천천히 돌게 해야겠다고 생각하였다. 마우이의 어머니는 마우이에게 태양은 매우 강한 힘을 가지고 있으니 먼저 해가 있는 거대한 산인 할레아칼라에 사는 할머니에게 가서 조언과 무기를 얻으라고 충고하였다. 마우이는 강한 줄과 누나의 머리카락으로 만든 그물을 가지고 할레아칼라 산의 할머니를 찾아갔다. 할머니는 마우이가 영웅임을 알아보고 마우이에게 요술의 돌도끼를 주었다. 마우이는 해가 다니는 길에 그물을 치고 윌리윌리 나무뿌리에 구멍을 파고 그곳에 숨었다.

마우이 신화의 기념 은화

태양을 포획하는 마우이와 그의 형제들 마우이는 우주창조의 신화에서는 원래 하나였던 하늘과 땅을 분리시켜 땅 위에서 사람이 살 수 있도록 만들었고, 태양을 붙잡아 하루가 더 길어지도록 궤도를 수정한 것으로 되어 있다.

어느 날 빠르게 지나가던 태양이 그물에 걸리자 마우이는 그때를 놓치지 않고 태양을 밧줄로 포박한 뒤 요술도끼로 두들겨 때렸다. 태양은 너무 아파서 살려 달라고 빌었다. 그러자 마우이는 앞으로 천천히 다닐 것을 약속한다면 매를 거둘 것이라고 하자 태양은 울며 겨자 먹기로 마우이의 말에 따르겠다고 맹세를 하게 되었다.

그때부터 해가 오랜 시간 사람들을 비추게 되어 농부는 작물을 기르고, 어부는 깊은 바다까지 나가서 물고기를 잡았으며, 여자들은 지칠 때까지 타파를 짜고, 과일과 열매들은 빛을 받아 충분히 무르익었다. 그러나 태양의 예전 버릇이 그대로 남아 있어서 겨울이 오면 빨리 돌곤 하는데 이것이 겨울의 아침이 짧은 이유라고 한다.

또한 그 당시에는 불이 없어서 사람들은 나무뿌리와 생선을 날로 먹고 추위에 떨었다. 마후이카라는 신(마우이의 양아버지인 바다의 신 랑기의 아버지니 마우이에게는 할아버지이다)이 땅속 세계에서 불을 지키고 있었기 때문이었다. 마우이는 인간은 찾을 수 없는 비밀의 문을 지나 할아버지를 찾아가서 사람들이 음식을 익혀 먹을 수 있게 불을 달라고 하였다. 하지만 마후이카는 마우이의 요청을 거절했고 마우이는 포기하지 않고 불을 훔쳐가려고 생각했다.

마음속에 불을 훔쳐가려고 호시탐탐 기회를 엿보던 마우이는 어느 날 할아버지가 한눈을 팔자 불타고 있는 나무 장작 한 조각을 나뭇잎으로 감싼 뒤 모른 척하고 떠나려고 했다. 그러나 마후이카가 불의 냄새를 맡고 마우이에게 힘겨루기를 하자고 제의했다. 먼저 마후이카가 마우이를 하늘 높이 던지려고 했으나 마우이는 나무 꼭대기 정도의 높이까지 올라간 뒤 아래로 떨어져서 안전하게 땅 위에 내려섰다. 마우이의 차례가 되자 그는 한 손으로 마후이카를 움켜잡은 뒤 그를 구름 위까지 날려 보내고는 불을 들고 달아났다.

땅에 내려선 마후이카는 마우이의 계략에 속았음을 알고 곧바로 마우이의 뒤를 쫓았고, 마우이가 비밀의 문으로 들어갈 무렵에 그를 붙잡았다. 그런데 그때 문이 열려 있어서 마우이는 감싸놓은 불을 인간 세상에 던져버렸고 그 불이 나무에 옮겨 붙었다. 그 때문에 온 세상이 불바다가 되었고 마우이는 비둘기로 변신하여 달아나면서 비의 신인 타위리마테라를 불러 비를 내려 불을 끄게 하였다.

이렇게 한바탕 큰 화재가 일어났지만 그 불들은 숲속의 나무들 안에 간직되었고 그때부터 나무를 비비면 불이 일어나게 되었다고 한다. 이처럼 마우이의 활약으로 인해 지상에 불이 등장하게 되었다. 이후 사람들은 요리하는 데 불을 사용할 수 있게 되었고 겨울에도 불을 켜서 따뜻하게 지낼 수 있게 되었다.

마우이가 아오 오푸아가 변한 뱀장어와 싸우는 장면을 묘사한 그림

　마우이의 어머니인 히나는 맑은 물이 솟구치고 아름다운 무지개가 걸린 동굴에서 살고 있었다. 그런데 그곳은 워낙 가파르고 미끄러워서 아들인 마우이가 먼 곳에 가 있어도 도둑이나 악당이 함부로 범접할 수 없는 곳이었다. 그녀는 늘 문을 열어놓은 채 아들이 해를 묶어준 덕에 길어진 낮 시간동안 타파를 짜면서 지냈다. 그 강 아래쪽에는 히나의 적인 쿠나로아라는 큰 뱀장어가 살고 있었다.
　어느 날 마우이가 없는 틈을 타 뱀장어는 큰 바위를 가져다 놓아 물이 역류하여 동굴 안으로 흘러들어가도록 만들었다. 그때 마우이는 할레이칼라 산에 있다가 어머니를 보호하기 위해 만들어 놓은 구름 아오 오푸아가 이상한 모습으로 변하는 것을 보고 어머니에게 위험이 닥친 것을 알아차렸다. 그는 급히 산을 내려와 요술도끼를 들고 배를 저어 달려가 뱀장어가 가져다 놓은 바위를 깨뜨려 어머니를 구했다.
　어느 날 마우이는 모든 생명체에 죽음을 몰고 오는 죽음의 여신 히네누이테포가 수평선에 누워 있다는 말을 들었다. 마우이는 그녀의 심장을 가져와 모든 생물이 먹는다면 이 세상에서 죽음은 사라지고 인간들은 영생을 얻게 된다는 사실을 알게 되었다. 또한 달이 항상 생명수에 목욕을 하

기 때문에 새 생명으로 돌아오는 것(폴리네시아의 사람들은 달이 삭 상태로 보이지 않는 것은 달이 죽었기 때문이며 다시 나타나는 건 생명수에 목욕을 해서 살아나는 것이라고 믿었다)을 알게 된 마우이는 달을 붙잡은 뒤 "네가 새로운 힘을 얻고 돌아오듯이 인간도 죽음에서 돌아오도록 해다오"라고 달을 협박해서 달과 함께 히네누이테포가 있는 곳으로 향했다. 그녀는 두 다리를 벌린 채 자고 있었는데, 그녀의 모습은 화산 조각 같은 날카로운 이빨에 상어처럼 튼 입, 그리고 해초같이 흐느적거리는 머리카락이 있으며 질(성기)에는 흑요석의 이빨이 나 있었다. 아무리 용감한 마우이라도 그런 기괴한 모습의 죽음의 여신 앞에서는 몸을 떨지 않을 수 없었다. 마우이는 주변에 있는 많은 새에게 그녀의 심장을 가지고 나올 때까지 노래하거나 웃지 않도록 당부하였고 흑요석 같은 이빨을 피해 질 속으로 들어갔다.

마우이가 히네누이테포의 몸 안으로 쭉 들어가 그녀의 심장을 움켜쥐고 다시 질을 통해서 나오려고 했다. 그가 반 정도 나왔을 때 새들이 그의 업적을 축하하며 노래를 부르고 불사의 기쁨에 웃음을 터뜨리는 바람에 히네누이테포가 잠에서 깨어나 다리를 오므리고 말았다. 결국 마우이는 그녀의 질에 박힌 흑요석 이빨에 반 토막 나서 죽어 버렸으며 그의 손에는 영생의 심장이 쥐어져 있었다고 한다. 그렇게 수많은 업적을 자신의 몸에 타투로 새긴 마우이는 죽음을 맞이했고, 그가 죽은 이후로는 그 누구도 히네누이테포의 거처에 가까이 가지 못했다고 한다.

◀**마우이 조각상**(316쪽 사진)_반신반인(半神半人)인 마우이의 전통 조각상이다.
히네누이테포 목조상_모든 생명체에 죽음을 가져다주는 죽음의 여신이다.

| 62 | 모아이 석상

■ 오세아니아 신화 ■

지구상에서 가장 고립된 섬인 이스터 섬은 칠레에서 서쪽으로 3,700km 떨어진 삼각형 모양의 화산섬이다. 황량한 해안 구릉지로 둘러싸인 이 섬은 모아이라는 거대한 석상으로 유명해졌다. 석상은 1,200년 전 정착촌이었던 라파누이 옆에 있는 라노라라쿠 화산 근처의 부드러운 응회암을 깎아 만들어졌다. 왜 그곳에 그렇게 많은 석상을 세웠는지 아직도 밝혀지지 않았지만 당시 사람들이 모아이를 만드는 데 너무 집착하여 석상을 옮기기 위한 롤러로 사용할 목재를 구하느라 섬의 숲은 황폐해졌다.

남태평양의 한복판에 외롭게 떠 있는 조그만 화산섬 이스터 섬에는 아직도 풀리지 않는 수수께끼가 있다.

이 섬은 폴리네시아 동쪽 끝에 있는 피트케인 섬으로부터 동쪽으로 1,700km, 서쪽의 칠레로부터 3,700km나 떨어져 있으며, 1888년부터는 칠레의 영토에 속해 있다. 그런데 이 작은 섬에는 세계 그 어느 곳에도 찾아볼 수 없는 거대한 석상들이 1,000여 개나 흩어져 있다.

이 석상들의 크기는 높이가 3.5~4.5m, 무게는 20톤 정도이지만, 큰 것은 높이 10m, 무게가 90톤에 달하는 것도 있다. 이처럼 엄청난 석상을 '누가, 왜, 어떻게 만들었을까?'에 대해서는 많은 학자가 활발히 연구하고 있지만 아직도 규명되지 않은 부분이 많은 의문의 유적이다.

이 섬을 최초로 발견한 사람은 네덜란드의 제독 야곱 로헤벤이었다. 그는 전설의 나라인 데이비스랜드를 찾아 항해하던 중 1772년에 이 섬을 발견하였다. 그 당시에는 이 섬에 약 3,000여 명의 주민이 살았는데, 그들의 생활은 석기 시대의 수준에 머물러 있었으며, 사람을 잡아먹는 등 매우 야만적이 풍습이 있었다고 한다.

모아이 석상 신화에 의하면 이스터 섬에 최초로 도착한 호투 마투아 왕이 사망한 뒤 그를 따르던 부족들이 서로 갈라져 경쟁 관계를 이루던 과정에서 석상이 만들어졌다고 한다.

    그 후 1862년에는 페루의 노예상들이 이곳에서 1,000여 명이나 되는 사람을 노예로 잡아갔으며, 전염병까지 돌아 1877년에는 인구가 100여 명으로 급격하게 줄어들게 되었다. 이러한 석상을 만든 사람들은 누구일까? 이 문제에 대해서 많은 학자의 추측과 주장이 나왔다. 노르웨이의 학자 하이에르달은 남아메리카에서 건너온 사람들이 이 석상을 만들었다고 주장하였다. 그러나 당시의 남아메리카 원주민들의 문명 수준으로는 이렇게 먼 곳까지 항해를 할 수 없었고, 이 섬에서 자라는 식물이나 전설 등으로 보아 그 주장은 매우 근거가 희박하다고 보고 있다. 그 후로도 다양한 학설들이 주장돼 왔지만 오늘에 이르러서는 대부분의 학자들이 4~5세기경 서쪽의 폴리네시아에서 원주민들이 건너왔으며, 이들의 후손들이 석상을 세웠다는 설이 대체적으로 받아들여지고 있다.

이스터 섬의 신화에 의하면, 옛날 이스터 섬에는 귀를 잡아당겨 길게 늘인 장이족들에 의하여 통치되었다고 한다. 장이족들은 귀가 짧은 단이족들을 노예로 부리면서 아후(제사지낼 때에 쓰이던 일종의 제단)를 세우도록 하였다. 그런데 어느 날 장이족들은 단이족들에게 섬에 있는 모든 돌을 치우라고 명령하였다. 이에 화가 난 단이족들은 반란을 일으켜 통치자들인 장이족들을 내쫓았다. 단이족들의 공격을 받은 장이족들은 이 섬의 동쪽에 위치한 포이케 반도로 쫓겨가서 커다란 참호를 파고 만약의 사태에 대비했다. 장이족들이 참호를 판 속셈은 단이족들의 공격에 대비하고 단이족들을 참호 속에 몰아넣고 불태워 죽이려는 목적이었으나 안타깝게도 이 계획이 사전에 단이족에게 누설되고 말았다. 이에 단이족들은 장이족들을 후방에서 공격하여 그들을 불구덩이 속에 몰아넣었다. 장이족들은 두세 명만 남고 모두 죽었다.

오늘날 이스터 섬의 주민들 중에는 자기가 장이족의 후손임을 내세우는 사람은 몇 명 되지 않는다. 이 이야기를 바탕으로 조사한 결과 포이케 지역에서 깊이 4m, 길이 12m인 참호의 일부가 발견되었다.

이 이야기로 미루어 보아 참호의 불은 크게 번져 이 섬에 무성했던 숲들을 모두 태워 버렸을 것이고, 그 후에는 석상을 만들지 않았고, 운반하던 석상도 도중에 버려진 것으로 추측된다.

그렇다면 이 많은 석상은 도대체 왜 만들었고, 어떻게 운반했을까?

석상을 만들기 위해서는 먼저 석상을 만들 바위 주변에 도랑을 파고 그 안에서 작업을 해 석상을 완성해야 한다. 그리고 석상이 완성되면 나무껍질로 만든 밧줄을 이용하여 경사면 아래로 끌어내려 나무 썰매를 석상에 붙이고, 이것을 밧줄로 끌어당겨서 운반한 것으로 추측된다.

하지만 정확한 해답은 모아이와 관계된 문화재인 롱고롱고 목판을 해석해야 한다고 한다. 그런데 이스터 섬의 원주민들이 롱고롱고 목판을 땔감으로 쓰는 바람에 지금은 약 20여 개밖에 남지 않았다고 한다.

모아이 석상_모아이 상은 높이 3~10m, 무게 3~10톤으로 된 거대한 석상으로, 120㎢에 불과한 작은 섬에 1,000개 이상 건설되어 있다. 모아이 상은 섬의 동남부 연안에 있는데 모두 바다 쪽을 등지고 섬의 중앙을 향해 줄지어 서 있다.

| 63 | 화산의 여신 펠레

■ 하와이 신화 ■

폴리네시아 신화는 모든 나라가 섬인 지역답게 섬 지역의 특색이 잘 살아 있는 신화이다. 대륙 지역 신화의 주신이 하늘의 신이나 대지의 신인 반면에 오세아니아 신화는 바다의 신이 주신이다. 섬나라가 많아서 바다와 관련된 신화가 대륙 지역의 신화보다 더 많다. 오세아니아 신화 중에서 가장 유명한 신화는 하와이 신화와 애보리진(호주 원주민) 신화, 마오리(뉴질랜드 원주민) 신화이다. 하와이 신화에는 펠레라는 화산의 여신이 유명하다. 화산암이 굳어져 만들어진 머리카락 모양의 물질을 펠레의 머리카락이라고 할 정도이다.

　펠레는 화산의 여신이면서 불, 번개, 춤, 바람의 여신으로도 불린다. 펠레는 '대지를 삼키는 여인'이라는 뜻을 지닌 이름이다. 그녀는 창조자이자 파괴자이기도 하다. 그녀는 대기 중에 녹은 물을 쏟아 붓기도 하고 거대한 마그마 분출을 통제하기도 한다. 화산을 통제함으로써 하와이 섬을 창조했고 현재까지도 여신은 아름다운 섬에 자신의 존재를 보여 주고 있다.

　펠레 여신은 세계에서 가장 활발히 활동하는 화산에서 살고 있다. 그녀는 킬라우에아 화산 꼭대기 분화구에 살고 있다. 그렇지만 그녀의 통제 범위는 하와이 섬 전체를 아우른다. 폴리네시아의 아름다운 섬 하와이의 화산의 여신 펠레는 원래 타이티 호누아메아에서 태어났다.

　그녀는 대지의 여신 하우메아와 하늘의 창조신 카네 밀로하이가 낳은 여섯 명의 딸과 일곱 명의 아들 중 하나로 알려졌다.

　타이티 출신의 펠레가 하와이까지 오게 된 이유에 대해서 다양한 이야기가 전해지고 있다. 그 중 가장 유명한 이야기는 지나치게 높은 그녀의 체온 때문에 아버지에 의해 추방당했다는 설이다. 또 다른 이야기에 따르면, 그녀가 언니인 물의 여신 나마카오 카하이의 남편, 즉 형부를 유혹하는 바

화산의 여신 펠레_하와이 원주민들의 토착 신앙에 따르면 할레마우마우 분화구에는 화산의 여신 펠레가 살고 있다. 펠레는 화산의 여신이자 하와이 섬들의 창조주이다. 신화에 따르면 펠레는 타히티에서 카누를 타고 여행하는 중에 언니의 습격을 받고 싸우다 죽는다. 펠레의 몸은 죽었지만 영혼은 살아남아 킬라우에아 할레마우마우 분화구를 안식처로 삼는다. 지금도 할레마우마우 분화구에서 라바와 연기로 변한 펠레 여신의 영혼이 나타난다고 한다. 허브 카와누이 케인의 작품.

람에 언니와 싸워 타이티를 떠났다고 한다.

   펠레의 오빠이자 상어 왕 카모호알리는 커다란 카누를 준비했고 펠레와 그의 남자 형제들은 고향을 떠나 머나먼 항해 길을 떠났다. 그렇게 먼 바닷길을 바람에 맡겨 달려 도착한 곳이 하와이였다. 한편 항해 도중 펠레는 언니인 바다의 여신 나마카오 카하이와 치열한 전투를 치러야 했다. 이 험난한 항해 도중 펠레는 사랑했던 여동생 히아카를 지키는 데 최선을 다했다. 펠레의 여동생 히아카는 '히아카 이 카 폴리 오 펠레'라고도 부르는데 '펠레 품 안의 히아카'라는 뜻으로 알 형태를 띠고 있었다. 결국 히아카는 펠레 가족 중 하와이에서 태어난 첫 번째 신이 되었다고 한다.

하와이에 도착한 펠레는 하와이 북서쪽의 작은 섬 카우아이에 구덩이를 파기 시작했다. 하지만 또다시 큰언니의 공격을 받았고, 이번에는 결국 언니에게 패해 죽고 말았다. 다행히 펠레는 다시 살아났고 오아후로 피신했다. 그곳에서 그녀는 현재 호놀룰루에 있는 다이아몬드 헤드라고 부르는 분화구를 비롯해 몇 개의 불구덩이를 팠다. 펠레는 이런 식으로 몰로카이 섬에도 그녀의 발자취를 남겼고 남동쪽으로 이동해 마우이와 할레아칼라 화산을 만들었다고 한다.

펠레가 하와이 섬 남동쪽으로 이동했을 때 비로소 큰언니 나마카오 카하이는 펠레가 살아 있다는 것을 알았다. 두 자매는 마우이에서 다시 운명을 건 전쟁을 치렀다. 이 전쟁으로 펠레는 언니에 의해 온몸이 찢겨 죽는 운명을 맞이했다. 카이이오펠라라고 부르는 언덕이 바로 이 전쟁에서 죽은 펠레의 뼈라고 한다.

그녀는 결국 언니에 의해 죽음으로 하늘로 올라가 신이 되었고 마우나 로아 산에 거처하게 되었다고 한다. 그곳에서 펠레는 킬라우에아 화산 정상에 마지막 불구덩이인 할레마우마우 분화구를 팠다고 한다. 할레마우마우 분화구는 세계의 배꼽으로도 불리고 있다.

화산의 여신 펠레 목조상

| 신화를 알면 역사가 보인다 |

제 11 장

아시아 문명의 신화를 찾아서

　아시아의 신화는 '아시아'라는 지역적 범주로 묶을 수 있는 정도의 공통점만이 존재할 뿐 그야말로 각양각색의 전혀 다른 문화에서 비롯된 개성적인 신화가 존재한다.
　지역적으로 크게 분류해 보면 태국이나 필리핀 같은 동남아시아 지역의 신화와 벼농사 지역으로 분류되는 베트남 신화, 산악지대를 중심으로 한 티벳 신화, 그리고 섬나라 문화로 규정되는 일본의 독특한 해양문화 신화, 여기에 초원의 원초적 힘을 배경으로 하는 몽골 신화와 툰드라 지역의 광활한 대륙에서부터 비롯된 인류문명의 시원지인 시베리아 신화로 나누어 볼 수 있다.
　동남아시아 지역을 대표하는 태국과 필리핀 신화는 각각 다른 성격의 신화를 보유하고 있다. 태국 신화를 대표하는 <라마야나>는 라마와 악의 상징 라바나 사이의 전쟁을 담은 서사시로, 비슈누 신의 일곱 번째 화신인 라마의 이야기를 담고 있다. 필리핀은 아예 '대나무 종족'으로 불린다. 필리핀의 창조 신화에서 인류 최초의 남자와 여자는 대나무에서 태어났다. 최초의 인간들은 하늘과 바다의 신을 외면하고 상어를 신으로 추앙하자 분노한 신들로부터 벌을 받아 사람들의 피부색이 달라졌다고 한다.
　베트남의 신화는 지리적으로 중국의 영향을 받았으며, 중국 신화에 등장하는 상상의 인물이나 괴물이 등장할 때가 많다. 그렇지만 베트남 지형의 특성상 고유의 신화도 적지 않다. 베트남의 건국 신화, <락 롱 꾸언과 어우 꺼 신화>는 산악세력과 해양세력이 서로 만나 최초의 고대국가를 형성하게 된 배경을 보여 준다.
　티베트 신화에는 먼 옛날 티베트 지역이 상당부분 바다였음을 알고 있었던 듯한 신비로운 성격을 띠고 있다. 네팔에서 살아 있는 화신으로 숭배되는 존재로 쿠마리 데비가 있다. 일본에서는 천황이 신처럼 대우받는데 이는 건국 신화에서 유래된다. 일본에서는 마지막 신의 아들이 일본의 첫 번째 왕으로 등장하는 가미요노 신화가 아닌 역사의 일부로 받아들이고 있다.
　흔히 "몽골인은 기마(騎馬)와 궁시(弓矢)로 세계를 제패했다"라고 한다. 몽골 구전 신화에는 활을 잘 쏘는 명사수 이야기가 많다. 그 중 돋보이는 것이 '에르히 메르겐' 이야기다. 이밖에 유명한 신화가 알랑고아 이야기이다. <몽골비사>에 의하면, 알랑고아는 결혼하여 오형제의 아들을 두었는데 막내아들이 보돈차르-몽카크이고, 그의 후손 가운데에서 테무친이 태어났다. 테무친은 쿠릴타이 대회에서 칸으로 추대되어 칭기즈 칸으로 불리게 되며 세계에서 가장 강대한 몽골제국을 건립하였다.
　시베리아는 세계에서 가장 광활한 대평원이어서 많은 민족이 살고 있다. 그만큼 '시베리아 문화'라는 말로 지칭될 정도로 그 문화현상은 매우 다양하다. 그곳에 거주하는 민족들도 인종적으로 투르크족, 몽골족, 퉁구스족, 그리고 고아시아족 등 다양하다. 그럼에도 불구하고 샤머니즘이라는 공통적인 이념을 나누어 갖고 있다는 점에서 시베리아 신화를 하나의 문화권으로 설정해도 좋을 것이다.

| 64 | 라마끼안

■ 태국 신화 ■

태국의 <라마끼안>은 인도의 발미키가 산스크리트어로 지은 <라마야나>에서 왔다. <라마야나>는 라마와 악의 상징 라바나 사이의 전쟁을 담은 서사시로, 비슈누 신의 일곱 번째 화신인 라마의 이야기를 담고 있다. <라마야나>는 인도에서 주변국가로 퍼져 나가면서 내용이 추가되거나 변형되었기 때문에 태국의 <라마끼안> 역시 원작의 커다란 서사구조의 틀 안에서 주요 사건만 남아 있을 뿐 세부적인 내용은 태국식으로 변형된다. 등장인물의 이름, 복장, 풍습, 불교적 세계관에 기인한 삶의 방식, 심지어는 식물까지도 지역적 특징을 고려했다.

    라마끼안의 주인공인 선의 화신 프라람과 대항해 치열한 싸움을 벌이는 악의 화신 롱까국의 왕 톳싸깐은 전생에 마왕 논톡이었다. 이쑤언(시바) 신은 마왕 논톡을 제압한 후, 논톡에게 자신이 살고 있는 산으로 오르는 계단 아래서 말씀을 듣기 위해 찾아오는 모든 신의 발을 씻어 주는 일을 하게 하였다.
    논톡은 신들의 발을 씻어 주며 10만 년 동안 신들에게 조롱을 받았다. 어떤 신들은 그의 머리를 때리거나 아니면 얼굴을 가지고 장난치며 놀려대곤 했다. 또 어떤 신들은 그의 머리카락을 하도 세게 잡아당겨 마침내 그는 대머리가 되었다. 그때마다 논톡은 남몰래 눈물을 흘리곤 했다.
    어느 날 논톡은 더 이상 참지 못하겠다며 이쑤언 신을 찾아가 눈물로 자신의 처지를 하소연했다. 그러자 이쑤언 신은 그를 불쌍히 여겨 논톡에게 그가 가리키는 대로 사람을 죽일 수 있는 다이아몬드 손가락을 주었다.
    논톡은 다시 신들의 발을 씻어 주는 일을 하였다. 그러나 신들이 예전처럼 자신을 괴롭히자 그는 격노하여 다이아몬드 손가락으로 그들을 가리켜 모두 눈이 멀어 죽고 말았다. 논톡이 손가락을 마구 사용하여 많은 신

라마 1세 밀랍_타이의 방콕 왕조 창시자(재위 1782~1809). 톤부리 왕조의 초대왕 프라야 딱신이 자멸한 후 스스로 왕위에 올라 수도를 방콕으로 옮겼다. 미얀마와의 전쟁을 수습하고 서캄보디아를 영유하였으며 법전의 개정과 새로운 편찬 등을 했다. 라마끼안은 라마 1세 때 만들어졌는데 새로 왕에 등극한 라마 1세는 흉흉한 민심을 바로 잡고 새 왕조의 정통성을 확립하고자 라마끼안을 만들게 되었다.

들을 죽여 혼란을 야기하자 이쑤언 신은 나라이(비슈누) 신에게 그를 제압할 것을 요청하였다.

  이쑤언 신의 명을 받은 나라이 신은 아름다운 무희로 변신하였다. 논톡은 이 아름다운 무희가 추는 관능적인 춤에 사로잡혀 넋을 잃고 그녀의 환심을 사려 애썼다. 그러자 그녀는 유혹의 춤을 추며 논톡을 이끌었는데, 그녀가 뱀이 꼬리를 말아 틀고 앉은 것 같은 모습의 포즈를 취하자 논톡은 무의식적으로 다이아몬드 손가락으로 자신의 다리를 가리켜 그만 다리가 부러지고 말았다. 그러자 무희는 나라이 신으로 모습을 바꾸고는 논톡의 뺨을 짓밟고 꼼짝 못하게 사로잡았다. 논톡을 꾸짖기 위해 나라이 신은 네 개의 무장된 팔을 가지고 있었으나 논톡의 다이아몬드 손가락이 두려워 정면에서 싸우지 못하였다. 나라이 신은 논톡에 도전하기 위해 열 개의 얼굴에 무장한 열두 개의 팔로 변신하고 날 수 있는 능력도 구비한 아바타와 싸우게 하고 자신은 두 개의 팔을 가진 인간으로 변신하여 자신의 삼지창으로 논톡의 목을 베어 버렸다.

  이후 논톡은 타오 라스탄과 나앙 라차다의 아들 토카산으로 다시 환생하여 롱까 왕국의 지배자가 되었다. 나라이 신 역시 이 악마와 싸우기 위해 인간인 프라람 왕자로 다시 태어났다.

아시아 문명의 신화를 찾아서 **327**

아요타야 왕국의 톳싸롯 왕이 신에게 자식을 구하는 제의를 거행하였다. 그는 네 덩어리의 밥을 만들어 신에게 바쳤는데 그 향기가 온 천지를 진동하여 롱까국에 살고 있던 낭몬토가 그 냄새를 맡고 반 덩어리를 훔쳐오게 했다. 남은 세 덩어리 반을 부인 세 명이 나누어 먹은 후 정비(正妃)인 낭까오쑤리야는 프라람을, 낭까이께씨는 프라프롯을, 낭싸뭇테위는 프라락과 프라쌋다룬 등 네 명의 아들을 낳았다.

한편 피펙은 낭몬토가 훔쳐온 밥을 먹고 낳은 딸이 불행을 가져올 징조라며 물속에 버렸다. 수도승 차녹과 나이쏨이 강에서 목욕을 하다가 연꽃 속에 유골 넣는 용기가 들어 있는 것을 보고 주워 뚜껑을 열었더니 아기가 들어 있었다. 아기는 미천한 출신이 아닌 왕가의 후손으로 여겨졌다. 나이쏨이 데려다 정성껏 키웠는데 아기가 왕가의 후손일 경우에 후일이 복잡해질 것을 우려한 수도승 차녹은 부모를 찾아 주기로 하였다.

차녹은 아기를 처음 발견했을 때와 같이 용기에 담아 싸이나무 아래 구덩이를 파고 나무판 위에 용기를 놓은 후 흰색의 왕실용 우산을 씌워 놓고 부모가 찾아가기를 기다렸다. 그러나 아무도 나타나지 않자 차녹이 아이를 거두어 '시타'라 이름 짓고 미타라 왕국으로 데려가 양육하였다.

야요타야 왕국의 프라람 왕자는 16세가 되던 해에 악마들을 물리쳐 달라는 현자의 요청에 응해 그의 동생인 프라락과 함께 야요타야 왕국 밖으로 톳싸깐을 물리치기 위한 여행을 떠났다. 프라람 일행은 미타라 왕국에 도착하였다. 미타라 왕국의 왕에게는 딸이 한 명 있었는데 시타 공주였다.

시타 시타는 네팔의 야나크푸르에서 태어났다. 그녀의 아버지는 야나크푸르의 왕이었다. 힌두교 전통에서 시타는 모든 힌두 여성의 부인과 여성으로서의 미덕의 표준으로 존중되고 있다.

세월이 흘러 프라람 왕자의 아버지인 톳싸롯 왕이 병이 들자 계모가 자신의 아들을 왕위에 세우고자 간계를 꾸몄다. 결국 함정에 빠진 프라람은 자신의 식솔들과 함께 14년 동안 유배를 떠나게 되었다. 동생 프라락과 그의 아내 시타는 어떠한 대가도 바라지 않고 그를 흔쾌히 따라갔다. 프라람은 그 모든 제반 사정을 받아들였으며, 자신을 찾아와 왕위를 다시 맡아 달라는 이복동생에게 순리에 따라 훌륭한 왕이 될 것을 당부하며 완곡한 거절의 의사를 표했다. 왕위 계승을 놓고 피치 못할 상황에 처하자 톳싸롯 왕은 자신의 잘못으로 프라람에게 왕위가 승계되지 못한 것에 대해 깊은 회한을 품고 눈을 감는다.

롱까국의 치우하(혀)는 톳싸깐 왕이 국외 순시를 떠나자 7일 동안 밤낮으로 자지 않고 나라를 지키다 마지막 7일째의 밤, 밀려오는 졸음을 견딜 수가 없었다. 나라가 염려되어 잘 수 없었던 치우하는 혀를 길게 내밀어 왕국을 통째로 덮은 뒤에 깊은 잠에 빠졌다. 7일 만에 롱까로 돌아온 톳싸깐은 암흑에 쌓인 도시가 적의 소행으로 파괴된 것으로 착각하고 잠에 빠져 있는 치우하가 소임을 다하지 못한 것에 격분하여 짝이라는 톱니가 달린 원형의 무기를 던져 치우하를 죽였다. 억울한 남편의 죽음으로 슬픔에 쌓인 낭쌈마낙카에게 미안한 마음을 가진 톳싸깐은 도시를 구경다니며 새 남편을 만나보라고 권하면서 그녀를 달랬다. 그때 코타와리 강가에 당도한 프라람과 시타, 프라락을 우연히 만난 낭쌈마낙카는 프라람을 보고 한눈에 반해 인간으로 변신하여 그를 유혹하였으나 거절당했다. 화가 난 그녀는 프라람의 아내 시타에게 달려들어 죽이려 하자 프라락이 낭쌈마낙카의 손과 발을 잘라 버렸다. 아픔과 분을 참지 못한 그녀가 오빠 프라야컨에게 고해바치자 프라야컨과 그의 부하 뜨리씨안은 차례로 프라람을 죽이러 갔다가 도리어 죽임을 당했다.

낭쌈마낙카는 롱까의 톳싸깐을 찾아가 시타의 아름다움을 이야기하면

프라람과 시타_톳싸깐은 시타를 납치하기 위해 예쁜 사슴을 보내 시타와 프라람을 떨어뜨려 놓는다.

서 톳싸깐을 충동질한다. 시타를 보고 반해 버린 톳싸깐은 마릿에게 사슴으로 변하여 시타를 유혹하도록 하였다. 예쁜 사슴을 본 시타가 프라람에게 사슴을 잡아 달라고 하자 그는 프라락에게 아내를 부탁하고 사슴을 잡으러 숲속으로 들어갔다. 그러자 다시 나타난 사슴이 프라람의 목소리로 프라락을 유인하였다. 이상하게 여긴 시타가 프라락을 돕기 위해 집 밖으로 나왔다. 이때를 틈타 시타를 유괴하여 롱까국으로 가던 톳싸깐을 싸다유가 공격하였고 시타는 반지를 떨어뜨려 자신의 행방을 알렸다.

사슴을 잡으러 갔다가 허탕을 치고 돌아온 프라람은 시타가 없어진 것을 발견하고, 때마침 시타의 반지를 가지고 달려온 싸다유를 통해 그간의 경위를 들었다. 시타를 구하는 데 도움을 얻기 위해 형제는 원숭이 왕국의 하누만과 쑤크립을 찾아갔다.

프라람을 만난 하누만은 쑤크립을 데리고 와 팔리에게 추방당한 경위를 들려 주었다. 프라람은 쑤크립이 팔리를 쳐부수는 데 도움을 주고 쑤크립은 시타를 찾는 일을 돕기로 약속하였다. 프라람은 활을 쏴 팔리를 제거하고 킨킨으로 들어가 나라를 세우고 쑤크립에게 통치하도록 하였다. 프라람 일행은 칸타맛 산으로 가는 도중 금 공작이 시타의 소식을 전해 주었고 원숭이에게서는 시타의 싸바이(어깨에 두르는 띠)를 건네받았다.

하누만은 시타를 구하기 위해 군대를 거느리고 바다를 건너 롱까로 갔다. 하누만이 롱까에 당도하여 모든 성을 돌아다녔으나 시타의 행방을 찾을 수가 없었다. 마지막으로 찾아간 토사칸의 정원에서 시타를 발견하였으나 프라람이 보낸 것을 알 리 없는 시타 앞에 선뜻 나설 수가 없어 작은 원숭이로 변하여 동태를 살피고 있었다.

이때 톳싸깐은 자신의 사랑을 받아주지 않는 시타를 괴롭히기 위해 낭약(여자귀신)을 시켜 시타를 비난하게 하였다. 비난을 들은 시타가 목을 매어 죽으려 하자 하누만은 프라람의 반지를 내어주며 프라람이 찾으러 온 사실을 알려준다. 그런 후 정원을 부수고 화가 나서 달려온 톳싸깐의 아들 싸핫꾸만을 죽인다. 이 모습을 본 톳싸깐이 길길이 날뛰며 싸우려 하자 일부러 져 주어 잡혔다. 화가 난 톳싸깐이 갖은 방법을 다 동원하여 하누만을 죽이려 했으나 아무리 해도 죽일 수가 없었다. 하누만이 자기를 태워 죽여달라고 청하니, 톳싸깐은 하누만을 죽일 요량으로 하누만의 몸에 불을 붙였고 꼬리에 불을 달은 하누만은 롱까국 사방을 뛰어다니며 불을 내 롱까국을 태워 없애 버렸다.

자신이 다리가 되어 병사들이 롱까국의 강을 건너게 하는 하누만

하누만으로부터 시타의 소식을 들은 프라람은 칸타끼라 산의 바닷가에 진을 쳤다. 한편 톳싸깐은 흉몽을 꾸었다. 불안한 톳싸깐은 예언자 피펙에게 해몽을 의뢰했는데 흉몽이라며 시타를 돌려보내 주어야 한다고 말했다. 그러자 톳싸깐은 피펙이 프라람과 한편이라며 쫓아냈다. 혼자가 된 피펙은 프라람의 휘하로 들어가 프라람의 군대를 교란하려던 톳싸깐의 온갖 술수를 간파하여 프라람에게 알려주었다.

그동안 시타를 돌려보내 주라는 주위의 권유를 듣지 않던 톳싸깐은 결국 전쟁을 하기로 한다. 톳싸깐의 아들 인트라칟은 7년 동안 아키(불의 신)에게 드린 기도 끝에 삼신으로부터 받은 세 개의 활을 가지고 프라락과 네 번의 싸움을 벌이다 프라락의 마법의 화살을 맞고 죽음을 당한다. 아들의 죽음에 톳싸깐이 직접 전쟁에 나서자 열 명의 아들이 따라 나서고 네 차례에 걸쳐 전쟁을 하다가 마침내 그는 죽임을 당한다.

피펙은 시타가 프라람에게 돌아가도록 도와주었고, 시타는 적군에 잡혀 갔었던 자신의 순결함을 모든 사람에게 증명하기 위하여 전통적으로 순결을 증명하는 의식인 루이파이(불에 달군 숯 위를 맨발로 걷는 시험)를 행한다. 프라람은 피펙을 롱까 왕으로 추대하고 시타와 함께 아요타야 왕국으로 돌아갔다. 아요타야 왕국으로 돌아온 프라람은 하누만의 공적을 기려 아요타야 왕국을 통치하도록 하였으나 하누만이 하루 만에 나라를 반환하자 '롭부리'라는 나라를 만들어 통치하도록 하고 그 밖의 장수들에게 높은 지위의 포상을 하였다.

톳싸깐 조각상

라마끼안 벽화_태국의 에메랄드 사원에 그려져 있는 라마끼안 신화의 벽화는 모두 178 장면의 방대한 벽화로, 프라람 군과 톳싸깐 군이 전투를 벌이는 장면이다.

한편 톳싸깐의 유모인 마녀 삐쌋아둔이 복수를 하기 위해 시타를 찾아갔다. 그녀는 시타에게 이십 개의 얼굴을 가진 톳싸깐의 모습이 어떻게 생겼나 그려 보여 달라고 시타를 유혹하였다. 시타가 톳싸깐의 모습을 그리자 때마침 프라람이 숲을 순시하고 돌아온 것을 안 삐쌋아둔이 그림 속으로 들어가 버렸다. 시타가 아무리 그림을 없애려 해도 찢어지지도 불에 타지도 않았다. 하는 수 없이 침대 밑에 숨겨 두었으나 프라람이 이것을 발견하였다. 시타를 의심하게 된 프라람은 시타를 죽이라고 프라락에게 명하고, 프라락은 형수가 숲으로 도망가도록 내버려두었다. 시타는 숲속에서 도인의 도움을 받고 지내면서 아들을 낳아 프라몽꿋이라 이름 짓고, 도인은 프라몽꿋의 안전을 위해 똑같이 생긴 아들 한 명을 더 만들어 프라롭이라 불렀다. 두 아이는 도인으로부터 배운 여러 학문과 활 솜씨가 탁월하여 그 명성을 아요타야 왕국에까지 떨치게 되었다.

어느 날 프라람이 말 축제에서 "누구든지 이 말을 만나는 사람은 말에게 경의를 표하라. 복종하지 않는 자는 반역에 처한다"는 글귀를 말의 목에 달아 숲속에 놓아 주었다.

프라람과 시타_라마끼안은 벽화뿐만 아니라 태국의 여러 문화에 영향을 미쳤는데 가면극인 '콘'이 대표적이다. 가면극의 프라람과 시타가 공연을 하는 장면이다.

　이러한 사실을 모르고 달려온 말을 타고 놀던 두 아들은 명령을 어긴 죄로 프라람의 군대에 잡혀갔다. 프라람은 진지에 도착한 두 명의 사내아이가 자신의 아들임을 알게 되고 그들을 데리고 시타를 찾아가 왕국으로 돌아갈 것을 권하였으나 시타는 거절하였다. 프라람은 하누만을 시켜 프라람이 죽어 장례식을 치를 예정이니 참석해 달라는 계책을 꾸미는데, 장례식에 참석하러 왕국으로 돌아온 시타는 그 말이 거짓임을 알고 지하세계로 들어가 용과 함께 지냈다. 프라람은 잘못을 뉘우치기 위해 숲으로 들어가 1년을 지내면서 많은 도깨비를 평정하였다. 이쑤언 신은 프라람과 시타가 아직도 헤어져 있는 것을 보고 두 사람을 불러 천계에서 다시 결혼식을 올리게 하여 행복하게 살게 해주었다. 그 후 아요타야 왕국은 평온하였다.

| 65 | 살아 있는 신 쿠마리

■ 네팔 신화 ■

쿠마리란 산스크리트어로 '처녀'를 의미하는 '카우마르야'에서 비롯된 말로 '처녀신'을 뜻한다. 네팔에서 티베트불교의 바즈라 데비 여신이나 힌두교의 두르가 여신의 살아 있는 화신으로 숭배되는 존재로 쿠마리 데비라고도 한다. 보통 초경 전의 어린 소녀가 초경을 할 때까지 역할을 맡는데, 경우에 따라서는 초경 이후에도 역할이 지속되기도 한다.

네팔의 처녀신 숭배의 역사는 기원전까지 거슬러 올라간다. 하지만 쿠마리 숭배의 전통은 13세기에서 18세기 중엽까지 이 지역을 통치했던 말라 왕조에서 시작된 것으로 알려져 있다. 특히 오늘날 네팔에 전해지는 여러 신화는 그 기원을 말라 왕조의 마지막 왕인 자야 프라카슈 말라와 연관시키고 있다. 쿠마리 숭배는 전설마다 내용에 조금씩 차이가 있지만 공통적인 핵심 줄거리는 다음과 같다.

탈레주 여신이 매일 밤 왕의 침소에 붉은 뱀으로 나타나 왕과 주사위 놀이를 하였다. 여신은 자신이 이렇게 매일 밤 나타나 왕과 주사위 놀이를 하고 있다는 사실을 아무에게도 이야기하지 말라고 주위에 신신당부하였다. 그러나 어느 날 밤 왕의 침소에서 소리가 들려 왕이 누군가를 만나고 있다는 생각이 들어 왕비가 왕의 침소에 들어가니 그만 그곳에서 왕과 주사위 놀이를 하는 탈레주 여신을 보게 되었다. 자신의 모습이 발각돼 화가 난 여신은 왕에게 말하길, "만일 왕이 다시 나를 보기를 원하거나 이 나라가 내 보호를 받기를 원한다면 네와리족의 샤카야 가문 사람들 속에 있는 나를 찾아라" 하고 말했다. 이는 자신이 이 사람들 사이에서 어린 여자아

말라 왕과 주사위 놀이를 하는 탈레주 여신

◀ **쿠마리**(336쪽 그림)_네팔에서 살아 있는 여신으로 추앙받는 쿠마리는 네와르족 사키아 계급의 여자아이 중에서 선택된다. 선택된 쿠마리는 신화 속의 탈레주 여신의 현신으로 숭배받게 된다.

이로 환생하여 나타날 것이기 때문이었다.

여신의 당부를 들은 말라 왕은 그날로 탈레주 여신의 정령이 깃든 어린 여자아이를 찾으러 떠났다. 이와 비슷한 신화로는 탈레주 여신이 매일 밤 말라 왕에게 나타나 국가의 안위에 대해 이야기를 하며 주사위 놀이를 하였다. 그러던 어느 날 밤, 왕은 여신을 겁탈하려고 하였다. 그러자 여신은 격노하여 더 이상 왕에게 찾아오지 않게 되었다. 이에 왕은 뉘우치며 용서를 구하는 제를 올리고 여신에게 다시 찾아와 줄 것을 부탁하였다. 마침내 여신은 이를 수락하여 사카타 가문 출신의 어린 여자아이의 몸에 나타나게 되었다. 심지어 오늘날 여인들이 붉은 뱀에 관한 꿈을 꾸면 장차 이 아이가 로얄 쿠마리의 높은 지위에 오르게 될 것이라 믿는다고 한다.

쿠마리는 초경 이전의 3~6세 소녀들 가운데에서 엄격한 기준에 맞추어 선발되는데, 그 과정은 티베트불교에서 살아 있는 부처로 숭배되는 달라이라마나 카르마파의 선발 과정과도 유사하다. 우선 카투만두 인근에 거주하는 네와리족 가운데 석가모니와 같은 샤캬족 출신이어야 한다. 또한 몸에 상처나 병이 없어야 하며, 태어날 때의 천시(天時)가 나라나 국왕과 상성이 좋아야 한다. 그리고 32가지 기준에 따라 신체의 아름다움도 판별된다. 몸에 반점이 없어야 하고 치아도 빠진 것이 없이 가지런해야 한다. 머

쿠마리의 사원 선택된 쿠마리는 사원에 격리돼 살다가 매년 10월에 열리는 힌두 최대의 연례 축제인 '다사인'에 모습을 드러낸다.

리카락과 눈동자는 검어야 하고 몸은 보리수와 같아야 한다.

이러한 조건이 충족되면 나열된 물건들 가운데 전대 쿠마리의 물건을 찾게 해서 영적인 능력을 시험한다. 그리고 마지막으로 소나 돼지, 양, 닭 등의 머리를 잘라 놓아 둔 컴컴한 방에서 하룻밤을 보내게 하는데, 무서워서 울거나 소리를 내면 선발에서 탈락한다.

쿠마리로 선발되면 가족과 떨어져 쿠마리사원에서 지내게 된다. 쿠마리는 붉은색 옷만 입으며 얼굴에도 붉게 화장을 한다. 그리고 1년에 몇 차례밖에 사원을 벗어나지 못한다. 살아 있는 여신으로 대우를 받으므로 자신의 발로 땅을 딛지 않으며, 이동을 할 때에는 안겨서 옮겨진다.

쿠마리는 살아 있는 여신으로 사람들에게 숭배를 받는다. 사람들은 쿠마리에게 축복을 받으면 병을 고치고 소원을 이룰 수 있다고 믿는다. 해마다 9월에 행해지는 인드라 자트라 제의 때에 쿠마리는 가마를 타고 카트만두를 행진하면서 사람들에게 축복을 내린다.

쿠마리는 예언자로도 여겨진다. 사람들은 쿠마리가 하는 행동이 곧 예언을 나타낸다고 여기는데, 예컨대 쿠마리가 울고불고 하거나 큰 소리로 웃는 것은 심각한 병이나 죽음이 닥친다는 것을 예고하는 것이며, 몸을 떠는 것은 투옥된다는 것을, 공물을 쥐면 재산을 잃게 된다는 것을 뜻한다고 여긴다. 반면 쿠마리가 편안한 상태로 차분히 있으면 안심해도 좋다는 뜻으로 해석한다.

| 66 | 여러 피부색의 신화 ■ 필리핀 신화 ■

필리핀은 아예 '대나무 종족'으로 불린다. 필리핀의 창조 신화에서 인류 최초의 남자와 여자는 대나무에서 태어났다. 최초의 인간들은 하늘과 바다의 신을 외면하고 상어를 신으로 추앙하자 분노한 신들로부터 벌을 받아 사람들의 피부색이 달라졌다고 한다.

아주 오래된 옛날 땅, 태양, 달, 별이 없었고 거대한 바다와 하늘만 있던 때가 있었다. 바다에는 마구아얀이라는 신의 왕국이 있었고 하늘에는 카프탄 신이 다스리는 왕국이 있었다. 바다 왕국에는 바다의 뜻이라고 부르는 리다가트라는 공주가 있었고 하늘 왕국에는 바람의 뜻을 가진 리한진이라는 아들이 있었다. 바다의 신 마구아얀과 하늘의 신 카프탄은 사돈을 맺기로 하고 자식들을 결혼시켰다. 이리하여 바다 왕국의 딸 '바다'는 '바람'의 아내가 되었다.

바다와 바람 부부는 딸 하나와 아들 셋을 낳았다. 아들들의 이름은 각각 리칼리부탄, 리아들라오, 리불란이었고 딸은 리수가라는 이름을 주었다.

첫 아들 리칼리부탄은 몸이 바위였으며 강하고 용감했다. 차남인 리아들라오는 몸이 황금이었으며 항상 행복해 했다. 막내아들 리불란은 몸이 구리였으며 약하고 겁이 많았다. 아름다운 딸 리수가는 몸이 은이었으며 부드러운 매력을 지녔다. 아이들의 부모인 바람과 바다는 자식들을 무척 사랑했고, 부부는 세상에서 더 이상 행복을 바랄 게 없었다. 얼마 후 아버지인 리한진(바람)이 죽자, 바람을 관리하는 일은 장남 리칼리부탄에게 상속되었다. 그 뒤에 어머니 리다가트도 남편의 곁으로 떠나갔다. 자식들은 양부모를 여의었지만 불사신인 그들의 친할아버지 카프탄과 외할아버지 마구아얀은 손자 손녀를 돌보고 악으로부터 보호하고 있었다.

하지만 바람을 물려받은 장남 리칼리부탄은 바람의 힘에 대한 자부심이 너무 커져 영토를 확장하고 싶은 욕심이 생겼다. 그는 하늘을 정복하여 자기 것으로 만들고자 하였다. 그는 동생들에게 하늘 공격에 동참할 것을 요구하였다.

"우리는 젊다. 그러니까 하늘을 통제하는 일도 우리가 해야 한다."

그러나 동생 리아들라오는 황금 머리를 좌우로 돌리며 반대했다.

"할아버지가 항상 우리를 돌보아주는데 어찌 그럴 수가 있습니까? 할아버지는 권력의 욕심 없이 잘하고 계십니다."

이에 장남 리칼리부탄은 동생을 나무랐다.

"너는 마음이 약한 게 탈이야! 용기를 가지고 강해져라. 할아버지는 이제 우리에게 하늘을 상속시켜 주어야 할 때가 된 것이란 말이다."

삼형제의 반란_리칼리부탄과 그의 형제들이 할아버지의 하늘나라에 대한 반란을 꾀하는 필리핀의 공연극 중 한 장면이다.

리아들라오는 형에게 대놓고 반대할 수가 없어서 막내동생 리블란에게 너는 어찌 생각하느냐고 물었다. 형들에게 항상 고분고분한 리블란은 리아들라오에게 말했다.

"리칼리부탄 형님이 우리보다 나이가 더 많으니까 우리보다 더 현명할 것입니다. 그렇지 않다면 아버지가 바람 통치권을 큰형님에게 물려주지 않았을 것입니다."

이리하여 삼형제는 하늘로 달려가 하늘 입구의 문을 밀었다. 그러나 셋이 힘을 합쳐 아무리 밀고 때려도 문은 꼼짝도 하지 않았다. 문을 버티어 주는 힘이 1만 명이 넘는 사람의 힘만큼 강했다. 화가 난 장남 리칼리부탄은 모든 종류의 바람을 총동원하여 문을 가격했다. 그러자 문이 와장창 부서지며 열렸다. 삼형제가 문 안으로 들어서자 그곳에는 분노한 할아버지 카프탄이 떡 버티고 서서 소리를 쳤다.

"뭐 하는 짓이냐 이놈들아!"

할아버지의 눈이 어찌나 무섭게 이글거리는지 삼형제는 금방 겁을 먹고 도망가기 시작했다. 화가 머리끝까지 치민 카프탄은 도망가는 삼형제를 향해 세 개의 번갯불 창을 던졌다.

번갯불 창 하나는 가장 유약한 리불란에게 맞았다. 리불란은 녹아서 커다란 구리 공 모양이 되었다. 다른 번갯불 창 하나는 황금 몸을 한 둘째 리아들라오에게 명중하여 그도 녹아서 커다란 황금 공이 되었다. 마지막 번개 창은 바위로 된 리칼리부탄에게 맞아 여러 조각으로 쪼개지면서 바다로 떨어졌다. 리칼리부탄 바위는 워낙 컸기 때문에 쪼개진 바위들의 일부분이 수면 위로 튀어나왔으며 이것이 오늘날의 육지가 되었다.

한편 오빠들이 무슨 짓을 하러 간 것인지 모르는 여동생 리수가는 오빠들이 보이지 않자 찾아 나섰다. 리수가는 할아버지는 무슨 일인지 알 것이라고 생각하여 하늘로 올라가보았다. 그녀는 부서진 대문을 보고 가슴이

리수가_오빠들의 반란으로 할아버지에게 희생된 리수가는 그녀가 쏟아 놓았던 은 조각들이 별이 되었다.

덜컹 내려앉았다. 리수가는 "할아버지!" 하고 소리치며 안으로 뛰어들어갔다. 그러나 아직도 화가 풀리지 않은 카프탄은 자신을 부르는 소리를 듣고는 홧김에 순간적으로 친손녀인 리수가에게 번갯불 창을 던지고 말았다. 은으로 된 리수가의 몸은 수많은 은 조각으로 산산조각이 났다.

카프탄은 하늘에서 내려와 바다를 양쪽으로 찢어 벌리고 아이들의 외할아버지인 마구아얀을 나오라고 소리쳤다. 마구아얀이 나오자 카프탄은 마구아얀에게 "왜 나를 공격하라고 아이들에게 명령하였느냐?"고 따졌다. 마구아얀은 카프탄의 추궁에 진심으로 미안해 하며 깊은 수심에서 자고 있었기 때문에 아이들의 음모를 몰랐다고 말했다.

마구아얀은 시간을 들여 카프탄의 화를 진정시키는 데 성공하였다. 카프탄이 안정을 회복하자 두 할아버지는 울음을 터트렸다. 그들은 졸지에 손자 손녀를 모두 잃었으니 슬프지 않을 수 없었다. 특히 귀여운 손녀딸을 생각하며 두 할아버지는 슬피 울었다. 그들은 신이었지만 죽은 자식들을 되살릴 수 있는 힘이 없었다. 그러나 손자 손녀의 몸이 영원히 아름다운 빛을 발산하도록 만들 수는 있었다.

시칼라크와 시카바이_욕심 많았던 리칼리부탄은 할아버지의 번갯불을 맞아 땅이 되었으며, 할아버지는 땅에 씨앗 하나를 심었다. 씨앗은 번성해 대나무 하나가 자라더니 그 안에서 최초의 인간 남자와 여자가 하나씩 나왔다. 지구의 모든 사람은 이들의 후손이다.

카프탄은 황금이었던 리아들라오는 태양으로 만들었고, 구리였던 리불란은 달이 되게 하였으며, 리수가의 수많은 은 조각은 하늘의 별이 되게 하였다. 그리고 음모의 주모자인 사악한 리칼리부탄에게는 빛을 주지 않았다. 두 신은 그에게 새로 탄생하게 될 인간을 등으로 떠받쳐 주어야 하는 힘든 임무를 부여하자고 합의하였다. 그리하여 카프탄은 씨앗 하나를 마구아얀에게 주었고, 그는 그것을 한 섬에 심었다.

그 씨앗에서 대나무 하나가 자라나왔으며 대나무 속 구멍에서 남자 하나와 여자 하나가 나왔다. 남자의 이름은 시칼라크였고 여자의 이름은 시카바이었다. 결국 이들이 자라 인간의 부모가 되었다. 이들은 얼마 후 2남 1녀를 낳았는데 첫 아들 이름은 리보, 뒤에 나온 딸은 사만, 막내아들은 판다구안이었다.

판다구안은 아르욘이라는 아들을 두고 있었다. 판다구안은 머리가 좋아서 물고기를 잡는 그물을 발명했다. 이 그물에 가장 먼저 잡힌 것이 거대한 상어였다. 상어를 땅으로 끌어내보니 너무 크고 사납게 생겨서 이것은 분명 신이라고 생각되었다. 그는 사람들에게 상어를 숭배하라고 명령하였다.

그러자 사람들이 상어에게 모여들어 노래를 부르고 기도를 올리기 시작하였다. 이때 갑자기 하늘과 바다가 갈라지더니 카프탄과 마구아얀 두 신이 나타나 판다구안에게 당장 상어 숭배를 중단하고 상어를 바다에 던져버리라고 명령하였다. 자기들 두 신 외에 다른 신을 숭배해서는 안 된다는 것이었다.

모든 사람이 두 신의 경고에 겁을 먹었지만 판다구안은 그렇지 않았다. 그는 아주 용맹한 사람이었다. 그는 자신이 두 신 만큼 큰 상어를 제압한 힘을 증명했으므로 자신은 신에게 덤벼도 이길 수 있다고 믿었다. 이 말을 들은 카프탄이 작은 번갯불 창을 판다구안에게 던졌다. 판다구안은 그 자리에 쓰러졌다. 작은 번갯불 창을 던진 것은 죽일 마음은 없었고 가르침이나 주려고 그랬던 것이다.

다음으로 마구아얀 신과 카프탄 신은 상어 숭배 의식에 참가했던 사람들을 벌주기 위해 사람들을 여러 섬과 육지로 분산하여 유배를 보냈다. 이렇게 흩어진 사람들이 유배 간 곳에서 자식들을 낳았기 때문에 지구의 모든 땅에 사람들이 살게 되었다.

신들의 의도대로 판다구안은 죽지 않았다. 그는 땅바닥에 한 달을 누워 있다가 깨어났는데 번갯불에 맞아 피부가 검게 타 있었다. 판다구안이 피부가 검게 된 이후로 태어난 그의 후손은 피부가 검은 니그리토 종족(동남아·오세아니아 등에 사는 키 작은 흑인)이 되었다.

　판다구안의 장남 아르욘은 북쪽으로 유배되었으며, 아버지가 벌을 받아 피부가 검게 되기 전에 태어났으므로 그의 후손은 피부가 검지 않은 하얀색을 유지하였다. 백인종이 된 것이다.

　판다구안의 큰형인 리보와 누나인 사만은 태양이 뜨거워 피부가 그을려지는 남쪽으로 보내졌으며 그곳에 가서 낳은 후손들은 갈색 인종이 되었다.

　사만의 아들 하나와 시칼라크가 늦게 낳은 아들은 동쪽으로 유배되었는데, 이곳엔 먹을 것이 부족해서 황토 흙을 먹어야 했다. 이 때문에 이들의 아이들은 피부색이 늘 노랬다. 그래서 황인종이 되었다.

시칼라크와 시카바이_필리핀 신화의 '아담과 이브'격인 시칼라크와 시카바이는 대나무 속 구멍에서 태어났다. 세계 인종의 피부색은 필리핀의 신이 만들어 놓은 것이다.

| 67 | 하이누웰레 신화
■ 인도네시아 신화 ■

하이누웰레의 신화는 농경 기원 신화의 토대가 되었다. 하이누웰레형 농경 기원 신화란 신이나 거인 또는 인간의 사체나 배설물에서 구근(알뿌리) 등 식용작물들이 생겨났다는 작물 기원 신화이다. 이와 반대되는 신화형에는 '프로메테우스형 농경 기원 신화'가 있다. 프로메테우스형 농경 기원 신화는 하늘 또는 외부에서 곡식 등을 훔쳐오거나 가져왔다는 작물 기원 신화를 말한다.

어느 날 사냥을 하던 아메타라는 사람이 야생 멧돼지의 이빨에 걸린 코코넛을 발견했다. 이 코코넛은 인도네시아 세람 섬에서는 한 번도 본적이 없었던 작물이었다. 바나나에서 나온 서쪽 세람인들의 아홉 가족 중 한 명이었던 아메타는 코코넛을 집으로 가져갔다.

그날 밤 꿈에 누군가가 나타나 코코넛을 땅에 심으라고 가르쳐 주었다. 아메타는 꿈의 계시대로 코코넛을 땅에 심었고 불과 며칠 만에 코코넛은 큰 나무로 자라 꽃을 피웠다. 아메타는 수액이 나오는 꽃을 자르기 위해 나무에 올라갔다. 하지만 그 과정에서 손가락을 칼에 베어 피가 꽃 위에 떨어졌다. 9일 후 아메타는 꽃이 피어 있던 곳에서 한 명의 소녀를 발견했다. 그는 '코코넛 가지'라는 뜻의 하이누웰레였다.

아메타는 소녀를 사롱(말레이시아, 인도네시아 등지에서 남녀 구분 없이 허리에 둘러 입는 천)에 싸서 집으로 데려왔다. 하이누웰레는 놀랄 만큼 빠른 속도로 성장해 어느새 성숙한 숙녀가 되었고 놀라운 재능도 가지고 있었다. 그녀는 자연의 부름에 응답해 귀중한 물건들을 배설하였다. 하이누웰레 덕분에 아메타는 큰 부자가 되었다.

하이누웰레_ 인도네시아 몰루카 제도의 세람 섬에서 전해지는 농경 신화의 주역이다. 코코넛 소녀라고도 알려져 있다.

하이누웰레 신화_그녀의 죽음과 더불어 죽음과 탄생이라는 인간의 존재조건이 형성되었다. 사람들은 죽음을 경험하기 시작했고 산 자들과 죽은 자들의 세계는 명확히 분리되었다.

하이누웰레는 타메네 시와에서 9일 동안 열리는 춤의 축제에 참석했다. 이 춤 축제에서는 소녀들이 빈랑 열매(아레카 너츠)를 남자들에게 나누어 주는 것이 전통이었다. 하지만 남자들이 전통대로 하이누웰레에게 아레카 너츠를 요구하자 그녀는 배설할 수 있는 귀중한 것들을 대신 그들에게 주었다. 매일 밤 그녀는 더 크고 값진 것들, 즉 황금 귀걸이, 산호, 도자기 접시, 덤불 나이프, 구리 상자, 신호용 징을 배설해 나누어 주었다. 처음에 남자들은 낯선 물건에 대해 즐거워했다. 하지만 시간이 지나면서 그들은 하이누웰레의 호의를 이상하게 생각하고 질투심에 이끌려 9일째 되는 날 밤에 그녀를 죽이기로 결정했다.

매일 밤 계속되는 춤 속에서 남자들은 춤판 중앙에 있는 여자들 주위를 빙빙 돌았고, 그들 중 한 명이 하이누웰레에게 선물을 건넸다. 9일째 밤이 되기 전에 남자들은 무도장 중앙에 구덩이를 파고 하이누웰레를 지목하면서 그녀가 구덩이로 밀릴 때까지 계속해서 그녀를 안으로 밀어 넣었다. 결국 하이누웰레가 구덩이에 빠지자 남자들은 재빨리 흙을 덮었다. 하이누웰레가 산 채로 땅에 묻힌 것이다.

하이누웰레가 사라지자 아메타는 그녀를 찾아 전국 방방곡곡을 샅샅이 뒤지며 돌아다녔다. 결국 아메타는 신탁을 통해 하이누웰레에게 무슨 일이 일어났는지 알게 되었고, 마을 주변을 뒤져 그녀의 시체를 찾았다. 아메타는 하이누웰레의 시신을 수습해 다시 정성껏 매장해 주었다. 그 후 하이누웰레가 묻힌 자리에서는 다양하고 유용한 종류의 알뿌리 식물들이 자라났다고 한다.

|68| 락 롱 꾸언과 어우 꺼 ■ 베트남 건국 신화 ■

베트남의 신화는 지리적으로 중국의 영향을 받았으며, 중국 신화에 등장하는 상상의 인물이나 괴물이 등장할 때가 많다. 그렇지만 베트남 지형의 특성상 고유의 신화도 적지 않다. 베트남은 아시아의 다른 나라에 비해 상대적으로 특별한 그들만의 건국 신화를 지니고 있다. 이는 중국이라는 북방의 거대국가의 존재가 오히려 자주적 국가 건설의 의지를 강화시킨 결과라고도 볼 수 있다. 실제로 베트남의 건국 신화인 <락 롱 꾸언과 어우 꺼>는 산악세력과 해양세력이 서로 만나 최초의 고대국가를 형성하게 된 배경을 보여 준다. 이 신화는 우리의 단군신화처럼 모든 베트남인들이 알고 있는 건국 신화로서 그 의미가 남다르다.

중국 남방을 다스리는 염제 신농씨의 3세손 데 민이 아들 데 응이를 낳은 뒤, 남쪽을 순방하던 중에 부 띠엔이라는 신선의 딸을 만났다. 데 민은 그녀와 결혼하여 아들 록 뚝을 낳았다. 록 뚝이 총명하여 데 민은 그에게 왕위를 물려주려 하였다. 하지만 록 뚝이 배다른 형, 데 응이에게 북쪽 땅을 양보했다. 록 뚝은 대신 남방을 다스리게 됐는데, 나라 이름을 씩 꾸이라고 했다.

록 뚝은 물속 용궁에 드나들 수 있는 능력을 가지고 있어, 용왕의 딸과 혼인하여 락 롱 꾸언을 낳았다. 록 뚝은 락 롱 꾸언에게 나라를 다스리게 하고 사라져 버렸다. 락 롱 꾸언은 백성들에게 농사짓고 누에치는 법을 가르쳤다. 그리고 신분에 차이를 두게 하였으며 인륜을 바로 세웠다. 그는 때때로 용궁에 있었지만 백성들에게 무슨 일이 생기면 바로 달려왔다.

바다 동굴 속에는 수백 년 묵은 거대한 물고기의 정령이 살고 있었다. 길이가 50장(丈)이 넘고 발이 여러 개인 지네 같았다. 그 조화가 신령하고 기이함을 헤아릴 수 없었다. 움직이면 물과 바람을 일으켰으며 사람들을 통째로 삼켜 버리곤 했다. 이런 일이 자주 생기자 어민들은 두려워서 더 이

베트남 수상인형극_베트남의 수상인형극은 11세기부터 시작된 북베트남의 홍 강 삼각주 유역에서 시작된 독특한 전통문화이다. 공연은 괴물과 싸우는 락 롱 꾸언을 주제로 펼쳐지고 있다.

상 바다에 나가지 못했다.

　이 소식을 전해들은 락 롱 꾸언은 동해 앞바다로 나가 괴물과 맞서 싸웠다. 그는 짐짓 사람 모형을 만들어 먹이로 주는 시늉을 했다. 그러자 물고기 정령은 입을 벌려 삼키려고 했다. 락 롱 꾸언은 그때 뻘겋게 달군 쇠뭉치를 그 입 속으로 던져 넣었다. 물고기 정령은 펄쩍펄쩍 뛰며 배에 부딪혔다. 락 롱 꾸언은 그 꼬리를 베어 버리고 껍질을 벗겨내어 산 위에 펼쳐 놓았다. 그때 정령의 껍질을 벗겨내 산 위에 펼쳐 놓았던 그곳을 백룡미라 부른다. 물고기 정령의 대가리는 바다 밖으로 흘러가더니 개로 변하여 달아났다. 이에 락 롱 꾸언은 놀로써 바다를 메운 후 그걸 베어 버렸다. 그러자 그것은 개 대가리로 변했다. 지금 그곳을 구두산이라고 한다. 물고기의 몸뚱이는 만구로 흘러갔다. 그래서 지금 거기를 만구수라고 부른다.

　롱 비엔에는 여우의 정령이 있었는데, 나이가 천 살이 넘어 밤만 되면 인간이나 귀신으로 변신하여 굴에서 기어 나와 마을 사람들을 잡아먹었다. 락 롱 꾸언은 동굴로 가서 천둥과 바람을 불러내는 마법을 이용하여 여우의 정령과 맞서 싸웠다. 사흘 후 지친 여우의 정령이 빠져나가려고 하다가

락 롱 꾸언이 오색실을 꼬아 만든 올가미에 걸렸다. 여우의 정령은 필사적으로 발버둥을 쳤지만 질식해 죽고 말았다. 알고 보니 괴물은 꼬리가 아홉 개 달린 구미호(九尾狐)였다. 락 롱 꾸언은 동굴 안으로 들어가서 아직 살아 있는 사람들을 구해냈다.

한편 데 응이의 아들 데 라이는 할아버지 데 민이 남쪽을 순방하다 신선의 딸을 만났던 일을 떠올리고, 신하 치우에게 대신 나라를 다스리라 분부하고 남쪽의 씩 꾸이 국을 순방하기 위해 떠났다. 데 라이는 남쪽을 순방하면서 아름다운 여인 어우 꺼를 데리고 다녔는데 데 라이는 남쪽 나라인 씩 꾸이의 기기묘묘한 꽃과 풀, 나무 등의 절경에 반해 어우 꺼를 임시 거처에 남겨두고는 북쪽 땅으로 돌아가는 것도 잊었다.

그러던 중 씩 꾸이 국의 백성들이 북쪽의 괴롭힘을 견디지 못하고 용궁에 있는 락 롱 꾸언을 애타게 불렀다. 이에 락 롱 꾸언이 용궁에서 나오다 아름다운 어우 꺼를 발견하였다. 락 롱 꾸언이 미소년으로 변신해 시중드는 사람들과 악기를 연주하는 사람들을 데리고 다가가자 어우 꺼는 락 롱 꾸언에게 호감을 가졌다. 락 롱 꾸언은 어우 꺼를 데리고 용대암(龍坔巖)으로 갔다.

얼마 후 데 라이는 어우 꺼를 찾았지만 그녀가 보이지 않자 신하들에게 천하를 샅샅이 뒤져서라도 꼭 찾아내라고 명한다. 이에 락 롱 꾸언은 신기한 재주를 부려 용이나 뱀, 호랑이, 코끼리 등 온갖 모습으로 변신해 자신을 찾는 수색자들에게 두려움을 심어줬다. 이에 데 라이는 어우 꺼를 찾다가 포기하고 북쪽으로 돌아갔다.

락 롱 꾸언의 모험을 소개하는 베트남 수상인형극

락 롱 꾸언과 어우 꺼_강한 바다신 락 롱 꾸언과 아름다운 산신 어우 꺼가 만나 100명의 아들이 탄생하였는데, 절반씩 부모를 따라 각각 바다와 산으로 이주하여 어우 꺼 여신의 직계 후손인 훙이 베트남 최초의 부족국가를 건국하였다.

락 롱 꾸언과 어우 꺼는 삼(태반이 떨어지지 않은 붉은 막에 쌓인 덩어리) 하나를 낳았다. 불길함을 느낀 어우 꺼는 그것을 들판에 내다 버렸다. 칠 일이 지나자 붉은 덩어리에서 백 개의 알이 나왔고, 알 하나마다 한 명씩, 백 명의 사내아이가 태어났다. 어우 꺼는 아이들을 데려와 길렀는데 젖을 먹이지 않아도 잘 자랐다. 그때 락 롱 꾸언은 용궁에 머물렀기 때문에 자식이 있는 줄도 모르고 있었다. 어우 꺼는 홀로 아이들을 키울 수 없어 모두 데리고 북쪽 나라로 돌아가려고 했다.

어우 꺼와 백 명의 아이들이 국경에 다다르자 신농씨를 멸망시킨 뒤 북방을 차지하고 있던 황제(黃帝)가 이 사실을 전해 듣고 군사를 보내 어우 꺼를 막았다. 북으로 돌아가지 못한 어우 꺼는 다시 남쪽 나라로 돌아와 락 롱 꾸언을 애타게 불렀다. 그러자 락 롱 꾸언이 달려나와 어우 꺼와 아이들을 만났다.

이들은 헤어져 어우 꺼는 오십 명의 아들을 데리고 산으로, 락 롱 꾸언은 나머지 오십 명을 데리고 남쪽 해변으로 갔다. 어우 꺼는 오십 명의 아들들 중 장남을 훙 브엉(雄王)으로 봉하고 나라의 이름을 반랑국(文郞國)이라 했다. 이후 반랑국의 왕들은 모두 훙 브엉이라 불렸다. 어우 꺼가 낳은 이들 백 명의 아들이 곧 바익 비엣(百越, 백월)의 시조가 되었다.

락 롱 꾸언과 어우 꺼와 그의 아들들의 동상

| 69 | 곡물 기원 신화

■ 티베트 신화 ■

티베트는 중국과 인도의 사이에 위치해 있으나 히말라야 산맥과 티베트 고원에 둘러싸여 외부에 잘 알려지지 않았다. 히말라야 산맥의 북측에 위치하고 있으며, 이 지역의 평균 고도가 4,900m가 넘어 '세계의 지붕'이라고 일컬어진다. 그런데 티베트 신화에는 먼 옛날 티베트 지역이 상당 부분 바다였음을 암시하는 듯한 신비로운 전설 같은 이야기가 전해지고 있다.

천지가 개벽한 뒤, 대지에 아직 곡식 종자가 없을 때의 일이다. 사람들은 동굴생활을 하면서 짐승을 사냥하며 먹이를 조달하였다. 그때 티베트 어느 지역에 아홉 형제가 살았는데, 그 형제의 막내는 새가 하는 말을 알아들었다. 막내는 어느 날 사냥을 나갔다가 까치로부터 귀가 솔깃한 제안을 받았다.

"사슴고기를 주면 좋은 정보를 줄게."

막내가 까치에게 사슴고기를 주자 까치는 놀라운 사실을 말해 주었다. 까치의 말은 대지의 미래에 관한 예언이었다. 그것은 태양이 아홉 개가 떠오르고 세상은 이로 인해 불바다가 될 것이라는 것이다. 그러면서 까치는 이 대재난을 무사히 피하기 위해서는 다음과 같은 준비를 해야 한다고 막내에게 말해 주었다. 먼저 아홉 길 되는 구덩이를 파고, 그 안에 내장을 파낸 젖소를 넣고, 그 위에 가시나무 아홉 층을 쌓는다. 그러고는 다시 그 위에 돌판 아홉 층을 덮은 뒤 노루·말·개미 한 마리씩과 방망이 하나를 들고 젖소의 뱃속에 들어가 숨으라는 것이었다.

막내는 곧 까치의 말대로 행동에 옮겼다. 그러나 이를 지켜본 형들은 막

카일라스 산_티베트의 수미산으로 알려진 성스러운 산으로, 세상 아래 가장 중심에 우뚝 서 있다. 티베트 신화에서 이 산을 통해 하늘로 올라간다고 한다.

내가 미쳤다고 조롱하였으나 대재난이 닥치자 형들은 뜨거운 불길 속에 결국 타죽었다. 형들만이 죽은 것이 아니라 아홉 개의 태양열에 인류가 모두 다 타죽었고, 까치의 말을 알아듣는 막내만이 살아남았다.

소의 뱃속에서 살아남은 막내는 대재앙이 끝나자 폐허가 된 세상 밖으로 나왔다. 그는 곧 물을 찾아 세상 모든 곳을 뒤지다 마침내 하늘 샘을 찾아냈다. 그런데 샘에 살고 있는 붉은 새가 막내에게 샘의 정보를 알려주었다.

하늘 샘은 천신의 세 딸이 삼 년에 한번 물을 길러 오는 샘이라는 것이었다. 그러면서 붉은 새는 막내를 도와 반지를 만들게 했다. 그리고 그 반지를 샘물 나무에 걸어놓았는데 천신의 세 딸 중 막내딸이 아름다운 반지에 반해 그만 언니들과 떨어지게 되었다. 이때를 놓치지 않고 붉은 새는 막내에게 막내딸에게 구애하라고 하였다.

붉은 새의 권유대로 막내는 막내딸에게 구애를 하였고, 그렇게 막내와 천신의 막내딸은 서로 사랑하는 사이가 되었다. 막내딸에게 청혼한 막내는 천신의 허락을 얻기 위해 하늘로 올라갔다.

천신은 막내딸과 함께 온 막내가 결혼을 허락해 달라고 요청하자 분노하였다. 천신은 딸을 주지 않으려고 막내에게 감당하지 못할 시험문제를 냈다.

"하루 만에 네 말의 청보리 씨앗을 뿌릴 만큼 넓은 땅을 개간하라!"

천신의 시험은 사람으로서는 불가능한 일이었다. 하지만 막내딸이 일러준 주술로 신을 불러내어 하루 만에 땅을 개간하였다. 그러자 딸을 막내에게 주지 않기로 작심한 천신은 물러서지 않았다.

"자네가 개간한 땅을 하루 만에 혼자서 갈아 놓지 않으면 결혼하지 못할 것이야."

막내는 두 번째 시험에도 같은 주술로 해결하였다. 그러자 세 번째는 유채 씨 네 말을 하루에 다 뿌리라고 했다가, 네 번째는 그것을 다시 회수하라고 하였다. 어떻게든지 막내딸을 막내에게 주지 않으려는 천신의 무모한 시험을 다 통과한 막내는 결국 막내딸과 결혼하여 하늘에서 살게 되었다.

막내는 천상에서 행복한 삶을 누리고 있었다. 그러나 그는 자신이 태어난 대지가 그리웠다. 그는 드디어 마음을 굳게 먹고 지상으로 내려가기를 원했다. 그 사실을 안 천신은 또다시 그를 시험에 들게 하였다.

"이 가죽으로 만든 신발을 신어서 찢어지면 지상으로 돌아가도 좋다."

그런데 그 가죽신은 찢어져도 바로 복원되는 마력(魔力)을 지닌 신이었다. 막내는 가죽신을 신고 하루 종일 뛰어다녀도 소용이 없었다. 막내는 사랑하는 아내에게 신발을 찢을 수 있는 방법을 물어보았으나 아내는 도와주지 않았다. 그녀는 내심 친정인 천상에서 살고 싶었던 것이다. 낙심한 막내는 우연히 천신을 위해 숯을 굽는 노인을 만나 그에게서 찢어진 신발이 원상복귀가 되지 못하게 하는 비법을 알게 되었다.

천신에게 나타난 막내가 찢어진 신발을 보이자 천신은 놀라고 말았다. 천신은 자신이 한 약속을 거두지는 못했다.

"땅으로 내려갈 것을 허락한다. 다만 막내딸이 자네를 따라간다 하더라도 식량은 한 톨도 못 가져가네!"

천신은 막내딸을 철석같이 믿었다. 그러나 막내딸은 아비의 바람과는 다르게 남편을 따라 지상으로 내려가겠다고 선언하였다. 이제 남은 희망마저 사라져 버린 천신은 분노하여 딸과 사위를 단호히 추방하였다. 그러자 딸은 마지막으로 천신에게 호소하였다.

"어머니와 언니들하고 작별인사만이라도 하게 해주세요."

천신은 사랑하는 막내딸의 마지막 요청을 뿌리치지 못했다.

"작별인사를 하려거든 벗은 몸으로 들어갔다 벗은 몸으로 나오라."

아버지와는 달리 어머니는 대지로 내려가는 막내딸이 걱정되어 온갖 곡식들을 주려고 했지만 벌거벗은 몸으로 나가야 하니 방법이 없었다. 막내딸은 아버지 몰래 청보리와 밀 한 톨씩을 입안에 넣었다. 그리고 완두콩 한 톨은 콧구멍에, 메밀 한 톨은 손톱 밑에 감추고, 제비콩 두 알은 귀고리처럼 두 귀에 걸고 어머니와 언니들과 작별인사를 하였다.

이렇게 하여 지상으로 내려온 부부는 대지에 곡식의 씨를 뿌리고 싹을 틔웠다. 이렇게 하여 이 땅에 농사가 시작되었다.

청보리의 곡물 신화_우리나라 선녀와 나무꾼의 이야기와 비슷한 점이 있으나 곡물이 어떻게 세상에 생겨나왔는지에 역점을 두고 있다.

포탈라 궁_관세음보살 본존불이 있다는 포탈라는 티베트의 정신적 지주 달라이 라마가 칩거하던 장소이다. 1959년 14대 달라이라마 단증가조(丹增嘉措)가 티베트를 떠나 망명하면서 정치활동의 중심지로서의 역할은 중단되고 종교적 기능만 남게 되었다.

    티베트 신화는 불교가 들어오면서 또 하나의 곡물 신화가 성립되었다. 그 시작은 이러하였다.

    먼 옛날 관세음보살은 아미타불 앞에서 생명이 있는 모든 존재, 특히 티베트의 모든 존재를 구제할 것을 맹세하였다. 그리고 그 맹세를 이루기 전에는 자신의 행복은 한 순간도 생각하지 않기로 다짐했다. 만약 한 순간이나마 자신의 행복을 생각한다면 벌로써 자기 몸이 천 갈래로 부서지게 해달라고 빌었다. 그때부터 관세음보살은 밤낮으로 티베트의 생명 있는 존재들을 구제해 나갔다.

    어느 날 포탈라 산 정상에서 티베트 땅을 내려다보았는데, 그곳에는 아직 많은 존재가 괴로움에 떨고 있는 모습이 보였다.

    이때 관세음보살은 단 한 순간 자신의 행복을 추구하고픈 기분이 들었다. 그러자마자 옛적에 아비타불 앞에서 한 맹세로 인해 관세음보살의 몸은 천 갈래로 부서져 흩어져 버렸다. 아미타불은 즉시 그곳으로 와서 관세음보살의 부서진 몸의 파편들로 열 개의 얼굴과 천 개의 팔을 새롭게 만들어 시공을 초월하여 많은 생명 있는 존재들을 동시에 구제할 수 있도록 하였다.

| 70 | 일본 건국 신화

■ 일본 신화 ■

일본에서는 천황이 신처럼 대우받는데 이는 건국 신화에서 유래된다. 일본에서는 마지막 신의 아들이 일본의 첫 번째 왕으로 등장하는 가미요를 신화가 아닌 역사의 일부로 받아들이고 있다. 그래서 천황은 신이라는 도식을 강조하며 제국주의 시대까지 신화의 내용을 역사 교과서에서 사실로 다루었다.

　태초에는 광활하고 기름기 많은 혼돈의 바다밖에 없었다. 이 혼돈의 바다에 온갖 요소가 뒤섞여 있었다. 하늘에서 이 바다를 내려다보던 세 신령이 세상을 창조하기로 결정했다. 신령들은 남신 이자나기와 여신 이자나미를 비롯해 많은 남신과 여신을 만들어 냈다. 신령들은 이자나기에게 세상을 창조하라며 보석으로 장식된 마법의 창을 주었다. 이자나기가 창을 바닷속에 넣고 휘휘 돌렸다. 이자나기가 혼돈의 바다에서 창을 꺼내 보니 창끝에 바닷물 몇 방울이 응결되어 있었다. 그 방울들은 도로 바닷속으로 떨어져 오오야시마가 되었다. 이것이 현재의 일본 열도가 되었다. 그리고 이자나기와 이자나미가 다른 섬들을 낳았는데 이것이 혼슈, 시코쿠, 규슈 등의 섬들이었다.

　그런데 이자나미는 마지막 불의 신을 낳다가 그만 불에 타 죽고 황천으로 가 버렸다. 슬픔에 못 이긴 이자나기는 사랑하는 아내를 찾아 황천까지 찾아갔다. 그곳에서 천신만고 끝에 이자나미를 만나 그녀를 데리고 나온다. 그러나 황천을 다스리는 신과의 약속인 이승으로 올 때까지 뒤돌아보지 말라는 말을 어기고 데리고 나오던 도중에 이자나미의 얼굴을 보려고 뒤돌아보고 만다. 결국 이자나미의 몸은 구더기가 생기며 천둥의 신으로 변했다가 죽음을 다스리는 신으로 되고 만다. 이자나기는 그 뒤 인간의 삶을 지배하는 신으로 거듭나게 된다.

이자나기가 죽음의 나라의 부정을 털어내기 위한 의식인 목욕재계를 하던 중 마지막으로 좌우 눈과 코를 씻자 아마테라스오오미가미와 츠쿠요미노미코토, 스사노오노미코토 등의 세 명의 귀공자가 태어났다. 그 중 코에서 태어난 스사노오는 자신이 부여받은 땅에서 통치는 하지 않고 밤낮을 울기만 하다가 이자나기로부터 추방당했다.

이자나기와 이자나미_ 이자나기는 일본 신화에 등장하는 창조신이자 일본 천황가의 황조신이다. 그는 누이동생이자 아내인 이자나미와 함께 일본 열도의 많은 섬과 신을 낳았다.

스사노오는 결국 누이인 아마테라스가 살고 있는 타카마노 하라로 올라가는데, 올라가는 기세가 너무 커서 천지가 흔들렸다. 아마테라스는 동생의 행동에 깜짝 놀라 남장에 완전무장을 하고 "내 나라를 빼앗을 작정이냐?"며 동생을 나무랐다. 이에 동생은 다른 야욕은 없다며 누이에게 맹세를 하고 그곳에서 사는 것을 허락받았다. 하지만 그는 그곳의 밭을 망치고, 제례의 제사상을 더럽히며, 살아 있는 말의 가죽을 벗기는 등 방탕한 생활을 하였다. 이를 보다 못한 아마테라스는 화가 나서 하늘바위문 안으로 숨어 버렸다. 태양의 신이 숨어 버리자 세상은 암흑으로 변했다. 이에 스사노오는 다른 신들에게 머리와 손톱을 뽑히고 그곳에서 추방당하고 말았다.

태양의 여신 아마테라스가 하늘바위문 안에서 나오지 않자 세상은 깜깜한 어둠으로 바뀌었다. 이에 불편을 느낀 신들이 모여서 회의를 열었다. 그리하여 바위문 앞에 큰 거울을 놓고 그 앞에서 연회를 벌여, 한 여신이 춤을 추고 다른 신들은 그 춤을 보면서 박장대소를 했다. 그러자 아마테라스 여신이 이상하게 여겨 빠끔히 문을 열고 밖을 내다보았다. 그리고 "내가 숨어 버려 불편함이 많을 줄 알았더니 춤추고 박수나 치다니 도대체 어찌된 일이냐?" 하고 물었다. 그러자 신들은 "당신보다 더 고귀한 신이 납시어 모두 환영하며 맞이하는 참입니다"라고 대답하고 얼른 거울을 아마테라스 여신 쪽으로 돌렸다. 거울에는 당연히 아마테라스 여신의 모습이 비쳤는데, 아마테라스 여신은 그것이 자신의 모습인 줄 모르고 자세히 보려고 문을 좀 더 열었다. 그때 손힘이 센 신이 손을 뻗어 아마테라스 여신의 팔을 붙잡고 밖으로 끌어내었다. 동시에 다른 신은 뒤쪽으로 밧줄을 쳐서 아마테라스 여신이 다시 동굴 안으로 들어가지 못하게 했다. 그렇게 하여 세상에 빛이 돌아오게 되었다.

태양의 여신 아마테라스_아마테라스가 하늘바위문을 열고 나오려는 장면을 묘사한 그림이다.

수룡과 싸우는 스사노오 스사노오는 여름에 휘몰아치는 폭풍을 관장하였으나 난폭한 행동으로 인해 아마테라스가 동굴에 한때 은신하여 세상이 어두워지는 소동이 발생하자 그 책임을 물어 지상세계로 추방되었다. 그 후 이즈모 국에서 수룡인 야마타노오로치를 퇴치하였으며 나중에 대지의 신으로 아시하라나카쓰쿠니를 건설한 오쿠니누시의 조상이 되었다.

한편 스사노오는 이즈모노 쿠니로 내려가 사람들을 괴롭히던 머리와 꼬리가 여덟 개 달린 수룡 야마타노 오로치를 죽이고 그 뱀에서 나온 검을 누나인 아마테라스 여신에게 바쳤다. 그리고 스가노미야에 나라를 세워 많은 이즈모의 신의 조상신이 되었다.

스사노오를 돕기 위해 아마테라스 여신은 그의 후손에게 벼를 가져다주고 농사짓는 법을 가르치게 했다. 그러던 중 돌연히 스사노오가 어디론가 사라져 버리자 타카마노 하라에서 아마테라스의 손자인 니니기노 미코토가 5부신과 함께 강림해서 그 땅을 다스리고 그를 천황이라 부르게 되었다. 그리하여 초대 천황은 137년, 10대 천황이 168년간 장수하였다.

|71| 천둥의 검신 타케미카즈치 ■일본 신화 ■

천둥의 신인 타케미카즈치는 일본 신화의 가장 대표적인 영웅신이자 바다와 폭풍의 신인 스사노오 및 불교 보호와 호국의 신인 하치만 신 등등과 더불어 일본 신화의 대표적인 무신·군신으로 자리매김한 신이다. 이런 연유로 스사노오나 불의 신인 카구츠치 등과 더불어 일본 신화에서 강력한 힘을 가진 신으로 등장한다.

　일본 신화에 타케미카즈치(무용퇴)라는 신이 있다. 건어뢰라고 하며 표현을 하자면 '천둥신' 또는 '검의 신'이다.

　일본 창조신인 이자나기와 이자나미 사이에서 불의 신인 카구츠치가 태어났다. 그러나 그가 태어날 때 음부에 화상을 입은 이자나미는 그대로 병을 앓다가 눈을 감았다. 이에 분노한 이자나기는 카구츠치의 목을 베었는데 이때 사용한 검(아메노오하바리)에 묻은 피가 바닥에 떨어져 타케미카즈치가 태어났다고 한다. 카구츠치의 피에서는 여러 신이 태어났는데, 타케미카즈치는 검의 뿌리 부분에서 떨어진 피에서 태어난 세 신 중 하나였다.

　일본 신화의 신들은 크게 나누어서 태양의 신 아마테라스로 대표되는 천상의 신족인 아마츠카미와 건국의 신 오오쿠니누시로 대표되는 지상의 신족인 쿠니츠카미라는 두 세력으로 나누어진다.

　타케미카즈치는 이 두 세력 중 아마츠카미에 속하는 신으로서, 지상의 지배권을 둘러싼 아마츠카미 세력과 쿠니츠카미 세력 간의 싸움에서 아마츠카미 측의 무장으로서 참전하였다고 한다.

　이 싸움에서 이즈모계의 신으로 쿠니츠카미에 속하는 신인 타케미나카타

가시마 신사_일본 전국의 약 600 곳에 이르는 가시마 신사의 총본사이며 660년에 창건되었다고 전해진다. 다케미카즈치를 신으로 받들고 있다. 이곳에서 연중 많은 행사가 열린다. 대표적으로 1월 1일 열리는 사이탄사이, 1월 3일에 열리는 겐시사이, 2월의 세쓰분사이, 3월의 슌분사이, 4월의 오쿠노미야하루마쓰리, 9월에는 레이사이, 11월에는 니나메노마쓰리 등이 있다. 특히 12년에 한 번 열리는 오후나마쓰리[배 축제]는 수상에서 열리는 배에 관한 축제로서는 일본 최대 규모이다.

와 싸워서 승리했으며, 이때 치른 타케미나카타와의 싸움은 일본 최초의 스모(일본식 씨름)의 원류라고 한다.

일본 이바라키 현의 가시마 시에 있는 가시마 신사는 타케미카즈치를 모시고 있다. 신사가 숭배하는 신들 중 타케미카즈치가 으뜸 신이다. 이 신사는 일본 전국의 약 600 곳에 이르는 가시마 신사의 총본사이며 660년에 창건되었다고 전해진다.

일본 신화에서 지진을 일으키는 동물은 처음에는 거대한 용이었다가 그 다음에는 거대한 우주 물고기였다가 그 다음에 메기로 바뀌었다. 일본말로 메기를 나마주(鯰)라고 하는데 신화에 나오는 나마주는 일본 땅 진흙 속에 사는 거대한 메기였다.

신화에서는 메기가 지진을 일으키지 못하게 타케미카즈치(가시마 신)가 거대한 메기를 압박해 누르고 있었다고 전해진다. 이 메기는 지진을 일으키는 메기이며 천둥신 가시마가 땅 속 깊은 곳까지 박혀 있는 쐐기돌로 메기를 누르고 있다. 가시마 현은 비교적 지진이 덜 일어나는 지역으로, 타케미카즈치가 메기를 제압하고 있기 때문이라고 한다. 그러나 타케미카즈치가 방심하여 메기를 누르지 않거나 또는 다른 신과 싸우기 위해 자리를 떠야 하는 일이 생기면 메기가 꿈틀거려 지진이 일어나곤 했다.

　메기 신은 1855년 에도(현재의 도쿄)에서 일어난 대지진 이후에 세상을 바로잡는 대명신으로 숭배되기 시작하였다.

　메기가 지진을 일으킨다는 발상은 지진 징조가 일어나기 전에 메기들의 행동이 활발해진다는 현상이 고대에서부터 관찰되어 온 데서 비롯된다고 보는 견해가 있다. 이는 메기들이 아주 미세한 진동을 감지하기 때문에 일어나는 현상인데, 이를 과학적으로 이해할 수 없었던 시대에는 작은 메기들의 행동이 이상해지는 것은 동시에 땅속에 있는 거대한 메기가 요동을 치는 것이며, 이것이 지진의 원인이라고 믿었다는 것이다.

　그러나 현대과학에서 메기는 지진을 일으키는 지진유발자로부터 지진예지자로 변신했다. 전설의 신이었다가 지진을 알려주는 실제 영웅으로 위치가 격상한 것이다. 결과적으로 이 연구는 민속지식과 과학지식으로 동떨어져 있던 메기의 존재를 양면으로 설명할 수 있는 하나의 존재로 되돌려 놓았다.

지진을 일으키는 메기를 제압하는 타케미카즈치_일본은 지진이 많이 발생하는 나라로, 일본인들은 거대한 메기가 지진을 일으킨다고 믿어 왔다. 그리고 천둥의 신 타케미카즈치가 한눈을 팔고 있을 때 지진이 일어난다고 믿었다.

| 72 | 몽골의 영웅 신화

■ 몽골 신화 ■

흔히 "몽골인은 기마(騎馬)와 궁시(弓矢)로 세계를 제패했다"라고 한다. 말 그리고 활과 화살로 세계를 정복했다는 뜻이다. 그런 의미에서 몽골 구전 신화에는 활을 잘 쏘는 명사수 이야기가 많다. 그 중 돋보이는 것이 '에르히 메르겐' 이야기다. 에르히 메르겐은 '엄지손가락에 힘이 있는 명사수'라는 뜻이다. 명궁인 영웅들에게도 '메르겐'이 따라 붙는다. 이는 몽골인의 삶 속에서 활이 차지하는 비중을 말해 준다.

물만 가득했던 태초의 세상에 대지가 생기고 인간이 창조되면서 해와 달도 자리를 찾아갔다. 또한 하늘을 비추는 별들도 그 모습을 갖추었다. 자연과 더불어 살던 몽골 사람들에게 별은 아주 친근한 존재였다. 몽골인은 자연의 변화와 별들의 움직임에서 긴밀한 연관을 찾기도 했다. 그 중 좀생이별은 날씨가 추워진다는 징조를 나타냈다. 그래서 몽골 사람들은 좀생이별이 나타나면 날씨가 추워진다고 믿고 좀생이별이 없어지면 날씨가 따뜻해진다고 믿었다.

이때 나타난 신이 바로 에르히 메르겐이다. 몽골 말로 '에르히'는 엄지손가락이라는 뜻이고, '메르겐'은 명궁이라는 뜻으로, 에르히 메르겐은 '엄지손가락의 힘이 센 명궁'이라는 뜻이다. 에르히 메르겐의 활 솜씨는 눈에 보이는 것이든 눈에 보이지 않는 것이든 모든 것을 쏘아 맞힌다는 소문이 돌 정도로 대단하였다.

에르히 메르겐의 뛰어난 활 솜씨를 보고 사람들은 그를 신궁의 신으로 추앙하였다. 이에 우쭐해진 그는 추위를 몰고 나타나는 좀생이별을 쏘아 떨어뜨리겠다고 장담을 하였다. 그러고 나서 그는 하늘의 신인 보르한에

에르히 메르겐의 조각상_에르히 메르겐은 '엄지손가락에 힘이 있는 명사수'라는 뜻이다. 그는 보이는 것이면 무엇이든 맞히는 천하제일의 명사수였다. 심지어 하늘에 있는 해까지 맞혀 떨어뜨린 신궁이다.

게 돌이키지 못할 약속을 하고 만다.

　한 개의 화살로 일곱 개의 별을 산산조각 내리라.
　무시무시한 추위를 멈추게 하리라.
　만약 그렇게 하지 못한다면 나는 엄지손가락을 잘라 버리리라.
　맹물을 마시지 않고, 마른 풀을 먹지 않고, 해와 바람이 있는 바깥세상을 돌아다니지 않고, 컴컴한 굴에서 부끄러워하고, 뿌리와 풀로 배고픔과 갈증을 달래며 사는 타르바가로 태어나리라. 남자들의 사냥감이 되어 살아가리라.

　그의 활 솜씨를 익히 알고 있는 사람들은 모두들 그를 응원하였다. 맹세를 마친 에르히 메르겐은 활을 들어 엄지손가락에 핏방울이 맺힐 만큼 있는 힘을 다해 활시위를 당겼다. 화살이 활시위를 떠난 지 얼마가 지났을 때 드디어 화살은 밤하늘에 당도했다. 그러나 화살은 첫 번째 좀생이별 하나를 맞히고 나머지 여섯 개의 좀생이별들을 맞히지 못했다. 여섯 개의 좀생이별은 소름이 돋을 만큼 푸르디푸른 빛을 내뿜으며 그대로 하늘에 떠 있었다. 이 모습을 보고 사람들이 웅성대기 시작했다.

"천하제일의 명궁 에르히 메르겐님이 실패하다니……. 이제 어떻게 되는 거지? 맹세한 대로 타르바가가 되는 건가?"

사람들은 큰 소란을 떨었고 에르히 메르겐도 자신이 좀생이별을 명중시키지 못했다는 사실을 믿을 수 없었다. 자신의 활 솜씨에 큰 자부심을 가지고 있던 그로서는 수치심을 견딜 수 없었던 것이다. 그는 지체 없이 자신이 맹세한 대로 엄지손가락을 자르고 흙 속으로 들어가 타르바가가 되어 컴컴한 굴속에 숨었다.

이에 대해 몽골인들은 하늘 신인 보르한이 생명을 소중히 여기지 않고 자신의 재능만 믿고 우쭐댄 에르히 메르겐을 벌주기 위해 일부러 화살을 빗나가게 한 것이라고 쑥덕거렸다. 그리고 에르히 메르겐이 실패한 탓에 몽골의 겨울 하늘에서는 여전히 좀생이별이 빛나고 있다고 한다.

플레이아데스 성단_좀생이별을 뜻하는 플레이아데스 성단은 중국에서는 묘성(昴星)이라고 하며 몽골 말로는 미치드(michid)라고 한다. 겨울철 별자리 중 좀생이별이 가장 먼저 하늘에 떠올랐기 때문에 옛 몽골인들은 좀생이별이 겨울을 이끌고 온다고 생각했다.

에르히 메르겐과 후흐데이 메르겐, 그들은 별과 천체 신화의 주인공으로서 지상과 하늘 어디서나 중요한 인물들이다. 에르히 메르겐이 순간의 자만심으로 타르바가가 되어 땅 밑의 존재가 되었다면 후흐데이 메르겐은 반대로 하늘의 별이 된다.

몽골 부랴트 신화에 따르면 후흐데이 메르겐은 '영원한 푸른 하늘'이라는 의미를 지닌 신이다. 후흐데이 메르겐은 솜처럼 흰 활을 메고 가죽 끈처럼 흰 말을 타고 아사르와 바사르라는 두 마리 개를 데리고 다녔다. 그가 사냥을 나가면 여기저기 흩어져 있는 가축 똥처럼 무수히 많은 북쪽의 들짐승을 사냥했고, 땅의 흙처럼 무수히 많은 남쪽의 들짐승을 사냥하였다. 이런 상황이다 보니 후흐데이 메르겐의 활 솜씨 때문에 짐승들의 씨가 마르지 않을까 걱정될 정도였다.

어느 날 그는 암사슴 세 마리와 새끼 세 마리를 발견했다.

"암사슴이 세 마리나 있네. 새끼들까지 모두 여섯 마리군. 내 화살은 누구도 피할 수 없지. 여섯 마리 모두 눈 깜짝할 사이에 해치우마."

그가 백발백중의 활 솜씨를 보여 주려 하는 순간 세 마리의 암사슴과 새끼들이 뛰기 시작했다. 그러더니 사슴들이 전혀 예상치 못했던 하늘로 올라가는 것이 아닌가. 후흐데이 메르겐은 포기하지 않고 사슴들을 쫓아 달려가다 함께 하늘로 올라갔다. 하늘로 올라간 암사슴들은 차례로 별이 되었고 새끼들도 따라 올라가 별이 되었다.

이렇게 해서 탄생한 별자리가 오리온자리인데, 선명하게 빛나는 세 개의 별은 암사슴이고, 약간 흐릿하게 빛나는 별들은 암사슴의 새끼라고 한다. 그리고 후흐데이 메르겐 자신도 저녁 무렵에 반짝이는 샛별이 되었다고 한다. 그 후 사람들 사이에는 자신의 활 솜씨를 과신한 후흐데이 메르겐을 벌주기 위해 하늘이 암사슴들을 보낸 것이라는 이야기가 전해 오고 있다.

| 73 | 알랑고아 신화　　　　■ 몽골 신화 ■

알랑은 몽골인들의 시왕모(始王母)로 칭송받고 있는 아름다운 여인으로 정식명은 알랑고아이다. 그의 아버지는 코리투메트 부족의 코릴라르타이-메르겐이고, 어머니는 바르코진-고아이다. 여기서 몽골어 '메르겐'이라는 의미심장한 말이 나오는데, 이 말은 한국어로 치면 '활 잘 쏘는 사람'이란 뜻이다. 또 몽골어 '고아'는 한국말로 '곱다'는 뜻이다. 그러니까 알랑고아는 '활 잘 쏘는' 용맹한 아버지와 '아름답고 고운' 어머니 사이에 태어나서 몽골 민족의 어머니가 되었다는 뜻이다. 〈몽골비사〉에 의하면 알랑고아는 결혼하여 5형제의 아들을 두었는데 막내아들이 보돈차르-몽카크이고, 그의 후손 가운데에서 몽골초원을 누빈 대영웅 테무친이 태어났다. 테무친은 쿠릴타이 대회에서 칸으로 추대되어 칭기즈 칸으로 불리게 되며, 세계에서 가장 강대한 몽골제국을 건립하였다.

　사막 북쪽의 땅은 언제나 매섭고 추운 곳으로, 무엇이 태어나고 죽을 일도 없을 곳처럼 황폐한 대지로 여겨 사람들은 이곳을 막북이라고 하였다. 이 황량하기 이를 데 없는 막북의 땅에서 왕 내외가 딸을 낳았다. 그런데 딸의 미모가 너무나 아름다워 백성들은 그녀를 훔쳐보기조차 두려워하였다. 왜냐하면 공주의 미모는 사람의 눈을 멀게 하여 용맹한 장수들도 공주와 어울리기라도 하면 장님이 되곤 하기 때문이었다.

　어느 날 늑대 한 마리가 찾아와 둥지 아래쪽에 굴을 파더니 비가 오고 눈보라가 쳐도 자리를 뜨지 않았다. 공주가 나무 위에서 관찰해 보니 늑대가 밤마다 우는데 하늘의 음성을 닮아 있었다.

　공주는 늑대가 하늘에서 왔다고 믿고는 그와 결혼하여 아들을 낳았다. 그렇게 하여 아들은 아들을 낳고 부족을 이룰 정도로 자손이 번성하였는데 모두 늑대처럼 목청을 늘여 빼는 노래를 좋아하였다.

　이렇게 늑대족이 노래를 하면 여인들은 흔히 넋을 놓았다. 흰 사슴의 딸도 늑대의 노래에 마을을 빼앗겨 밤마다 마을을 빠져 나갔다. 당시 근친혼 풍습을 지키기 위해 다른 부족과 사귀는 것을 엄격히 금지했기에 흰 사슴

알랑고아_<몽골비사>에 의하면 알랑고아는 결혼하여 5형제의 아들을 두었는데, 막내아들이 보돈차르 몽카크이고, 그의 후손 가운데에서 테무친(원 태조)이 태어났다. 테무친은 쿠릴타이에서 칸으로 추대되어 칭기즈 칸으로 불리게 되며 세계에서 가장 강대한 몽골제국을 건립하였다.

은 늑대족의 청년 푸른 늑대와 바이칼 호수를 건너 사랑의 도피를 하였다.

온 세상을 하얗게 덮을 정도로 큰 눈이 쏟아지던 날, 푸른 늑대 가족은 아들을 찾아서, 흰 사슴의 가족은 딸을 찾아서 온 막북을 뒤졌지만 그들을 찾을 수 없었다. 소문에 의하면 둘은 보르칸 산에 살림을 차렸는데 찾아가 보면 산이 어디로 가 버리고 없었다.

보르칸 산에 숨어든 그들은 어떻게 살았는지 아무도 모른다. 그 후손이 열 번쯤 바뀌어 형제가 살았는데 모두 그들을 부러워하였다. 형은 눈이 하나인 외눈박이였지만 이마의 커다란 눈은 사흘 앞을 내다보았다. 그래서 그가 저기 나그네가 온다 하면 사흘 후 나그네가 나타났다.

동생은 힘이 센 장사였다. 그는 기운이 세서 누구와 싸워도 지지 않았다. 외눈박이 형은 하루 한 번씩 보르칸 산에 올라가 세상을 보았다. 온 세상이 손바닥 같았으니 세상의 이치를 꿰뚫고 살았던 형은 당연히 결혼도 하고 아이도 넷이나 낳아 행복하게 살았다. 그런데 동생에게는 배필이 없어서 마땅한 처녀를 물색하던 중 멀리 강줄기를 따라 이동하는 무리들 속에 검은 수레에 앉은 처녀를 발견하였다.

그 처녀는 무지개 나라에서 활쏘기를 잘하는 명궁의 딸이었다. 그녀의 미모는 이웃까지 알려진 대단한 미인이었다. 처녀는 마침 시집을 가기 위해 먼 길을 나섰는데 명궁의 딸이라 아무도 넘볼 수 없었다. 그런데 외눈박이 형과 그의 동생은 힘을 합쳐 처녀를 납치하여 보르칸 산으로 숨어들어 갔다. 처녀의 아버지는 온 나라를 뒤지며 산을 수소문해 다녔지만 찾을 수가 없었다.

처녀의 이름은 알랑이었다. 그녀는 한동안 행복하게 살았다. 힘이 장사인 동생은 아내를 끔찍하게 아꼈고 외눈박이 형도 동생의 아내를 극진하게 보살폈다. 그러나 외눈박이 형이 죽자 그의 자식들은 삼촌 내외를 단숨에 내쳤다. 그들은 유목생활을 할 때도 자기들끼리만 하였다.

동생은 알랑을 위해 사냥을 나갔지만 혼자서는 토끼도 잡기 어려웠다. 하루는 아주 먼 곳까지 나가 허탕을 쳤다. 하루 종일 아무것도 먹지 않아 배는 고프고 몸은 지쳤다. 등에 근심만 지고 돌아오는 길에 어디선가 맛있는 고기 굽는 냄새가 났다. 넓은 바위에 어떤 남자가 고기를 굽고 있는 중이었다. 그는 고기 굽는 남자에게 조금만 달라고 간청해서 그 남자에게 머리, 목, 허파, 염통과 가죽을 제외한 나머지 고기를 얻었다.

알랑의 남편이 먹을 것을 얻어서 신이 나서 돌아오는데, 중간에 자기보다 못한 사내가 아이를 데리고 울고 있었다. 그는 얼마나 배가 고픈지 아이와 사슴고기를 바꾸자고 했다. 알랑의 남편은 그에게 뒷다리를 떼어 주고는 아이를 데려다 종으로 삼았다. 그러나 그는 둘째아들이 젖도 떼기 전에 눈을 감고 말았다.

알랑은 이제 여인의 몸으로 어린 두 자식과 살아가지 않으면 안 되는 처지에 놓였다. 그녀는 온갖 고난과 외로움을 이기고 열심히 일해서 가족들을 살렸다. 그런데 까닭 없이 배가 부르더니 아이를 셋이나 낳았는데, 특이하게 아이들의 눈이 잿빛이었다.

 알랑이 아이를 낳자 첫째와 둘째는 틈만 나면 머리를 맞대고 어머니의 남자가 누군지 수군거렸다.

 긴 겨울이 가고 봄기운이 돌던 날 알랑은 자식들을 불러 모아 푸짐한 음식을 차리고 축제일처럼 활을 쏘게 하였다. 다섯 발의 화살을 쏜 자식들에게 하나씩 화살을 주워오게 하여 꺾어 보라 하였다. 다섯 형제가 모두 손쉽게 화살을 꺾었다. 이번에는 다섯 개의 화살을 하나로 묶어서 꺾어 보라 하였다. 그러자 어느 누구도 화살을 꺾지 못했다. 그러자 알랑은 남편 없이 홀로 산 세월을 회상하며 하얀 배를 꺼내 보여 주었다.

 홀로 된 여인에게 초원의 밤은 길다. 알랑은 해가 지면 천장의 별을 보며 남편을 그리워했다고 고백했다.

 어느 날은 별빛에게, 어느 날은 달빛에게 가슴에 묻어 둔 이야기를 털어놓았는데, 언제부터 달빛 한 가닥이 사람의 형상으로 변하더니 밤새 껴안고 사랑하다가 날이 밝으면 노란 개처럼 기어서 나갔단다.

알랑과 그의 아들들 아들들을 훈육시키려는 알랑의 화살 꺾기 일화는 너무나 유명하여 여러 교훈집에 다양한 형태로 묘사되고 있다.

아시아 문명의 신화를 찾아서

몽골 민속 연극 속의 알랑과 그녀의 아들

"훗날, 달빛 자식 중에 위대한 왕이 나오거든 내 말을 믿게 되리라."

그렇게 유언 아닌 유언을 하고는 알랑은 눈을 감았다. 그녀가 죽자 형제들은 유산을 놓고 다투었다. 화살 다섯 개의 교훈은 연기처럼 사라지고 한 마리의 양이라도 더 갖기 위하여, 한 조각의 말린 고기라도 더 차지하기 위하여 서로를 의심하고 다투기 일쑤였다. 하지만 막내는 형들과는 달리 어머니를 여읜 슬픔에 하루도 거르지 않고 어머니를 그리워하며 울었다.

그처럼 갸륵한 마음씨를 지닌 막내는 자라면서 형들로부터 따돌림을 당했다. 그러고는 어느 날 형들은 막내를 병든 말에 태워 초원으로 내쫓았다. 막내는 갈 곳을 몰라 강을 따라갔다. 그런데 그의 눈에 매 한 마리가 하늘을 빙빙 돌다가 땅으로 내리꽂히더니 쏜살같이 멧닭을 잡는 것이었다. 그는 병든 말의 말총을 뽑아서 올가미를 만들고 한없이 기다려 보았다. 이윽고 매는 안심하고 놀다가 올가미에 걸려 잡히고 말았다. 매는 어이가 없었던지 홧병이 나 끙끙 앓아 눕고 말았다.

그렇게 수많은 시간이 덧없이 흘러갔지만 막내와 매는 먹을 것을 구할 수가 없었다. 그들은 숨어서 늑대에게 쫓기는 짐승이 쓰러질 때까지 기다렸다가 반씩 나누어 먹었다. 겨울이 가고 봄이 오자 매도 건강을 찾아 사냥에 나섰다. 토끼, 오리, 기러기 고기가 날마다 넘쳤다. 사람들은 멍청하고 힘도 약한 막내가 일도 하지 않으면서 언제나 맛있는 고기를 먹고 술 취해 사는 것이 신기하기만 했다.

그때 마음 약한 형 하나가 동생을 찾아 나섰다. 그는 동생이 병든 말과 함께 죽었을 것이라고 생각하고는 시신이라도 찾아 어머니 곁에 묻어 줄 요량이었다.

형은 강을 따라가며 사람들에게 물었다. 사람들은 동생의 행방을 알고 있어서 그의 집을 가르쳐 주었다. 저녁바람이 불 때 서쪽 하늘에서 기러기의 깃털이 하얗게 쏟아지는 곳이 막내의 움막이었다.

형은 도무지 믿기지 않았다. 소꼬리도 얼어서 부러지는 혹독한 추위에 먹을 것이 많은 부자도 힘든데 빈털터리 바보인 동생이 그렇게 멀쩡하게 별 탈 없이 지내다니. 그것도 맛있는 새고기를 몸에서 비린내가 나도록 먹고 살다니 도무지 믿을 수가 없었다.

마침내 만난 동생은 더 이상 바보가 아니었다. 초원의 생명은 모두 먹이사슬에 묶여서 사람도 이루지 못하면 금방 들짐승의 먹이가 되었다. 막내는 날마다 매의 말을 듣고, 우두머리를 잃은 부랑아들을 찾아서 싸울 필요도 없이 데려올 수 있었다. 그는 특히 바람둥이여서 홀로 된 여자들을 데려다 아이를 많이 낳았다.

많고 많은 아이가 자손을 낳고 겨울이 백 번쯤 지나가자 큰 나라를 이루었다. 그 나라는 잿빛의 푸른 늑대족이 사는 나라이다.

알랑고아의 조각상

|74| 시베리아 신화

■ 시베리아 신화 ■

시베리아는 유라시아대륙의 북쪽에 위치한 광활한 대지일 뿐만 아니라 그곳에는 많은 민족이 살고 있다. 그 지역은 '시베리아 문화'라는 말로 지칭되기도 하며 드넓은 대지만큼이나 문화현상도 매우 다양하다. 그곳에 거주하는 민족들도 인종적으로 투르크족, 몽골족, 퉁구스족 그리고 고아시아족 등 다양하다. 그럼에도 불구하고 샤머니즘이라는 공통적인 이념을 나누어 갖고 있다는 점에서 시베리아 신화를 하나의 문화권으로 설정해도 좋을 것이다.

시베리아의 태초의 세상은 커다란 진흙탕이었다. 그곳의 물은 흙과 뒤죽박죽이 되어 있는 진흙탕뿐이었다. 오로지 진흙탕 속에서 서로 뒤엉켜 움직이며 돌고 있었다. 그 속에는 생명이라고는 그 어디서도 찾아 볼 수 없었다. 모든 것이 죽음뿐이었다. 이런 대혼란의 상황에서는 그 어느 생명도 살아남을 수가 없었고 그 어느 생명도 탄생할 수가 없었다.

신들은 이 땅에 사람들이 살 수 있기를 원하였다. 이런 이유로 신은 할미새를 하늘에서 땅으로 내려보냈다. 할미새는 땅에 내려와서는 주위를 둘러보았다. 그런데 주위는 모든 것이 어질러져 있었고 뒤섞여 있었다. 이런 상황에서는 할미새가 맡은 임무를 전혀 수행할 수가 없었다. 그래서 할미새는 한 가지 방법을 생각해 냈다.

할미새는 진흙탕이 된 곳을 아주 오래도록 날아갔다. 그러고는 어느 한 곳에 발을 딛고 꼬리로 진흙탕을 살살 흔들었다. 그러자 조금씩 마른땅이 나오기 시작하였다. 물은 물대로 바다로 모여들기 시작하여 세상은 조금씩 넓어지게 되었다. 그리고 계속해서 땅은 높아지게 되었다. 이렇게 하여 사람이 살 수 있는 세계가 만들어지게 되었던 것이다.

이런 연유로 아이누인들은 이 세상을 모시리 즉 '헤엄치는 땅'이라 부르고 할미새를 아주 소중하게 숭배하였다.(아이누족 신이 처음에 인간을 만들 때 흙으로 그의 몸을 만들었다. 그리고 머리는 새의 털을 사용하였고 등뼈는 버드나무 가지를 사용하였다. 그렇기 때문에 사람이 늙으면 등허리가 버드나무 가지처럼 휘어진다고 한다.)

시베리아의 길리약족이 사는 어느 마을에 한 늙은 샤만이 살았다. 어느 날 어느 집의 아이가 갑자기 아프더니 죽고 말았다. 그의 부모는 이 아이가 갑자기 죽은 것은 악한 마귀(부슈쿠)가 죽인 것이 확실하다고 생각하였다.

그날 밤 그들은 용감한 노인을 부르고는 문과 창을 꼭 잠근 후 아무런 불도 켜지 않고 죽은 아이를 집 한가운데 바닥에 놓았다. 집 한쪽에 주전자를 놓고 그들이 앉았다. 한 명은 창을 가지고 기다렸다.

그러자 흰 개 한 마리가 와서 문을 부수고는 안으로 들어왔다. 개가 주인과 부딪쳤지만 아무렇지도 않았다. 흰 개가 죽은 아이 가까이로 가더니 피를 빨아먹었다. 그 순간 아이의 아버지가 일어나 작살로 개를 찔렀다. 개는 작살에 찔린 채로 밖으로 뛰쳐나갔다. 이 남자는 가만히 앉아 있을 수

아이누족 아이누는 일본의 홋카이도[북해도]와 러시아의 사할린과 시베리아, 쿠릴 열도 등지에 분포하는 소수 민족이다. 아이누는 그 외모나 풍습이 다른 일본인들과 뚜렷하게 구별되어 그 기원과 원(原) 일본인과의 관계 등이 관심과 논란의 대상이 되어 왔다. 일본 내 아이누족은 대부분 일본에 동화되어 일본어를 쓰지만, 홋카이도에 살고 있는 고령자들 중의 일부는 여전히 아이누어를 사용하고 있다. 현재 공식적으로 인정된 일본 내의 아이누족은 약 2만 5천 명이다. 러시아의 아이누족 역시 러시아로 동화되어 대부분 러시아어로 말한다. 종교로는 샤머니즘이 대다수이고, 러시아에는 러시아 정교회로 개종한 아이누족도 있다.

가 없어 작살 있는 곳에 갔다. 그는 작살 끈을 나무 위에 묶어 놓았다. 그가 불을 붙이고 보니 아무것도 없고 작살만이 있었다. 집으로 돌아와서 다른 사람에게 물었다.

"너는 왜 가만히 있었느냐?"

"내가 흰 개를 보자 잠이 든 것 같아요."

그러고 난 후 그들이 아이를 묻었다. 그 마을의 늙은 샤만이 그 다음날 갑자기 심하게 앓게 되었다. 많은 사람들이 샤만을 찾아와서 "큰 샤만님, 어디가 아프십니까?" 하고 묻자 샤만은 "배가 아프다네" 하고 대답했다.

샤만의 말에 짚이는 바가 있었던 사람이 샤만의 옷을 벗기니 그의 배에 작살로 난 상처가 나 있었다. 그날 샤만은 사라져 버렸다.

"내가 흰 개를 보자 잠이 든 것 같아요." 그리고 난 후 그들이 아이를 묻었다. 그 마을의 늙은 샤만이 그 다음날 아주 많이 아프게 되었다. 많은 사람들이 샤만을 찾아와서 묻기를,

"큰 샤만님, 어디가 아프십니까?"

"배가 아프다네"

사람들이 옷을 벗기고 보니 그의 배에 작살로 난 상처가 나 있었다. 그날 샤만은 사라져 버렸다.

시베리아 동부에 거주하는 만주-퉁구스족인 오로치족에는 다양한 토템 신화가 존재하고 있다. 오로치족의 신앙에는 곰과 호랑이에 대한 숭배와 아울러 동물 형상의 정령에 대한 관념도 있다. '곰의 정령'과 '호랑이의 정령'이 그것이다. '곰과 호랑이의 정령'은 각각 '달의 땅'의 절반인 '곰 땅'과 '호랑이 땅'에 사는 거대한 동물로서 동물이나 동물의 영혼에게 명령을 할 수 있는 힘을 지니고 있다.

시베리아족의 샤만 샤만은 고대사회의 종교생활을 이끄는 중요한 역할을 담당했다. 현재도 시베리아족은 샤만의 무속 신앙을 믿고 있다.

| 신화를 알면 역사가 보인다 |

제 **12** 장

아프리카 문명의 신화를 찾아서

아프리카는 '아프리카인'이라는 공통의 이름표를 단 민족들이 아주 많이 있지만, 지역에 따라 생김새가 다른 것처럼 전통과 신화 역시 매우 다양하다. 사하라 사막 이남 아프리카 지역에 사는 사람들 사이에서 그토록 다양한 신화가 생겨난 것은 광대하고 다양한 지형에서 유목민이 거대한 지리적 장벽을 넘으며 계속 이동해 갔기 때문이다.

아프리카의 신화는 매우 다양하면서도 몇 가지 공통적인 모티프를 발견할 수 있다. 특히 창조 신화들은 아마도 세계에서 가장 다양하고 기상천외한 내용을 담고 있다. 또한 아프리카 신화의 모티프에서는 이집트·서남아시아·인도의 것과 비슷한 것을 발견할 수 있다. 아프리카 신화를 대표하는 몇몇 부족의 신화의 특징을 일별하면 다음과 같다.

먼저 로지(Lozi)족은 잠비아공화국 남서부의 바로첼란드 주(州)에 거주하는 부족 집단이다. 로지족은 잠베지 강 유역의 바로체 고원을 중심으로 다양한 토양 및 초지 조건을 잘 이용하여 농업·축산·어업 등을 발달시키며 살고 있었다. 로지족의 전승(傳承)에 의하면, 그들의 조상(알루이족)은 룬다족 기타의 종족들과 함께 11세대 전의 조상인 신 니얌베에게 이끌려 북서쪽에서 이동해와서 카푸에 강 유역을 중심으로 생활하면서 다양한 신화를 남긴 것으로 보인다.

줄루 신화는 동물과의 소통과 아이들에게 있어서 교육적인 효과를 주는 형식의 구조다. 줄루족의 이야기에 나오는 동물은 초식동물과 육식동물과의 구별이 모호하며, 질투에 대한 도적적인 책임을 날카롭게 묻는 이야기 등은 어린아이에게 어린 시절부터 도덕과 윤리관을 형성시킬 수 있는 훌륭한 교육수단이 된다.

도곤족은 서아프리카 말리공화국에 자리하고 있는 부족이다. 현재 인구는 약 22만을 이루고 있으며 독자적인 전통을 가지고 있다. 도곤족의 신화는 자연계의 대상을 분류하고 선악을 가려 인격화하며 영적 원칙을 규정하는 형이상학적인 체계를 갖추고 있어, 다른 아프리카 종교에 비해 높은 추상성을 보여 준다.

아프리카의 베냉공화국 남부에 사는 폰족은 다호메이족이라고도 한다. 다호메이족의 세계관과 의례는 매우 복잡한 것으로 유명하며, 잡다한 영혼·마술을 지닌 미개한 신앙이 발달하였다.

딩카족은 아프리카 남수단의 나일 강 유역에 소를 방목하며 살아가고 있는 민족이다. 딩카족은 자신들이 기른 소에 극진한 애정을 쏟아붓고 그것으로 자긍심을 갖는다. 이들 사회에서 소를 찬미하는 신화나 노래가 많은 것도 이런 연유에서이다.

전통적으로 아프리카인은 자연의 모든 곳에 신이 존재하며, 산이나 강, 태양과 같은 자연의 존재 속에 신이나 정령이 깃들어 있다고 생각했다. 아프리카 신화에서 공통적으로 자주 언급되는 이야기 주제는 '최고 신'에 관한 이야기나 자연 속에 함께하는 수많은 신의 이야기, 수호 정령 이야기, 장난꾸러기 동물신 이야기, 특별한 영적 능력을 지닌 사람 이야기, 뼈나 조각상, 특이한 돌에 깃든 영적인 이야기들이 주로 구비전승되고 있다.

|75| 아프리카 부족의 신화 ■ 아프리카 신화 ■

아프리카의 신화는 매우 다양하면서도 몇 가지 공통적인 모티프를 발견할 수 있다. 특히 창조 신화들은 아마도 세계에서 가장 다양하고 기상천외한 내용을 담고 있다. 또한 아프리카 신화의 모티프에서는 이집트·서남아시아·인도의 것과 비슷한 이야기들을 발견할 수 있다. 그러나 세계의 다른 지역에서 공통적으로 찾아볼 수 있는 대홍수나 자연의 대재해(大災害)로 인한 세계의 종말을 다루는 신화는 찾아보기 어렵다.

로지족은 잠비아공화국 남서부의 바로첼란드 주(州)에 거주하는 부족집단이다. 세계 3대 폭포의 하나인 빅토리아 폭포를 거쳐 유유히 관류하는 잠베지 강과 지류인 림포포 강이 합류하는 지점에 짐바브웨가 있고 그 하류에 잠비아가 이웃하고 있다. 로지족은 잠베지 강 유역의 바로체 고원을 중심으로 다양한 토양 및 초지 조건을 잘 이용하여 농업·축산·어업 등을 발달시키며 살아가고 있다.

로지족의 전승(傳承)에 의하면, 그들의 조상(알루이족)은 룬다족 및 기타의 종족들과 함께 11세대 전의 조상인 신 니얌베에게 이끌려 북서쪽에서 이동해 와서 카푸에 강 유역을 중심으로 오늘날의 앙골라 동부에서 보츠와나 북부에 걸친 바로체 왕국을 건설하였다.

1838년 남아프리카공화국의 코롤로족에게 정복되었으나 그 후 1864년 코롤로족을 격파한 뒤 로지족이라 자칭하고 왕국을 마로지라고 칭하여 재흥(再興)하였다.

니얌베는 태고 시절 아내 나시레레와 함께 지상에서 살고 있었다. 그는 지상의 왕이며 아내 이외에도 많은 첩을 거느리고 있었다. 왕은 궁전에 두

잠베지 강의 빅토리아 폭포 _ 로지족이 모시 오아 툰야라고 부르는 빅토리아 폭포는 1855년 영국 탐험가 D.리빙스턴이 발견하여 빅토리아 여왕의 이름을 따서 빅토리아 폭포라고 명명하였다.

사람의 고문을 두고 있었는데, 이들은 신과 인간을 엮는 중개 역할을 맡고 있었다. 왕은 고문의 간청에 따라 숲과 초원과 강을 만들고 짐승과 새와 물고기 등 그곳에 사는 모든 것을 창조하였다.

니얌베는 이어 인간의 조상인 카무누와 그의 아내를 만들었다. 그런데 얼마 후 카무누의 힘과 지혜가 너무나 탁월하여 니얌베를 당혹스럽게 했다. 왜냐하면 니얌베가 할 수 있는 모든 것을 똑같이 카무누도 할 수 있었기 때문이다. 카무누는 몰래 엿듣기도 하고 훔쳐보기도 하여 집짓는 기술, 대장간 일 등을 척척 익혀 나갔다. 그리고 사냥에도 능하여 짐승들을 곧잘 잡았다.

니얌베는 카무누의 능수능란한 솜씨에 혹시 자신도 언젠가는 그에게 당할지 모른다는 생각을 하게 되어 어느 섬으로 도피했다. 그러나 카무누는 강변의 갈대를 엮어 쪽배를 만들어 섬으로 쫓아왔다. 니얌베는 끈질기게 뒤쫓는 카무누를 따돌리기 위해 아내와 고문을 데리고 강을 건너가서 거

로지족의 선상 행렬 _ 잠베지 강 유역에서 펼쳐지는 로지족의 선상 축제이다. 강의 수해와 가뭄을 극복하기 위한 축제로 잠비아의 대통령도 참석한다고 한다.

미줄을 타고 하늘로 올라갔다. 니얌베를 안내한 거미가 카무누에게 승천의 길을 알려줄까 봐 니얌베는 거미의 눈을 도려내 버렸다.

한편 카무누는 탑을 높이 쌓아 니얌베가 있는 하늘나라로 가려 했으나 실패하였다. 이때부터 인간은 더 이상 신을 볼 수 없게 되었다고 한다. 이처럼 로지족 사회에서 구전되어 온 신화에 따르면 지상의 모든 사람은 하나같이 니얌베 신의 후예라고 한다.

니얌베 신은 지상에 살고 있을 때 여러 종족의 여성을 아내로 거느렸다. 이 여성들과 니얌베 사이에서 태어난 자녀들이 서로 다른 언어와 풍습을 가진 여러 민족의 시조이며 로지왕족은 그의 정실인 나시레레를 어머니로 한 니얌베 신의 직계 후손이라고 믿고 있다.

아프리카 콩고 분지에 거주하고 있는 피그미(pygmy)족은 유독 키가 작은 부족으로 유명하다. 그들은 상대적으로 몸집이 크고 힘이 센 보통의 흑인 집단에게 쫓겨다니면서 밀림 깊숙이 숨어들어가서 사냥과 채집으로 살아왔다. 이들은 쫓겨다니는 약소부족임에도 성격이 매우 낙천적이다. 마을에서 신생아가 태어나거나 결혼식 등 축제 때가 아니더라도 그날 사냥에서 흡족한 짐승을 잡았다고 하면 곧 회식을 하고 노래하며 신나게 가무를 즐겼다.

피그미족이 믿고 있는 신화는 마치 성서에 나오는 아담과 이브가 낙원에서 추방되는 것과 같은 신화와 불에 관한 이야기가 전해져 내려오고 있다.

피그미족의 불에 관한 첫 번째 신화는 이렇게 전개된다. 한 피그미가 코끼리를 쫓다가 신의 마을에 도착하였다. 그는 그곳에서 불이 붙은 나무 막대를 들고 도망쳤으나 신이 그를 붙잡아 불을 되찾았다. 그러나 피그미는 두 번 더 불을 훔쳤고 신은 마을 주위에 리아나로 만든 담을 세워 불을 지키려고 하였다. 그러나 피그미는 이 담까지 넘어 결국 불을 훔친 뒤 자신의 부족 곁으로 돌아갔다고 한다.

피그미족의 불에 관한 두 번째 신화는 이렇다. 신의 나라의 불은 신의 늙은 어머니가 보살피고 있었다. 어느 날 숲에서 길을 잃은 피그미가 불이 있는 곳으로 왔다가 신의 어머니가 잠든 사이 불을 훔쳐갔다. 신이 피그미를 잡아 불을 되찾았으나 그 피그미는 다른 피그미들에게 불에 대한 정보를 알려주었다. 두 번째 피그미가 불을 훔치러 갔으나 실패하고, 세 번째 피그미는 새의 깃털을 뽑아 날아가 불을 훔쳤다. 결국 신은 그 피그미를 잡지 못하고 불을 가져가는 것을 허락했으나 신의 어머니가 추위로 죽은 것을 보고 사람들도 신의 어머니처럼 죽게 만들었다.

피그미족의 세상창조에 대한 신화는 다음과 같다.

피그미의 신은 처음 남녀 한 쌍을 창조하여 지상의 낙원에서 살도록 했다. 신은 두 사람에게 여러 가지 자유를 허용했지만 '타후'라는 나무 열매만은 절대로 따먹어서는 안 된다고 명했다. 그럼에도 호기심이 강한 여자는 남자를 꾀어 타후 열매를 따오게 했다. 이들은 몰래 타후를 먹었다.

두 남녀는 신의 명령을 거역했기 때문에 두려워하면서 남은 타후와 까먹은 껍질을 땅에 쌓인 낙엽 밑에 감춰 버렸다. 그러나 전능하신 신은 벌써 모든 것을 다 알고 있었다.

신이 급기야 지상에 태풍을 일게 하여 쌓인 낙엽을 날리자 숨겨 둔 타후

에덴동산의 아담과 이브와 피그미족의 여인 _피그미족의 창조 신화는 아담과 이브의 신화처럼 맥을 같이 하고 있다.

와 껍질이 나타났다. 신의 명령을 거역한 죄 때문에 두 남녀는 아프리카의 지상낙원에서 영원히 추방되었다. 이러한 연유로 피그미족은 정처 없이 방랑을 하고 있다고 한다.

키가 작은 피그미족과는 반대로 평균신장이 173cm의 큰 키에 고수머리, 단정한 용모에 암갈색 피부를 하고 있는 마사이족이 있다. 마사이족은 아프리카 동부 케냐와 탄자니아 경계의 가시나무가 많은 초원에 거주하고 있다.

마사이족은 서로 만났을 때 인사하는 방법이 독특하다. 그들은 사람을 만나면 상대방의 얼굴에 침을 뱉는다. 수분 즉 물은 마사이족에게 대단히 귀중한 것이다. 상대에게 이 귀중한 수분을 발라 주는 것이 우정과 축복의 표현이라고 한다.

마사이족의 신화는 다른 소수 부족들의 창세 신화와 거의 비슷하다. 태초의 하늘나라에 마사이족이 살고 있었다. 그들의 아버지는 곧 하나님이요, 마사이 말로 '은가이' 즉, 신이라고 불렀다.

어느 날 아이들이 하늘나라에서 지상을 내려다보았다. 그들은 지상의 세계가 매우 아름다워서 가 보고 싶은 충동을 느꼈다. 지상을 동경한 나머지 아이들은 아버지 은가이 신에게 허가를 얻었다. 이렇게 하여 한 집단이 밧줄을 타고 천국에서 지상으로 내려왔다. 그러나 은가이 신은 아이들에게 명령하였다.

"너희가 지상에 내려가되 결코 다른 동물을 죽이거나 잡아먹어서는 안 된다. 그래서 나는 너희와 함께 하늘나라에서 소와 양과 염소를 내려보낸다. 이 짐승들을 길러 그 젖을 먹고 살아야 한다. 내 명령을 거역하고 다른 동물을 해치거나 잡아먹어서는 안 된다."

아이들은 아버지의 명령에 따르겠다고 약속하고는 밧줄을 타고 지상으로 내려왔다. 그러나 며칠이 안 되어 아이들은 은가이 신의 명령을 어기고 어느 날 그만 사슴 한 마리를 잡아먹고 말았다. 하늘나라에서 이를 지켜보던 아버지 은가이 신은 격분했다.

마사이족 _동아프리카의 유목민으로 1년 내내 무리를 지어 유목생활을 하며 거의 가축의 피와 우유만을 먹는다. 진흙으로 만든 집 주위에 크고 둥근 가시나무 울타리를 치고 거주한다. 마사이족의 축제로 성인식과 장로 추대식이 가장 크며, 남자들이 마을 한가운데 모여 제자리에서 높이 뛰어오르는 '전사의 춤'을 춘다.

"저놈들이 내 말을 거역하다니……."

은가이 신은 하늘나라에서 타고 내려간 밧줄을 잘라 버렸다.

"네놈들은 아버지와의 약속을 어겼다. 너희는 사슴을 해친 죄로서 하늘나라로 다시는 돌아올 수 없는 벌을 받을지어다."

이에 놀란 아이들은 은가이 신에게 용서를 빌었다.

"아버님, 제발 한 번만 용서해 주세요. 저희가 잘못했습니다. 다시는 다른 짐승을 잡지 않겠으니 하늘나라로 돌아갈 수 있도록 밧줄을 내려주소서."

그럼에도 은가이 신의 분노는 쉽사리 가라앉지 않았다.

"너희는 이대로 하늘에 되돌아올 수 없다. 다만 내가 함께 내려보낸 소와 양과 염소를 너희가 지상에서 열심히 길러 내가 만족할 만큼 그 숫자가 증가했을 때, 나는 너희가 하늘나라로 되돌아올 수 있도록 밧줄을 내려줄 것이니라."

이 신화는 마사이족의 조상으로부터 오늘날까지 구전되어 온 것이다. 이와 같이 하늘나라에서 내려온 마사이족에게 은가이 신이 남긴 마지막 말씀에 따라 하나님이 만족스러워할 때까지 소와 양과 염소를 열심히 기르는 것은 그들의 생활이며 신앙이 된 것이다. 그래서 마사이족은 소와 양과 염소를 방목하고 특히 소에 최고의 가치관을 둔다.

마사이족의 여인 _마사이족의 생활은 여성들이 마을의 살림살이를 맡아서 하고 움막을 짓는 일까지 한다. 그 작은 움막 속에는 가족들이 생활하는 거실과 손님 방, 태어난 가축을 위한 공간까지 마련되어 있다.

|76| 줄루 탄생 신화

■ 아프리카 신화 ■

줄루 신화는 줄루족의 신화를 말한다. 줄루족 신화의 특징은 동물과의 소통과 아이들에게 교육적인 효과를 주는 신화 형식의 구조다. 줄루족의 이야기에 나오는 동물은 초식동물과 육식동물과의 구별이 모호하며, 질투에 대한 도적적인 책임을 날카롭게 묻는 이야기 등은 어린아이에게 어린 시절부터 도덕과 윤리관을 형성시킬 수 있는 훌륭한 교육수단이 된다. 또한 줄루 신화의 남다른 장점은 웃음과 풍자를 무기로 지배계층의 권위와 전통에 도전하고자 하는 욕망이 담겨 있는 경우가 많다는 점이다.

    태초부터 존재했던 창조주 움벨리캉기는 하늘의 왕이었다. 왕은 하늘나라에 어마어마하게 큰 외양간을 지어 놓고 셀 수 없을 만큼 많은 소를 길렀다. 왕은 소를 무척 사랑했다. 그러던 어느 날, 왕이 다른 때처럼 자신의 오두막 밖에 한가로이 앉아 있는데 신하가 다급히 뛰어오더니 골치 아픈 소식을 전했다. 왕국의 말썽꾸러기 사내가 왕이 아끼는 흰 소의 등에 올라타 장난을 치고 있다는 것이었다.

    사내의 장난에 넌더리가 난 왕은 사내가 이제 더 이상 하늘나라에서 말썽을 부리지 못하도록 땅으로 내려보내기로 결심했다. 왕은 사내를 불러 놓고 하늘바닥에 구멍을 낸 뒤 사내의 허리를 탯줄로 묶어 땅으로 내려보냈다. 땅에 내려온 사내는 주위를 둘러보았다. 사내가 살펴본 땅의 세상은 풍요로 가득 차 있었다. 사내는 주변에 있는 갈대를 꺾어 날선 잎으로 허리에 붙은 탯줄을 잘라내고는 자유의 몸이 되었다.

    사내가 지상에 내려온 지 한 달 정도가 지나자 하늘의 왕은 땅으로 내려간 사내가 어떻게 지내는지 궁금해져 하늘나라의 구멍을 통해 지상을 내려다보았다. 사내는 바나나무 그늘 아래에서 피곤한 모습으로 누워 있었다. 그 모습을 본 왕은 사내가 좀 불쌍하게 여겨졌다.

"저 사내에게 뭔 문제가 있는 것인가? 먹을 것이 부족한가? 마실 물이 적은가? 왜 저토록 힘들어하는 걸까?"

문득 왕은 사내가 한창 힘이 넘칠 나이에다 홀몸이라는 것을 떠올리게 되었다.

"아, 이제야 알겠어. 저놈은 외로운 거야. 저놈 곁에는 아무도 없으니 저놈을 위해 짝을 보내 줘야 되겠어."

왕은 사내에게 짝을 줘야겠다고 생각하고는 하늘나라에서 둘째 가라면 서러울 미인을 불러 말했다.

"너는 이제부터 하늘나라를 떠나 내 아들의 신부가 되어 지상에서 살아가거라."

말을 마친 왕은 다시 탯줄을 꺼내어 처녀의 허리에 묶고 여자를 땅으로 내려보냈다. 그때까지만 해도 사내는 깊은 잠에 빠져 있었다. 땅에 내려온 처녀는 사내가 자고 있던 그늘 아래에 가까이 다가갔다. 잠시 후 사내는 아름다운 처녀가 자기 옆에 있는 것을 보고 깜짝 놀랐다.

"이처럼 아름다운 여인은 본 적이 없어. 이 여인은 분명히 하늘의 왕이 내려보낸 거야. 그렇지 않고서야 이렇게 아름다운 여인이 내 옆에 있을 수 있겠어?"

청년은 갈대를 꺾어들고 처녀의 허리를 묶은 줄을 끊었다. 하늘에서 이 모습을 기분 좋게 지켜본 왕은 끊어진 줄을 거둬 땅의 사람들이 다시는 하늘을 바라보지 않고 하늘의 사람들도 땅을 내려다보지 않고 살아가게 했다. 그 이후 사내와 처녀는 스스로 자손을 불려 나갔다. 그 후손들이 지금의 줄루족인 아마줄루이다.

줄루족의 조상 신화에 관한 이야기는 다음과 같다.

예로부터 줄루족의 사람들이 이르길 은클룬클루는 세상에서 제일 먼

줄루족의 의식 _줄루 사회에는 미신과 점술이 판을 친다. 여성은 생리 중, 임신 중, 출산 직후에는 부정한 존재로 취급되어 남성과 가축을 피하게 한다. 그럼에도 여성은 현세와 조령(祖靈)의 세계를 매개(媒介)하는 힘을 품고 있다고 생각한다. 때문에 왕실 소속 주술사나 특별한 경우의 남자 점쟁이를 제외하고는 거의 모든 점술가가 여성이다. 점술가는 조상의 심부름꾼으로, 꿈에서 선조들을 만나 고해 바치면 점괘를 풀 수 있는 신통력을 받는다고 한다. 그 이후 일정기간 수련을 마치게 되면 한 사람의 점술가로 공인되며 사람들은 점술가가 선조의 혼과 더불어 산다고 믿는다.

저 태어난 절대자이자 창조주라고 여겼다. 최초의 사람은 갈대밭의 갈대가 부러지고 그 속에서 나왔다고 한다. 그래서 은클룬클루가 그 갈대라고도 말한다.

　어떤 사람은 은클룬클루가 바로 그 첫 사람으로 갈대에서 갈라져 나왔다고 한다. 또 어떤 사람은 은클룬클루가 갈대를 갈라 나라를 만들었다고 한다. 줄루족은 절대자인 은클룬클루가 생명을 부여한 존재이며, 또 자신이 부여한 생명을 보호하기 위해 질병을 치료할 전통 약제사 이냥가와 앞을 봐 줄 점술가 이상고마를 사람들에게 보내 주었다고 한다.

　그래서 이상고마는 그 특별한 능력으로 사람이 아플 때 왜 병이 생겼는지 알아낼 수 있고, 만일 병이 조상혼령을 뜻하는 아마들로지인 것이 밝혀지면 그 가족들에게 황소를 잡아 아마들로지를 위로하라고 권하여 병이 깨끗하게 낫게 한다.

　그리고 잊혀진 조상들은 아마들로지가 되어 계속 후손들 곁에서 살아가고 있다고 한다. 아마들로지는 잊혀지지 않고 계속 후손들 곁에 언제까지나 머물고 싶어 하며 실제로 가끔씩 후손들에게 도움을 주기도 한다. 요즘에도 사람들은 소를 잡아 아마들로지를 위로하고 후손들을 도와달라고 축원하기도 한다.

|77| 요루바 신화

■ 아프리카 신화 ■

요루바족은 나이지리아 남서부와 베냉, 토고에 사는 민족이다. 1999년 1,700만 명 이상이 살고 있으며, 언어는 니제르콩고어족에 속하는 요루바어를 쓴다. 종교는 대부분 기독교나 이슬람교를 믿지만 전통 종교인 다신교를 믿는 사람도 있다. 15세기 후반부터 19세기 초까지 아메리카 노예로 많이 팔려와 미국의 예술, 음악, 종교에 커다란 영향을 미쳤다.

    태초의 세상은 위에는 하늘, 아래에는 물과 늪지대만 있었다. 신의 왕인 올로룬은 하늘을 지배했고, 여신인 올로쿤은 아래를 지배하였다. 또 다른 신인 오바탈라는 이 같은 상황을 깊이 생각했다. 그런 후 올로룬에게 가서 생물이 살아갈 수 있는 마른땅을 만들어 줄 것을 요청하였다.

    오바탈라는 올로룬으로부터 허락을 받고 올로룬의 맏아들이자 예언의 신인 오룬밀라에게서 조언을 들었다. 오룬밀라는 아래까지 닿을 긴 금사슬과 모래를 가득 채운 달팽이 껍질, 흰 닭, 검은 고양이 그리고 야자 껍질이 필요하다고 오바탈라에게 말했다.

    모든 신은 그들이 가지고 있던 금들을 모두 내주었으며 오룬밀라는 물건을 나를 수 있는 가방을 지원했다. 이 모든 것이 준비되자 오바탈라는 하늘의 모퉁이에 그 사슬을 걸고 그의 어깨 위에 가방을 메고 내려오기 시작했다.

올로룬_ 서아프리카 요루바족의 판테온의 최고 신이자 창조신이다.

그러나 그가 사슬의 끝에 다다랐을 때 아래까지는 아직 많이 남아 있음을 알게 되었다. 그때 오룬밀라가 오바탈라에게 달팽이 껍질 속에 있는 모래를 쏟아 붓고 흰 닭을 풀어 주라고 하였다. 오바탈라는 오룬밀라의 말대로 모래를 쏟고 흰 닭을 풀어 주었다.

닭은 모래 위에 떨어지자 모래를 두 발로 흩뿌리기 시작했다. 그 모래는 마른땅을 덮었고 보다 큰 부분은 언덕이 되었다. 오바탈라는 한 언덕에 뛰어내렸고 그곳을 이페라고 이름 지었다.

그 마른땅은 계속 넓혀졌다. 그는 큰 구멍을 파서 그곳에 야자열매를 심었으며 그 나무가 눈 깜짝할 사이에 크게 자라는 것을 보았다. 그 큰 야자나무는 땅 위에 많은 야자열매를 떨어뜨렸고 그 열매들이 보다 많은 야자나무를 만들어 내었다. 오바탈라는 친구인 고양이와 함께 정착하게 되었다. 많은 달이 지나가자 그는 이곳에 사는 게 서서히 지루해지기 시작했다. 그는 자신의 친구로서 자신과 같은 형태의 생물체를 만들기로 했다. 그는 모래를 파서 흙을 찾아 그 자신과 같은 형체를 만들기 시작했다. 그러나 그는 곧 지쳐 잠시 쉬기로 했다. 그는 야자나무 근처에서 와인을 만들어 계속 마셨다.

오바탈라_ 신화에 의하면 최고 신은 먼저 오바탈라 신을 창조하고 진흙과 다섯 개의 손가락을 가진 닭과 비둘기를 한 마리씩 주어 대지를 만들게 했다. 대지는 5일 동안 만들어졌으며, 오바탈라 신은 야자나무를 심어서 식량과 음료를 준비하고 그 후 인간을 창조했다고 한다.

오바탈라에 의해 인간들이 세상을 만들어 나가는 장면

　오바탈라는 와인을 너무 많이 마셔서 자신이 술에 취한 것을 알지 못했다. 그는 새로운 생명체를 만들기 위해 그의 작업실로 되돌아갔다. 그러나 그는 술에 취했기 때문에 많은 불완전한 형체를 만들었다. 이것을 알지 못했음에도 불구하고 그는 그의 창조물에 생명을 불어넣어 줄 것을 올로룬에게 요청하였다.

　다음날 오바탈라는 그가 무엇을 했는지를 깨달았고 결코 다시는 술을 마시지 않겠다고 맹세했다. 그리고 그는 불완전한 형체를 한 그 사람을 돌보아 주었다. 그래서 그는 불안전한 형체의 사람들의 보호자가 되었다.

　이 새로운 사람들은 오바탈라가 했던 것과 같은 오두막집을 지었고, 이페(Ife)는 곧 번성하여 도시가 되었다. 모든 신은 오바탈라가 하는 일들은 무엇이든지 축복해 주었고, 하늘 아래를 지배하는 신인 올로쿤만 제외하고 가끔 땅을 방문하기도 했다.

|78| 도곤족의 미스터리 신화
■ 아프리카 신화 ■

도곤족은 서아프리카 말리공화국에 자리하고 있는 부족이다. 현재 인구는 약 22만 명을 이루고 있으며 독자적인 전통을 가지고 있다. 도곤족의 신화는 자연계의 대상을 분류하고 선악을 가려 인격화하며 영적 원칙을 규정하는 형이상학적인 체계를 갖추고 있어 다른 아프리카 종교에 비해 높은 추상성을 보여준다. 이들의 신화는 마치 그리스 창세 신화나 그리스도교 구약성서의 창세기편과 흡사하다. 때문에 유럽학자들은 도곤족의 고유 신앙을 아프리카 원시종교 연구의 주요 대상으로 삼고 있다.

    도곤족의 창세 신화는 미스터리로 가득하다. 도곤족의 태초의 세상은 천상의 신 암마가 우주를 창조했다고 믿으며 우주는 암마의 알이라고 부른다.

    암마는 우주에서 씨앗을 만들어 두 개의 태반에 심어 한쪽 태반에서 남녀 쌍둥이를 낳게 하였다. 그런데 암마의 자식인 율그라는 남자아이가 지상세계를 지배할 욕심으로 암마 몰래 씨앗을 훔쳐 쌍둥이 누이 야시기 데리고 지상으로 내려갔다. 이때 창조신 암마가 율그의 질서 반역을 알아차리고 곧 야시기를 빼앗아 다른 한쪽의 태반에서 태어난 놈모에게 맡겼다. 그리고 율그와 야시기가 태어난 태반으로 대지를 창조하였다.

    율그는 이 대지와 결합하여 인간과 생물을 탄생케 했다. 결국은 율그의 태반이 곧 대지이므로 근친상간의 원죄를 범한다. 이 때문에 대지는 더럽혀졌으며 메마른 불모의 땅이 되고 반역아 율그는 흰 여우로 변하여 야시기를 영원히 그리는 운명에 처해진다.

도곤족의 창조신 암마 목조상

배신한 율그에 화가 난 암마는 오염된 대지를 청정하고 우주의 질서를 회복하기 위해 다른 태반에서 태어난 놈모를 네 쪽으로 나누어 시리우스별에서 우주선을 타고 출발하여 도곤에 도착하였다고 한다. 굉음과 화염을 동반한 우주선이 땅에 도착하자 놈모들은 바로 물웅덩이에 뛰어들었다. 도곤 전설에 의하면 놈모들은 물이 있어야 살 수 있었다. 도곤족은 "놈모는 자기의 몸을 뜯어 사람들을 먹여 살렸다"라고 하는데, 이는 물을 공급해 주었다는 의미로 해석된다.

놈모들은 상반신은 인간이고 하반신은 물고기인데 땅과 물 양쪽을 넘나든다. 다른 신화에 의하면 놈모의 하반신은 뱀처럼 길이가 길었다는 설도 있다. 놈모들은 인간 세상에 새로이 풀과 나무가 자라게 하여 인간들이 곡식과 열매를 먹고 살 수 있게 하였고 이치와 도덕을 가르쳤다.

때문에 도곤족 사회에서는 놈모와 율그가 선과 악, 음과 양, 낮과 밤, 남과 여 등 대립되는 개념으로 자리 잡고 있다. 즉 놈모는 비를 내리게 하며 풍요로운 수확을 가져다주는 자비로운 우신(雨神)이며, 율그는 가뭄과 재앙을 가져다주는 사악한 여우라고 믿고 있는 것이다.

오늘날의 도곤족 사회는 부계사회이다. 가족이나 일가는 나이가 많은 남자 원로 한 사람이 대표자가 된다. 남자는 최대 네 명의 여자를 아내로 가질 수 있다. 물론 대부분의 남자는 한 명의 아내만 갖고 있으며 두 명 이상의 아내를 가진 사람은 드물다.

도곤족 동굴의 암벽화 _ 도곤족의 천문학적 지식을 드러내는 암벽화로, 도곤족 신화의 우주선과 같은 형체들도 나타나고 있다.

도곤 부락은 네 개의 그룹으로 나누어지는 시스템을 갖고 있는데, 이는 태초에 암마 신이 창조한 네 쌍의 쌍둥이 선조들인 놈모를 상징한다. 4조의 쌍둥이 선조로부터 각각 이어진 후손들 네 그룹이 모여 한 부락을 이루고 있다는 상징성을 나타낸다.

각 그룹에 한 명씩의 사제가 있어 모두 네 명의 사제가 있게 되는데 맡은 업무가 각각 따로 정해져 있다. 한 사제는 암마나 놈모 신들과 접촉하는 임무를 가지며, 한 사제는 예언을 하고, 한 사제는 재판을 담당하고, 마지막 한 사제는 장례를 관장한다.

죽은 사람은 절벽의 가장 높은 위치에 있는 굴속에 안치하며, 그 굴은 성스러운 마법이 보관된 장소로서 장례를 지내는 사람 외에는 아무도 들어갈 수 없다. 도곤 문화의 핵심은 놈모 조상의 숭배이며 장례 행사는 매우 중요한 부분을 차지한다.

도곤족이 존중하는 의례나 숭배하는 토템 대상에는 아와, 레베, 비누 세 가지가 있다. 아와는 죽은 자의 영혼을 가족의 제단에 모시고 선조들의 반열에 올라가도록 비는 춤의 의식이다. 도곤족은 이 의식에서 탈을 쓰고 춤을 춘다. 아와 댄스는 장례식 때만 하는 것이 아니고 연례 축제로도 열린다. 도곤족의 탈은 유명하며 78가지가 있다.

도곤족의 시리계 가면 도곤족의 가면들 중 시리계라 불리는 가면은 60년에 한 번씩 열리는 시구이 의식을 위해 만들어진 가면이다. 도곤족은 죽은 사람의 환생을 믿으며, 만약 사람이 죽으면 시리계 가면의 긴 형태처럼 큰 뱀으로 변한다고 믿어 왔다. 즉 시리계 가면은 죽은 사람의 영혼이 숨어 있을 수 있는 피난처인 것이다. 시리계 가면을 쓰고 의식을 행하는 무희는 고개를 돌리며 커다란 원을 그린다. 이는 도곤의 신화 암마 신이 우주를 창조할 때 하늘의 별이 회전하는 모습을 재현해 내는 것이라고 한다.

79 | 폰족 탄생 신화

■ 아프리카 신화 ■

아프리카의 베냉공화국 남부에 사는 폰족은 다호메이족이라고도 한다. 민족의 역사도 상당히 오래되었으며 당초 몇 개의 작은 왕국으로 분립되었으나 17세기 중엽 통합이 이루어짐으로써 아보미를 수도로 최초의 다호메이 왕국을 세웠다. 18~19세기에 걸쳐 기니아 만에서 유럽인들에 의해 행해졌던 노예무역에 협조한 왕국 중의 하나였다. 특히 다호메이족의 세계관과 의례는 복잡하고 잡다한 영혼·마술을 지닌 미개한 신앙이 발달하였다.

폰족 사회에서 옛날부터 전승되어 오는 창세 신화를 소개하면 다음과 같다. 태초에 리사 마우 창조신이 있었다. 대지의 여러 신은 '마우'와 '리사'의 자녀들이다. 마우는 한 몸체의 신이지만 두 쪽의 옆면이 있었다. 한쪽 반신은 여성으로, 여기에 달린 눈은 달이며, 다른 한쪽의 반신은 남성으로서 그쪽 눈은 해였다. 해의 눈이 달린 반신은 리사라 불리고 낮의 세계를 지배했다. 반대로 달의 눈을 가진 반신은 마우라고 불리며 밤의 세계를 지배했다.

마우 리사는 양성구유(兩性具有)의 몸이기 때문에 스스로가 자녀를 낳게 되었다. 처음 출생한 자녀는 남녀 쌍둥이였다. 그 다음은 남자, 세 번째는 또 남녀 쌍둥이, 네 번째는 다시 남자 등등 자녀를 낳다가 일곱 번째에 마지막으로 막내를 보았다. 어느 날 리사 마우는 자녀 모두를 불러 모아 각각 지배영역을 분할했다. 첫 남녀 쌍둥이에게는 모든 재화와 부를 주어 지상으로 가서 살도록 명했다. 이로써 대지가 그들의 영역이 되었다.

둘째는 양성구유 남자였으므로 하늘에 남아 후계자가 되도록 하고 셋째 쌍둥이는 바다에서 살면서 물을 지배토록 명했다. 넷째는 사냥꾼이 되어 숲속에 살면서 짐승들을 지배토록 하였다. 이런 순서로 모든 자녀 신들에

신화는 아프리카 마을에서 어떤 역할을 했을까?

　사람들이 모이는 곳에는 늘 이야기가 있었고, 그 이야기를 구성지고 재미있게 전해 주는 이야기꾼은 당대의 대중연예인이었다. 우리나라에는 무성영화시대에 영화대사만을 전문적으로 전달하는 연사가 있었고, 저잣거리에는 야사나 재미난 이야기들을 채집해 들려 주는 전기수가 있었다. 아프리카 신화에 있어서 가장 중요한 역할을 했던 사람이 바로 신화를 들려 주는 이야기꾼이었다. 아프리카의 이야기꾼은 유럽이나 고대 그리스의 이야기꾼보다 훨씬 중요한 역할을 하였던바, 그들은 대대로 내려오는 신화를 그들만의 신성한 이야기로 꾸며 마을 사람들에게 들려 줌으로써 마을의 단결을 유도하는, 오늘로 치면 미풍양속 권장자의 역할을 담당했다. 아프리카의 이야기꾼은 단순히 1주일에 한 번씩 종교 의식을 위해 나와 여흥이나 오락거리를 제공하는 존재가 아니었다. 그들에게는 아프리카 특유의 흥과 멋을 살린 리드미컬한 춤과 북이 있었고, 여기에 재미있고 교훈적인 이야기와 노래를 실어 그들만의 의식으로 마을 사람들의 단합과 유대를 꾀했다. 이는 곧 마을의 일상생활에서 필수적인 부분이었고, 가족 간 유대의 가치, 유명한 조상의 업적, 과거의 영웅, 사회 내에서 개인의 위치 등에 대해 중요한 메시지를 전달했다. 민속학자 로저 에이브러햄스가 《아프리카 민간설화》에서 설명하고 있듯이 "집단의 이익을 위해 개인의 뜻을 꺾어야 한다고 강조하는 세상에서 주도권 문제가 일어나는 것처럼, 마을에서는 가족과 공동체 안에서의 개인에 대한 문제가 끊임없이 제기된다."

　문자로 기록을 남기지 않았던 고대 아프리카 사회에서 신화와 구전(口傳)은 각 민족이나 부족만의 역사의식과 단결을 유지하는 데 중요한 역할을 했다. 무엇보다 아프리카 신화가 공통적으로 집단의 이익과 교훈적인 설교로 일관할 수밖에 없는 이유는 바로 집단의 이해관계와 직접적인 영향이 있는 식량 문제에 관한 것이기 때문이다. 아프리카는 고대엔 지금보다 더욱 환경이 열악한 땅에서 살아 남아야 했기 때문에 시시때때로 예고 없이 몰아닥치는 가뭄이나 흉년, 식량 부족의 위협에 늘 노출될 수밖에 없었다. 따라서 생존을 위해서는 사회적 협력과 공동 농업이 중요하다. 아프리카 신화와 이야기에서도 이 주제가 중요한 위치를 차지한다. 자연 재해나 그것에 대한 인간의 모험적인 반응 앞에서 공동체의 생존을 보장해 주는 힘을 제공하기 위해 무엇보다도 가족 간이나 친구 간에 유대를 돈독히 하는 것이 가장 중요한 문제로 여겨졌다.

　공동 협력의 중요성을 감안하면, 하찮아 보이는 '노동가'가 아프리카 신화에서 왜 그렇게 중요한 역할을 하는지 이해가 간다. 수확을 하거나 밭을 갈면서 합창으로 부르는 노동가는 단순히 따분하고 힘든 노동 가운데의 기분전환을 위해 부르는 게 아니다. 그것은 부족생활에 기본적인 응집력으로 작용한다. 지금도 아프리카에서 많이 부르는 이 노래들은 수많은 아프리카 마을에서 노예선에 실려 아메리카로 건너가 농장에서 일하던 노예들의 노동가뿐만 아니라, 사슬에 묶인 노예들의 리드미컬한 노래로 명맥을 이어 왔다.

마우 리사_폰족의 창조신. 남성과 여성, 자비와 잔인함을 겸비한 신으로, 다호메이 서부의 아자족으로부터 전래되었다. 마우 리사가 세상을 창조했다고 여겨졌음에도 불구하고 폰족은 마우 리사 이전에 신이 존재했다고 한다. 마우 리사는 이미 존재하던 물질로부터 우주를 창조하고 질서를 부여했다. 이원적인 마우 리사에서 마우는 여성이고 리사는 남성이다. 마우는 달, 밤, 풍요, 모성, 우아, 용서, 휴식, 기쁨을 상징하며, 리사는 태양, 낮, 열, 힘, 전쟁, 강인함, 내구력을 상징한다.

숲속에 살면서 짐승들을 지배토록 하였다. 이런 순서로 모든 자녀 신에게 지배 영역을 맡겼으나 막내에게는 특수임무를 부여했다. 막내는 귀엽게 자랐기 때문에 어느 한 영역을 분담케 하지 않고 형들이 맡아 다스리는 영역을 돌면서 거기서 일어난 일들을 마우 리사에게 알리도록 명했다. 최고 신 마우 리사는 하늘에 살면서도 자녀들로 하여금 지상의 모든 일을 소상히 보고받는 시스템을 마련한 것이다. 이러한 지배권의 제도적 장치는 다호메이 왕국이 각 지방에 여러 계층의 수장들을 두고 통치하는 제도와 비유될 수 있다.

마우 리사 신은 세계를 창조하여 영역을 분할한 이후에는 하늘에 주거지를 정하고 지상에는 내려가지 않았다. 그러나 지상에 사는 인간들이 경작 재배 방법을 배우려고 한다는 막내둥이의 보고를 받고 달의 반쪽인 마우가 지상으로 내려갔다. 마우는 지상에 내려가 인간들에게 숲을 개간하고 농경을 하는 법을 가르치고 집 짓는 기술을 전수한 다음 다시 하늘로 되돌아왔다. 승천한 마우는 이때부터 다른 반쪽인 리사와 합쳐져서 달에서 태양으로 옮겨 살게 되었다. 폰족은 이 신화를 통해 최고 신 마우 리사가 하늘에서 지상의 구석구석까지 빛을 주어 만물을 자라게 하고 인간의 삶을 지켜본다고 믿었다.

해와 달을 들고 있는 마우 리사

베냉의 돌아오지 않는 문 아프리카는 서구 열강으로부터 두 번의 아픈 시련을 겪었다. 식민지배로 한 번, 그리고 노예무역으로 또 한 번 시련을 겪은 것. 노예무역은 1488년 유럽 강대국이 아프리카 대륙을 탐험하고 난 후 1세기 뒤인 16세기 중반에 포르투갈이 인도항로를 개척하면서 서아프리카 원주민들을 노예로 끌고 왔고, 이를 시작으로 유럽 강대국은 노예무역에 뛰어들었다. 아프리카에서 노예무역으로 미국, 유럽 등 각지로 팔려나간 아프리카인은 약 2,000만 명에 이른다고 한다. 아프리카의 노예무역의 거점이 되는 곳은 대부분 서아프리카에 위치해 있는데 그 중 '베냉'이 대표적인 장소이다. 베냉의 해안가에 세워진 '돌아오지 않는 문'은 노예로 팔려 나간 아프리카 원주민들의 한이 서린 장소이다. 그러나 폰족의 토착 종교이자 조상 숭배의 만신전은 아메리카 대륙에서 부두교로 이어 나갔다.

다호메이 왕국의 만신전은 복잡한 계보 중에서도 일정한 지위와 역할을 맡은 신들을 모셨다. 특히 왕을 최고 신으로 연관시켜 왕이 곧 최고 신의 상징이라고 믿게 하고 만신전이 왕권과 왕국의 체제를 지탱하는 이념적 역할을 하게 했다.

만신전의 최고 정점에 있는 신 '마우 리사'는 남녀양성을 구유하고, 다른 여러 신의 선친(先親)이며, 왕과 왕비는 곧 마우 리사의 화신(化身)으로 받들게 했다. 만신전에 모시는 여러 신은 각각 전속의 제사집단을 두고 있었다. 또한 제각기 독자의 신화, 의례, 신전, 신관(神官)과 종교적 비밀결사를 두고 제사를 모시는 사람들의 커뮤니케이션을 위한 영매(靈媒) 채널을 갖게 했다.

또한 만신전에는 각 가문의 조령(祖靈)을 모시게 했다. 이를 통해 만신전이 죽은 조상과 살아 있는 자손간의 중개 기능을 하게 했던 것이다. 만신전에 모시는 신들을 위해 입사했던 제사집단에 속하는 어떤 사람이 죽게 되면 제사의식 도중에 신이 죽은 자를 다음 후계자로 지명한다고 믿었다. 후계자로 지명된 사자의 머리 위에 신이 내려와서 후계자와 신령간의 접촉이 일어나면 이때 의식에 참배하고 있던 사람들은 모두 트랜스(탈혼, 脫魂) 상태에 빠지게 됐다.

| 80 | 거인족의 창세 신화

■ 아프리카 신화 ■

딩카족은 아프리카 남수단의 나일 강 유역에서 소를 방목하며 살아가고 있는 민족이다. 약 90만 명으로 추산되는 이들은 한 마을에 1천 명 내지 3만 명 단위로 모여 독립집단을 이루고 강변의 여러 곳에 흩어져 거주한다. 딩카족은 소를 위주로 하는 목축과 농경을 생업으로 삼고 계절에 따라서는 늪에서 고기잡이를 하기도 한다. 소가 부의 척도인 것은 물론, 소가 그들에겐 유일한 벗이다. 특히 힘센 황소는 이들에게 위대한 활력의 상징이기도 하다. 때문에 인간의 성스러운 힘과 결부시켜 축제나 의식 때는 반드시 소를 잡아 제물로 바친다. 딩카족은 자신들이 기른 소에 극진한 애정을 쏟아 붓고 그것으로 자긍심을 갖는다. 이들 사회에서 소를 찬미하는 신화나 노래가 많은 것도 이런 연유에서이다.

    딩카족은 세계 최장신 민족으로도 유명하다. 그들은 20세기 중반에 평균 키가 180cm 이상이었다고 한다. 그들은 현재 거의 모두가 기독교를 믿는 그리스도인이지만 고대 히브리족이 다신론 세계에서 유일신을 믿고 살았듯이 딩카족도 조상들이 가졌던 믿음과 기도를 버리지 않고 새로운 신앙에 혼합시켜 그대로 유지하고 있다.

    딩카족 사회에서는 창세 신화를 비롯하여 옛날부터 전승되는 여러 가지 신화가 있다. 신화 가운데 족장이 힘의 상징으로 지니는 '고기잡이 창'의 유래는 이러하다.

    먼 옛날 딩카족 마을에 외딸을 두고 아들이 없었던 한 미망인이 강가에 나가 통곡을 하고 있었다. 이를 불쌍히 여긴 강신(江神)이 이 여인의 치마 밑으로 물결을 스며들게 하여 아들을 낳게 하였다. 강신은 그 표징으로 여인에게 '고기잡기 창'을 주어 아들에게 전하도록 하였다.

    '에이웰'이라고 이름 지은 아들은 무럭무럭 자랐다. 힘이 세고 먹성이 좋은 에이웰은 가끔 어머니와 누나가 없는 틈을 타서 우유통을 단숨에 비우곤 했다. 강신은 에이웰이 몰래 저지른 일들을 다른 사람에게 발설하면 목숨을 잃게 된다고 경고했지만 이 사실을 이웃에게 말한 어머니는 그만 죽고 말았다.

에이웰은 청년이 되어 많은 소를 먹이며 마을 사람들과 함께 살고 있었다. 어느 해 심한 가뭄이 계속되어 마을 전체의 소가 다 굶고 목이 타서 죽게 되었을 때 에이웰의 소들은 변함없이 생기가 돌았다.

마을 사람들이 그 비결을 알기 위해 숨어서 에이웰을 미행하였다. 그는 마을에서 개울 건너편 야산으로 소떼를 끌고 가서 손에 든 고기잡이 창으로 뿌리 깊게 자란 '아와르'란 풀을 뽑고 그 자리에서 솟아오른 맑은 물을 소들에게 마시게 하였다.

이 광경을 본 마을 사람들이 에이웰을 쫓아 개울을 건너가려 했으나 에이웰은 미리 갈대로 엮은 발을 개울에 쳐 두고 거기에 걸리는 사람들을 모두 고기잡이 창으로 찔러 죽였다. 에이웰의 이런 살인을 보다 참지 못한 아고티아틱이라는 힘센 청년이 나서서 에이웰과 맞서 싸웠다.

딩카족_세계에서 가장 키가 큰 민족으로 평균 신장이 180cm 이상이라고 한다. 만약 더 영양상태가 좋아지면 거인족으로 불릴 만하다.

물고기잡이 창을 들고 있는 아고티아틱

두 사람의 격투는 장시간 계속되었으나 결국 아고티아틱의 승리로 끝났다. 에이웰은 패자가 되어 강신으로부터 받은 성스러운 힘의 고기잡이 창을 승자인 아고티아틱에게 물려주고 어디론가 사라져 버렸다. 그리하여 격투 도중 개울을 건너온 소수 엘리트들은 지배층인 바니씨족이 되고, 그 때 무서워 도망친 사람들은 서민층인 킥 집단이 되었다고 한다. 오늘날 딩카족 사회에서 족장 겸 종교지도자로 선출되는 사람은 바니 출신이며, 지도자는 아직도 고기잡이 창을 지니고 있다고 한다.

| 신화를 알면 역사가 보인다 |

제 **13** 장

켈트 문명의 신화를 찾아서

　로마 장군 율리우스 카이사르의 보병 군단은 유럽의 어느 외딴 지방에서 고함을 질러 대는 벌거벗은 전사들과 힘겨운 전투를 벌였다. 이 야만인들은 동물가죽으로 만든 날카로운 소리의 파이프와 기묘한 나팔 같은 기괴한 악기를 동원해 전투에 나서며 로마군을 혼란에 빠뜨렸다. 로마인은 이 야만인 전사들을 인도-유럽어족에 속하는 고대 민족의 하나로 켈타이(Geltae)라 불렀고, 그리스인은 켈토이(Keltoi)라고 불렀다. 오늘날 이들은 모두 합쳐 켈트족이라 부른다.
　켈트족은 웅장한 신전에서 신을 숭배하지 않았으며, 그들의 신은 주변 어디에나 있었다. 숲과 들, 산, 호수, 샘에도 많은 정령이 살고 있었으며, 심지어는 유럽 곳곳에 산재한 기묘하고 신비로운 환상 열석에도 살고 있었다.
　켈트족은 동시대의 알렉산드리아, 바빌론, 아테네, 로마인들과는 아주 다르게 잔인하고 야만스러운 반유목생활을 하며 근근이 살았으며 거의 항상 전쟁 상태에 있었다. 켈트족은 천 년이 넘는 역사 동안 유럽 전역을 떠돌아다니면서 로마제국의 가장자리에서 불안정한 정착생활을 했다. 1세기 초에 켈트족의 주요 전초기지는 아일랜드와 영국 제도, 브르타뉴, 프랑스 북서부에 있었다. 켈트족은 기원전 500년경 로마공화국이 탄생할 무렵에 서유럽으로 퍼져 가기 시작했다. 기원전 350년 무렵에 이들은 바다를 건너 영국 제도와 아일랜드로 가서 가장 오랫동안 지속될 켈트족 사회를 만들었다. 켈트족은 로마제국에 끝까지 굴복하지 않은 몇 안 되는 민족이었으며 결국엔 아일랜드의 켈트족을 그리스도교로 개종시킨 성 페트릭의 활약으로 로마 가톨릭 교회에 굴복하고 말았다. 켈트족의 신화와 종교, 숭배 의식 중 상당수가 아일랜드나 웨일스, 스코틀랜드, 영국 지역에 살던 켈트족의 갈래와 깊은 연관이 있는 것은 이러한 이유 때문이다.
　켈트족은 시끄럽고 소란스러운 잔치와 음주가 흥건한 마초적인 문화가 있는 반면 시적이고 예술적이며 낭만적이기도 한 신앙심 깊은 경건한 문화도 보유하고 있다. 켈트족은 자연계의 정령들과 강한 유대를 느끼며 숲과 산꼭대기와 웅덩이와 샘에 신성한 정령이 깃들어 있다고 믿었다. 유럽 기사도 문화의 대표적인 영웅이랄 수 있는 쿠 훌린 신화와 에린 침략의 서, 더베드 왕 푸일 전설에 이어 중세 하면 떠오르는 아서 왕 신화와 니벨룽의 노래 등 너무나 인간적인 영웅의 풍모가 잘 드러나는 무사 신화가 주를 이루고 있는 것이 정통적인 켈트 신화의 본령이라고 하겠다.

|81| 에린 침략의 서

■ 켈트 신화 ■

《에린 침략의 서》는 세상의 창조부터 중세 시대까지 아일랜드의 신화와 역사를 노래하는 운문·산문의 설화체 문학이다. 이 작품은 아일랜드의 민속학적 역사를 연구하는 데 중요한 기록으로, 11세기에 한 익명의 학자가 아일랜드의 신화, 전설, 역사, 민담을 모아 기독교적 관점으로 편찬, 편집했다. 에린은 신에 의해 만들어진 섬이 아니라 신 이전부터 존재하고 있었다. 따라서 신화는 이 섬나라에 여러 종족이 흘러들어오고 서로 영토를 주장하며 싸우는 것으로 전개된다.

《에린 침략의 서》에 따르면 카사르는 성경의 노아 부분에 나오지 않는 아들 비흐와 그 아내 비렌 사이에 태어난 딸이라고 한다. 그들은 세 척의 배에 나눠 타고 긴 항해 끝에 에린 땅에 닿았다. 그러나 그들이 상륙하려고 하자 배 두 척이 침몰했다. 생존자는 카사르를 비롯한 여자 50명과 남자 세 명이었다. 세 명의 남자는 핀탄, 비흐, 라드라였다. 그들은 오늘날의 밴트리베이에 해당하는 둔 나 므바크라는 곳에 상륙했고 40일 뒤 대홍수가 시작되니 이때가 에린 왕국 연대기에 의하면 세계가 만들어지고 2242년, 또는 기원전 2361년이라고 한다.

여자들은 남자 셋에게 골고루 분배되었다. 각 남자들은 여자 한 명씩을 처로 삼고 나머지는 첩으로 삼았는데, 핀탄은 카사르를, 비흐는 바르린드를, 라드라는 알바를 처로 삼았다. 그러나 비흐와 라드라는 얼마 못 가 죽었고(라드라는 에린에 매장된 첫 번째 남자였다), 핀탄은 모든 여자를 취하게 되었으나 상황을 극복하지 못하고 도망쳤다. 하지만 대홍수가 닥쳤을 때 그의 처자식들은 모두 익사했지만 핀탄은 연어로 변신하여 살아 남았다.

핀탄은 예언 능력자로, 인간의 모습으로 돌아간 뒤 능력을 사용해 에린의 왕들의 자문관 노릇을 했다. 피르볼그족의 오하드 왕에게 다난(투아하 데 다난)족이 침공할 것을 예언했으며 티러이 벌판 전투에서 피르볼그족의 편에서 싸웠다.

핀탄은 핀 막 쿠월이 활동하던 시기까지 생존했는데 그때까지 에린 땅에서 일어난 모든 일에 대한 지식을 갖고 있었다. 핀탄은 자기와 비슷한 시기에 태어난 마법의 매와 지난 생을 반추하는 대화를 나눈 뒤, 에린에 기독교가 들어온 이후인 5세기 중의 어느 날 필멸의 세상으로 떠났다고 한다.

마법사 핀탄_ 노아의 손녀 카사르가 대홍수 이전에 에린 땅으로 왔을 때 50여 명이 따라갔는데 그 중에서 핀탄만이 살아 남았다. 시슈킨 안드레이의 작품.

크노크 메가 카사르가 죽은 곳으로 추정되는 골웨이 주의 크노크 메가라는 곳으로, 숲의 분지에 돌무덤으로 쌓여 있다.

한편 카사르는 코노트라는 곳에서 죽었고 그녀의 시체 위에 돌무덤을 쌓아 이정표로 삼았다고 한다. 이 이정표는 로스커먼 주의 보일 근교에 있다고도 하고 골웨이 주의 크노크 메가라고도 한다.

지금은 실전된《드럼스나트의 서》에 따르면, 에린에 처음 도착한 것이 에리우, 반바, 폴라 세 자매와 그 남편들인 막 쿠일, 막 케크트, 막 그레네였다. 알다시피 이들은 다난족의 마지막 왕들과 왕비들의 이름이다. 이 세 여신과 세 남신이 기독교화 되면서 카사르와 핀탄 이야기로 대체된 것으로 생각된다. 즉 카사르 이야기는 순수한 켈트 신화가 아니고 신화를 채록, 정리한 천주교 수도사들이 노아의 대홍수라는 확고한 역사에 연대를 끼워 맞추기 위해 창작한 이야기라고 볼 수 있다.

에린 땅에 두 번째로 당도한 종족은 파르홀른족이었다. 그들이 처음 도착했을 때 에린 땅에는 나무도 풀도 없는 들판 하나와 세 개의 호수, 아홉 개의 강이 있었을 뿐이라고 한다.

그들이 도착한 에린 땅에는 인간의 형상이 아니라 거대한 고깃덩어리를 뭉친 것 같은 모습의 키홀들이 살고 있었다. 그들은 포모르 왕이 이끄는 포모르족이었다. 파르홀론족은 그들을 패망시켜 에린을 정복하고는 3백 년 동안 살면서 땅에 들판 네 개와 한 개의 호수를 만들었으며 48명의 인구는 포보르와의 전투에도 불구하고 5천 명으로 늘어났다.

하지만 알 수 없는 전염병이 시작되어 그들은 모두 죽고 말았고, 최후를 예감한 그들은 살아남은 자가 죽은 자를 매장하기 쉽게 들판에 모여들었다.

오늘날 더블린 근교에 탈라그트라는 지명이 있는데 이 지명은 '역병에 걸린 파르홀론들의 무덤'이라는 의미의 타이빌랴흐트 뮌티리 파르할이었던 것이 바뀌었다고 한다.

이후 네메드가 이끄는 네메드인들이 도착하게 된다. 그들도 잔재해 있던 포보르족과 싸워서 네 번의 전투에서 그들을 물리쳤으나 역병으로 2천 명의 네메드인이 죽었고 남은 사람들은 포보르족에게 심한 박해를 받았다.

포모르인의 두 왕 모르크와 코난은 토리 섬에 유리 탑을 지었으며 이 섬에는 아직도 두 왕의 이야기가 남아 있다.

두 왕은 일 년 동안 네메드인에게서 태어나는 아이 중 3분의 2는 서우인의 날이 올 때마다 제물로 바쳐야 한다는 가혹한 세금을 징수했으며, 견디다 못한 네메드인들은 다시 무리를 모아 탑을 습격하여 점령하고 코난을 죽였다.

하지만 다른 한 명의 왕인 모르크가 군대를 몰고 와 네메드인을 처참하게 살육했고, 탑을 습격한 1만 6천 명 중에 겨우 30명만 살아남게 된다.

이후 네메드인 브리오탄은 한 척의 배를 타고 열 명의 동료를 이끌고 영국으로 건너가 브리튼인의 선조가 되고, 세욘은 한 척의 배를 타고 열 명의 동료를 이끌고 에린 남쪽의 저승에 도착하지만 또다시 선주민의 노예가 되어 고생하다가 훗날 에린에 도래하는 피르볼그족의 선조가 되었다.

키홀의 형상_키홀들은 파르홀른족이 도래하기 전에 에린 땅에 거주하던 종족으로, 그들은 200년 동안 수렵과 어로로 먹고 살았다.

    네메드족이 멸망한 이후 피르볼그족이 에린에 상륙했다. 이들은 에린을 셋으로 나눠 다스렸으며, 피르볼그는 얼스터를, 피르돔난은 북 먼스터, 남 먼스터와 코노트를, 피르가일리언은 렌스터를 가졌다.

    피르볼그족의 오허이가 왕이었던 시절, 피르볼그족은 에린에 상륙한 다넌족과 대결하게 된다. 다넌족의 왕인 누아다는 사자를 보내 오허이에게 에린 땅을 공평하게 반으로 가르자고 제안했으나, 오허이는 다넌족에게 절반을 넘겨 준다면 나중에는 곧 전부를 차지할 것이라고 생각하여 거절하였다.

    결국 모이투라에서 전투가 벌어졌다. 피르볼그족의 수는 다넌족보다 많았지만 오허이는 누아다와 항상 같은 수로 전투를 한다는 약속을 하였기 때문에 전쟁은 4일간 계속되었다. 목이 말라 백 명의 부하를 거느리고 물을 찾아 나선 오허이 왕을 급습한 누아다는 그를 살해하였다. 하지만 누아다는 피르볼그 최강의 전사 시렝과의 결투에서 시렝의 강력한 일격에 당해 방패가 쪼개지고 팔이 절단되었다.

그러자 누아다와 동맹을 맺었던 노르웨이의 아엔가바가 시렝을 공격하였고, 그 사이 다그다 모르가 누아다를 보호했다. 다그다의 부하 50명의 호위를 받으며 누아다는 전장에서 이탈했다.

이후 스렝이 일대일 결투를 신청하자 누아다는 시렝이 한쪽 팔을 묶고 싸우라는 조건을 달아 그의 결투를 받아들였다. 그러나 시렝은 그의 요구를 거절하였다. 지속된 전투 결과 피르볼그는 패배하였다.

패배 직전까지 몰려서도 시렝과 3백 명의 피르볼그족의 생존자들은 최후의 일인까지 싸우기로 맹세했다. 이에 누아다는 그들의 의지를 숭고히 평가하여 에린 땅의 5분의 1을 주겠다고 제의했다. 양측은 이것을 수락하고 싸움을 멈추었다. 피르볼그족은 코나크타(오늘날의 코노트)에서 살았으며, 이곳의 주민들은 17세기까지 시렝을 자신들의 선조로 추앙했다.

한편 에린 땅의 새로운 정복자가 된 다넌족의 누아다는 불구자는 왕이 될 수 없다는 켈트족의 전통에 따라 왕의 자격을 잃는다. 누아다의 왕위는 포모르 혼혈 귀족인 브레스 맥엘라한이 계승하게 된다.

다넌족과 포모르족은 그리스 신화의 올림포스 신족과 티탄 신족의 관계처럼 숙적의 관계였는데 브레스의 치세 동안 포모르족은 다넌족에게 막대한 양의 공물을 요구했다. 다넌족은 새로운 왕의 억압적 통치와 인색함에 점점 불만이 쌓여 갔다.

이 시기, 누아다는 잘린 팔 대신 의술의 신 디안케트가 만들어 준 은의 팔을 달고 있었는데 그것을 디안케트의 아들 미아흐가 찾아와 살과 피로 된 팔을 새로 달아 주었다.

브레스가 7년 만에 쫓겨나자 다넌족은 누아다를 다시 왕위로 옹립했고, 누아다는 이후로 20년을 더 다스렸다.

왕위에서 쫓겨난 브레스는 포모르족의 발로르에게 투항하여 힘으로 왕위를 되찾으려 전쟁이 벌어졌다. 이때 젊고 원기 왕성한 루 라브다가 누아다

진영에 합류하자 누아다 왕은 이 팔방미인 젊은이가 포모르의 침략에 맞서 다넌족을 이끌 수 있다고 판단하고 왕위를 물려주었다.

이윽고 모이투라 2차 전투가 일어나자 누아다는 발로르에게 죽임을 당해 목이 잘렸으나 루 라브다가 발로르를 죽여 누아다의 복수를 하고 다넌족을 승리로 이끌었다.

밀레시안 종족은 신족인 다넌족을 물리치고 에린을 차지한 인간 종족으로, 현 아일랜드인들은 자신들이 밀레시안의 후예라고 믿고 있다. 그들은 이베리아 반도 북서부(오늘날의 갈리시아와 포르투갈 북부)에서 도래한 종족으로 다넌족과 치열한 전투를 벌인다.

밀레시안은 밀레 에스파인의 후예들로, 고이델계 켈트인들을 상징하는 것으로 보인다. 밀레시안은 다넌족의 세 왕비 에리우, 반바, 포들라와 마주쳤고, 그녀들의 이름으로 이 섬을 부르겠다고 했다. 그래서 에리우의 이름에서 '에이레', 즉 아일랜드라는 이름이 유래하였다. 반바와 폴라는 문어체에서 아일랜드를 가리키는 말로 사용된다.

누아다 아르게틀람_아일랜드 신화의 신족 투어허 데 다넌의 첫 번째 왕이다. 갈리아와 브리타니아 신화에 등장하는 바다의 신 노덴스와 그 유래가 같은 것으로 여겨진다. 웨일스 신화의 를루드 를라우 에라인트와도 동일시된다. 모이투라 1차 전투에서 누아다는 피르볼그 최강의 전사 스렝에게 한쪽 팔을 잃어 다넌족의 왕위를 잃었지만, 그의 잘린 팔 대신 의술의 신 디안케트와 장인 크레드네가 만들어 준 은의 팔을 달고는 다시 다넌족의 왕이 되었다.

|82| 쿠 훌린 영웅 신화

■ 켈트 신화 ■

얼스터 신화는 현재의 북아일랜드에 해당하는 얼스터 지방을 무대로 한 영웅전설로, 붉은 가지 기사단의 대장인 쿠 훌린의 이야기가 그 중심을 이루고 있다. 쿠 훌린이 활약한 시대에 아일랜드는 다섯 개의 왕국으로 나뉘어져 있었다. 쿠 훌린 이야기는 페르시아의 로스탐, 게르만의 힐데브란트의 노래, 그리스의 헤라클레스와 유사성을 찾을 수 있으며, 이들은 인도유럽어족의 어떤 원형을 공유하는 것이 아닌가 생각되기도 한다.

쿠 훌린은 아일랜드 신화의 네 가지 대계 중 얼스터 대계와 스코틀랜드 맨 섬의 신화에 등장하는 영웅이다. 아버지는 광명신 루 라와더이고 어머니는 얼스터의 왕 코노르(콘코바르 막 네사)의 여동생 데크티네이다.

어느 겨울날 얼스터의 왕 코노르가 여동생 데크티네 공주를 데리고 밭을 망치는 새를 쫓기 위해 성 밖으로 나가게 되었다. 그런데 새를 쫓는 사이 날이 저무는 바람에 일행은 숲속의 어떤 집에서 묵어 가게 되었다. 친절한 주인 부부는 왕과 전사들을 정성껏 대접하였다. 그날 밤 데크티네 공주는 헛간에서 주인아주머니의 갑작스런 출산을 돕게 되었고, 잠시 후 귀여운 남자아이가 태어났다. 그런데 다음날 아침 눈을 뜨자 간밤에 묵었던 집도, 주인 부부도 없고 갓난아기만 일행 곁에 남겨져 있었다.

데크티네는 아기를 성으로 데려와 정성껏 키웠지만 아기는 얼마 후 병으로 죽고 말았다. 아기의 죽음을 슬퍼하며 흐느끼다가 갈증을 느낀 데크티네는 물을 마셨는데 물속에 있던 작은 벌레가 그녀의 몸속으로 들어가 버렸다.

그날 밤 데크티네의 꿈속에 빛의 신인 루가 나타나 데크티네가 키웠던 아기는 자신의 아기며 그 아기는 다시 그녀의 자궁 안에서 자라고 있으니 아기가 태어나면 이름을 세탄타로 지으라고 하였다. 루의 예언대로 얼마 후 아기가 태어났고 데크티네는 아기의 이름을 세탄타로 지었다.

신의 아이라서 그런지 아이는 어렸을 때부터 그 지역의 소년들 가운데 가장 힘이 강했고 모든 경기를 승리로 이끌었다. 어느 날 쿨란이라는 부유한 대장장이의 저택에서 열리는 연회에 참석하기 위해 코노르 왕을 비롯한 많은 귀족이 길을 떠났다. 코노르 왕은 길가에서 아이들과 하키를 하고 있는 세탄타를 발견하고 함께 가자고 했지만 세탄타는 경기가 끝나고 가겠다고 하였다.

코노르 왕이 쿨란의 집에 도착해서 보니 저택은 사나운 개 한 마리가 지키고 있었다. 이 개는 백 마리의 사냥개가 한꺼번에 덤벼도 지지 않을 정도로 힘이 세고 용맹스러웠다. 연회가 시작되자 쿨란은 저택의 경비를 위해 이 개를 풀어놓는 것을 허락해 달라고 하였다. 코노르 왕은 세탄타가 나중에 오겠다고 한 것을 깜빡 잊고는 개를 풀어놓는 것을 허락하였다. 연회가 무르익을 무렵 저택 밖에서 갑자기 개 짖는 소리가 요란하게 들려 왔고, 이제야 세탄타가 오기로 한 것을 떠올린 왕은 서둘러 저택 밖으로 나갔다.

그런데 그곳에는 놀랍게도 저택을 지키는 사나운 개를 죽인 세탄타가 서 있었고 연회에 모인 사람들은 모두 그의 힘과 용기를 칭송하였다. 하지만 애견을 잃은 쿨란은 분노했고 그런 그를 달래기 위해 세탄타가 말했다.

"이 개의 새끼를 어미처럼 강하고 충실한 개로 키워 주겠소. 그리고 새끼가 클 때까지는 내가 대신 이 저택을 지켜 주겠고."

사람들은 세탄타의 마음 씀씀이에 감탄했고 왕은 그의 용기를 기리기 위해 이날부터 그를 '쿠 훌린(쿨란의 맹견)'으로 부르게 되었다고 한다. 이때 그의 나이는 겨우 일곱 살밖에 되지 않았다.

쿠 훌린은 평소에는 흑발에 회색 눈을 지닌 수염이 없는 아름다운 미소년의 모습이었다가도 전투욕에 사로잡히면 온몸에 고열을 발하며 괴물 같은 모습으로 바뀌었다. 그럴 때면 쿠 훌린의 머리카락이 곤두서면서 한쪽 눈은 뇌 쪽으로, 다른 한쪽 눈은 뺨으로 늘어지며, 입은 크게 찢어지고 근육이 부풀어 올랐다. 또한 다리의 뼈와 근육은 반대방향으로 젖혀지며, 머리 위에서는 피분수가 뿜어져 나오며, 이마에서는 영웅의 빛을 발하는 용과 같은 모습으로 변했다.

이런 괴물 같은 모습으로 변하는 것에 대해서 여러 가지 일화가 있는데 그 중의 하나가 그의 첫 활약과 관계가 있다.

어느 날 사제 카스바드가 제자에게 오늘 처음으로 무기를 든 자는 어떤 영웅보다 이름을 날리게 되지만 단명할 것이라고 말하는 것을 쿠 훌린이 듣고 말았다. 남자는 굵고 짧게 살아야 한다고 생각한 것인지 그는 즉시 코노르 왕에게 가서 무기와 전차를 달라고 했으며, 그대로 전차를 몰아 얼스터의 적인 네흐탄과 그의 아들들을 토벌하러 나갔다.

이때 첫 전투의 흥분으로 쿠 훌린은 괴물의 모습으로 변했으며, 얼스터의 용사들을 여러 명 살해한 네흐탄 전사 세 명의 목을 베어 버렸다. 하지만 전쟁이 끝나도 그의 폭주가 풀리지 않았고 코노르 왕은 그를 진정시키기 위해서 벌거벗은 처녀 백 명이 그를 맞이하게 하였다.

알몸의 처녀들을 본 쿠 훌린은 부끄러움에 잠잠해졌고 그 틈을 타서 전사들이 쿠 훌린을 차가운 물의 욕조에 던져 버렸다. 그러자 처음에는 욕조가 폭발했으나 두 번째 욕조는 끓어올랐으며 세 번째 욕조에 겨우 끓어오르던 열기를 가라앉히고 정신을 차리게 되었다고 한다.

에버르_아일랜드 신화의 얼스터 대계에 등장하는 인물로, 포르갈 모나크의 딸이고 쿠 훌린의 정실부인이다. 앤서니 프레드릭 샌디스의 작품.

　천생 전사의 체질을 타고난 쿠 훌린에게도 어느새 사랑하는 여인이 생겼으니, 바로 권모술수가 넘치는 포르갈 모나크의 딸인 에버르였다. 그녀는 아름다운 외모와 목소리를 가지고 있었으며, 달콤한 말재간과 뛰어난 바느질 솜씨를 지녔을 뿐만 아니라 지혜롭고 순결한 아일랜드 최고의 처녀였다. 쿠 훌린은 그녀에게 청혼을 했지만 포르갈은 큰딸 피얼이 아직 결혼하지 못했다는 이유로 청혼을 거절했다. 그래도 안심이 안 되었던 포르갈은 갈리아의 왕으로 변장하여 얼스터로 찾아가 쿠 훌린이 알바(스코틀랜드)로 가서 여전사 스카하크에게 수련을 받고 오라고 권하였다. 그는 쿠 훌린이 수련을 못 견디고 알바에서 죽길 바라는 마음으로 그런 명을 내린 것이었다.

　이후 포르갈은 먼스터의 왕과 에버르를 결혼시키려고 중매를 꾸몄지만 에버르가 쿠 훌린을 사랑한다는 사실을 알게 된 먼스터의 왕 루가이드는 쿠 훌린에게 죽을까 봐 그녀와 결혼하기를 거부했다.

　한편, 쿠 훌린이 그림자의 나라에 가려면 발이 푹푹 빠지는 '불운의 들'을 지나가야만 했다. 쿠 훌린이 어떻게 지나가면 좋을지 방법을 고심하고 있을 때 아버지인 태양신 루가 나타나 그에게 수레바퀴를 주면서 수레바퀴를 굴

빛나는 바퀴를 따라가는 쿠 훌린_쿠 훌린이 불운의 늪에서 앞으로 더 나가지 못하자 빛의 신이자 그의 아버지인 루가 수레바퀴를 굴려 뒤를 따르게 하라고 조언한다. 그림은 빛을 따라가는 장면을 묘사한 그림으로, 스티븐 레이드의 1904년 작품이다.

리며 그 뒤를 따라가면 된다고 일러주었다.

쿠 훌린이 수레바퀴를 굴리자 바퀴에서 뿜어져 나온 불길이 푹푹 꺼지는 바닥의 물기를 말려 주어 불운의 들을 쉽게 통과할 수 있었다.

그 다음 쿠 훌린이 도착한 곳은 '절벽 위의 다리'라고 불리는 곳으로, 이 다리의 가운데 부분에 이르면 그 부분이 갑자기 돛대처럼 높이 솟아올라 다리를 건너려는 사람을 멀리 날려 버리는 곳이었다. 쿠 훌린은 세 번을 내리 실패했지만 네 번째 시도 때 높이 뛰어올라 다리를 건너는 것에 성공하였다.

고생 끝에 쿠 훌린은 그림자의 나라에 도착하였다. 하지만 스카하크의 성에 도착하려면 야수들이 우글거리는 '위험한 골짜기'를 지나야만 했다.

쿠 훌린은 덤벼드는 야수들을 칼을 휘둘러 모조리 쓰러뜨리며 스카하크가 있는 성에 가서 그녀의 가슴에 칼을 들이대고 자신을 제자로 삼지 않으면 죽이겠다고 협박하였다. 스카하크는 쿠 훌린의 용맹을 높이 사서 제자로 받아들였다.

스카하크의 밑에서 수련을 하면서도 쿠 훌린은 조용히 수련만 하지 않았다. 먼저 스카하크에게는 우어하크라는 딸이 있었는데 그녀는 처음에는 쿠 훌린에게 좋은 인상을 가지고 있지 않았다. 그녀가 쿠 훌린의 시중을 들

때 쿠 훌린이 장난으로 그녀의 손가락을 꺾었기 때문이다. 그 사실을 알게 된 우어하크의 약혼자는 분노하여 쿠 훌린에게 대결을 신청했지만 패배하여 죽음을 맞았고 그 뒤 그녀는 강한 쿠 훌린에게 끌리게 되어 그와 연인이 되었다. 그리고 스카하크에게는 이퍼라는 라이벌이 있었다. 그녀는 스카하크의 쌍둥이 자매로, 그림자 나라의 지배권을 두고 스카하크와 싸우고 있었다. 하루는 이퍼가 공격해 오자 스카하크는 쿠 훌린을 위험에서 보호하려고 하루 종일 잠들게 하는 약을 마시게 하여 재운 뒤 싸우러 나갔다. 하지만 쿠 훌린은 한 시간 만에 눈을 뜨고 스카하크의 군대를 따라서 전투에 참가했다.

쿠 훌린이 이퍼의 전사들을 무참히 학살하자 전력의 손실을 두려워한 이퍼는 일기토로 승부를 내자고 스카하크에게 제안을 하였다. 스카하크는 이 제안을 받아들이고 이퍼와 일기토를 펼치는데 스카하크가 점점 밀리기 시시작했다. 그러자 쿠 훌린이 이퍼가 소중하게 여기는 말과 마차가 절벽에서 떨어졌다고 외쳤고, 이퍼가 이 거짓말에 정신이 팔린 틈을 타서 쿠 훌린이 달려들어 그녀를 제압하고 그대로 겁탈해 버렸다. 쿠 훌린은 그녀에게 황금반지를 주고 아이가 아들이면 콘라라고 이름 짓고 7년 후에 이 반지를 주고 아일랜드로 보내라고 하였다.

쿠 훌린과 이퍼_이퍼는 여전사 스카하크와 경쟁 관계에 있었고 쿠 훌린과의 싸움에 패배하여 목숨을 담보로 그의 아이를 임신한다. 존 던컨의 작품.

그렇게 수련을 마친 쿠 훌린이 그림자 나라를 떠날 때가 되자 스카하크는 쿠 훌린에게 마법의 창 게 볼그를 선물로 주었다. 쿠 훌린은 스카하크에게 마법과 무술을 사사받았고 어마어마한 무기까지 받아 무서울 것이 없었는지 고향에 돌아오자마자 낫을 단 전차를 타고 포르갈의 궁으로 달려갔다. 그리고 에버르를 지키려고 하는 그녀의 용감한 친척들을 학살했고 포르갈은 쿠 훌린을 속여 그림자 나라로 보낸 것에 제발이 저려 도망치다 사망했다. 결국 쿠 훌린은 에버르를 자신의 전차에 태우고 얼스터의 성으로 돌아와 그녀와 결혼에 성공하였다.

게 볼그_영웅 쿠 훌린의 무기. 전사 볼그 막 베인이 해룡 쿠루드에게 죽은 켄켄이라는 바다짐승의 뼈로 만든 크고 아름다운 작살이다. 이후 그의 주군 막 잉바르에게 진상된 이후 계속 그들의 지인, 사제 사이로 계승되다 스카하크에게 넘겨지고, 이것이 쿠 훌린을 위한 스카하크의 선물이 된다. 명중할 경우 창에서 굵은 가지가 30가닥 정도 뻗어 나와 몸속을 헤집는 투창이다. 따라서 창에 맞고 이를 뽑으려면 살을 몽땅 찢어야 하는 극악한 무기이다. 스티븐 레이드의 작품.

켈트 문명의 신화를 찾아서

|83| 쿠 훌린과 메브 여왕

■ 켈트 신화 ■

에버르와 결혼하여 평화로운 나날을 보내던 쿠 훌린이 17세가 된 어느 날 그의 일생에 가장 큰 영향을 받은 대사건이 터지게 된다. 이것은 얼스터 신화 이야기 중에서 가장 유명한 사건으로, 쿠 훌린의 초인적인 활약이 묘사되는 쿠 훌린과 메브 여왕의 전쟁인 틴 보 쿨리뉴(쿨리의 가축 약탈)이다.

얼스터의 이웃나라인 코나크타의 여왕 메브와 그녀의 남편인 알릴 막 마타는 누구의 가축이 더 뛰어난지 서로 자랑을 하고 있었는데, 여왕은 남편의 흰뿔소인 핀베나크을 당해낼 가축이 없었다. 핀베나크는 그 그림자에 백 명의 전사가 쉴 수 있을 정도로 거대하며, 몇 십 명의 사람을 젖으로 먹여 살릴 수 있는 엄청난 소였다.

남편에게 뒤지기 싫었던 메브 여왕은 얼스터에 사신을 보내 얼스터의 소문난 갈색 황소인 돈 쿠얼릉거를 일 년 동안만 빌려 달라고 요청하였다. 돈 쿠얼릉거는 등에 30명의 아이를 태울 수 있을 정도로 거대하며, 하루에 50마리의 새끼를 암소에게 낳게 할 수 있기 때문에 알릴의 핀베나크에게 전혀 뒤질 것이 없는 소였다.

원래 돈 쿠얼릉거는 먼스터 지역의 돼지치기인 프루크였다. 프루크는 코나크타의 돼지치기 루크트와 싸움이 붙어 변신술을 겨뤘다. 그러다 둘이 지렁이로 둔갑한 순간 지나가던 암소 두 마리가 그들을 삼켜 버렸고, 프루크와 루크트는 소로 환생하였다. 프루크는 '쿠얼릉거의 갈색소'인 돈 쿠얼릉거가 되었고 루크트는 '흰뿔소' 핀베나크가 되었다.

쿨리반도에 세워진 돈 쿠얼릉거의 청동상

돈 쿠얼릉거의 소주인은 울라의 다러 막 피어크너라는 자였고, 핀베나크는 코나크타의 메브 여왕의 소떼에 들어갔다가 다시 여왕의 남편 알릴의 소떼로 들어갔다.

사랑과 죽음의 여신 모리안은 암소를 한 마리 가지고 있었는데 이 암소를 쿠얼릉거로 데려가 돈 쿠얼릉거와 흘레를 붙였다. 거기서 태어난 송아지를 핀베나크와 싸움을 붙였더니 핀베나크가 겨우 이겼다. 그것을 본 여왕 메브는 송아지의 아비소와 핀베나크를 싸움 붙여 봐야겠다고 마음먹었다. 게다가 핀베나크가 알릴의 소유로 남편이 자기보다 부유해졌기 때문에 메브는 더더욱 돈 쿠얼릉거를 자기 소로 삼기를 원했다. 메브는 얼스터 왕에게 막대한 땅과 보물, 그리고 자신과 하룻밤 잘 수 있는 조건까지 내걸며 자신에게 1년간 소를 빌려 달라는 전갈을 보냈다.

얼스터 왕은 메브 여왕의 제안을 받아들였다. 그는 처음에는 기꺼이 소를 빌려 줄 생각이었다. 그러나 메브 여왕의 사신 중 한 사람이 술이 너무 과한 나머지 얼스터 왕에게 자진해서 황소를 빌려 주지 않으면 여왕이 그것을 빼앗을 것이라는 무례한 말을 하는 바람에 화가 나서 절대 빌려 주지 않겠다고 선언하였다.

전장에 나선 여왕 메브_여왕 메브가 무장을 하고 전쟁에 참여하는 장면을 묘사한 그림이다. 존 던컨의 작품.

　이에 분노한 메브는 자신의 일곱 아들이 이끄는 코나크타의 군대와 이웃나라의 렌스터의 전사들, 마지막으로 코노르 국왕에게 반기를 든 얼스터의 반란군들로 연합군을 조직하고는 페르구스 막 로크를 총사령관으로 임명하였다. 그리고 자신도 반짝이는 황금장식으로 머리를 치장하고 녹색 망토를 두르고 긴 창을 끼고 직접 전차에 올라 얼스터를 침략하였다.

　얼스터는 코노르 왕의 조상 중 한 사람에게 모욕을 당한 마하 여신의 저주 때문에 매년 여러 날 동안 마법의 병에 걸려 옴짝달싹못하는 시기가 있는데, 하필 그 시기가 메브가 침략하는 날과 맞아떨어져 얼스터에서 싸울 수 있는 장수는 17세의 쿠 훌린 단 한 사람밖에 없었다.

　수많은 병사와 영웅을 거느린 메브와 쿠 훌린 단 한 명의 싸움이니 메브는 자신의 승리를 장담하면서 예언자를 불러 승리를 예언하라고 일렀다. 하지만 예언가는 메브의 군대에 불길한 일이 일어날 것이며 쿠 훌린이 엄청난 업적을 남길 것이라고 예언하였다.

처음에 메브는 이 예언을 믿지 않았다. 하지만 쿠 훌린이 메브의 병사들에게 '한쪽 다리와 손과 눈만으로 나뭇가지를 휘어 원을 만들어야 이곳을 통과할 수 있다'는 기아스(기아스는 일종의 저주라고 할 수 있는데, 누군가 그 금기를 어기게 되면 불명예를 당하거나 심지어 죽을 수도 있다. 한편, 다른 사람의 기아스를 알아내면 힘을 얻을 수 있다고도 한다)를 걸어 메브 군의 진군 속도를 늦춘 뒤 게릴라 전술을 펴는 것을 보고는 점점 예언이 사실이 되어 가는 것이 아닌지 초조해 했다. 예언대로 쿠 훌린은 메브의 병사들을 하루에 백 명씩 죽였으며 여왕 메브에게도 겁을 주기 위해서 그녀가 항상 어깨에 올리고 다니는 애완용 다람쥐에게 돌을 던져 죽여서 그녀를 공포에 빠뜨렸다.

메브 여왕은 병사들이 계속해서 죽어 나가자 이대로는 더 이상 안 되겠다 생각하고 그를 직접 만나 보기로 하였다. 처음 쿠 훌린과 대면한 메브는 하루에 자신의 병사 백 명을 죽이는 존재가 겨우 17세의 소년이라는 데 깜짝 놀란다. 하지만 곧 현실을 직시한 여왕은 쿠 훌린에게 막대한 재물과 영토를 줄 테니 자신의 군대에 가담해 달라고 회유한다.

그러나 쿠 훌린은 여왕의 제안을 단호히 거절한다. 대신 쿠 훌린이 날마다 자신과 싸울 용기가 있는 전사와 일기토를 벌이는 동안에는 병사들이 진격할 수 있으나 자신이 그 전사를 죽이는 순간 진군을 멈춰야 한다는 제안을 한다. 하루에 백 명을 잃는 것보다는 한 명을 잃는 것이 낫다고 생각한 여왕은 쿠 훌린의 이 제안에 동의한다.

여왕 메브_아일랜드 신화의 얼스터 대계에 등장하는 코나크타의 여왕이다. 그녀의 남편은 알릴 막 마타 왕이었지만 그 이전에도 여러 명의 남편을 두었으며 그 남편들 역시 코나크타의 왕이었다. 메브는 울라의 왕 콘코바르 막 네사의 적수이자 전 부인이며, 쿠얼러의 소몰이 전쟁을 일으켜 울라와 전면전을 벌이지만 울라의 영웅 쿠 훌린의 활약으로 실패한다.

쿠 훌린의 첫 대결 상대는 여왕 메브와 알릴 왕의 양아들인 에타코몰로 굉장히 오만한 남자였다. 그가 페르구스 막 로크와 함께 쿠 훌린을 찾아가 일대일 대결의 교섭을 하러 갔는데, 그 자리에서 쿠 훌린을 모욕했다가 쿠 훌린이 휘두른 칼에 두 동강나 버렸다.

전투를 해야 군대를 전진시킬 수 있는데 선뜻 나서려는 용사가 없자 메브는 쿠 훌린의 목을 베어 온 자에게는 자신의 딸인 핀다바르를 주겠다고 선언하였다.

여왕의 딸과 결혼하면 나중에 코나크타의 왕이 될 것이며, 핀다바르는 굉장히 아름다웠기 때문에 많은 전사가 쿠 훌린에게 결투를 신청했으나 모두 죽어 나갔다. 그러자 코나크타의 전사 프로이히 막 이데트가 쿠 훌린에게 결투를 신청하였다. 그는 이데트와 여신 베빈드의 아들로 쿠 훌린처럼 신의 혈통을 이어받은 전사였다. 그는 예전부터 메브의 딸인 핀다바르를 마음에 두고 있었기 때문에 그녀와 결혼하기 위해 물의 요정과 싸운 적이 있으며, 과거 쿠 훌린의 젖형제이던 코날 게르나하와 함께 공동전선을 펼친 적이 있는 등 얼스터와도 인연이 많은 전사였다. 하지만 그런 그도 쿠 훌린을 당해내지 못하고 패배하였으며, 그의 주검은 녹색장신구를 두른 150명의 처녀들이 거두어 갔다.

한편, 쿠 훌린의 활약에 대한 소문은 신들의 세계까지 퍼져 나갔으며 죽음과 사랑의 여신인 모리안은 그에게 반하고 말았다. 여신은 인간 여전사의 모습으로 변신하고 그를 찾아가 사랑을 고백하며 도와주겠다고 하였다. 하지만 쿠 훌린은 매몰차게도 여자의 도움 같은 것은 필요 없다고 말했다. 그러자 자존심이 상한 모리안은 사랑과 도움을 받지 않겠다면 증오와 적의를 주겠다면서 까마귀로 변신하여 날아가 버렸고, 그제야 쿠 훌린은 그녀가 모리안 여신이라는 것을 깨닫게 되었다.

증오로 분노한 여신은 쿠 훌린이 코나크타의 전사 로호 막 모 페미스와

여러 장수와 일대일로 싸우는 쿠 훌린의 모자이크 벽화

싸울 때 그를 방해하기 시작했다. 로호는 뛰어난 실력으로 아일랜드에서 이름을 날렸던 전사였다. 처음에 그는 수염이 나지 않은 꼬마와는 싸울 수 없다며 쿠 훌린과의 결투를 거부했다. 하지만 모리안 여신은 쿠 훌린의 턱에 검은 딸기즙을 칠해 수염처럼 보이게 하여 로호와 싸우게 하였다. 로호는 먼저 어린 암소로 변신해 쿠 훌린에게 달려들었으나 쿠 훌린은 암소의 다리를 부러뜨렸다. 쿠 훌린이 대결을 계속하여 개울로 들어가자 로호는 장어로 변해 쿠 훌린의 다리를 휘감았으나 쿠 훌린은 장어를 짓밟아 자신으로부터 떨어지게 했다. 마지막으로 늑대로 변신해 쿠 훌린의 오른팔을 물었으나 늑대의 한쪽 눈을 뽑아 떨어져 나가게 했다.

쿠 훌린이 로호를 무찌르고 나서 모리안은 암소의 젖을 짜는 노파로 변신해 다시 쿠 훌린 앞에 나타나는데, 동물로 변신했을 때 입은 부상을 그대로 입고 있었다. 모리안이 쿠 훌린에게 우유를 세 번 대접하고 그때마다 쿠 훌린이 그녀에게 감사를 표하자 모리안의 상처들이 나았다.

자신이 집요하게 방해했음에도 결국 승리하는 쿠 훌린의 모습을 본 모리안 여신은 강한 전사인 그를 미워할 수 없었고 쿠 훌린과 친구가 되었다.

자신이 보내는 전사들이 전부 쿠 훌린에게 죽어 나가자 메브는 총사령관이며 쿠 훌린의 양부며 남성 700명에 맞먹는 괴력을 가진 영웅인 페르구스 막 로크에게 가서 쿠 훌린과 싸울 것을 명령했다.

페르구스는 처음에는 거절했지만 메브의 계속되는 요구에 어쩔 수 없이 싸우러 나갔지만 일격으로 세 개의 산을 무너뜨릴 수 있는 자신의 무기 칼라드볼그는 일부러 가져가지 않았다. 그리고 쿠 훌린에게는 적당히 싸우다가 도망쳐 달라고 부탁하였고, 대신 자신도 쿠 훌린이 원할 때 언제라도 도망치겠다고 약속하였다. 그의 요청대로 쿠 훌린은 적당히 싸우다 도망쳤고 일단 쿠 훌린을 후퇴시켰기 때문에 메브도 페르구스에게 뭐라고 할 수 없었다.

여신 모리안 모리안은 까마귀의 모습으로 전쟁터에 나타나 곧 죽을 운명인 자에게 경고를 보냈다. 그녀는 쿠 훌린를 사랑했지만 그의 거절로 괴로워한다. 하지만 쿠 훌린이 용맹스러운 진정한 영웅이라고 생각한 모리안은 그때 이후로 그와 좋은 관계를 유지했다고 한다.

페르구스 막 로크 아일랜드 신화의 얼스터 대계에 등장하는 인물이다. 본래 얼스터인으로 쿠 훌린의 양아버지들 중 한 명이었으나, 콘코바르 막 네사에게 배신당하고 코노트로 망명해 메브 여왕의 동맹자이자 애인이 되었다.

자신의 진영에서 뛰어난 전사들은 물론이며 강한 힘을 지닌 페르구스나 칼라틴 일족의 물량공세까지 통하지 않자 메브는 마지막 수단으로 자신의 연합군들 중에서 가장 위대한 전사인 페르디어드를 불렀다.

페르디어드는 쿠 훌린과 함께 스카하크의 제자였으며 같은 방을 사용했을 정도로 사이가 좋았기 때문에 그와의 싸움을 거절하였다. 그러자 메브는 아름다운 미모를 자랑하는 자신의 딸 핀다바르를 보내 페르디어드에게 술을 따라 주라고 하였다. 미인이 술을 따라 주자 페르디어드는 계속해서 술을 받아먹어 취하게 되었고, 메브는 취해 있는 페르디어드로부터 쿠 훌린과 대결하겠다는 약속을 받았다.

술에서 깬 그가 여전히 쿠 훌린과 싸우는 것을 내키지 않아 하자 메브는 음유시인들에게 페르디어드는 자신이 스스로 한 약속도 지키지 않는 비겁자라는 노래를 부르게 하여 전사로서의 긍지를 더럽혔다고 협박하여 쿠 훌린과 싸우게 만들었다.

두 사람은 첫째 날은 투창으로 싸웠고, 둘째 날에는 검으로, 셋째 날에는 장창을 사용하여 격렬한 싸움을 벌였다. 하지만 밤이 되면 싸움을 멈추고 서로의 싸움을 칭찬하며 함께 식사를 나누었다. 마지막 싸움이 되는 넷째 날 페르디어드는 홍옥을 박은 투구에 황금으로 치장된 검, 50개의 돌기가 나 있는 청동방패로 완전무장을 한 뒤, 게 볼그에 대한 대책으로 배에는 평평한 돌을 달고 몇 겹이나 되는 옷으로 몸을 감싼 뒤 전력을 다해 쿠 훌린과 승부를 펼쳤다. 그는 쿠 훌린을 죽음 직전까지 몰아넣었지만 게 볼그의 일격을 모두 막아내지 못하고 목숨을 잃고 말았다. 쿠 훌린은 통곡하며 페르디어드의 시체를 얼스터로 가져가 친구를 칭송하고 그의 죽음을 애도하는 슬픔의 시를 지어 주었다.

쿠 훌린은 계속되는 싸움으로 많이 다치고 지쳤지만 충분히 시간을 끌어 주었고 그 덕분에 얼스터의 병사들의 저주가 풀려 다시 싸울 수 있게 되었다. 쿠 훌린 한 명과 메브 연합군의 대결이었던 싸움의 양상은 이제 얼스터군과 매브 연합군의 싸움으로 바뀌었고, 전투가 한창일 때 쿠 훌린은 페르구스에게 지난번의 일기토 때 자신이 도망가 주었으니 이번에는 페르구스가 거짓으로 물러날 차례임을 알려주었다. 이에 약속대로 페르구스가 달아나자 메브의 연합군은 총사령관을 잃고 와해되었다. 부상당한 메브 여왕도 쿠 훌린이 생포했지만 죽이지 않고 그냥 돌려보냈다.

페르디어드_아일랜드 신화의 얼스터 대계에 등장하는 코나크타의 전사이다. 알바의 여전사 스카하크 밑에서 쿠 훌린과 함께 동문수학한 친우이다. 쿠얼러의 소몰이 때 페르디어드는 친우이자 의형제인 쿠 훌린과 적이 되어 싸우게 된다. 두 사람의 싸움 실력은 대등했으나 두 가지 차이점이 있었다. 스카하크가 쿠 훌린에게만 그 사용법을 가르쳐 준 필살의 창 게 볼그가 첫째이고, 둘째는 어떠한 무기도 뚫을 수 없는 쿠 훌린의 각질 피부였다.

페르디어드의 죽음_페르디어드와의 결투에서 그를 죽인 쿠 훌린은 친구를 칭송하고 애도하였다.

| 84 | 쿠 훌린의 최후

■ 켈트 신화 ■

쿠 훌린이 메브 여왕을 추격하자 절친인 페르디어드가 여왕을 보호했으나 그는 쿠 훌린과의 결투에서 목숨을 잃는다. 결국 메브 여왕은 쿠 훌린에게 자비를 구걸하는 신세가 되었다. 쿠 훌린은 여자를 죽이는 것은 옳지 않다고 생각했기에 그녀를 그냥 살려 주었으며, 코나크타로 후퇴하는 여왕을 애흘론까지 따라가면서 호위해 주었다. 여왕을 살려 준 것은 쿠 훌린에게 평생 후회할 행동이었다.

　스카하크의 제자 시절 쿠 훌린에게 제압당한 뒤 쿠 훌린의 요구로 그와 관계를 가졌던 이퍼는 아들 콘늘라를 낳았다. 얼마 후 쿠 훌린이 에버르와 결혼하자 질투심을 느낀 이퍼는 이제는 화해하여 잘 지내고 있는 스카하크에게 아들인 콘늘라에게 무술을 전수해 줄 것을 부탁하였다. 콘늘라는 스카하크 밑에서 열심히 수련하여 뛰어난 무술을 지니게 되었다. 특히 투석기 기술이 뛰어나 갈매기를 상처 없이 떨어뜨리는 신기를 구사할 정도였다. 그는 아버지와 아버지의 붉은 가지 기사단의 이야기를 들으며 자랐고 그들에 대한 동경을 품으며 자랐다.

　콘늘라가 뛰어난 전사가 되자 이퍼는 사랑의 배신을 한 쿠 훌린에게 복수하기 위해 아들에게 기아스를 내린 뒤 그를 얼스터로 보냈다. 그때 이퍼가 아들에게 건 기아스는 나아가는 길을 바꾸지 말 것, 걸어오는 싸움을 거절하지 말 것, 마지막으로 절대 자신의 정체를 밝히지 말 것이었다.

　콘늘라는 쿠 훌린이 이퍼와 헤어질 때 준 금반지를 끼고 쿠 훌린이 사는 둔잘간에 다다르게 되었다. 이방인이 마을에 들어오자 붉은 가지 기사단의 전사 중 하나인 코날이 콘늘라에게 이름과 혈통을 물었지만 콘늘라는 자신에게 걸린 기아스 때문에 정체를 밝히는 것을 거부했고 그 사실을 모르는 코날은 정체를 밝히지 않는 태도가 불손하다 생각하여 그에게 결투를 신청했다. 역시 기아스 때문에 걸어오는 결투를 거절할 수 없었던 그는 코날과 싸우게 되었다. 제아무리 코날이 붉은 가지 기사단의 전사라 하더라도 상대는 쿠 훌린의 자식이며 스카하크의 제자였기 때문에 전리품으로 무기까지 빼앗기고 말았다. 코날은 정체불명의 소년에게 위협을 느끼고 붉은 가지 기사단 최강인 쿠 훌린에게 이 사실을 알렸다.

쿠 훌린은 콘늘라가 자신의 아들인지 몰랐지만 콘늘라는 쿠 훌린을 보는 순간 자신의 아버지임을 직감하고 전력을 다해 싸웠다. 두 사람은 초반엔 팽팽한 대결을 펼쳤지만 스카하크가 콘늘라에게 게 볼그에 대한 방어를 가르치지 않았기 때문에 게 볼그에 치명상을 입고 말았다. 쿠 훌린은 그가 낀 반지를 보고는 자신의 아들임을 알았고 콘늘라는 아버지와 동경하던 붉은 가지 기사단의 용사들에게 인사를 한 뒤 쿠 훌린의 품속에서 숨을 거두었다.

자신의 손으로 아들을 죽인 것에 상심한 쿠 훌린은 폭주해 버렸고, 광란에 빠진 그가 얼스터의 주민들에게 피해를 입히는 것을 막기 위해 드루이드가 파도를 군대의 모습으로 바꾸어 지칠 때까지 싸우게 했다. 쿠 훌린은 사흘 동안 쉬지 않고 계속해서 몰려오는 파도와 싸웠다.

콘늘라_쿠 훌린과 콘늘라 이야기는 페르시아 신화의 영웅 로스탐이 자기 아들 소흐랍을 죽인 이야기와 매우 유사하다. 그 외에도 로스탐과 쿠 훌린은 어려서 사나운 짐승을 죽였다는 점, 싸움에서 거의 무적이라는 점, 죽음의 정황에 이르기까지 여러 가지 공통점을 가지고 있다.

쿠 훌린과 판드_판드는 자매 리 반과 함께 물새로 변신해서 새 떼와 함께 날고 있었다. 이때 영웅 쿠 훌린이 새 떼에 돌을 던졌고 그 돌이 판드의 깃털을 뚫고 지나갔다. 판드와 리 반은 사람의 모습으로 돌아와 호숫가에 내려앉아 쿠 훌린과 만났다. 두 자매는 말채찍으로 쿠 훌린이 쓰러질 때까지 두들겨 팼다. 쿠 훌린은 1년 동안 몸져 누워 자리에서 일어나지 못했다. 나중에 리 반과 쿠 훌린의 마차부 레그가 중간 교섭자가 되어 판드에게 쿠 훌린을 치료해 달라고 한다. 회복한 쿠 훌린은 마지못해 판드와 함께 별세계로 가서 그녀의 적들과 맞서 싸운다. 그러다 판드는 쿠 훌린에게 사랑에 빠지게 된다. 스티븐 레이드의 작품.

　쿠 훌린에게는 여러 애인이 있었지만 에버르가 그에게 질투를 부린 것은 쿠 훌린이 요정왕이자 바다의 신인 마난난 막 레르의 아내 판드와 연애를 할 때뿐이었다.

　마난난이 그녀를 떠나자 세 명의 포모르가 아일랜드 해의 지배권을 노리고 그녀를 공격했다. 쿠 훌린은 그녀가 자신과 결혼해 주는 조건으로 그녀를 도와주겠다고 했다.

　판드는 마지못해 그렇게 하겠다고 약속했으나 막상 쿠 훌린을 보자 그에게 반하고 말았다. 마난난은 쿠 훌린은 필멸자이고 판드는 불멸자인 요정이기에 두 사람의 관계는 불행할 수밖에 없다는 것을 알았다. 쿠 훌린의 존재로 인해 요정들이 파괴될지도 몰랐다.

　여왕 메브는 쿠 훌린에게 패배하기 전에 갈색 황소인 돈 쿠얼릉거를 코나크타에 끌고 갔다. 그런데 쿠얼릉거는 핀베나크를 만나자마자 격렬하게 싸워 흰뿔소를 죽였지만 돈 쿠얼릉거도 치명상을 입고 에린 섬 곳곳을 떠돌아다니다 자기 고향 쿠얼릉거에 다다라 쓰러져 죽었다.

　메브 여왕은 패배를 설욕하기 위해 쿠 훌린이 죽인 전사들의 가족들을 찾아가 복수연맹을 결성하였다. 그 중에는 쿠 훌린에게 죽임을 당한 칼라틴도 있었다. 칼라틴에게는 세 자매가 있었는데 그녀들은 복수를 위해서 알바와 바빌론에서 마법을 배우고 돌아왔다. 그리고 쿠 훌린에게 아버지를 잃었던 먼스터의 왕자 루가이트 막 콘 로이와 먼스터의 백성들, 쿠 훌린의 손에 아버지를 잃은 타라의 왕자 에르크 막 카이르브레 니아드페르와 타라의 백성들이 메브에게 가담하였다. 렌스터의 왕 또한 메브와 협력하기로 하였다. 메브는 얼스터의 전사들이 마하 여신의 저주로 무기력증에 걸리는 날을 노리고 얼스터를 침공하였다.

코노르 왕은 쿠 훌린을 보호하기 위해 그를 이멘 마하로 데려와 궁전 안의 모든 숙녀와 가수, 시인을 시켜 그의 관심을 전쟁에서 멀어지게 했다. 하지만 칼라틴의 세 딸이 풀과 엉겅퀴와 말뷋버섯과 마른잎들을 모아 군대의 모습으로 바꿔서 마법으로 전쟁을 하는 것처럼 함성과 외침과 나팔소리와 무기 부딪치는 소리가 울려 퍼지게 하자 쿠 훌린은 자신의 도움 없이 전투가 일어나고 있다는 수치스러운 생각에 칼을 들었다.

주위에서는 온 힘을 다해 쿠 훌린을 만류하다가 할 수 없이 쿠 훌린을 아일랜드의 사람들이 한꺼번에 외쳐도 안에 있는 사람에게는 들리지 않는다는 귀머거리 골짜기로 옮겼다.

돈 쿠얼릉거와 핀베나크의 소 싸움 모자이크 벽화

무희와 악사들_쿠 훌린이 전쟁에 나서지 않도록 하기 위한 수단으로 연회를 펼치는 장면이다.

    그러나 칼라틴의 세 딸은 포기하지 않고 찾아와 마법을 썼다. 쿠 훌린은 불안해졌지만 카스바드가 만류하자 겨우 진정했다. 그러자 칼라틴의 세 딸 중 한 명이 새로운 계략을 내서 쿠 훌린의 정부로 변장하고 그에게 다가와, 둔잘간이 불타고 무르셈나가 폐허가 되고 얼스터 전역이 파괴되었다고 부르짖었다. 쿠 훌린은 그녀에게 속아서 마침내 무기를 들고 갑옷을 입었으며, 말리는 말들을 무시하고 전차에 말을 매라고 뢰크에게 알렸다.

    '마하의 회색 말'이 고삐를 거부하며 피눈물을 흘리고, 어머니 데히티러가 가져온 포도주는 세 번이나 피로 변하는 징조가 일어났다. 출전하던 중 여울에서 옷과 갑옷을 빨고 있는 쉬의 처녀는 그것이 곧 죽게 될 쿠 훌린의 옷과 갑옷이라고 말했다.

    쿠 훌린이 전장으로 향하던 중 세 명의 노파를 만났는데, 그들은 개고기를 구워먹고 있었으며 쿠 훌린에게도 함께 먹자고 했다. 쿠 훌린은 개고기를 먹으면 안 된다는 기아스가 있어서 개고기를 먹으면 안 되었지만 대접하는 음식을 거절해서는 안 된다는 기아스도 있어서 어쩔 수 없이 개고기를 먹어 버렸고, 기아스를 어긴 대가로 몸의 절반이 마비되었다.

이 노파들은 쿠 훌린의 기아스를 깨뜨리기 위해 파견된 공작원이었고, 개 고기를 먹어 쿠 훌린의 몸의 절반이 마비되자 적들이 전차를 몰고 쿠 훌린에게 달려들었다. 쿠 훌린은 세 명의 왕을 죽이게 될 거라는 예언을 받은 세 자루의 창을 가지고 있었는데, 이것은 본래 칼라틴 일족의 물건으로 전투에서 이긴 전리품으로 챙긴 것이었다. 칼라틴의 딸들이 이 사실을 알고 그 창들을 쿠 훌린을 죽이기 위해 사용하기로 했으며 그 창들을 빼앗는 작전에 세 명의 음유시인들이 담당하게 되었다.

첫 번째 시인이 쿠 훌린이 싸우고 있을 때 다가와 "창을 주지 않으면 쿠 훌린을 풍자한 노래를 부르고 다니겠다"고 하자, 쿠 훌린은 "지금까지 누구에게도 선물을 거절해서 풍자당한 적은 없다"며 창을 던져 시인을 죽였다. 그러자 먼스터의 왕자 루이가 그 창을 집어 들어 마부의 왕이며 쿠 훌린의 마부인 뢰크를 죽였다.

두 번째 시인이 "창을 주지 않으면 얼스터 전체를 풍자한 노래를 부르고 다니겠다"고 하자 쿠 훌린은 "얼스터가 자신 때문에 풍자를 당할 수는 없다"며 창을 던져 시인을 죽였다. 이번에는 타라의 왕자 에르크가 그 창을 집어 들어, 말들의 왕이며 쿠 훌린의 전차를 끄는 마하의 회색 말에 치명상을 입혔다.

최후의 전장에 나선 쿠 훌린

세 번째 시인이 "창을 주지 않으면 쿠 훌린의 모든 친척을 풍자한 노래를 부르고 다니겠다"고 하자 쿠 훌린은 "자신 때문에 친척들이 풍자당할 수는 없다"며 다시 창을 던져 시인을 죽였다. 그러자 마부 뢰크를 죽인 먼스터의 왕자 루이가 다시 그 창을 집어 들어 영웅의 왕인 쿠 훌린에게 치명상을 입혔다.

쿠 훌린은 옆구리에서 튀어나온 내장을 뱃속으로 밀어넣은 뒤 호수로 달아나 물을 한 모금 마시고는 서 있는 상태에서 죽기 위해 바위기둥에 몸을 묶었다. 자신의 주인을 살리고 싶었던 마하의 회색 말이 부상을 입은 몸을 끌고 달려와 적들을 짓밟고 물어서 죽였으나 쿠 훌린은 결국 숨을 거두었고 마하의 회색 말도 힘이 다하여 죽고 말았다. 그 영혼은 주인의 시체 곁에 깃들었다고 한다.

쿠 훌린의 친구가 되었던 모리안은 쿠 훌린의 적들이 그의 시체를 훼손하는 것을 막기 위해 까마귀로 변신해서 그의 어깨에 앉았다고 한다. 이렇게 쿠 훌린은 27세의 젊은 나이로 파란만장한 삶을 마쳤다.

쿠 훌린이 몸을 묶었다고 전해지는 돌_쿠 훌린의 영웅 신화는 아일랜드에서 아서 왕보다 인기가 많은 대영웅이다. 하지만 한국에는 켈트 신화가 대중에 많이 퍼지지 않았기 때문에 지명도가 거의 없다시피 한 영웅이다.

|85| 영웅 핀 막 쿠월

■ 켈트 신화 ■

핀 막 쿠월은 아일랜드 신화에 등장하는 영웅이다. 그는 스코틀랜드와 맨 섬의 신화에도 등장한다. 핀과 그 졸개들인 피아나 전사들의 이야기가 피니언 대계이며, 이 대계의 서술자가 핀의 아들인 오신에 해당한다. '핀'은 사실 '금발', '아름다운', '하얀', '밝은'이라는 뜻의 별명이다. '막 쿠월'은 쿠월의 아들이라는 뜻이다. 핀 막 쿠월의 본래 이름은 더이니였으며, 이것은 '확신', '확실함'을 의미한다. 신화에 따르면 그의 머리카락이 새하얀 백발로 변해 버렸기 때문에 이런 별명을 얻은 것이라고 한다.

    핀 막 쿠월은 다누 신족의 왕인 누아자의 손녀 마나와 바스크 가문의 피아나 기사였던 콜 사이에서 태어났다. 핀의 어머니 마나는 오늘날의 킬테어 주의 알마너 언덕에 살고 있었다. 콜은 마나에게 청혼했지만 그녀의 아버지 타드그가 반대하자 콜은 그녀를 납치해 갔다.

    딸을 빼앗긴 타드그는 당시 에린의 지고왕이었던 콘 케드커하크에게 호소하였다. 이에 콘은 콜에 대한 토벌령을 내렸다.

    콜은 자신을 토벌하려 온 콘의 군사들과 싸워 죽음을 맞았다. 콜은 죽었지만 마나는 이미 콜의 아이를 임신하고 있었다. 그 사실을 안 타드그는 딸을 불에 태워 죽이려고 했다. 하지만 콘 왕이 막아서며 피어칼에게 맡겨 보호하게 했다.

    피어칼의 아내는 드루이드 보그말이었고 콜의 아이인 디무나가 태어난 곳은 오늘날의 레이시 주 발리핀인데 발리핀이라는 지명은 '핀의 읍'이라는 뜻이다. 또한 디무나가 핀이라는 이명을 얻게 된 것은 머리카락이 백발이 되었기 때문이다.

    마나는 아들의 양육을 보그말과 리어흐 루어크라라는 여전사에게 맡겼다. 두 여인은 아이를 슬리어우 블라드머 숲에 숨겨 기르면서 싸움과 사냥을 가르쳤다. 디무나는 어느 정도 나이가 차자 신분을 숨긴 채 군인으로 복무했는데, 어디를 가든 디무나가 콜의 아들이라는 것이 밝혀지면 그를 지켜줄 수 없다며 왕들이 그를 내쳐서 여러 소왕국을 전전했다.

디무나는 보인 강 근처에서 드루이드인 피네가스의 제자로 들어갔다. 드루이드는 점을 치기도 하고 켈트의 신들에게 제사를 드리기도 하는 해박한 지식을 갖춘 신관을 가리킨다. 피네가스는 지식의 연어를 잡으려고 7년째 시도하고 있었다. 지식의 연어는 보인 강에 사는 물고기인데 강에 떨어지는 성스러운 개암나무 열매를 받아먹었다. 때문에 이 연어를 잡아먹으면 세상의 모든 지식을 얻게 될 것이라고 했다.

마침내 연어를 잡는 데 성공한 피네가스는 디무나에게 연어를 요리해 오라고 시켰다. 디무나는 요리를 하던 도중 엄지손가락에 연어기름이 튀자 손

지혜의 연어를 낚고 있는 드루이드 피네가스_드루이드는 모든 방면에 해박한 지식을 갖춘 자를 뜻하며 왕에게 조언을 할 수 있을 정도로 높은 지위에 있었다. 그들은 종교의식을 주재할 뿐만 아니라 재판관의 역할을 담당하기도 했다. 켈트인은 문자를 쓰지 않았으므로 이러한 드루이드의 지식은 입에서 입으로 후대에 전해졌다. 드루이드 안에도 여러 계급이 있었는데, 그 정점에 위치하는 자가 켈트의 모든 드루이드를 거느렸다.

핀 막 쿠월의 기념우표

가락을 입에 넣고 빨았다. 이로 인해 연어의 지식이 디무나에게 흘러들어 갔다.

연어요리를 가져온 핀의 얼굴을 보고 모든 것을 짐작한 피네가스는 왜 연어를 먹었느냐고 다그쳤다. 핀이 정직하게 경위를 설명하자 피네가스는 다음과 같이 말하였다.

"너는 이 연어를 먹을 만한 자격이 충분히 있다. 더 이상 네게 가르칠 것이 없으니 이 연어를 먹고 지혜를 얻어 여기를 떠나거라."

디무나가 연어의 지혜를 얻은 것을 본 피네가스는 어린 디무나에게 연어를 다 먹으라고 주었다.

이리하여 핀은 스승 대신 지혜의 연어를 먹고 세상의 온갖 지혜를 얻게 되었다. 이후로 어떤 곤란한 일이 생겼을 때는 엄지손가락을 입에 넣으면 묘안이 떠오르게 되었다.

핀은 피네가스의 곁을 떠나 아버지 콜과 마찬가지로 피아나 기사단에 들어가기로 결심했다. 그는 타라에서 열리는 왕들의 모임에 참석한 코맥 마크 아트 왕을 만나기 위해 길을 떠났다. 타라에 도착하여 왕을 만난 핀은 그의 호감을 사서 기사로 임명되었다.

핀이 기사가 되었을 때 타라에 출몰한 요괴는 매일 밤 하프를 켜 사람들을 잠재운 후 불을 토해내어 아름다운 타라의 도시를 불태우고 사람들을 죽였다. 핀은 왕에게 자신이 요괴를 퇴치하면 피아나 기사단의 대장으로 임명해 달라고 청했다. 왕이 그 청을 받아들이자 핀은 요괴를 퇴치하기 위해 출발하였다.

타라에 도착한 핀은 생부의 유품인 두루미 가죽 가방 속에 들어 있던 마법 처리된 무기들로 무장했다. 핀 마쿨은 마법으로 벌겋게 달아오른 창끝을 자기 이마 앞에 들이댔다. 고통으로 인해 핀은 잠들지 않았고 요괴인 알렌을 쫓아서 같은 창으로 찔러 죽였다.

핀이 콜의 아들임이 밝혀지자 기사단의 대장 자리가 핀에게 주어졌다. 당시 기사단의 대장이었던 골은 기꺼이 물러나며 핀에게 충성을 맹세했다. 핀은 외조부 타드그에게 생부의 목숨 값을 요구하였다. 그는 요구를 들어주지 않으면 자신과 일대일 결투를 해야 할 것이라고 위협했다. 타드그는 생부의 목숨 값으로 알마너 언덕의 자기 둔을 내놓겠다고 했고 핀은 그것을 받아들였다.

어느 날 핀은 사냥에 나갔다가 아기사슴을 사로잡아 자신의 거처인 알마너의 둔으로 데려왔다. 그날 밤 자리에 누워 뒤척이던 핀이 눈을 떴을 때 아름다운 여인이 침대 옆에 서 있었다. 그녀는 바로 낮에 사냥터에서 사로잡은 사슴이었다. 아름다운 여인의 이름은 사바였다. 그녀는 구애를 거절당하여 앙심을 품은 요정으로부터 마법에 걸려 사슴으로 변신한 상태였다. 3년 동안이나 숲속을 정처 없이 헤매 다녔는데 한 요정이 그녀를 불쌍히 여겨, 그녀가 핀의 저택에 들어가면 마법이 풀리도록 해줬다는 것이다.

핀과 사바는 사랑에 빠져 결혼했고 곧 그녀는 임신했다. 그런데 어느 날 비극적인 사건이 일어났다. 어느 날 바이킹들이 쳐들어와 핀이 싸우러 나

사슴에서 아름다운 여인 사바로 변하는 장면

간 사이 요괴인 페르가 핀으로 가장하여 찾아와 사바를 꾀어낸 뒤 다시 사슴으로 변신시켜 납치해 갔다. 핀은 미친 듯이 사바를 찾아다녔으나 사랑하는 아내의 흔적은 어디서도 발견되지 않았다. 그렇게 7년의 세월이 흐르자 마침내 핀도 사바를 찾는 일을 단념하고 말았다.

어느 날 핀은 기사들과 사냥을 하다가 일곱 살 정도 된 긴 금발머리 소년이 벌거벗은 채 나무 밑에 서 있는 것을 발견하였다. 소년의 신상에 관련된 얘기를 들은 핀은 그 아이의 엄마가 사바이고 자신이 아이의 아버지임을 확신하였다.

핀은 그 아이에게 오신(아기사슴이라는 의미)이라는 이름을 붙여 주고 아들로 삼았다. 오신은 피아나에서 제일가는 전사 중의 하나로 성장했다.

핀이 활약한 시대는 인간과 신족, 요정들이 서로 활발한 교류가 이루어졌던 때다.

핀에게는 자신을 섬기고 싶은 사람을 거절해서는 안 된다는 겟슈(서약)가

거인 기라 다카와 핀

있었다. 이 겟슈로 기라 다카라는 거인이 1년 동안 핀을 섬기기로 했는데 그의 모습이 매우 괴상해서 피아나의 기사들이 그를 놀리곤 했다.

그러던 어느 날의 일이다. 기사들이 기라 다카의 야윈 말을 움직여 보려고 했으나 말은 꿈쩍도 하지 않았다. 한 기사가 기라 다카와 같은 무게의 사람이 타면 말이 움직일 것이라는 묘안을 내자 열네 명의 기사가 말등에 올라탔다. 그러나 말은 여전히 미동도 하지 않았다.

이 광경을 보고 화가 난 기라 다카는 일을 그만두겠다고 소리친 후 서쪽으로 바람처럼 달려갔다. 그러자 말도 주인을 따라 엄청난 속력으로 달리기 시작했다. 열네 명의 기사는 땅에 떨어지지 않기 위해 있는 힘을 다해 말등에 매달렸다.

해안에 도착한 기라 다카는 그대로 바닷속으로 뛰어들었다. 그리고 말등에 탄 열네 명의 기사와 말꼬리를 붙잡고 끌려온 한 명의 기사도 모두 바닷속으로 사라지고 말았다.

핀은 행방불명이 된 열다섯 명의 기사들을 찾기 위해 남은 기사들을 이끌고 나섰다. 며칠 후 핀 일행은 험한 기암절벽으로 둘러싸인 섬에 도착했다. 기사들 중에서 선발된 딜무트가 먼저 섬에 가 보기로 했다. 바위 절벽을 기어 올라간 딜무트의 눈앞에는 꽃이 만발한 아름다운 대지가 펼쳐져 있었다.

목이 말랐던 딜무트가 시냇물을 마시려고 하는데 갑자기 무장한 기사가 나타났다. 두 기사는 일대일로 대결을 벌였지만 좀처럼 승부가 나지 않았다. 이윽고 밤이 되자 기사는 갑자기 시냇물 속으로 뛰어들었다. 다음날도 똑같은 일이 벌어졌다. 그리고 3일째 되던 날, 이번에는 기사가 딜무트를 붙잡고 함께 물속으로 뛰어들었다.

정신을 잃었던 딜무트가 눈을 뜬 곳은 물속이 아닌 푸른 초원이었다. 그곳은 요정의 나라였고 기사는 요정의 왕 아바타였던 것이다. 아바타는 다른 요정 나라와의 전투에 힘이 되어 줄 기사를 찾고 있었다. 또한 거인 기라 다카도 요정의 왕이 변신한 모습이었으며, 말을 탄 채 바다로 들어간 열다섯 명의 기사도 이미 그곳에 도착해서 융숭한 대접을 받고 있었다.

나중에 도착한 핀과 다른 기사들도 요정왕의 부탁을 받아들여 전투에 가세하기로 했다. 핀이 이끄는 피아나 기사단의 눈부신 활약으로 전투는 승리로 끝났다.

핀이 노인이 되었을 무렵 피아나 기사단의 세력은 왕을 능가할 정도로 대단해졌다. 이를 못마땅하게 여긴 케브리 왕과 피아나 기사단 사이에 분쟁이 일어났다. 핀이 속한 바스크 가문과 앙숙인 모나 가문이 왕의 군대에 가담하면서 사소한 분쟁이 전쟁으로까지 확대되었다. 이 전쟁으로 인해 양대

자이언트 코즈웨이_아일랜드의 주상절리이다. 신화에 따르면 이곳은 그 이름처럼 거인이 지은 둑길의 흔적이라고 한다. 핀이 스코틀랜드의 거인과 싸우기 위해 쌓았다고 한다.

세력은 큰 희생을 치렀다. 핀의 손자인 오스카도 어린 나이에 이 전쟁에서 목숨을 잃고 말았다. 이리하여 아름답고 용감한 핀 마쿨의 피아나 기사단은 역사 속에서 그 자취를 감추게 되었다.

많은 판본에서 핀은 죽지 않고 어떤 동굴 속에 피어너에 둘러싸인 채 잠들어 있다고 한다. 그리고 에린 땅이 그를 가장 절실하게 필요로 하게 될 때 돌아올 것이라고 믿고 있다.

켈트족 신화의 원본인 아일랜드 4대 신화집에는 어떤 내용이 담겼을까?

유럽의 섬나라 영국은 약 천 년 전의 오래된 영웅 신화로 우리에게 중세 기사의 원형을 보여 주고 있다. 우리에게 익숙하지 않지만 유럽인에게는 우리의 치우천황 이야기처럼 익숙한 쿠 훌린이나 쿨리, 핀 마쿨, 메브 여왕의 세상을 뒤흔든 무용담은 아일랜드의 한 수도원에서 쓰였던 네 권의 신화 모음집이 있었기 때문에 오늘날까지 우리에게 알려질 수 있었다. 그 네 권은 《침략의 서》, 《얼스터 전설》, 《페니언 전설》, 《마비노기온》이다.

《침략의 서》는 12세기 아일랜드의 역사를 종합 편찬하기 위한 시도로 만들어진 영웅서사시이다. 이 책에는 신화 속에 나오는 다섯 차례의 아일랜드 점령 사건을 다루는데, 이야기의 중심에는 아일랜드에 살고 있는 신들의 마지막 종족인 투아하에 관한 이야기가 전개된다. 투아하는 결국 켈트족이 도착하면서 밀려나게 되는데, 켈트족은 에스파냐에서 건너온 것으로 알려져 있다.

두 번째 이야기 모음집인 《얼스터 전설》에는 <쿨리의 가축 습격>과 아일랜드 최고 민족영웅인 쿠 훌린의 무용 전설이 주요 내용이다. 고대의 신화와 아일랜드의 영웅 전설을 결합해 놓은 <쿨리의 가축 습격>은 《일리아스》와 《아이네이스》를 합쳐놓은 듯한 아일랜드판 영웅서사시로, 아일랜드의 북부 지방인 얼스터와 코노트 사이에 벌어진 분쟁을 소재로 삼고 있다. 여신이자 여왕인 메브와 아일랜드 최고 민족영웅 쿠 훌린의 종횡무진 활약상을 그린 영웅서사시도 이 책의 중요한 영웅 신화로 다루어지고 있다.

세 번째 이야기 모음집인 《페니언 전설》은 아일랜드의 또 다른 영웅 핀 마쿨과 그를 따르는 몸집 크고 힘이 센 전사 무리 피아나의 모험을 연대순으로 서술한다. 여기에 나오는 인물들은 비록 신화 속의 신들과 함께 나오긴 하지만 실제로 존재한 인물들을 바탕으로 만들어졌을 가능성이 높다. 마지막으로 《마비노기온》은 12세기에 엮은 웨일스 이야기 모음집이다. 비록 웨일스 신화에 나오는 많은 신은 아일랜드 신화에 나오는 신들과 비슷하지만 여기에 실린 이야기들은 영국의 신화적 역사를 서술하고 있다. 이 이야기들은 웨일스 켈트족의 신화를 들려 주고 있는데 훗날 아서 왕의 전설로 발전해 가게 될 인물에 관한 언급이 최초로 등장해 영국 전통 영웅의 원초적 모습을 확인할 수 있다.

| 86 | 더베드의 왕 푸일

■ 켈트 신화 ■

〈더베드의 왕 푸일〉은 중세 웨일스어 문학작품으로,《마비노기온》의 네 가지 중 제1가지다. 기독교 유입 이전의 켈트 신화, 나라 간 전설의 모티프, 중세 초기의 역사적 설화에 대해서 다루고 있다. 오늘날의 웨일스의 소왕국 더베드의 왕 푸일과 별세계 안눈의 왕 아라운의 인연, 푸일과 리아논의 결혼 및 그 슬하의 프러데리의 탄생과 실종 등을 다루고 있다.

쿠흐 계곡에서 사냥을 하던 더베드의 왕 푸일은 일행과 낙오되어 혼자 걷다가 사슴 시체를 뜯어먹는 한 무리의 개떼를 발견하였다. 이 개들은 사실 개 요정 쿤 아눈이었고 그들의 주인은 요정왕 아라운이었다. 푸일은 아라운의 개떼를 쫓아 버리고 자신의 개들에게 사슴의 고기를 먹였다. 이때 요정왕 아라운이 나타났다. 그는 별세계 안눈의 왕이지만 왕위를 하프간에게 찬탈당한 상태였다.

"왕좌의 자리도 빼앗겼는데 내가 사냥한 사슴까지도 빼앗아 가다니 이건 너무하지 않소."

푸일은 사슴이 아라운이 사냥한 것임을 알고는 난처해 했다. 이에 아라운은 억측과도 같은 해괴한 제안을 하였다. 그것은 1년 하고 하루 동안 서로의 모습을 바꾸자는 것이었다. 그러면서 푸일에게 하프간을 몰아내고 자신의 왕권을 되찾아 달라고 부탁했다. 그의 요구에 푸일은 서슴없이 승낙하고는 아라운으로 변신하여 안눈의 궁정으로 갔다.

푸일은 하프간을 몰아내고 1년간 안눈을 다스렸다. 이후 약속된 1년이 지난 후 아라운은 안눈의 궁정으로, 푸일은 더베드의 궁정으로 돌아갔다. 푸

사슴 사냥_더베드의 왕 푸일이 사슴 사냥을 하는 장면으로, 그는 일행에서 낙오되어 요정왕 아라운을 만난다.

일이 아라운으로 변신한 1년간 아라운의 아내를 건드리지 않았기 때문에 두 사람은 그 뒤로 친구가 되었다. 이때 안눈의 왕으로 행세했던 것에서 유래해 푸일은 '안눈의 머리'라는 뜻의 '푸일 펜 안눈'이라는 이명을 얻었다.

얼마 뒤 푸일과 그 신하들이 아르베르스(오늘날 펨브룩셔) 나버스의 봉분 위에 올라갔다가 황금 옷을 입고 빛나는 백마를 탄 리아논이라는 여인을 보게 된다.

푸일은 아름다운 그녀에게 매료되어 자신의 기수들 중 가장 빠른 자에게 리아논을 쫓아가게 했다. 하지만 리아논의 백마는 느릿느릿 걷고 있는데도 항상 푸일의 기수들 중 빠른 말보다 앞섰다. 사흘을 그렇게 쫓아간 끝에 기수가 멈추라고 소리를 쳤다. 그랬더니 리아논은 그 자리에서 바로 멈추면서, 진작 불렀으면 섰을 것이라 말했다.

리아논을 만난 푸일은 이번에는 그녀에게 아라운처럼 제안을 한다. 그녀는 그와울 압 클루드와 약혼한 사이인데 자신은 그 결혼을 원하지 않는다고 하며 푸일이 결혼을 파탄내 준다면 1년 뒤 푸일과 결혼하겠다고 하였다.

푸일은 하객으로 분장하고는 연회장에 들어섰다. 그때 한 남자가 푸일에게 다가와 자신의 청을 좀 들어주겠냐고 말했다. 푸일은 청의 내용도 묻지 않고 그러겠노라 약속하자 남자는 자신이 그와울임을 밝혔다. 그리고 그가 리아논과 결혼 연회를 푸일이 주최한 것으로 해 달라고 하자 푸일은 자신이 속아 넘어갔음을 알면서도 약속을 했기에 어쩔 수 없이 그것을 승낙했다. 왜냐하면 연회를 주최한 자는 연회를 중단할 수 없었기 때문이다.

푸일의 돌아가는 모양새가 자신이 생각한 대로 풀리지 않았음을 직감한 리아논은 이 연회의 주최자는 자신이며, 그것은 이미 여러 하객에게 약속된 바이기 때문에 푸일에게 그 권리를 주지 않을 것이라 말했다. 그리고 1년 뒤 자신과 그와울이 함께 있는 결혼식 연회가 다시 있을 것이라 이야기하고 결혼을 1년 미뤘다. 그렇게 하여 푸일은 자기 나라로 돌아갔다.

1년 뒤 푸일은 이번에는 자기 정체를 숨기고 연회장에 찾아왔다. 푸일은 리아논에게 몰래 받은 마술가방을 메고 있었다. 푸일이 그와울에게 1년 전과 같은 부탁을 하자 푸일보다 꾀가 많은 그와울은 자신이 듣기에 사리가 맞는 청이라면 들어줄 것이라고 대답하였다.

푸일이 자기 가방 안에 음식으로 채워 달라고 하자 그와울은 그리 어려운 일이 아니라고 생각하고는 푸일의 제안을 들어주었다. 하지만 가방에 마법이 걸려 있었기 때문에 아무리 음식을 채워도 다 차지 않았다. 더 이상 채울 것이 없자 그와울은 결국 자기 몸까지 가방 속에 넣을 수밖에 없었다. 그와울이 가방에 들어가자 푸일은 가방 입구를 묶어 매고 매달아 부하들을 불러 두들겨 팼다.

가방 속에 갇히는 그와울

리아논이 출산한 아기가 납치되는 장면   리아논에게 개의 피를 바르고 누명을 씌우는 시녀들

이렇게 하여 푸일과 리아논은 결혼하여 부부가 되었다. 신하들의 간언에 따라 푸일과 리아논은 나라를 물려줄 아들을 낳았다. 그런데 아기가 태어난 당일 밤에 리아논의 여섯 시녀가 지켜보는 앞에서 아들이 실종되고 말았다. 왕의 분노를 받을 것을 두려워한 시녀들은 개의 피를 내어 잠든 리아논에게 바르고 리아논이 영아 살해를 하고 자기 아들을 잡아먹었다고 주장하였다. 리아논은 누명을 쓰고 감옥에 갇히고 말았다.

한편, 아기는 더베드의 봉신국 구엔트의 왕 테어르논 투러프 릴란트의 마구간에서 발견되었다. 테어르논 부부는 아기의 머리카락이 황금처럼 빛나서 '금빛 머리칼 구리'라는 뜻의 '구리 왈트 에우런'이라고 이름을 붙였다. 구리는 사람 같지 않은 속도로 빠르게 자라고, 아이가 자랄수록 푸일과 닮은 것을 깨달은 테어르논은 아이의 정체를 알게 되었다. 테어르논은 구리를 푸일 부부에게 돌려보내는 대신 구엔트에 대한 지배를 보장받았다. 친부모를 찾은 구리는 '염려'라는 뜻의 프러데리라는 이름을 얻었다. 푸일이 죽자 프러데리가 더베드 왕으로 즉위하였다.

| 87 | 리르의 딸 브란웬 ■ 켈트 신화 ■

〈리르의 딸 브란웬〉은 《마비노기온》의 네 가지 중 제 2가지다. 신화는 리르 렌댜이스의 아이들, 즉 프러데인(브리튼)의 지고왕 브란 벤디게이드, 마나워단 밥 리르, 브란웬 베르흐 리르 남매의 이야기를 다루고 있다. 특히 브란웬이 에린(아일랜드)의 지고왕 마솔루흐와 결혼하는 이야기가 주된 줄거리다. 이후 프러데인과 에린의 사이가 악화되면서 두 섬 사이에 전쟁이 벌어지고, 그 결과 주요 인물들이 모두 죽고 카스왈라운 팝 벨리가 프러데인의 지고왕위에 오른다.

에린의 지고왕 마솔루흐가 배를 타고 할렉으로 건너와 프러데인의 지고왕 브란 벤디게이드를 만났다. 마솔루흐는 브란의 누이 브란웬에게 청혼을 하여 에린과 프러데인 사이에 결혼동맹을 맺기로 한다. 브란웬은 마솔루흐의 청혼을 받아들이고 결혼식이 열렸다.

그런데 브란 남매의 이복형제인 에브시니엔이 브란에게만 허락을 구하고 자신에게는 허락을 구하지 않자 화가 나서 마솔루흐의 말들의 사지를 잘라 버린다.

난데없이 봉변을 당한 마솔루흐는 어이가 없었고, 브란은 매제에게 죽은 것을 살릴 수 있는 마법 가마솥을 예물로 주어 마솔루흐를 달랬다. 마솔루흐는 이 선물에 만족하여 브란웬을 데리고 에린으로 돌아갔다.

에린 땅으로 간 브란웬은 마솔루흐와의 사이에서 아들 그웨른을 낳았다. 하지만 에브시니엔의 모욕에 마음이 상한 에린인들은 브란웬을 박대하였고 결국 그녀는 부엌데기 신세가 되었다. 서러움의 나날을 보낸 그녀는 말 한 마리를 길들였다. 그리고 그 말을 아일랜드의 바다로 건너보내 오빠인 브란에게 자신의 사정을 전하였다.

누이동생의 처지를 듣고 분노한 브란은 남동생 마나워단, 그리고 브리튼의 154개 칸트레브에서 소집된 전사들을 이끌고 에린으로 쳐들어갔다.

아일랜드인의 침공에 에린인들은 평화를 원한다면서 브란을 달래기 위한 큰 연회장을 지었다. 연회장 안에는 백 개의 자루가 매달려 있었는데, 보통 곡분이 들어 있어야겠지만 사실은 무장한 전사들이 들어 있었다. 하지만 이 속임수를 눈치 챈 에브시니엔은 자루를 두들겨 에린 전사들의 머리통을 박살내 죽여 버렸다.

이후 연회가 열렸는데 이번에도 기분이 틀어진 에브시니엔이 마솔루흐와 브란웬의 아들 그웨른을 불길 속에 집어던져 죽여 버리면서 끔찍한 전투가 벌어졌다. 에린인들이 마법 가마솥으로 죽은 자들을 되살리자 에브시니엔은 시체 속에 숨어 있다가 가마솥을 파괴하고 그 과정에서 자기도 죽었다.

싸움이 끝나니 살아남은 사람은 마나워단, 궁정시인 탈리에신, 더베드 왕 프러데리를 비롯한 일곱 명뿐이었다. 브란웬은 충격을 받아 심장마비로 숨을 거뒀다. 치명상을 입은 브란은 생존자들에게 자기 목을 잘라 프러데인으로 가져가라는 유언을 남겼다. 생존자들은 지고왕의 마지막 명령을 수행하였다. 이후 일곱 생존자는 7년 간 할렉에 머물렀고, 그 동안 브란의 잘린 머리는 계속 이야기를 하면서 그들을 즐겁게 해 주어 끔찍했던 전쟁의 트라우마를 잊게 해 주었다.

할렉 성 앞의 동상_끔찍한 전쟁이 끝난 뒤 브란 벤디게이드가 조카 그웨른의 시체를 뒤에 태우고 말을 탄 모습을 묘사했다.

켈트 문명의 신화를 찾아서 **447**

이후 생존자들은 그왈레스(더베드의 무인도)로 가서 거기서 늙지 않으며 80년을 더 즐겁게 살았다. 그러다 어느 날 헤일런 팝 그윈이 문을 열어서 콘월 쪽을 바라보게 되자 마법이 풀리고 생존자들은 다시 슬픔에 젖어들었다. 그들은 이제 사전에 지시받았던 대로 완전히 침묵한 브란의 수급을 그윈프런 백산(오늘날의 런던탑 자리)으로 가져갔다. 그리고 대륙 쪽에서의 침공을 막기 위해 브란의 얼굴이 프랑스 방향을 바라보도록 묻었다.

전쟁의 결과 에린 땅에는 에린인들이 모두 죽고 임신한 여자 다섯 명만 남았다. 다섯 여자는 모두 아들을 낳았고, 아들들은 섬의 유일한 여자들, 즉 자기 모친들과 관계하여 다시 에린 땅에 생명을 번창케 했다. 그리고 각자 에린 땅을 다섯으로 나누어 다스렸으니 에린의 5대 왕국(울라, 미데, 라긴, 무무, 코나크타)이 이 근친상간에서 비롯된 것이라고 한다.

브란의 머리를 프러데인으로 가져가는 장면_브란의 잘린 머리는 한동안 마법에 걸려 주위에 이야기를 했다고 한다.

| 88 | 리르의 아들 마나워단

■ 켈트 신화 ■

〈리르의 아들 마나워단〉은 《마비노기온》의 네 가지 중 제 3가지다. 제 2가지 〈리르의 딸 브란웬〉에서 내용이 바로 이어진다. 주인공들의 나라인 더베드에 마법의 안개가 몰려와 사람들과 가축들이 모두 사라져 불모지가 되어 버린 난장판이 해결되는 과정을 다루고 있다.

형 브란 벤디게이드의 유언에 따라 브란의 잘려진 머리를 프랑스 방향을 바라보도록 묻은 마나워단은 친구 프러데리와 함께 더베드 왕국으로 돌아왔다. 프러데리는 아내 키그바와 재회하고 마나워단은 과부가 된 리아논(프러데리의 모친)과 결혼하게 된다.

프러데리는 자기들이 없는 동안 지고왕위를 차지한 카스왈라운에게 충성 맹세를 하러 켄트를 향해 출발하였다. 그런데 얼마 뒤 마법의 안개가 몰려와 두 전사의 부부 네 사람을 제외한 모든 인간과 가축이 사라지고 말았다.

프러데리와 마나워단은 잉글랜드로 가는 길에 여러 마을에서 물물교환을 하며 생계를 꾸리며 나갔다. 하지만 그때마다 그들의 놀라운 실력을 시기한 다른 상인들과 분쟁이 일어나 쫓겨나고 말았다.

결국 여행을 포기하고 더베드로 돌아온 마나워단과 프러데리는 사냥을 하다가 흰색 멧돼지를 발견하였다. 그 멧돼지의 뒤를 밟았더니 거대한 요새가 우뚝 서 있었다. 마나워단의 만류에도 불구하고 프러데리는 안에 들어가서 보물을 뒤졌다. 아름다운 황금 그릇을 발견한 프러데리가 그것을 들어올리는 순간 프러데리의 발은 바닥에, 손은 그릇에 달라붙어 버리고 입이 달히며 말을 할 수 없게 되었다.

　마나워단은 프러데리가 나오기를 하염없이 기다리다가 나오지 않자 리아논에게 돌아가 프러데리가 실종되었다고 말하였다. 리아논은 남편의 의리 없음을 꾸짖고 요새 안에 들어갔다가 아들과 같은 신세가 되어 버리고 말았다. 그리고 안개가 몰려와 요새를 덮어 버리자 요새는 통째로 사라져 버리고 그 안의 리아논과 프러데리 모자도 함께 사라져 버렸다.

　프리데리의 아내 키그바는 남편을 잃어 슬픔에 울고, 마나워단은 겨우 그녀를 달랬다. 두 사람은 다시 잉글랜드 방향으로 향하지만 이번에도 쫓겨나고 말았다.

프러데리와 리아논_프러데리 밥 푸일은 웨일스 신화에 등장하는 중요한 인물로, 푸일과 리아논 사이에 태어난 아들이며 아버지의 사후 더베드의 왕이 되었다. 그는 마비노기온의 네 가지에 모두 등장하는 유일한 인물이다. 그림은 프러데리와 리아논이 마법의 황금그릇에 손과 발이 달라붙어 있는 장면을 묘사한 그림이다. 앨버트 허터의 작품.

마나워단 밥 리르 리르 렌뒤이스의 아들이며 브란 펜디가이드와 브란웬의 형제이다. 그의 이름은 아일랜드 신화의 바다의 신 마난난 막 리르와 유사하며, 원래 같은 존재에서 파생된 것으로 보인다. 하지만 마나워단은 바다와 관련된 이야기가 남아 있는 것이 없다.

불모지가 되어 버린 더베드로 돌아온 두 사람은 세 개의 밀밭을 발견하였다. 하지만 첫 번째 밀밭은 수확을 시도하기도 전에 황폐해져 버리고 밤이 되자 두 번째 밀밭도 죽어 버렸다. 마나워단은 세 번째 밀밭을 계속 지켜보다가 생쥐 떼가 밀밭을 갉아먹어 파괴한다는 것을 알게 되었다. 생쥐 한 마리를 붙잡은 마나워단은 본보기 삼아 그 생쥐를 매달아 놓았다. 그러자 뜬금없이 학자 한 명, 사제 한 명, 주교 한 명이 나타나 생쥐를 살려 주라고 말하는 것이 아닌가.

생쥐에게 무엇인가 있다고 느낀 마나워단은 그들의 요구를 거절하였다. 그들이 재차 생쥐를 풀어 주라 하자 마나워단은, 프뤼데리와 리아논을 돌려주고 더베드에 걸린 몹쓸 마법을 풀어 주면 생쥐를 풀어 주겠다고 제안한다. 주교는 이 조건에 동의하는데, 알고 보니 마나워단에게 붙잡힌 생쥐는 주교의 아내였다. 그리고 더베드를 불모지로 만들어 마나워단과 프뤼데리가 모든 고생을 하게 만든 문제의 마법의 안개는 리어드 압 킬 코에드의 소행이었던 것으로 밝혀졌다.

리어드는 리아논의 전남편 그와울 압 클루드의 친구로, 프뤼데리의 아버지 푸일과 리아논이 짜고 그와울을 결혼식에서 파토를 내고 심지어 마법의 가방 안에 넣는 등 욕을 보인 뒤 자기들끼리 눈이 맞아 결혼한 것을 복수하려고 이런 짓을 꾸민 것이었다. 이렇게 해서 더베드에 걸린 마법이 모두 풀렸다.

| 89 | 마소누이의 아들 마스 ■ 켈트 신화 ■

<마소누이의 아들 마스>는 《마비노기온》의 네 가지 중 제 4가지다. 앞의 세 가지가 더베드 왕국을 배경으로 하고 있다면 이 가지는 귀네드 왕국을 배경으로 삼고 있다. 웨일스 북부의 귀네드와 남부의 더베드 사이의 치열한 전쟁, 러이 라우 거페스와 덜란 아일 돈의 탄생, 아르얀로드의 망신, 블로데이왜드의 창조 등의 이야기를 다루고 있다. 주인공격인 인물은 귀네드 왕 마스 밥 마소누이, 마스의 조카인 모사꾼 그위디온 밥 돈, 그위디온의 조카인 러이 라우 거페스 이렇게 숙질 삼대라고 할 수 있다.

    귀네드 왕 마스 밥 마소누이는 마법을 쓸 수 있는 대신에 주기적으로 순결한 처녀의 무릎에 발을 올려놓아 기력을 보충하지 않으면 죽는 저주를 받았다. 당시 마스의 무릎베개 역할을 해주던 처녀가 고이원이었다. 마스에게는 누이 돈의 자식인 다섯 조카가 있었는데 그 중 길바이수이가 마스의 무릎베개 노릇을 하던 처녀 고이원에게 욕정을 품었다. 이에 길바이수이의 형제인 모사꾼 그위디온이 길바이수이가 고이원을 취할 수 있는 계책을 알려주었다. 그위디온은 삼촌에게 가서 더베드의 왕 프러데리에게서 돼지를 빼앗아 오자고 말하였다. 그위디온은 한 무리의 사람들을 이끌고 음유시인으로 위장하여 케레디기온으로 가서 프러데리 왕을 만났다.

    그위디온은 능숙한 이야기꾼이라 프러데리 왕을 만족시켰고, 마법으로 말 몇 마리와 개 몇 마리를 만들어낸 뒤 프러데리에게 돼지와 말, 개를 교환하자고 제안하였다. 프러데리는 그위디온의 제안을 수용했고, 그위디온과 그 패거리는 돼지를 끌고 귀네드로 돌아갔다. 그러나 그위디온의 속임수가 곧 밝혀지자 프러데리는 귀네드에 전쟁을 선포하였다. 이에 마스는 전쟁터로 나가고 이때를 이용하여 길바이수이가 고이원을 겁탈하였다.

고이원을 겁탈하는 길바이수이

　프러데리의 더베드 군은 용맹한 마스의 귀네드 군에 패배해 후퇴하고 말았다. 더베드 군은 난트 칼까지 쫓겨갔다. 그리고 그곳에서 더 많은 더베드 군이 죽음을 맞게 되었다. 그 뒤 돌 벤마엔까지 쫓겨간 프러데리는 세 번째로 패배하고 말았다.

　병사들의 무익한 희생을 막기 위해 프러데리와 그위디온이 일대일로 승부를 내기로 서로 합의하였다. 둘은 아르두뒤의 어 벨렌 러드에서 대결하였다. 이 결투에서 '힘과 용기와 마법과 마도구'의 힘을 빌어 그위디온이 승리하고 프러데리는 살해당하고 만다. 그리고 더베드 병사들은 자기네 왕의 죽음을 비통해 하며 남쪽으로 철수하였다.

　한편, 귀네드의 궁으로 돌아온 마스는 고이원의 무릎에 발을 올려놓아 기력을 보충하려 했으나 고이원은 이제 처녀가 아니었기 때문에 효력을 발휘할 수 없었다. 마스는 그녀가 조카인 길바이수이에게 겁탈당한 것을 알고는 그녀의 명예를 지켜주기 위해 고이원을 부인으로 맞이한 후 두 조카인 길바이수이와 그위디온에게 벌을 내렸다.

마스는 조카들이 3년 간 낳은 새끼사슴, 새끼돼지, 새끼늑대를 모두 사람으로 변신시켜 각각 허드운, 허흐둔, 블레이둔이라는 이름을 붙였다. 마스는 3년 간의 벌을 받은 조카들을 다시 사람으로 되돌려 주고 새로이 무릎베개가 될 처녀를 찾아오라 명하였다.

이에 그위디온은 자기 누이 아르얀로드를 추천하였다. 마스는 아르얀로드의 처녀성을 시험하기 위해 자기 마법의 지팡이를 땅에 놓고 그것을 밟고 서 보라고 하였다. 아르얀로드가 그 말에 따르자 그 자리에서 선 채로 아기(딜란 아일 돈)를 낳았다. 그녀가 처녀가 아님이 밝혀지자 수치심에 사로잡혀 도망치다가 고깃덩어리 하나를 더 낳았다. 하지만 아르얀로드는 첫 번째 아이만 데리고 도망갔다.

그위디온은 그녀가 낳은 고깃덩어리를 주워 궤짝 안에 넣고 침대 발치에 두었더니 얼마 뒤에 궤짝 안에서 울음소리가 들렸다. 열어 보니 또 다른 아기(러이 라우 거페스)가 들어 있었다.

그위디온의 보살핌 아래 아이는 남들보다 훨씬 건강하고 두 배는 빠르게 자랐다. 여덟 살이 된 해에 그위디온이 그를 아르얀로드에게 데려갔지만 그에 대한 분노가 식지 않은 그녀는 이름을 지어 주려 하지 않았다. 오히려 그때의 수치심이 기억난 그녀는 아이에게 그녀가 이름을 지어 주기 전에는 절대 이름을 가질 수 없다는 텅게드(아일랜드 신화의 기아스와 같은 것)의 저주를 걸었다.

이에 그위디온은 꾀를 내어 아이를 구두공으로 변장시키고 아르얀로드의 성 아래에서 구두에 금을 입히는 일을 시켰다. 아이의 놀라운 실력은 널리 소문이 났고 수많은 사람이 찾아왔다.

▶**마법의 지팡이를 밟고 서 있는 아르얀로드**(455쪽 그림)_돈의 딸이며 그위디온과 길바이수이의 누이이다. 프러데인 섬의 삼인조에 따르면 아버지는 벨리 마우르다. 마비노기온에서 아르얀로드 남매는 귀네드 왕국의 왕 마스의 조카다. 그림은 아르얀로드가 마스의 무릎베개가 될 처녀성을 인정받기 위해 시험에 든 장면을 묘사한 그림이다. 어니스트 찰스 월카인스의 작품이다.

아르얀로드도 자신의 구두를 부탁하기 위해 찾아왔는데, 이때를 노린 그위디온은 아이로 하여금 돌을 던져 새를 잡도록 시켰다. 아이가 돌을 던져 굴뚝새의 다리뼈와 힘줄 사이를 명중시켜 새를 잡았다. 그 재주를 본 아르얀로드는 입을 열었다.

"저 빛나는 머리카락의 아이는 참으로 솜씨가 좋구나."

그러자 그위디온이 변신을 거두고는 그녀가 방금 아들에게 '솜씨가 좋은 빛나는 자(러이 라우 거페스)'라는 이름을 붙여 주었다고 말하였다.

자신이 속은 것을 안 아르얀로드는 분노하여 라우에게 자기 말고 아무도 그에게 무기를 줄 수 없다는 두 번째 텅게드를 걸었다. 몇 년 뒤 그위디온과 라우는 이번에는 음유시인으로 변신하여 아르얀로드의 카이르를 다시 방문하였다.

그는 아르얀로드의 성 주위에 환상으로 대군을 만들어 아르얀로드를 놀라게 만들고 아르얀로드를 찾아갔다. 당황한 아르얀로드가 그위디온에게 어떻게 해야겠냐고 물었고, 그위디온은 음유시인으로 변장시켜 데려온 로이 라우 거페스가 좋은 장군이라고 말하며 무기와 갑옷을 내어주면 적을 물리쳐 보이겠다고 했다. 아르얀로드는 갑옷과 무기를 가져다 주었고 그위디온은 로이 라우 거페스에게 그것을 착용시키고 난 후 환상으로 만든 대군을 없어지게 하였다. 또 속은 것을 안 아르얀로드는 더욱 분노하여 로이 라우 거페스에게 가장 큰 저주인 이 땅에 존재하는 그 어떤 인간 아내와도 결혼하여 살 수 없을 것이라는 세 번째 텅게드를 걸었다.

라우가 총각으로 죽게 생기자 그위디온은 마법의 신 마스에게 어떻게 하면 러이 라우 거페스에게 배우자를 만들 수 있을까 질문하였다.

마스는 '참나무 꽃, 금작화 꽃, 조팝나무 꽃'들을 엮어 여인의 상을 만들고 생명을 불어넣었다. 그리고 그 누구도 본 적이 없을 만큼 사람이면서 동시에 사람이 아닌 아름다운 여자를 만들어 냈다. 그리고 이 화녀(花女)에게 대

구두 제화공으로 변신한 그위디온과 아르얀로드_배의 선상에서 제화공으로 변신한 그위디온이 아르얀로드의 구두를 맞추기 위해 그녀의 발의 크기를 재는 가운데 라우가 돌팔매질을 하려는 장면을 묘사한 그림이다. 이름이 없던 라우가 아르얀로드로부터 '솜씨가 좋은 빛나는 자'라는 러이 라우 거페스라는 이름을 붙여 주었다. 패니 제지오라의 작품.

충 세례를 주고 블로다에이드(꽃의 처녀)라고 이름 붙이고 러이 라우 거페스와 결혼시켜 마침내 아르얀로드의 모든 저주로부터 자유로울 수 있게 해 주었다.

블로다에이드와 행복한 나날을 보내던 어느 날 그녀는 지나가던 귀족인 그루누 페브르와 사랑에 빠졌다. 블로다에이드와 그루누는 불륜에 방해가 되는 라우를 죽이기로 마음먹었다. 하지만 라우는 낮에도 밤에도, 실내에서도 야외에서도, 말등에서도 땅 위에서도, 옷을 입어도 벌거벗어도, 그 모든 상황에서 보통의 무기로는 죽지 않는 불사신이었다.

블로다에이드는 불사신과 같은 라우에게 속임수를 써서, 어떻게 해야 라우를 죽일 수 있는지 스스로 말하게 하였다. 라우는 낮도 밤도 아닌 어스름에 그물을 걸쳐서 옷을 입은 것도 아니고 벗은 것도 아닌 상태로 한 발은 가마솥에 넣어두고 한 발은 염소 위에 올려두고 있을 때, 1년 동안 미사 시간만 사용해서 담금질한 창으로 찌르면 자신이 죽을 수도 있다고 말한다. 이 정보를 갖고 블로다에이드는 라우의 암살을 사주하였고, 그녀의 정부 그루누가 던진 창에 맞은 라우는 독수리로 변신하여 오크나무 위로 날아갔다.

그 사이 그위디온이 행방이 묘연한 라우를 찾아다니다 마침내 한 참나무 꼭대기에 홰를 치고 앉아 있는 라우를 발견하였다. 그위디온은 마법의 노래를 불러서 라우가 아래로 내려오도록 유인하고 라우를 사람으로 되돌렸다.

그위디온과 마스의 간호를 받아 목숨을 건진 라우는 귀네드 군을 소집하여 자신이 없는 동안 그루누와 블로다에이드가 차지한 자기 땅을 되찾는 전쟁을 일으켰다. 그위디온은 도망가는 블로다에이드를 붙잡아서 '모든 다른 새들이 혐오하는 새'인 올빼미로 만들어 버렸다.

그리고 "이제 너는 다른 모든 새에게 따돌림을 당하기에 낮에는 돌아다닐 수 없을 것이며, 너를 보는 족족 괴롭히려는 마음이 다른 새들의 본능에 새겨질 것이다. 하지만 네 이름을 잃지는 않을 테니 너는 언제나 블로다에이드(꽃의 얼굴)라고 불리리라"는 저주를 내린다. 이것이 웨일스어에서 올빼미를 왜 '꽃의 얼굴'이라고 부르는지를 설명한다.

한편, 그루누는 혼자 페늘런으로 도망가 라우에게 사자를 보내어 목숨을 구걸하였다. 하지만 라우는 거부하고 그루누가 컨파엘 강둑에 서서 자신이 던지는 창을 받아야 한다고 요구하였다. 그루누는 다급해져서 자기 부하들 중에 누군가가 대신 라우의 창을 맞아 줄 사람이 없느냐고 찾았지만 아무도 나서지 않았다. 결국 그루누는 라우와 자신 사이에 커다란 바위가 있는 것을 발견하고는 라우의 창이 바위를 통과하지 못할 것이라 계산해 라우의 요구을 받아들였다. 하지만 라우의 창은 바위에 구멍을 내고 그루누를 꿰뚫어 죽였다. 컨파엘 강둑에는 아르두뒤 레흐 로누라는 구멍 난 바위가 있는데, 이 바위가 그 바위라고 한다. 이렇게 하여 자기 땅을 되찾은 라우가 마스의 뒤를 이어 귀네드 왕위에 올랐다.

올빼미 얼굴로 변하는 블로다에이드

| 90 | 아서 왕 신화

■ 켈트 신화 ■

아서 왕은 6세기경 영국의 신화적 인물이며 켈트 민족에 속하는 영웅이다. '아서 왕 이야기'는 켈트족의 다양한 신화와 전설에 기독교 전승까지 덧씌워진 것으로, 여러 중세 작가 특히 프랑스 출신의 작가들이 아서의 출생에 대한 일화, 기사들이 벌이는 모험, 왕비인 귀네비어와 기사인 랜슬롯 경의 불륜의 사랑 등 여러 가지 다양한 이야기를 만들어냈다. 아서 왕은 실제 역사적 모델과는 무관하게, 완전히 켈트 신화에서 유래한 신화적인 존재라는 설도 있다. 그 중에는 거인 두 명을 처치한 영웅이라는 설도 있다. 실제로 아서 왕에 관한 이야기는 대부분 켈트 신화에서 그 원류를 찾을 수 있다.

예언자이자 마법사인 멀린이 어렸을 때 잉글랜드는 보르티겐 왕이 다스리고 있었다. 인부들이 성을 지으려고 하자 자꾸 주춧돌이 무너져 내리는 것을 보고 멀린은 이렇게 예언하였다.

"성을 지을 땅의 지하 깊숙한 곳에 용 두 마리가 살고 있기 때문이오."

인부들이 땅을 파자 붉은 용과 흰 용이 싸움을 벌이기 시작했는데, 이에 대해 멀린은 다음과 같이 예언하였다.

"두 마리의 용은 왕위의 계승자인 선왕의 동생 우더와 펜드래곤의 침입을 나타내는 것이오."

멀린의 예언대로 보르티겐 왕을 죽이고 펜드래곤이 왕위에 올랐는데 펜드래곤이 전쟁에서 죽자 우더가 왕위를 이어받았다. 그 후 우더는 우더 펜드래곤이라 부르게 하였다.

왕이 된 우더 펜드래곤는 이그레인이라는 여성에게 반해 있었는데, 그녀는 유부녀였고 콘월의 영주 골로이스의 아내였다. 그래서 멀린은 우더 펜드래곤에게 마법을 걸어, 이그레인의 남편 골로이스의 모습을 변신시켜 그녀와 동침할 수 있도록 해 주었다. 그리고 그 대가로 둘 사이에서 태어난 아

멀린_영국 역사상 최고의 궁정 마술사로 일컬어지고 있는 멀린은 아서 왕 이야기에 나오는 마술사로 가장 유명한 인물 가운데 하나이다. 그는 주로 긴 회색수염에 뒤로 잘 빗어 넘긴 회색머리칼을 지녔으며, 마법사처럼 보이는 로브를 입거나 두건과 망토를 두른 노인의 모습으로 여겨지곤 한다.

서를 데려갔다. 멀린은 엑터 경이라는 기사에게 아서를 맡겨 그의 아들로 자라게 하였다.

어느 해 정월 초하룻날 런던에서 마상시합이 열렸다. 소년으로 성장한 아서는 엑터 경과 그의 아들 케이 경과 함께 시합에 참가하기 위해 런던으로 향하였다. 가는 도중에 깜빡 잊고 검을 여관에 두고 온 케이 경을 위해 아서는 여관으로 발길을 되돌렸다. 그러나 여관은 문이 잠겨 있고 주인은 외출 중이었다. 아서는 할 수 없이 무쇠 모루에 꽂혀 있는 검을 뽑아 가야겠다고 생각했다. 성당의 부지 안에는 대리석처럼 크고 네모난 바위가 놓여 있었는데 그 위에는 두꺼운 철판이 얹혀 있었다. 이 바위와 철판은 크리스마스 날 갑자기 성당 부지 안에 나타난 것이었다. 그리고 철판의 중앙에는 아름다운 검 한 자루가 무쇠 모루에 꽂혀 있었는데, 이 검에는 '이 검을 뽑는 자야말로 브리튼의 왕이다'라는 글귀가 씌어 있었다.

그때까지 수많은 사람이 이 검을 뽑기 위해 안간힘을 썼어도 검은 꿈쩍도 하지 않았다. 그런데 검에 얽힌 사연을 전혀 모르는 아서가 칼자루를 잡았더니 검이 쑥 뽑혔다.

엑터 경은 케이 경으로부터 아서가 바위에 박힌 검을 뽑았다는 소식을 듣고 아서에게 말했다.

"당신은 내 아들이 아니고 고귀한 피를 이어받은 분입니다."

제후와 귀족들의 인정을 받은 후 아서는 브리튼의 국왕이 되었다. 드디어 그 유명한 아서 왕이 탄생한 것이다.

아서 왕에게 명검이 두 자루 있었다. 한 자루는 왕이 될 자만이 뽑을 수 있는 무쇠 모루에 꽂혀 있는 검이었다. 이 검은 펠리노어와 결투를 벌이다 두 동강이 나고 말았다. 이에 멀린의 주선으로 호수의 여신에게서 한 자루의 검을 받았는데, 이 검이 그 유명한 '엑스칼리버'라는 명검이다.

웨일스 신화 모음집 《마비노기온》에는 어떤 이야기가 담겨 있을까?

《마비노기온》의 대부분의 이야기는 12세기 웨일스에서 일어난 영웅무용담을 다루고 있다.

《마비노기온》에 실린 네 가지 이야기 가운데 첫 번째는 프월과 그의 아내 리아논, 아들 프러데리를 둘러싼 이야기이다. 이 이야기가 후세에까지 회자되는 이유는 중세의 대표영웅인 아서 왕 전설과 관련이 있는 부분이 '쿨후흐와 울루엔' 이야기에 담겨 있다는 데 있다.

이 이야기는 기원전 1100년경에 만들어진 것으로 보이는데, 아서 왕 전설과 관련이 있는 인명과 지명이 많이 나온다. 그 중에서는 웨일스어로 '전투의 돌파구'란 뜻의 칼레드불흐란 검이 나온다. 대단한 힘을 가진 이 검은 훗날 '돌에 박힌 전설적인 검' 엑스칼리버와 동일시된다. 또 아서 왕의 아버지인 유시르 펜드래곤과 그 아내인 그웬후이바르(훗날 영국식 이름인 귀네비어로 변한다)의 이름도 나온다. 어떤 이야기에는 마법의 힘을 지닌 큰 솥에 대한 언급도 있는데, 이것은 훗날 아서 왕이 성배를 찾아 나서는 이야기와 관련이 있다고 생각된다. 《마비노기온》에 나오는 아서 왕에 관한 최초의 언급은 그보다 앞서 존재한 아일랜드 신화에서 유래했을 가능성이 있다.

사실 우리가 잘 알고 있는 아서 왕의 전설에 관한 영웅적 모험담은 영국 작가 토머스 맬러리가 각색한 이야기에서 비롯된다. 재미있는 것은 맬러리가 우리가 생각하는 고매하고 작가혼에 빛나는 지적인 작가가 아니라 도둑질과 살인을 저지른 중범죄자였다는 점이다. 그는 1451년부터 오랜 세월을 감옥에서 보냈는데, 감옥에서 무료한 시간을 달래기 위해 대부분의 작품을 썼던 것으로 보인다. 그러면서 그는 당시 영국의 여러 야사집 같은 데 군데군데 흩어져 수록돼 있던 다양한 전설과 이야기를 모아 자신의 이루지 못할 야망을 작품 속에 녹여내 《아서 왕의 죽음》이라는 거창한 제목으로 출판한다.

맬러리의 《아서 왕의 죽음》에 등장하는 중심인물 중 《마비노기온》에 나오지 않는 한 사람은 마법사 멀린이 유일할 정도로 맬러리는 당시의 중세 야사를 꼼꼼히 참고했던 것으로 보인다. 사실 멀린의 기원은 켈트 신화의 훨씬 더 깊은 곳에서 찾을 수 있는데, 미르딘이라는 웨일스 마법사로 거슬러 올라간다. 많은 전문가는 멀린의 뿌리가 드루이교 전설까지 거슬러 올라갈 수 있다고 추정한다. 아서 왕 이야기에서 멀린이 맡은 역할(아서의 부모를 결합하게 하고, 아서를 키우고, 엑스칼리버를 바위에 꽂아놓는 등)은 12세기에 처음 기록되었다.

명검을 얻은 아서 왕은 매번 전투에서 승리를 거두어 천하무적의 전사가 되었다. 아서 왕은 엑스칼리버의 힘을 빌려 영국을 통일하고 게르만족을 바다 너머로 쫓아냈으며, 나아가 로마 황제를 자칭하는 침략자를 물리쳤다. 그리고 수십 년 동안 평화가 지속되자 자연스레 엑스칼리버를 뽑지 않게 되었다.

아서 왕이 영국을 통일하자 레오데그란스 왕의 딸인 귀네비어와 결혼을 시켰다. 또한 결혼기념으로 아서 왕에게 원탁을 주었다. 이 원탁은 원래 마법사 멀린이 아서 왕의 아버지 우더 펜드래곤에게 만들어 주었고, 우더 팬드래곤은 레오데그란스 왕에게 주었다.

원탁의 기사들은 랜슬롯을 비롯하여 갤러해드와 트리스탄 등 150명의 기사가 둘러앉을 수 있는데, 원탁의 기사단에는 용사가 많아 그들은 식사를 함께 하면서 그들의 화려한 무용담과 사랑의 이야기로 꽃피웠다.

하지만 말년에 원탁의 기사 중 한 사람인 랜슬롯 경과 왕비 귀네비어의 밀애와 아서 왕의 누이인 모건 르 페이라는 마녀의 음모로 왕국은 위기에 빠지게 되었다.

귀네비어와 랜슬롯_두 사람은 아서 왕 몰래 사랑하는 관계가 된다. 에드먼드 블레어 레이튼의 작품.

랜슬롯의 기사 의식_귀네비어가 호위무사로 랜슬롯을 임명하는 기사 의식을 치르는 장면을 묘사한 그림이다. 에드먼드 블레어 레이튼의 작품.

모건이 마법의 힘을 빌어 아서 왕과의 사이에서 낳은 사생아인 모드레드가 아서 왕에게 반기를 들어 왕국이 내란 상태에 빠져들게 되었고, 모드레드와 아서 왕은 서로에게 치명상을 입혔으며 쌍방의 기사 중에 생존자는 몇 명 되지 않았다.

　치명상을 입은 아서 왕은 싸움에서 살아남은 기사 중 한 사람인 베디비어 경에게 엑스칼리버를 호수에 던져 넣으라고 명령했다. 하지만 베디비어 경은 그 검을 차마 버리지 못하여 검을 몰래 감추어 놓고 아서 곁으로 돌아갔다.

　아서는 돌아온 베디비어 경에게 검을 던졌을 때의 광경을 묻자 베디비어 경이 아무 일도 없었다고 대답했다. 호수에 검을 던지면 어떤 일이 일어날지를 알고 있었던 아서는 그를 거짓말쟁이라며 꾸짖었다.

　베디비어 경은 할 수 없이 다시 엑스칼리버를 들고 호수로 가서 던져 버렸다. 그러자 수면에서 요정의 손이 나와 떨어지는 엑스칼리버를 받아들고 천천히 세 번을 휘두르더니 다시 호수 속으로 가라앉아 버렸다.

　베디비어 경은 아서 왕에게 그 광경을 전하려고 다시 돌아왔다. 하지만 아서 왕은 이미 아발론으로 떠나고 없었다. 이후 영국은 한동안 내전 상태에 돌입하게 되면서 색슨족과 게르만족에 의해 켈트족은 차츰 세력에서 밀려나기 시작했다. 켈트족의 민간 전설에 따르면, 그들이 절실히 원할 때 아서 왕이 다시 엑스칼리버를 들고 아발론에서 돌아올 것이라고 한다.

아서와 귀네비어

91 | 니벨룽의 노래

■ 게르만족 신화 ■

니벨룽의 노래는 게르만족의 민족 이동기의 다양한 신화와 전설들을 13세기 초에 영웅 서사시의 형태로 창작한 영웅 신화이다. 이 영웅 서사시는 2부로 구성되어 있는데, 1부는 크림힐트와 지크프리트의 결혼 및 지크프리트의 죽음을, 2부는 훈족 왕의 아내가 된 크림힐트의 복수를 다루고 있다. 이 이야기에는 473년 훈족에 의한 부르군트족의 멸망이라는 역사적 사건이 배경으로 깔려 있으며, 중세 시대의 미화된 궁정기사 문학과는 달리 정치적 암살과 배신, 약탈, 기만, 협박 등으로 얼룩진 13세기 초의 역사적, 정치적 현실이 제대로 반영되어 있다.

    부르군트족의 왕 군터의 누이동생인 크림힐트가 불길한 꿈을 꾸었다. 그녀가 꾼 꿈은 훗날 자신이 사랑하게 될 남편이 죽는 악몽이었다. 한편, 네덜란드의 왕자 지크프리트는 크림힐트가 머무는 보름에 있는 부르군트 왕성을 방문하였다. 그가 부르군트에 방문한 목적은 아름답기로 소문난 크림힐트에게 구혼하기 위한 목적이었다.

    지크프리트는 전에 니벨룽의 소인족(小人族)을 정복했을 때 보물을 얻었는데, 당시 그 보물을 지키고 있던 드래곤(용)을 퇴치할 때 그 용의 피를 뒤집어쓰고 불사신(不死身)의 몸이 되었다. 하지만 등의 일부분에 보리수 나뭇잎이 붙어 있어서 피가 묻지 않아 그곳이 유일한 약점이 되었다.

    그런데 지크프리트는 약 1년 가까이 부르군트 성에 머물다가 겨우 크림힐트를 만날 수 있게 되었다. 이때 보름의 왕이자 크림힐트의 오빠인 군터 역시 지크프리트처럼 아이슬란드의 여왕 브룬힐트를 사모하여 구혼하려고 했다. 하지만 브룬힐트는 아름다운 여성이었지만 용맹함을 갖춘 여전사였다. 그녀는 무예를 겨루어 자신을 이길 수 있는 자에게 남편의 자격을 주겠다고 했다. 하지만 자신에게 진 사람은 죽음을 택해야 하였다.

지크프리트의 합동 결혼식_지크프리트가 군터를 도와 여왕 브룬힐트를 제압하고 그 공으로 크림힐트를 얻는다. 그림은 군터와 브룬힐트, 지크프리트와 크림힐트가 합동결혼식을 올리는 장면이다. 하인리히 호프만의 작품.

군터는 여왕보다 무예가 출중하지 못해 이길 수가 없었다. 이런 이유로 그는 가슴만 태우고 있었다. 그런데 마침 용맹한 지크프리트를 보자 그의 의중을 파악하고는 제안을 하였다.

그 제안은 지크프리트가 군터를 도와 브룬힐트를 제압한다면 크림힐트와 결혼을 허락하겠다는 것이었다. 지크프리트는 흔쾌히 수락하고 눈에 보이지 않는 투명 망토로 모습을 감추고 군터를 도와서 그가 브룬힐트에게 승리를 거둘 수 있게 하여 줌으로써 결혼을 성사시켰다.

약속대로 보름에 도착한 브룬힐트는 군터와 결혼하고 동시에 지크프리트와 크림힐트도 합동결혼식을 올렸다. 하지만 브룬힐트가 막상 결혼하고 보니 군터는 아이슬란드에서 자신과 겨룰 때와 달리 한참 약골이었고, 이에 대한 불만과 의문 때문에 첫날밤 그와의 동침을 거부하였다. 심지어 몸이 달아 오른 군터가 덤벼들자 아예 군터를 묶어서 매달아 놓는 지경이었다.

이에 지크프리트는 다음날 밤에 다시 투명 망토를 두르고 브룬힐트를 힘으로 제압하여 억지로 군터가 그녀를 취하게 하였다. 군터와 브룬힐트가 성관계를 가진 것은 확실한데 전승에 따라서는 그 전에 투명상태의 지크프리트가 군터보다 먼저 그녀의 처녀성을 취했다고도 전해진다.

지크프리트는 이때 브룬힐트의 허리띠와 반지를 빼앗았는데, 자신의 처녀성을 상징하는 두 물건을 빼앗기자 괴력을 잃고 평범한 여인으로 변하였다. 그리고 군터를 남편으로 인정하고 섬기겠다고 하였다.

지크프리트는 브룬힐트에게 노획한 허리띠와 반지를 아내인 크림힐트에게 주었다. 힘들게 첫날밤을 치른 후 지크프리트 부부는 네덜란드의 크산텐으로 돌아갔다. 이후 몇 년간 두 부부는 별 탈 없이 살았으며 각자 자식도 낳았다.

10년 후 지크프리트 부부가 부르군트의 축제에 초대되었다. 그런데 브룬힐트와 크림힐트가 남편의 서열을 놓고 크게 말다툼이 벌어졌다. 과거 지크프리트가 군터의 결혼을 도와주기 위해 동행할 때 군터의 시종으로 변장하였으므로 브룬힐트는 지크프리트를 군터의 신하로 생각하였다. 따라서 지크프리트가 군터보다 명망이 높고 군터를 윗사람으로 섬기지 않는 것에 대해 불만을 품었고, 크림힐트에게 지크프리트가 명성이 높다는 이유로 자신의 남편과 맞먹으려고 해서는 안 된다고 주장하였다.

반면 지크프리트가 시종으로 변장했다는 사실을 몰랐던 크림힐트는 브룬힐트의 주장에 어이가 없어 했다. 자신의 남편은 엄연히 크산텐의 왕자로 군터보다 못할 게 없다고 반박했다.

지크프리트와 크림힐트 _ 크림힐트는 지크프리트와 결혼하여 그를 사랑하게 된다. 그리고 사랑하는 남편의 불사신과 같은 육체와 그에 따른 약점을 알게 된다. 율리우스 슈노르 폰 카롤스펠트의 작품.

크림힐트와 브룬힐트_두 여인의 다툼으로 브룬힐트는 자신이 속아 결혼하게 된 것을 알게 된다. 그림은 크림힐트가 브룬힐트의 반지를 보여 주는 장면이다. 하인리히 호프만의 작품.

    두 사람은 서로 자기 남편이 더 낫다고 싸우다가 점점 분위기가 격해졌는데, 결국 크림힐트가 홧김에 군터와 브룬힐트가 결혼한 것은 지크프리트가 도와주었기 때문이라며 오랫동안 감춰 왔던 비밀을 폭로하였다. 심지어 브룬힐트를 제압한 것도 지크프리트였다며 그 증거로 브룬힐트의 허리띠와 반지를 내밀었다. 크림힐트의 폭로에 브룬힐트는 큰 충격에 휩싸여 한동안 말을 잇지 못했다. 이렇게 하여 모욕감에 치를 떤 브룬힐트는 지크프리트에게 증오의 복수심을 품게 되었다.

    브룬힐트는 복수를 하기 위해 군터의 부하인 하겐을 자기 편으로 끌어들였다. 하겐은 애초부터 지크프리트의 높은 명성과 무용이 자신의 주군 군터에게 위협이 될 것으로 판단하고 지크프리트를 경계했는데 그를 제거할 확실한 명분이 생기자 브룬힐트의 편이 되었다. 군터 역시 표면상으로 자기 여동생인 크림힐트의 행동을 용서하긴 했지만 속으로는 분노했기에 하겐이 지크프리트를 암살하려는 음모에 대해 못이기는 척 묵인하였다.

켈트 문명의 신화를 찾아서

하겐은 크림힐트에게 지크프리트가 위험에 처할 때 자신이 지켜 주겠다는 말로 꼬드기자 그녀는 지크프리트의 옷에 그의 약점인 부위를 가리키는 십자 표시를 해 두었고, 결국 지크프리트는 사냥 도중 하겐에게 등에 창을 찔려 죽고 말았다.

크림힐트는 지크프리트의 죽음을 슬퍼하며 그 범인을 찾고자 지크프리트의 시체를 놓고 모든 부르군트의 신하가 그 앞을 지나가도록 하였다. 하겐이 앞에 나오자 지크프리트의 시체는 갑자기 피를 쏟아냈다. 이 징조를 보고 크림힐트는 하겐이 범인임을 추궁하고 하겐도 이를 인정하였다. 하겐은 자신은 군터에게 충성하고 있기 때문에 왕과 왕비를 위해 어쩔 수 없는 선택이었다고 변명하였다.

지크프리트의 죽음_ 지크프리트를 죽인 범인 하겐 앞에 오열하며 분노를 자아내는 크림힐트를 묘사한 장면이다. 에밀 라우퍼의 작품.

라인 강에 황금을 수장시키는 군터_ 크림힐트가 지크프리트의 복수를 위해 용사들을 모으려고 하자 군터와 하겐이 지크프리트의 보물들을 라인 강에 수장시키는 장면을 묘사한 그림이다. 피터 폰 코르넬리우스의 작품.

크림힐트가 남편의 복수를 위해 지크프리트가 용을 죽이고 얻은 보물로 많은 수의 용사들을 모으려고 하자 이에 위협을 느낀 군터와 하겐은 지크프리트의 명검 발뭉과 이 보물을 빼앗아 라인 강 어딘가에 숨겨 버렸다.

크림힐트는 하겐에게 빼앗은 지크프리트의 검 발뭉을 들고 하겐에게 라인의 황금이 있는 곳을 실토하라고 추궁하였다. 하겐이 라인의 황금의 소유자는 오직 군터뿐이라고 말하며 대답하길 거부하자 크림힐트는 오빠인 군터의 목을 잘라 하겐에게 보여 주고, 이제 네가 말한 황금의 소유자는 사라졌으니 자신의 것이라고 주장하였다. 분노한 하겐은 라인의 황금이 있는 곳은 절대로 대답하지 않을 것이라고 단언하였다. 화를 참지 못한 크림힐트는 발뭉으로 하겐의 목을 베어 버리는데, 나약한 여자에게 용사 하겐이 살해당한 것에 분개한 디트리히의 신하 힐데브란트가 곧바로 크림힐트의 목을 베어 버렸다.

모든 영웅 신화처럼 이 니벨룽의 노래도 437년에 있었던 한 가지 역사적 사실을 근거로 하고 있다. 이 역사적 사실이란 훈족이 중부 라인 지방에서 부르군트 왕국을 멸망시킨 일이 있으며, 453년에 훈족의 왕 아틸라가 갑자기 잠자리에서 각혈(咯血)하고 게르만 계통의 왕비 곁에서 급사한 일이 있었다. 그런데 일반 국민에게 이것은 왕비가 일족의 복수를 위하여 왕을 살해한 것으로 전승되었고, 부르군트 일족의 멸망의 노래도 여기에 기원한 것이며, 이것이 니벨룽의 노래 속에 통합된 것으로 볼 수 있다.

하겐에게 군터의 머리를 보여 주는 크림힐트_크림힐트가 남편을 죽인 하겐에게 자신의 오빠인 군터의 머리를 보여 주는 장면이다. 하인리히 퓌슬리의 작품.

| 신화를 알면 역사가 보인다 |

제 **14** 장

그리스 · 로마 문명의 신화를 찾아서

그리스 신화 전도사인 에디스 해밀턴은 ≪신화≫라는 책에서 그리스 신들의 아름다운 세계에 대해서 이렇게 말한다.

"그리스 신화의 세계는 공포의 장소가 아니었다. 그리스의 신들은 마음을 놓을 수 없을 정도로 예측 불가능했던 것이 사실이다. 그럼에도 불구하고 모든 신은 인간적인 미를 지녔고 황홀할 정도로 아름다우면서도 전혀 무섭지 않았다."

하지만 신들의 미를 조금 더 깊숙이 들여다보면 아름다운 신과 여신의 이미지와는 반대로 잔인성, 폭력, 근친상간, 형제간의 싸움으로 넘쳐난다.

최근에 고고학과 문학 분야에서 이루어진 발견들은 그리스 신화가 기존의 현지 이야기와 다른 근동 문명(이집트, 메소포타미아, 페니키아 등)에서 빌려온 이야기 단편이 섞여 만들어진 혼합된 신화라는 사실이 여실히 드러나고 있다. 지리적 여건상 바다로 진출할 수 없었던 그리스인은 일찍부터 무역과 여행 기술을 발전시켰다. 그들은 지중해 주변의 기항지들에 들르면서 이웃 문명들과 접했으며, 단지 기념할 만한 이야기가 아니라 외래 문화와 종교를 그리스로 가져왔다. 당시 그리스는 지중해, 에게해, 이오니아 해로 불쑥 뻗어나와 있는 산과 바위투성이의 북부 본토, 남부 펠로폰네소스 반도, 주변 해역에 널린 수많은 섬, 그리고 소아시아(오늘의 터키) 서해안으로 이루어져 있었다. 기원전 2000년경부터 시작된 침략자들의 물결이 그리스를 휩쓸었고, 그들이 믿던 신들의 이야기는 이미 그리스 본토에 자리 잡고 있던 이야기와 합쳐졌다.

그리스의 최초 문명인 미노아 문명은 지중해의 크레타 섬을 중심으로 한 문명으로 기원전 3000년경에 시작되었다가 기원전 1400년경에 갑자기 불가사의하게 역사에서 사라져 버렸다. 20세기 초의 영국의 고고학자 아서 에번스는 크레타 섬에서 오랫동안 방치돼온 크레타 섬 북부의 크로노스에서 거대한 궁전을 발견한다. 이 궁전을 통해 그리스 신화에서 중요한 역할을 하는 미노타우로스 이야기의 실체와 만나게 된다. 이후 호전적인 미케네인의 침략을 받아 미노아인과 미케네인이 합쳐지는 미케네 문명을 통해 호메로스가《일리아스》에서 묘사한 트로이를 비롯한 그리스의 작은 왕국들과 사건들에 관한 아카이아인의 실체를 만나게 된다.

미케네인은 그리스 본토로 몰려오면서 하늘의 아버지 제우스, 땅의 어머니 데메테르, 화덕의 처녀신 헤스티아를 비롯해 오래된 자신들의 신들도 함께 그리스로 데려왔다.

그리스 신화에서 중요한 도시로 언급되는 미케네, 티린스, 테베 같은 도시에 권력이 집중되면서 그리스 신화와 전설 가운데 많은 이야기가 미케네 문명 시대에 이미 우리에게 익숙한 형태로 만들어졌음을 알 수 있다.

그리스 역사의 모든 시기를 통털어 신화는 그리스인의 생활과 사회에서 중심 역할을 했다. 신화는 종교 행사와 엔터테인먼트에서 핵심을 이루었고, 언어와 공통 문화와 함께 시도하는 그리스인의 결속을 다지는 가장 영향력 있는 문화로 자리매김했다.

| 92 | 펠라스고이 신화　　■ 그리스 신화 ■

펠라스고이는 펠라스고스, 팔랑고이라고도 불리는 그리스-에게 지역의 선주민이다. 제우스, 아테나 등이 나오는 그리스 신화는 이들 펠라스고이(선주민)를 정복하여 이주한 인도유럽어족이 가져와 원래의 신화와 융합해 만들어 낸 결과물이다. 에게 지역의 역사는 크레타 문명(미노스 문명)과 미케네 문명으로 구분되고 있다. 크레타 문명은 크레타 섬을 중심으로 발달했던 해상 문명으로 펠라스고이 등의 선주민이 이룩했던 문명이다. 그 유명한 미노타우루스 신화가 이 섬에서 나왔기 때문에 미노스 문명이라고도 부른다. 한편, 트로이 전쟁의 원인이 된 헬레네의 남편, 메넬라오스가 통치하던 땅이 미케네이다. 미케네를 맹주로 하여 발흥했던 문명이 미케네 문명이다. 시기로 따지면 약간의 중첩을 거쳐 크레타 문명이 더 이르긴 하지만 둘은 명확한 차이를 보인다. 크레타 문명은 펠라스고이 선주민에 의한 문명이고, 인도유럽어족의 이주와 크레타 문명 파괴에 따라 생겨난 것이 미케네 문명이기 때문이다.

　　펠라스고이 해상 문명의 창조 신화에는 태초의 여신 에우리노메가 있었다. 에우리노메는 그리스 신화에서 대양의 신 오케아노스의 딸이자 제우스와 결혼해서 삼미신를 낳은 여신이다.

　　대개의 신화에서 대지의 여신을 태초의 신으로 삼은 것과는 반대로 그리스 신화에서는 바다의 여신을 태초의 신으로 삼았다는 것은 그리스 신화가 해양 문명의 특색을 잘 나타내는 신화라는 것을 알 수 있다.

　　에우리노메는 혼돈 속에서 홀로 태어나 춤을 추다가 남쪽으로 향했다. 여신이 가는 길마다 바람이 불었고 파도는 잔잔한 파문을 일으켰다. 그러던 중 북쪽에서 바람이 불자 여신은 그것을 잡아 양손에 넣고 부드럽게 비볐다. 그러자 이 북풍은 커다란 구렁이가 되었다. 이 구렁이는 오피온이라고 불렸다. 여신은 오피온 앞에서 원초적이고 열정적인 몸짓으로 춤을 추어 댔다. 요염한 여신의 몸짓을 바라보던 오피온의 차가운 몸에서도 마침내 뜨거운 욕정이 꿈틀대기 시작하였다.

▶**에우리노메와 오피온**(475쪽 그림)_에우리노메의 관능적인 춤 앞에 뜨거운 욕정을 일으킨 오피온이 그녀와 결합하여 세상을 낳는다. 로버트 그레이브스의 작품.

흥분을 견디다 못한 오피온은 그의 거대한 몸으로 여신의 신성한 사지를 칭칭 감으며 그녀와 결합을 하고 말았다. 이렇게 하여 보레아스라고도 불리는 이 북풍은 여신을 임신시켰다.

임신을 한 여신은 한 마리 비둘기로 변신하여 파도 위에 둥지를 틀었다. 그리고 시간이 되자 여신은 우주의 알을 낳았다. 오피온은 여신의 명령에 따라서 자신의 몸으로 알을 일곱 번 휘감아 그 알이 부화될 때까지 칭칭 감고 있었다.

마침내 알이 갈라지면서 그들의 자식인 태양, 달, 별 그리고 산과 강, 모든 식물과 동물들이 있는 대지가 태어났다. 이렇게 부부가 된 에우리노메와 오피온은 그들의 거처로 올림포스 산을 골랐다.

그러나 이들의 신혼살림은 곧바로 파경을 맞이하게 되었다. 남편 오피온이 우주 창조자는 자신이라고 주장했기 때문이었다. 오피온의 이런 오만에 대한 에우리노메의 반응은 간단하지만 매우 결정적인 것이었다.

여신은 얼굴도 붉히지 않고 벌떡 일어나서 발로 오피온의 머리를 짓밟아 버린 것이다. 뜻밖의 기습에 이빨이 모두 부러져 버린 오피온은 그 길로 지하의 어두운 동굴로 추방당하고 말았다. 오피온을 잔인하게 쫓아 버린 여신은 우주의 일곱 행성을 창조하였다. 그런 다음 여신은 티탄족 남신 한 명과 여신 한 명을 짝으로 하는 일곱 커플을 만들고, 그들 각각에게 하나의 행성들을 맡겨 다스리도록 하였다.

태양 : 테이아와 히페리온
달 : 포에베와 아틀라스
화성 : 디오네와 크리오스
수성 : 메티스와 코에오스
목성 : 테미스와 에우리메돈

금성 : 테티스와 오케아노스

토성 : 레아와 크로노스

이렇게 우주가 정리되면서 최초의 펠라스고이 사람인 펠라스고스가 생겨났다. 그리스의 펠로폰네소스 반도의 중부에 위치해 있던 아르카디아 지방에서 태어난 이 펠라스고이족의 조상은 뒤이어 태어난 그의 종족들에게 오두막집을 짓고 나무열매로 연명하며 짐승가죽으로 옷을 만들어 입는 법을 알려주었다. 이때부터 만들어 입던 짐승가죽 옷은 훗날 사냥꾼이나 가난한 사람들이 입고 다니던 것과 같은 것이었다고 한다.

티탄 신족 가이아와 우라노스에 의해 태어난 티탄 신족들이 태초의 세상에 넘쳐나는 장면을 묘사하였다. 자크 리아뚜의 작품.

|93| 그리스의 창세 신화

■ 그리스 신화 ■

그리스 신화의 세상 창조는 카오스로부터 모든 것이 발생하였다고 생각하였다. 카오스는 '혼돈(混沌)'이라고 번역되는 경우가 많으나 원뜻은 '입을 벌리다'로, 이것이 명사화하여 '캄캄한 텅 빈 공간'을 의미한다. 여기에서 암흑과 밤이 생겼고 만물의 모든 가능성을 숨긴 종자가 혼합되었으며 이로 인해 가이아를 비롯하여 에레보스 등 태초의 신들이 생겨났다.

태초의 세상은 지루한 공허인 카오스에서 시작되었다. 이 공허가 끝나자 가이아(대지)와 에레보스(암흑)를 모태로 바다와 하늘, 숲과 산이 생겨났다. 그 다음에 사랑의 신인 에로스가 생겨났다. 에로스는 카오스 위에 떠 있던 닉스(밤)의 알에서 태어났다. 그리고 에로스가 가지고 있던 화살과 횃불로 모든 사물에 생기를 넣어 생명과 환희가 나왔다. 사랑의 힘으로 가이아는 홀로 하늘의 신인 우라노스와 바다와 물의 신인 폰토스를 태어나게 했다.

우라노스와 폰토스는 남신으로, 그들은 광활한 세상의 여신인 어머니 가이아를 덮치며 쉬지 않고 결합하여 수많은 자식을 낳았다. 하지만 우라노스가 계속해서 가이아를 덮은 채 딱 붙어 있었기 때문에 자식들은 가이아의 뱃속에서 나갈 수 없었다.

대지의 여신 가이아와 하늘의 신 우라노스 사이에서 태어난 12남매는 바로 '티탄족', 즉 거대한 신들의 족속(거신족)이다. 여섯 아들 중 맏이는 거대한 바다의 신인 오케아노스이고 둘째아들은 '하늘 덮개'라는 뜻의 코이오스, 셋째는 '높은 곳을 달리는 자'라는 뜻의 히페리온, 넷째는 크리오스, 다섯째는 이아페토스, 여섯째는 '시간'이라는 뜻의 크로노스가 나왔다. 이들 중 다섯째인 이아페토스에게서 '먼저 아는 자'라는 뜻을 지닌 프로메테우스가 태어나고, 여섯째에게서 올림포스 신들이 나왔다.

또한 여섯 명의 딸들은 첫째는 테이아가, 둘째는 '동물의 안주인'이라는 뜻의 레아가, 셋째는 '기억'이라는 뜻의 므네모시네, 이어서 포이베, 테튀스, 테미스가 태어난다. 이 중에서 테미스는 '이치'라는 뜻의 여신으로 어떤 사물이나 사태의 이치를 따지고 재판하는 일을 하는 중요한 여신이다.

그들은 최초의 신답게 모두 기골이 장대하였고 용모도 준수하고 아름다웠다. 티탄 신족의 일부는 대자연의 힘을 나타내고 있으며, 일부는 테미스(규율의 여신), 므네모시네(기억의 여신)처럼 추상적 개념을 의인화한 것도 있다. 티탄 신족은 눈이 맞는 남매끼리 결합하여 자식들을 낳기 시작했다.

티탄 신족 다음으로 태어난 자식들은 외눈박이 괴물인 키클롭스 삼형제와 팔이 백 개에 머리가 쉰 개인 거인 헤카톤케이레스 삼형제가 있다. 흉측한 키클롭스와 헤카톤케이레스에게 두려움을 느낀 우라노스는 그들을 땅속 깊은 곳 '무한지옥(無限地獄)'이라는 뜻의 타르타로스 감옥에 가두었다.

신들의 탄생 가이아와 우라노스에 의해 신들이 탄생하는 장면을 묘사하였다. 조지 프레데릭 왓스의 작품.

신들의 탄생_ 티탄 신족의 막내 크로노스가 어머니 가이아의 부탁으로 우라노스의 생식기를 낫으로 거세하는 장면을 묘사한 그림이다. 조르지오 바사리의 작품.

　가이아는 대지의 가장 깊은 곳인 자신의 뱃속에 키클롭스 삼형제와 헤카톤케이레스 삼형제를 가두어 버렸지만 이들이 자신의 뱃속에서 벌이는 소동을 견딜 수가 없었다.

　가이아는 자신이 바라지도 않던 자식들을 낳게 한 우라노스를 제거하지 않으면 자신에게 또 다른 자식들이 생길 수도 있다고 생각하고 후환을 없앨 방도를 티탄 신족 12남매와 상의했다. 별 뾰족한 수를 찾지 못해 고민하던 중 12남매의 막내아들인 크로노스가 어머니에게 강철로 된 낫을 하나 만들어 주면 자신이 우라노스의 생식기를 잘라 버리겠노라고 강력하게 말했다. 그러자 가이아는 자신의 몸속에 흐르는 무쇠의 맥에서 낫을 하나 만들어 크로노스에게 주었다.

　이윽고 밤이 되자 우라노스가 어김없이 검은 구름을 몰며 가이아를 덮쳤다. 그러자 자식의 씨를 뿌리는 우라노스의 성기가 부풀어 올랐고, 이때를 놓치지 않고 크로노스가 낫으로 우라노스의 생식기를 잘라 버렸다.

　뜻밖의 일격에 당황한 우라노스는 비명을 지르며 이렇게 말했다.

　"내 생식기에서 피가 솟구쳐 나왔으니 이는 예삿일이 아니다."

　우라노스의 염려처럼 그의 성기에서 피의 정기와 사랑의 정기가 함께 나왔다. 이때 피의 정기가 가이아의 몸속에 떨어졌고, 그러자 가이아는 뜻하지 않게 또 자식들을 낳았다. 이때 낳은 자식들이 복수의 여신인 에리니에스 자매들과 괴상한 짓만 골라서 하는 거인인 기간테스 형제들이다.

우라노스와 가이아가 그려진 모자이크 벽화

우라노스는 막내아들인 크로노스로부터 뜻하지 않은 공격을 받고 가이아로부터 떨어져 지금의 땅과 하늘처럼 되어 버렸다. 그리고 우라노스의 잘려진 성기에서 나온 사랑의 정기는 바다로 떨어져 거품이 되어 떠돌다가 뒷날 키프로스 섬에서 아름다운 미의 여신인 아프로디테로 태어난다.

우라노스를 물리친 크로노스는 신들의 왕이 되었다. 그리고 티탄 신족 레아와 결혼을 했다. 그는 왕이 되자 어머니 가이아와의 약속을 저버렸다. 그 약속은 타르타로스 감옥에 갇힌 형제들을 풀어주는 것이었는데 그들의 생김새가 두려워서 약속을 지키지 않았다. 이렇게 되자 크로노스와 가이아는 서로 갈등하는 사이가 되었다.

크로노스의 악행은 여기서 그치지 않았다. 크로노스의 아내가 하데스, 포세이돈, 헤스티아, 데메테르, 헤라 등 5남매를 낳으면 낳는 즉시 우라노스처럼 자식들을 집어삼키기 시작했다. 이것은 우라노스의 저주였다. 레아도 가이아처럼 슬픔에 잠겼다. 그럼에도 그녀는 크로노스의 아이를 더 갖게 되었다. 그 막내가 바로 제우스였다.

옴파로스_ 레아가 제우스 대신 강보에 돌돌 말아 쌓은 돌이다. 크로노스는 구토약을 먹고 삼킨 자식들을 토해냈는데, 이때 먼저 토해져 나온 것이 옴파로스이다. 옴파로스는 그리스어로 배꼽을 의미한다. 제우스가 두 마리의 독수리를 날려 두 마리는 세계를 가로질러 날아 세상의 중심에서 만난다. 옴파로스는 이 위치를 나타내는 것으로서 지중해 각지에 세워져 있으며, 델포이의 옴파로스가 가장 잘 알려져 있다. 사진은 델포이박물관의 조각된 옴파로스이다.

　레아는 더 이상 아이를 희생시킬 수 없다고 생각하고는 마지막으로 낳은 아들 제우스를 살리고 싶어서 대지의 여신인 가이아에게 하소연을 했고, 가이아는 레아에게 방법을 알려주었다. 가이아 여신은 아기만한 바윗덩어리를 하나 강보에 싸 가지고 와서는 이 바윗덩어리와 아기를 바꿔치기한 뒤 제우스를 안고 어디론가 사라져 버렸다.

　그러던 어느 날 크로노스가 레아 곁에 놓인 강보에 싸인 것을 가리키며 "저것이 무엇이냐?"고 물었다. 그러자 레아는 크로노스에게 '대지의 속살'이라고 거짓말을 한다. 레아가 자신을 속이리라고는 전혀 생각지 못한 크로노스는 레아가 준 돌을 자식이라 여기고 삼켜 버렸다.

　겨우 살아남은 아기인 제우스는 크레타 섬, 숲의 님프인 나이아데스에게 맡겨 키우게 했다. 이 아이가 바로 나중에 크로노스를 물리치고 신들의 왕이 되는 제우스이다.

|94| 신들의 전쟁

■ 그리스 신화 ■

그리스 신화는 고대 그리스 종교의 한 부분을 이루고 있기에 그리스의 신과 영웅, 우주관, 그리고 그리스 고유의 종교 의례와 의식 행위의 기원 및 의미에 대한 신화와 전설을 말한다. 그리스 신화는 여러 이야기 모음집에서 구체적으로 다루고 있으며 도기 그림이나 봉헌물과 같은 구상 예술 작품에서도 내재적으로 나타난다. 그리스 신화는 세계의 기원과 신, 여신, 영웅과 같은 다양한 인물의 삶과 모험, 전설의 생물을 자세하게 설명하고 있다. 이러한 이야기는 구비 전승을 통해서 널리 퍼지게 된 것으로, 오늘날에는 그리스 신화를 그리스 문학의 시작으로 보고 있다.

　제우스는 크로노스 몰래 크레타 섬에서 무럭무럭 자랐다. 그는 그곳에서 암염소 아말테아의 젖을 먹고 숲의 님프들의 보호를 받으며 평온한 어린 시절을 보냈다. 어린 제우스가 울음을 터뜨릴 때는 님프들이 크로노스에게 들키지 않게 북을 치는 등 시끄럽게 하여 울음소리를 못 듣게 하였다.

　청년이 돼서야 자신의 내력을 알게 된 제우스는 '이치'를 주관하는 테미스 여신을 찾아갔다. 제우스가 크로노스가 삼킨 5남매를 되살리기 위한 방도를 묻자 테미스 여신은 먼저 어머니 레아를 찾아가 자기가 시키는 대로 하면 크로노스의 뱃속에 있는 형제들을 구할 수 있을 것이라고 귀띔해 준다.

　제우스는 그 길로 어머니 레아를 찾아가 크로노스의 시중꾼으로 써 줄 것을 부탁한다. 레아는 가이아의 귀띔도 있고 해서 제우스가 자신의 아들인 줄 알면 크로노스가 또 삼키려 들까 봐 모른 체하고 제우스가 하자는 대로 한다. 이에 제우스는 신들이 마시는 암브로시아라는 음식과 넥타르라는 신주(神酒)를 드리는 일을 자청하고 나선다.

　제우스는 이 신찬과 신주에 은밀하게 토하게 하는 약을 넣었다. 아무것도 모르는 크로노스는 음식을 먹고 나서 배를 움켜쥐고는 뱃속에 있는 것을 모

티탄과의 전쟁_ 올림포스 신들과 티탄족의 전쟁을 묘사한 장면이다. 요아힘 안토니스 베르테와엘의 작품.

두 토해냈다. 크로노스는 일찍이 자식들을 삼킨 역순으로 포세이돈, 하데스, 헤라, 데메테르, 헤스티아 차례로 토해냈다. 마지막으로 바윗덩어리를 토해내고 나서야 크로노스는 제우스에게 속았음을 알고는 체념하고 만다.

제우스는 아버지인 크로노스를 세계의 끝으로 보내어 영원히 그곳에서 살게 하였다. 이제 신들의 나라에는 제우스가 제왕의 자리에 올랐다.

티탄 신족은 그리스 신화에 등장하는 거대하고 강력한 신의 종족으로 다음 세대인 올림포스 신들이 세상을 지배하기 전 이른바 '황금 시대'를 다스렸다.

남성 티탄들을 티타네스, 여성 티탄들을 티타니데스라고 한다. 앞서 보았듯이 가이아의 막내아들 크로노스가 우라노스를 몰아내고 세상을 지배했다면 똑같은 방식으로 가이아의 막내아들 제우스가 역시 아버지인 크로노스에게 반기를 들고 일어나 크로노스를 권좌에서 내쫓았다. 그런데 얼마 후 크로노스의 편을 든 오르티스 산에 웅거하고 있던 티탄 신족들이 올림포스를 공격해 왔다.

이 싸움을 '티타노마키아'라고 하는데, 티탄 신족 중에 티탄 12형제와 프로메테우스는 제우스 편에 서서 전쟁을 치렀다. 그러나 전쟁은 거인인 티탄 신족이 우세하였다.

앞서 우라노스의 성기를 자르고 지배자가 된 티탄의 막내 크로노스는 티탄들만 해방시킨 채 외모가 흉한 헤카톤케이레스와 키클롭스는 그대로 지옥에 가둬 놓았다. 초반 전쟁에서 수세에 몰린 올림포스의 신들은 당황했고, 이에 제우스는 할머니에게 가서 전쟁에서 이길 방법을 물었다. 그러자 제우스의 할머니인 가이아는 제우스에게 타르타로스에 갇혀 있는 자들을 풀어 오라고 하였다. 제우스는 가이아의 말에 따라 타르타로스 감옥에 갇혀 있던 외눈박이 거인 키클롭스 삼형제와 헤카톤케이레스 삼형제를 구출하여 자신을 돕도록 하였다.

타르타로스에서 대장장이 일을 하는 키클롭스 삼형제는 포세이돈에게 삼지창 '트라이아나'를 선물하고, 하데스에게는 머리에 쓰면 상대방에게 보이지 않는 황금투구 '퀴네에'를 만들어 주었다. 그리고 제우스에게는 그 유명한 '벼락'을 선물로 주었다. 또한 팔이 백 개와 머리가 쉰 개가 달린 거인 헤카톤케이레스의 등장으로 전세는 올림포스 신들에게로 역전되었다. 이들의 도움을 받은 제우스는 9년에 걸친 전쟁 끝에 티탄 신족을 물리치고 승리하였다.

티탄과의 전쟁_ 최초의 전쟁인 '티타노마키아'는 올림포스 신들이 승리를 하였다. 루벤스의 작품.

티탄 신족의 추락_티탄 신족은 제우스 등 올림포스 신들에 패배하여 타르타로스에 갇히고 만다. 타르타로스는 지하세계의 깊은 곳을 상징하는 태초의 신이자 공간의 개념이다. 세상의 가장 깊은 곳인 하데스보다 더 아래 있는 곳으로 공포스런 처벌의 공간이다. 코르넬리스 판 하를럼의 작품.

제우스가 티탄 신족을 타르타로스 감옥에 감금하자 가이아는 그들을 선처할 것을 부탁했다. 그러나 제우스는 들어주지 않았다. 화가 난 가이아는 자신의 또 다른 아이들인 기간테스를 동원하여 제우스를 공격하게 했다.

기간테스는 신의 자식들이지만 영생불멸의 신적 존재는 아니다. 신과 인간이 협력하여 기간테스를 죽이려고 하면 그들은 죽음을 맞을 수밖에 없는 존재로 거대한 몸집을 가지고 있었다.

기간테스들은 아무런 선전포고도 없이 올림포스를 공격하였다. 올림포스의 신들도 전열을 가다듬고 기간테스들의 공격에 용감히 맞서 싸웠다. 이 기간테스와의 전쟁을 '기간토마키아'라고 부른다.

번개와 천둥으로 무장한 제우스가 앞장서고 그 옆에는 승리의 여신 니케가 있었다. 포세이돈과 헤파이스토스, 아폴론, 아레스도 각자 무장을 하고 나와 싸웠다.

기간테스들의 전투력도 만만치 않아서 전쟁은 오랜 기간 지속되면서 쉽게 우열을 가리지 못했다. 그 이유는 기간테스가 신들의 손에 의해 결코 죽지 않으며, 신들이 인간의 도움을 받을 때에만 비로소 기간테스를 죽일 수 있다는 신탁이 내려졌기 때문이다.

그래서 제우스는 아테나를 헤라클레스에게 보내어 그를 동맹자로 불러오게 한다. 기간테스는 제우스의 아들이자 필멸의 인간인 헤라클레스의 도움을 받은 올림포스 신들에 의해 최후를 맞이한다.

신 중의 신인 제우스는 대신(大神)이라고 불린다. 이 대신 제우스 밑에는 주신(主神)과 아신(亞神)과 종신(從神)이 있다. 주신은 '으뜸신'이라는 뜻이다. 먼저 대신인 제우스가 있고, 제우스의 아내이자 신성한 결혼의 수호 여신인 헤라, 바다의 신이자 곧 바다인 포세이돈, 저승을 다스리는 저승의 신 하데스, 곡식을 다스리는 여신 데메테르, 헤라 여신을 도와 인간의 가정과 부엌일을 돕는 헤스티아 등 여섯 신은 제우스와 형제자매간이다.

기간테스와 싸우는 아테나 여신 부조_ 기간테스의 우두머리 중 한 명인 팔라스는 이 전쟁 중에 아테나에게 쫓기다 죽음을 당했다. 아테나는 팔라스의 가죽을 벗겨 자신의 방패에 붙였다고 한다. 일설에 의하면, 아테나는 이러한 이유로 팔라스라는 별칭을 갖게 되었다고 한다.

그리고 나머지 여섯 신은 제우스의 아들딸이다. 태양과 음악과 의술을 관장하는 아폴론, 달과 사냥의 여신인 아르테미스, 천상의 심부름꾼이자 상업의 신인 헤르메스, 만들지 못하는 것이 없는 대장장이 신 헤파이스토스, 지혜와 정의로운 전쟁의 여신 아테나, 무지막지한 전쟁의 신 아레스가 그들이다.

으뜸신들의 아래에는 아신(亞神)들이 있다. 아신은 으뜸신들에 버금가는 신이라는 뜻이다. 먼저 제우스와 헤라의 딸인 '청춘'이라는 뜻을 지닌 헤베가 있다. 또한 므네모시네 여신의 딸들로 이루어진 무사이 9자매가 있다. 예술의 여신들인 이들 무사이를 영어로는 뮤즈라고 하며 무사이들이 사는 신전을 '무사이온'이라 하며 영어로는 '뮤지움'이라고 한다. 신성한 결혼의 수호 여신 헤라 곁에는 에일레이튀이아라는 출산을 주관하는 버금여신이 있다. 그 옆에는 심부름을 주관하는 이리스라는 버금여신이 있다.

이밖에 으뜸신들의 몸치장을 돕는 카리테스 여신들도 버금신이다. 카리테스 여신의 주위에는 정의의 여신 디케, 평화의 여신 에이레네, 미풍양속의 여신 에우노미아가 앉는다. 화목의 여신 이름은 하르모니아다. 이 하르모니아가 들어오면 슬며시 자리를 피하는 여신이 바로 '불화'라는 뜻의 에리스 여신이다.

그리스 조각의 로마 시대 모사품인 오트리콜리의 제우스 흉상

| 95 | 프로메테우스와 판도라 신화 ■ 그리스 신화 ■

프로메테우스는 고대 그리스 신화에서 올림포스의 신들보다 한 세대 앞서는 티탄족에 속하는 신이다. '먼저 생각하는 사람, 선지자(先知者)'라는 뜻이다. 티탄족인 이아페토스의 아들이며, 아틀라스, 에피메테우스, 메노이티오스, 헤스페로스와 형제였다. 그는 신의 불을 훔쳐 인간에게 전해 주었다는 이야기로부터 신의 불을 '광명'으로 보아 인간이 신의 지식을 얻어 각성하게 되었다는 상징으로 유추되기도 한다.

    프로메테우스는 인간이 창조되기 전에 지상에 살고 있던 거인족인 티탄 신족의 이아페토스의 아들이며 그의 이름은 '먼저 생각하는 사람'이라는 뜻을 가지고 있다.

    프로메테우스와 그의 동생 에피메테우스는 인간을 만들거나 인간과 그 밖의 다른 동물들이 살아가는 데 필요한 능력을 주는 일을 위임받고 있었다.

    에피메테우스가 이 일에 착수하였고, 프로메테우스는 일이 다 되면 그것을 감독하기로 하였다. 그래서 에피메테우스는 동물들에게 용기, 힘, 속도, 지혜 등 여러 가지 선물을 주기 시작하였다. 어떤 동물에게는 날개를 주고, 다른 동물에게는 손톱이나 발톱을 주고, 또 다른 동물에게는 몸을 보호할 수 있는 조가비를 주는 따위였다.

    그런데 에피메테우스가 동물들에게 너무 많은 선물을 주다 보니 정작 만물의 영장이 될 인간의 차례가 오자 에피메테우스는 인간에게 줄 것이 남아 있지 않았다. 당황한 그는 형인 프로메테우스에게 달려가 도움을 청했다.

    프로메테우스는 아테나의 도움으로 하늘로 올라가 태양의 이륜차에서 불을 훔쳐 인간에게 가져다주었다.

제우스 몰래 불을 훔치는 프로메테우스_ 제우스가 미소년 가니메데스와 잠을 자는 사이에 프로메테우스가 인간에게 주려고 불을 훔치는 장면을 묘사한 그림이다. 크리스티안 그리펜케를의 작품.

이 선물로 인하여 인간은 다른 동물보다 우월한 존재가 되었다. 이 불을 사용해 인간은 다른 동물을 정복할 무기와 토지를 경작할 도구를 만들 수 있었으며, 거처를 따뜻하게 하여 추위와 두려움 속에서도 살 수 있게 되었다. 나아가서는 여러 가지 기술을 터득하고 상거래의 수단이 되는 화폐를 만들 수 있게 되었다.

제우스에 대한 프로메테우스의 반항은 계속되었다. 인간이 신에게 바칠 제물을 두고서 신과 협정 맺을 때 프로메테우스는 제우스를 감쪽같이 속여 제우스를 분노하게 했다.

프로메테우스는 소를 잡아 신의 몫과 인간의 몫으로 나눌 때 소의 뼈를 가지런히 정렬하여 이를 윤기가 흐르는 비계로 감싸고, 살코기와 내장을 가죽으로 감싸 제우스 신에게 무엇을 가져갈 것인지 선택하게 하였다. 제우스는 보기 좋은 뼈다귀가 포장된 것을 선택하였다.

프로메테우스의 계략에 속은 제우스는 분노하여 프로메테우스가 들고 있던 불을 빼앗았다. 하지만 프로메테우스는 제우스를 또 한 번 속이고 꺼지지 않는 불을 회양목 안에 넣어 인간에게 몰래 주었다.

화가 난 제우스는 프로메테우스와 인간들에게 아주 잔인한 방법으로 벌 줄 궁리를 하게 되었다.
　당시 여자는 아직 만들어지지 않았었다. 이상한 이야기이지만 제우스가 여자를 만들어 프로메테우스와 그의 동생에게 보냈다. 그것은 두 형제에 대해서는 하늘로부터 불을 훔친 외람된 짓을 벌하기 위함이요, 인간에 대해서는 그 선물을 받은 죄를 벌하기 위해서였는데, 그 최초의 여자는 판도라였다.
　그녀는 하늘에서 만들어졌는데, 그녀를 완성시키기 위하여 대장장이 신 헤파이스토스가 흙에다 물을 섞어 여신과 닮게 빚은 형상에 목소리와 힘을 불어 넣자 아테나는 그 피조물에 직접 만든 옷과 허리띠를 둘러주고 면사포를 씌워 주었다고 한다. 여기에 미의 여신 아프로디테는 아름다움과 치명적인 매력을 더해 주었고, 헤르메스는 기만과 속임수, 아첨과 꾀와 같은 교활한 심성을 심어 주었다. 그 밖에 다른 신들 역시 각각의 특성을 부여하여 제우스의 의도대로 첫 번째 여인이 탄생했다.

판도라의 조각상_판도라는 '모든 선물을 받은 이'라는 뜻으로 제우스가 인간에게 재앙을 내리기 위해 만든 존재이다.

이같이 만들어진 판도라는 지상으로 내려와 에피메테우스에게 주어졌다. 에피메테우스는 프로메테우스로부터 제우스와 그의 선물을 경계하라는 주의를 받았음에도 불구하고 기꺼이 그녀를 아내로 맞아들였다.

에피메테우스의 집에는 상자가 한 개 있었다. 그 속에는 인간에게 무척 해로운 물건이 들어 있었는데, 그러한 것은 인간에게 새로운 집을 만들어 줄 때 필요치 않았기 때문에 상자 속에 넣어 두었던 것이다.

판도라는 이 상자 속에 무엇이 들어 있는지 알고 싶었다. 그래서 어느 날 그녀는 뚜껑을 열고 들여다보았다. 그러자 곧 인간을 괴롭히는 무수한 재액이 그 속에서 튀어나왔다. 이를테면 육체를 괴롭히는 것으로는 관절염, 류머티즘, 복통 등이고, 정신을 괴롭히는 것으로는 질투, 원한, 복수 등이 튀어나와 세상에 널리 퍼졌다.

판도라는 놀라서 재빨리 뚜껑을 덮으려 하였으나 이미 상자 속에 들어 있던 재앙은 다 달아나고 오직 하나만이 맨 밑에 남아 있었는데 그것은 희망이었다.

판도라의 상자_ 오늘에 이르기까지 우리가 어떤 재앙에 처해서도 희망을 완전히 잃지 않는 것은 판도라 상자에 남아 있는 마지막 희망 때문이라고 한다. 그리고 희망을 가지고 있는 한 어떤 재난이 닥쳐 온다 하여도 절망에 빠져 불행하게 되지는 않을 것이다.

프로메테우스는 인류의 벗으로서 제우스가 인간에 대해 노하였을 때 인간을 위해 중간에 개입하고, 그들에게 문명과 기술을 가르친 것으로 표현되었다. 그러나 그것은 제우스의 노여움을 사는 행동이었다. 제우스는 그를 카우카소스 산 위의 바위에 쇠사슬로 묶어 놓았다. 독수리가 와서 그의 간을 쪼아 먹었는데, 쪼아 먹고 나면 간은 밤 사이에 또 생기고 다음 날 다시 독수리가 와서 파먹었다.

프로메테우스가 제우스의 뜻에 복종하려고만 했더라면 이와 같은 고통을 면할 수도 있었을 것이다. 왜냐하면 그는 제우스의 왕위 보전에 관한 비밀을 알고 있었고, 이 비밀을 그에게 가르쳐 주기만 하면 곧바로 그의 총애를 받을 수 있기 때문이었다. 그러나 그는 이와 같은 행위를 경멸한 것이었다. 그 후로 그는 부당한 수난에 대한 영웅적인 인내와 압제에 반항하는 의지력의 상징이 되었다.

프로메테우스의 형벌을 집행하던 독수리를 활로 쏘아 죽이고 끔찍한 고통에서 놓여나게 해 준 인물이 헤라클레스였다.

독수리에게 간을 쪼이는 프로메테우스_제우스를 기만한 죄로 카우카소스 산에 결박되어 독수리에게 간을 쪼이는 장면의 그림이다. 루벤스의 작품.

|96| 페르세우스 영웅 신화

■ 그리스 신화 ■

그리스 영웅 신화는 헤라클레스를 비롯하여 테세우스 등 수많은 영웅이 뛰어난 업적을 남기고 있다. 그들 중 페르세우스는 그리스 신화 최초의 영웅이었다. 그는 다양한 괴물을 처치하는데, 메두사를 살해하고, 바다 괴물이자 바다의 여신인 케토 또는 수염고래를 죽이고, 에티오피아의 공주 안드로메다를 구하였다.

다나에는 아르고스의 왕 아크리시우스와 에우리디케(오르페우스의 연인 에우리디케와 동명이인)의 딸이다. 공주는 있으나 왕자가 없어 걱정을 하던 아크리시우스는 예언자를 찾아갔다가 자신이 땅끝에서 자신의 외손자에게 살해당할 것이라는 신탁을 들었다.

겁이 난 아크리시우스는 아직 처녀인 딸이 아이를 낳지 못하도록 청동 탑에 가두어 두었다. 그러나 이 모습을 올림포스에서 본 제우스는 금빛 비로 변신을 하여 청동 탑의 다나에 밀실에 스며들었다. 다나에는 환상 속에 금빛 비를 맞으며 제우스를 받아들였고 이로 인해 페르세우스를 낳았다.

어느 날 청동 탑 안에서 아기의 울음소리가 들려오자 이를 의아하게 여긴 아크리시우스는 청동 탑의 벽을 허물고 그 안으로 들어갔다. 그러자 그곳에는 다나에가 한 아기를 안고 있었고 그녀는 이 아기가 제우스의 아이라고 대답했다.

이에 놀란 아크리시우스는 제우스의 벌이 두려워 아이를 죽이는 대신 딸

▶옥탑에 갇힌 다나에(495쪽 그림)_ 청동 탑에 감금된 다나에에게 금빛 비가 내리는 장면을 묘사했다. 구스타프 클림트의 작품.

세리포스 섬에 표류한 다나에_ 다나에 모자가 세리포스 섬의 딕티스와 폴리텍테스의 환영을 받는 장면이다. 루이 갈로슈의 작품.

과 아이를 함께 나무궤짝에 넣어 바다로 띄워 보냈다. 이런 식으로 아이와 다나에가 죽으면 이는 자신이 아닌 바다의 신 포세이돈의 책임이 될까 하는 생각에서였다.

제우스의 부탁을 받은 포세이돈은 상자가 바다에 가라앉거나 파도에 휩쓸리지 않도록 보호했다. 상자는 세리포스의 바닷가에 닿았고, 그 상자를 폴리덱테스 왕의 동생이자 어부였던 딕티스가 발견했다.

딕티스가 물에서 건진 상자를 뜯어 보니 그 안에 다나에와 갓난아기인 페르세우스가 있었기에 그들을 극진히 대접했고 특히 페르세우스를 자기 아들처럼 잘 길렀다. 딕티스의 형인 폴리덱테스 왕은 아름다운 다나에와 결혼하기 위해 계획을 꾸몄다. 자신이 피사의 왕 오이노마스의 딸 히포다메이아와 결혼한다고 소문을 내면서 잔치를 벌였는데, 세리포스 섬에서는 결혼 예물로 말을 주는 것이 관례였다.

그러나 어부의 집에 사는 페르세우스는 이 잔치에 초청되고서도 말을 선물로 줄 수 없었기에 왕에게 대신 다른 것을 주겠다고 하였다. 이에 폴리덱테스 왕은 페르세우스에게 세상의 끝에 사는 괴물 메두사의 목을 가져오라고 요구했다. 다른 사람들은 그 순간 심하게 놀랐으나 페르세우스는 요구를 승낙했다.

메두사는 태초 바다의 신 폰토스와 대지의 신 가이아의 자식인 포르키스와 그의 여동생 케토 사이에서 태어났다. 머리카락이 뱀이고 흉측한 모습을 가진 두 언니와는 달리 메두사는 매우 아름다운 모습을 한 미녀였다.

아테나에게 도시 아테네를 빼앗긴 포세이돈은 아테나에게 복수를 하기 위해 아테나의 신전에서 메두사와 사랑을 나누었다. 신성한 자신의 신전에서 사랑을 나누는 모습을 본 아테나는 분노하였다. 그러나 신(神)인 포세이돈에게 저주를 내리지 못하자 대신 인간인 메두사에게 저주를 내렸다.

아테나는 메두사에게 두 언니보다 더 흉측한 모습으로 바뀌는 저주를 내렸다. 메두사의 아름다웠던 머리카락은 무수한 독사로 바뀌었으며, 톱니같이 날카로운 치아, 멧돼지의 어금니, 청동 손, 황금 날개, 튀어나온 눈, 긴 뱀의 혀를 가진 혐오스러운 모습으로 변하게 된다.

포세이돈으로부터 구애를 받는 메두사_ 메두사는 원래 미모의 소유자로 포세이돈의 연인이었다. 야콥 드 게인 2세의 작품.

그리스·로마 문명의 신화를 찾아서

또한 불사의 몸을 가진 두 언니들과는 달리 메두사는 불사의 몸이 아니었으며, 머리카락이 독사가 아니었던 두 언니들과는 달리 메두사의 머리카락은 독사였다.

흉측한 모습으로 변해 버린 자신의 모습을 본 메두사는 큰 충격에 빠졌고, 이내 두 언니들과 함께 서쪽의 죽은 자들의 나라, 게리온의 주거지인 헤스페리스의 정원 근처로 도망쳐 살게 된다. 그녀들은 가끔 사람들이나 동물들이 사는 도시나 숲속에 나타나서 그곳에 사는 존재들에게 공포를 주며 떠돌아다녔기에 분명한 주거지는 알 수 없다. 하지만 그녀들의 자매였던 그라이아이 세 자매만은 항상 그녀들의 위치를 알고 있었다.

페르세우스와 그라이아이_ 그라이아이 세 자매는 눈과 이가 하나뿐이라 셋이서 번갈아 가며 눈과 이를 사용했다. 에드워드 번 존슨의 작품.

폴리덱테스 왕의 계략에 빠진 페르세우스는 메두사를 찾아 길을 나섰다. 이때 그를 도와주기 위해 아테나 여신이 신들의 도구들을 페르세우스에게 빌려주었는데, 아테나 자신의 방패인 아이기스, 헤라의 주머니, 하데스의 머리에 쓰면 몸이 보이지 않는 투구 퀴네에, 헤르메스의 하늘을 날 수 있는 신발이 그것이었다.

페르세우스는 메두사가 사는 곳을 찾을 수 없었다. 이때 아테나가 나타나 청동거울을 주면서 고르고(메두사와 두 언니를 일컬음)가 사는 곳은 그 언니들인 그라이아이만이 알고 있다고 가르쳐 주었다.

그라이아이는 눈 하나와 이빨 하나를 함께 사용하는 세 자매 괴물이다. 이들은 태어날 때부터 머리가 백발의 노파의 모습이었다. 이들은 고르고 세 자매의 언니뻘이었는데 데니오(무서운), 에니오(공포), 펨프레도(깜짝 놀라게 하는)라는 세 자매였다.

페르세우스는 아틀라스 산맥의 그라이아이 동굴로 가서 그라이아이들 중 하나가 눈을 빼서 다른 하나에게 건네줄 때 그 눈을 가로채 버렸다. 눈이 없어진 그라이아이들은 동생 고르고 세 자매가 사는 곳을 가르쳐 줄 수밖에 없었다. 페르세우스는 후환을 없애기 위하여 눈을 돌려주지 않고 호수에 던져 버렸다.

메두사의 위치를 알게 된 페르세우스는 서쪽의 죽은 자들의 나라로 찾아갔고, 그녀들은 어김없이 히페르보이오스인들의 나라에서 횡포를 부리고 있었다.

메두사의 머리를 든 페르세우스_ 이탈리아 피렌체의 시뇨리아 광장에 세워져 있다. 벤베누토 첼리니의 작품.

페르세우스는 그녀들이 잠들 기만을 기다린 후 거울처럼 잘 닦인 청동 방패를 이용해 메두사의 얼굴을 직접 보지 않고 칼로 목을 베었다. 곧 메두사의 목에서 두 줄기의 피가 솟구쳤고 그 피에서 천마 페가수스와 크리사오르(황금 검)가 태어났다. 페가수스는 울부짖으며 메두사의 죽음을 일러주었고, 그 소리에 깬 두 언니는 메두사가 살해당한 것을 깨닫고 격분하였다.

그녀들은 메두사를 살해한 범인을 찾으려 하였으나 투명 투구를 쓴 페르세우스의 모습을 전혀 볼 수 없었다. 페르세우스는 아테나에게서 두 언니들은 불사라는 사실을 알았기에 메두사의 머리를 마법 주머니에 넣고 유유히 빠져나왔다.

메두사_ 뱀으로 된 머리카락과 멧돼지의 어금니, 용의 비늘로 덮인 몸, 청동으로 된 손, 금으로 된 날개를 지니고 있다.

페르세우스와 아틀라스_ 아틀라스는 티탄 신족의 후손이며 인간에게 불을 가져다 준 프로메테우스와는 형제간이다. 티탄 신족과 올림피아 신들과의 싸움에서 티탄 신족의 편을 들었다. 이로 인해 제우스로부터 평생 동안 지구의 서쪽 끝에서 손과 머리로 하늘을 떠받치고 있으라는 형벌을 받았다. 코이넷 길리스의 작품.

　메두사의 목을 벤 뒤 페르세우스는 다시 고향으로 향하던 중 피로를 느끼고는 하늘을 지탱하고 있는 티탄 신족의 아틀라스에게 잠시만 쉬어가도 좋으냐는 허락을 구하려 했다. 그러나 그 옛날에 제우스의 아들이 헤라의 황금사과를 훔쳐갈 것이라는 신탁을 들었던 아틀라스는 페르세우스를 거부하고 그를 무력으로 쫓아내려 하였다.

　이에 분노한 페르세우스는 아틀라스에게 메두사의 얼굴을 보여 주고 그를 돌로 만들었는데, 이 돌이 된 아틀라스가 오늘날의 아틀라스 산맥이라고 한다.

　아틀라스를 돌로 만든 후 하늘을 날아가던 페르세우스는 계속 날아가 에티오피아 사람들의 나라에 도착하였다. 에티오피아의 왕은 케페우스였다. 왕후 카시오페이아는 자기의 아름다움을 자만하여 스스로를 바다의 님프 네레이데스와 비교하였다.

　에티오피아의 왕후 카시오페이아의 교만을 알게 된 네레이데스들은 기분이 몹시 상했다. 그녀들은 바다의 신 포세이돈에게 저 오만한 인간들을 벌 주도록 요청하였다. 이에 포세이돈은 그 벌로 에티오피아에 홍수를 일으키고 전염병이 돌게 했으며, 바다의 여신이며 괴물인 케토를 보냈다.

공중을 나는 페르세우스_ 페르세우스가 하늘을 나는 말 페가수스를 타고 안드로메다를 발견하는 장면이다. 프레더릭 레이턴의 작품.

　포세이돈이 보낸 케토는 에티오피아를 파괴하려 하였다. 케토의 공격을 막기 위해 방도를 찾던 케페우스 왕은 암몬 신의 신탁을 구했는데, 신탁은 바로 자신의 사랑하는 딸 안드로메다를 제물로 바치면 에티오피아가 질병에서 벗어날 것이라는 것이었다.

　마침 페르세우스가 공중에서 에티오피아 땅을 내려다보니 안드로메다가 바위에 쇠사슬로 몸을 결박당한 채 뱀 형상을 한 바다의 케토가 접근하기를 기다리고 있었다.

　그녀의 얼굴은 너무도 창백하였고 몸은 미동도 하지 않았기 때문에 흐르는 눈물과 미풍에 흩날리는 머리칼이 아니었더라면 페르세우스는 그녀를 대리석상으로 착각하였을 것이다.

　그는 이 광경을 보고 놀란 나머지 날개를 젓는 것조차 잊을 정도였다. 그녀 위를 날면서 그가 말하였다.

　"오, 처녀여, 서로 사랑하는 연인들을 결합시키는 사슬에 묶여 있어야 할 그대가 이런 쇠사슬에 묶여 있다니! 원컨대 그대의 이름과 그대의 나라, 그리고 왜 이같이 결박되어 있는지를 가르쳐 주시오."

안드로메다를 구하려는 페르세우스_ 안드로메다를 집어삼키려는 괴물을 향해 공격하는 페르세우스. 지우제페 세자리의 작품.

처음에 그녀는 수줍어서 아무 말도 하지 못하였다. 그리고 할 수만 있었다면 손으로 얼굴을 가렸을 것이다. 그러나 페르세우스가 계속해서 질문을 하자, 잠자코 있으면 죄를 지었기 때문에 이렇게 되었다고 의심받을까 봐 자기 이름과 지금의 상황을 이야기하였다. 그리고 자기 어머니가 자신의 아름다움을 자랑한 일을 얘기하였다.

그녀가 말을 끝내기도 전에 바다 저쪽에서 이상한 소리가 나더니 바다 괴물 케토가 나타나 머리를 수면 위에 내놓고 넓은 가슴으로 파도를 헤치며 다가오고 있었다.

처녀는 소스라치게 놀라며 비명을 질렀고, 방금 이곳에 도착하여 이 광경을 본 부모는 비통한 심정을 가눌 수가 없었다. 그러나 그들은 아무런 대책도 강구할 수가 없었다. 그때 페르세우스가 말하였다.

"눈물은 나중에라도 얼마든지 흘릴 수 있는 것입니다. 지금은 한시바삐 따님을 구해야 합니다. 제우스의 아들로서의 나의 신분과 고르곤의 정복자로서의 나의 명성은 구혼자로서의 자격이 충분할 것입니다. 그러나 신들이 허락한다면 다시 공을 세워 따님을 아내로 맞아들이고자 합니다. 만약 나의 무용에 의해 따님이 구출된다면 따님과의 결혼을 허락해 주십시오."

그녀의 부모는 쾌히 승낙하였다. 이제 괴물은 아주 가까이 접근해 왔다. 그때 페르세우스는 갑자기 대지를 박차고 하늘 높이 치솟았다. 높이 날다가 햇볕을 쬐고 있는 뱀을 본 독수리가 덤벼들어 그 목을 잡아 머리를 돌려 독이빨의 사용을 막는 것처럼, 그는 괴물의 등으로 돌진하여 칼로 그 어깨를 찔렀다. 상처를 입은 괴물은 공중으로 몸을 벌떡 일으켰다가 바닷속으로 도망쳤다.

해안에 모여 있던 군중의 함성이 산을 울리는 듯하였다. 그녀의 부모는 기뻐 어쩔 줄 몰라 하면서 장래의 사위를 포옹하며 생명의 은인이라고 불렀다. 안드로메다는 페르세우스의 부축을 받아 무사히 바위에서 내려왔다.

안드로메다를 구하는 페르세우스_ 에티오피아의 왕 케페우스와 여왕 카시오페이아가 페르세우스에게 감사하는 장면이다. 피에르 미그나르의 작품.

    딸이 구출되자 기쁨에 겨운 안드로메다의 부모는 페르세우스를 데리고 궁전으로 돌아왔다. 궁전에서는 성대한 잔치가 열려 축제의 기쁨으로 충만했다. 그런데 갑자기 한쪽에서 떠들썩한 소리가 나더니 안드로메다의 약혼자인 피네우스가 자신의 부하들과 함께 뛰어들어왔다. 그는 안드로메다가 자기의 약혼녀라고 주장했다. 이 말에 케페우스는 이렇게 말했다.

    "자네는 내 딸이 괴물의 제물로 바위에 결박되었을 때 약혼녀라고 주장했어야 했네."

    피네우스는 아무 대꾸도 하지 않고 갑자기 페르세우스에게 창을 던졌다. 창은 빗나가 땅에 떨어졌다. 페르세우스도 창을 던지려 했다. 그러나 비겁한 공격자는 급히 도망쳐 제단 뒤로 몸을 숨겼다. 그러자 그의 행동을 신호로 하여 피네우스의 부하들이 궁전의 손님들에게 공격을 가하기 시작했고, 손님들은 각기 자신을 보호하기 위해 무기를 들었다.

돌로 변하는 피네우스_ 피네우스가 메두사의 눈을 보고 돌로 변하는 장면이다. 위그 타라발의 작품.

"이 중에서 나의 적이 아닌 사람은 모두 얼굴을 돌려라!"

페르세우스는 메두사의 머리를 높이 쳐들었다. 피네우스 부하들이 창을 던지려 하였으나 메두사의 눈빛을 보고 그대로 돌로 변해 버렸다. 피네우스는 이 무서운 결과를 보고 당황하였다. 그는 그들에게 손을 대 보았으나 모두 돌이 되어 있었다. 그는 얼굴을 뒤로 돌린 채 무릎을 꿇고 페르세우스에게 용서를 빌었다.

그러나 페르세우스는 가차없이 메두사의 머리를 피네우스가 바라보는 쪽으로 돌렸다. 그러자 피네우스는 무릎을 꿇고 손을 뻗치고 얼굴을 돌린 형태의 커다란 석상으로 변했다.

이후 페르세우스는 좀 더 에티오피아에 머물며 나라를 다스렸고, 그곳에 안드로메다와의 사이에서 태어난 장남 페르세스를 맡긴 뒤 다시 고향인 세리포스 섬으로 돌아갔다.

페르세우스는 어머니 다나에와 다시 만났다. 그는 아내 안드로메다와 어머니와 함께 아르고스로 가서 외할아버지인 아크리시오스를 만나려 하였다. 외손자가 영웅이 되어 자신을 찾아오고 있다는 소식을 들은 아크리시오스는 신탁이 두려워 허름한 옷을 입고 아르고스에서 도망쳐 마라톤 들판을 지나 아티카 바다를 건너 라리사로 피신했다.

이후 아르고스는 잠시나마 페르세우스가 대신 통치했는데, 이때 페르세우스는 라리사에서 열린 운동 경기에 참가했다. 원반던지기 경기 중 페르세우스가 던진 원반이 센 바람에 의해 관람석으로 날아가 어느 관중이 맞아 죽었다는 얘기를 듣고 관람석으로 달려가 보니 죽은 관중은 자신의 외할아버지 아크리시오스였던 것이다. 이렇게 비극적인 신탁이 현실로 이루어졌다.

이 일로 상심한 페르세우스는 더 이상 아르고스로 가지 않고 자신이 가진 아르고스의 땅을 친척인 티린스의 왕 메가펜테스에게 교환하자고 한 뒤에 미케네라는 도시를 건설한다.

원반 던지는 사람_ 고대 그리스의 조각가 미론이 제작한 청동상을 모각한 대리석 조각상으로, 페르세우스가 원반을 던져 외할아버지인 아크리시오스를 신탁의 뜻대로 죽인다. 페르세우스가 원반을 던지는 장면을 유추해 볼 수 있다.

| 97 | 오이디푸스의 비극

■ 그리스 신화 ■

오이디푸스는 그리스 신화에 등장하는 도시 테바이의 왕이다. 어머니는 이오카스테이고 아버지는 라이오스이다. 오이디푸스란 이름의 뜻은 '부은 발'이다. 라이오스와 이오카스테가 오이디푸스를 버릴 때 어린 오이디푸스의 발목을 묶어서 버렸는데 그때부터 오이디푸스란 이름을 얻게 되었다. 오이디푸스는 자신도 모르게 아버지인 라이오스를 살해하고 어머니인 이오카스테와 결혼하는 비극의 주인공으로 결국 파멸을 맞는다.

    오이디푸스의 아버지인 테베 왕 라이오스는 젊은 시절 피사 왕 펠롭스의 궁에서 망명생활을 한 적이 있는데 이때 펠롭스의 아들인 미소년 크리시포스를 사랑하여 겁탈했다고 한다.

    크리시포스는 이를 수치스럽게 여겨 스스로 목숨을 끊었고, 아들을 잃은 펠롭스는 라이오스에게 절대로 아들을 얻지 못할 것이며 행여 얻게 되더라도 그 아들의 손에 목숨을 잃게 되리라는 저주를 퍼부었다.

    테베로 돌아온 라이오스는 메노이케우스의 딸 이오카스테와 결혼하였지만 이들 부부 사이에서는 오랜 세월 자식이 태어나지 않았다. 라이오스 왕은 델포이의 신탁소를 찾아가 그 이유를 물었고, 신탁은 그가 얻게 될 아들이 장차 아버지를 죽이고 어머니와 결혼하게 될 것이라고 예언하였다.

    얼마 뒤 실제로 이오카스테가 아이를 임신하자 라이오스는 신탁의 예언이 실현되는 것을 막기 위해 아들이 태어나자마자 발목을 뚫어 가죽끈으로 묶은 뒤 부하를 시켜 인적이 없는 산에 내다버리게 하였다. 하지만 곧 죽을 줄 알았던 아이는 코린토스의 목동에게 발견되어 살아 남았고, 목동은 아이를 자식이 없어 안타까워하는 코린토스의 왕 폴리보스와 그의 아내 메로페에게 데려다주었다. 폴리보스 부부는 아이의 발이 심하게 부어 있는 것을 보고 이름을 오이디푸스라고 지었다. 오이디푸스는 '부어오른 발'이라는 뜻이다.

오이디푸스는 폴리보스 왕의 궁전에서 자신의 혈통을 모른 채 성장하였다. 오이디푸스가 청년이 되었을 때 한 코린토스 사람이 말다툼 끝에 그가 왕의 친자식이 아니라 주워 온 아이였다는 말을 하였다.

오이디푸스는 부모에게 사실을 물었지만 속시원한 대답을 듣지 못하자 신탁소를 찾아갔다. 하지만 신탁은 그가 원하는 대답 대신 충격적인 예언을 하였다. 그가 자기 아버지를 죽이고 자기 어머니와 결혼하게 되리라는 것이었다.

폴리보스 왕과 메로페 왕비를 여전히 친부모로 믿고 있던 오이디푸스는 신탁의 예언이 실현되지 못하도록 코린토스를 영영 떠나기로 결심하였다.

오이디푸스와 메로페_ 아기 오이디푸스가 코린토스의 왕비 메로페에게 안기는 장면으로 17세기 작가 미정의 그림이다.

오이디푸스의 살인_ 오이디푸스는 라이오스가 자신의 아버지인 줄 모르고 시비가 붙어 살인을 한다. 조제프 블랑의 작품.

코린토스를 떠난 오이디푸스는 보이오티아로 가는 길목에서 마차를 탄 라이오스 일행과 마주쳤다. 라이오스는 나라에 반은 사자이고 반은 여자인 스핑크스라는 괴물이 나타나 사람을 해치는 탓에 민심이 흉흉해지자 신의 뜻을 묻기 위해 델포이로 가는 길이었다.

오이디푸스는 물론 자신의 혈통을 모르고 있었으므로 그가 자신의 친아버지라는 사실도 알지 못했다. 라이오스의 시종 폴리폰테스는 오이디푸스에게 마차가 지나갈 수 있도록 비켜서라고 했지만 오이디푸스는 말을 듣지 않았다. 폴리폰테스가 시비 끝에 자신의 말을 죽이자 화가 난 오이디푸스는 도망친 하인 한 명만 빼고 라이오스의 일행을 모두 죽여 버렸다. 이로써 그가 친부를 죽인다는 신탁의 예언이 실현되었다.

그 사이 테베에는 라이오스 왕의 죽음이 알려졌고, 그렇잖아도 스핑크스 때문에 공포에 휩싸여 있던 테베의 민심은 왕의 갑작스런 사망 소식으로 더욱 흉흉해졌다. 왕의 죽음으로 테베의 섭정이 된 이오카스테의 오라비 크레온은 민심을 안정시키기 위해 스핑크스를 퇴치하는 사람에게는 테베의 왕위와 이오카스테 왕비를 아내로 주겠다고 공표하였다.

여행을 계속하던 오이디푸스는 테베로 들어가는 길목에서 높은 바위에 앉은 스핑크스를 만났다. 그곳에서 스핑크스는 지나는 사람들에게 수수께끼를 내고 풀지 못하면 잡아먹고 있었다.

스핑크스는 오이디푸스에게 두 가지 수수께끼를 냈다. '한때는 두 발로 걷고, 한때는 세 발로 걷고, 한때는 네 발로 걷는데, 발이 많을수록 더 약한 것이 무엇인가?'

또 하나의 수수께끼는 '두 자매가 있는데 하나는 다른 하나를 낳고, 다른 하나는 또다시 다른 하나를 낳는 것이 무엇인가?'

오이디푸스는 곧 수수께끼를 풀었다.

첫 번째 수수께끼의 답은 인간이었다. 인간은 아기일 때는 네 발로 기고 늙어서는 지팡이에 의지하여 세 발로 걷기 때문이다. 두 번째 수수께끼의 답은 매일같이 서로 교차하는 밤과 낮이었다.

오이디푸스가 수수께끼를 풀자 그동안 이 수수께끼로 수많은 테베 사람을 잡아먹었던 스핑크스는 분을 참지 못하고 앉아 있던 바위에서 몸을 던져 목숨을 끊었다.

오이디푸스와 스핑크스_ 스핑크스의 수수께끼를 푸는 오이디푸스. 귀스타브 모로의 작품.

오이디푸스는 크레온이 공표한 대로 테베의 왕이 되었고 이오카스테를 아내로 맞음으로써 자기 어머니와 결혼하리라는 신탁의 예언도 이루어지게 되었다.

오이디푸스는 자신이 왕위에 오른 뒤 테베에 계속 역병이 창궐하자 델포이의 신탁에 재앙의 원인을 묻게 하였다. 신탁은 라이오스 왕을 살해한 자를 찾아내어 나라에서 추방해야 역병이 그칠 것이라는 답을 내렸다.

이에 오이디푸스 왕은 선왕 라이오스의 살해범을 찾으라는 명을 내렸고, 눈먼 예언자 테이레시아스는 신탁의 예언이 오이디푸스 자신을 향하고 있다고 경고하였다. 오이디푸스가 혼란스러워하자 이오카스테 왕비는 과거의 예를 들며 테이레시아스의 경고를 반박하려 하였다.

이오카스테_ 메노이케우스의 딸이며 크레온의 여동생이다. 테베의 왕 라이오스의 아내가 되어 오이디푸스를 낳았으나 미래에 "아비를 죽이고 어미를 범할 것"이라는 예언 때문에 산속에 버렸다. 성장한 오이디푸스는 우발적으로 라이오스를 죽였으며 이오카스테는 아들인 줄 모르고 오이디푸스와 결혼하였다. 릴라 매카시의 작품.

예전에 라이오스 왕이 아들의 손에 죽고 자신은 제 배로 낳은 아들과 결혼하게 될 거라는 신탁이 있었지만 라이오스 왕은 델포이로 가는 길목에서 강도를 만나 죽었고 자신이 낳은 아들은 산속에 버려져 죽었다는 것이었다.

하지만 이오카스테 왕비의 말은 예전에 같은 길목에서 사람을 해친 적이 있는 오이디푸스를 더욱 두려움에 휩싸이게 만들었다. 오이디푸스는 라이오스의 명으로 아이를 산속에 버린 부하를 수소문하여 데려오게 하였다. 바로 그때 코린토스에서 특사가 찾아와 폴리보스 왕의 죽음을 알렸다.

코린토스의 특사는 오이디푸스에게 이제 부왕이 죽었으니 코린토스로 돌아와 왕위를 이어 달라고 하였다. 하지만 오이디푸스는 자신이 어머니와 결혼하게 되리라는 신탁을 두려워하여 코린토스로 돌아가기를 거절하였다. 그러자 코린토스의 특사는 그가 실은 주워 온 아이였다며 오이디푸스를 안심시키려 하였다.

오이디푸스의 비극_ 모든 사실이 드러나자 이오카스테는 자살했고 오이디푸스는 자기 눈을 찔러 실명하였다. 알렉산드르 카바넬의 작품.

그 특사는 다름 아닌 오이디푸스를 산속에서 주워 폴리보스의 궁으로 데려간 목동이었다. 결국 라이오스의 옛 부하와 코린토스의 특사를 통해 모든 진실이 밝혀지자 이오카스테 왕비는 목을 매고 죽었고 오이디푸스는 왕비의 브로치로 자기 눈을 찔러 장님이 되었다.

그 후 오이디푸스는 신탁의 지시대로 테베에서 추방되었고, 그가 이오카스테 왕비에게서 얻은 맏딸 안티고네는 장님이 된 아버지의 방랑길에 동반자가 되어 따라나섰다. 두 부녀는 신탁에 따라 오이디푸스가 최후를 맞이할 운명의 땅인 아테네 근처의 마을 콜로노스까지 함께 갔다.

오이디푸스와 이오카스테 사이에서는 그 외에도 딸 한 명과 아들 두 명이 더 있었지만 이들은 아버지 곁에 머물기를 거부하였다.

테베 섭정 크레온과 오이디푸스의 아들은 오이디푸스가 묻히는 땅에 신들의 축복이 있으리라는 신탁을 듣자 그를 다시 테베로 데려오려 했지만 아테네 왕 테세우스의 환대를 고맙게 여긴 오이디푸스는 자신의 유해가 아티카 땅에 묻히도록 지시하고 마침내 숨을 거두었다.

오이디푸스와 안티고네_ 테베를 떠나는 오이디푸스를 이끄는 안티고네. 샤를 프란시스 잘라베아의 작품.

| 98 | 아이네이아스 신화　　　■ 로마 건국 신화 ■

고대 그리스의 트로이 전쟁의 한 영웅으로서 전설상 아프로디테와 트로이 사람 안키세스의 아들이라 한다. 트로이가 그리스 연합군에 의해 함락된 후, 그의 아버지와 아들과 함께 이탈리아 반도로 피신하였다고 전해지며, 7년 동안의 유랑 끝에 이탈리아의 라티움에 상륙하였다. 아이네이아스는 그곳의 왕 라티누스의 딸 라비니아와 결혼하여 새로운 도시 라비니움을 건설하였고 이후 로마제국의 건국 시조로 묘사되고 있다.

　　아이네이아스는 트로이 왕족인 안키세스와 여신 비너스(그리스 신화의 아프로디테)의 아들이었다. 그는 이다 산에서 다섯 살 때까지 요정들이 기르다가 그 이후로는 아버지 안키세스가 트로이로 데려와서 길렀다고 한다. 그리스 군이 트로이로 쳐들어와 트로이 전쟁이 발발하자 아이네이아스는 사촌 헥토르를 도와 혁혁한 공을 세웠다.

　아킬레우스는 신들에게도 많은 사랑을 받았다. 디오메데스와 일기토를 하게 되었을 때는 어머니 비너스가 그를 도와 위기를 넘길 수 있었고, 아킬레우스와의 싸움에서는 넵투누스(그리스 신화의 포세이돈)가 그를 도왔다.

　트로이의 프리아모스 왕은 자신의 딸 크레우사를 아이네이아스에게 아내로 주었고 둘 사이에 아들 아스카니우스가 태어났다.

　트로이 전쟁은 10년 간 지루하게 펼쳐졌다.

　그러나 전쟁 기간 동안 그리스의 영웅 아킬레우스를 비롯하여 트로이의 영웅 헥토르 등 많은 전사가 죽어 갔다. 이에 그리스 진영의 오디세우스는 거대한 목마를 만들라고 지시하고는 완성된 목마를 트로이 해변에 두고 철수를 가장하였다.

트로이 목마_그리스 군이 남겨 둔 거대한 목마를 부수려는 트로이 사람들. 티에폴로의 작품.

　그리스 군이 물러난 전장에서 트로이 진영은 거대한 목마를 두고 격론이 벌어졌다. 아폴론을 섬기는 신관 라오콘은 목마를 성안에 끌어들이는 것을 반대하였다.

　이때 두 마리의 큰 뱀이 바다로 떠올라 육지로 향해 다가왔기 때문에 군중들은 사방으로 도망쳤다. 뱀은 라오콘이 두 아이를 데리고 서 있는 곳으로 왔다. 뱀은 먼저 아이들을 공격하여 그 몸을 친친 감고 얼굴에 독기를 내뿜었다. 라오콘이 아이들을 구출하려고 하였으나 뱀이 그의 몸을 감고 말았다. 그는 뱀을 뿌리치려고 온 힘을 다하였으나 뱀은 그와 그의 아이들의 목을 졸랐다.

　사람들에게 이 사건은 라오콘이 목마에 대하여 무례한 말을 하였기 때문에 신들이 노한 징조라고 여겨졌다. 그래서 그들은 더 이상 주저하지 않고 목마를 성스러운 물건으로 생각했으며, 적당한 의식을 갖추어 성안으로 끌고 갈 준비를 했다.

　의식은 노래와 승리의 환호 속에서 치러졌고, 온종일 잔치가 계속되었다. 밤이 되자 목마의 뱃속에 들어 있던 무사들이 목마에서 빠져나와 어둠을 타고 귀환한 그리스 군에 성문을 열어 주었다. 성은 불탔고 잔치로 인한 피곤

곤함에 지쳐 잠이 든 백성들은 참살되었다. 마침내 트로이는 정복되어 갔다.

한편, 트로이 왕궁과는 다소 먼 거리에 위치하고 있던 아이네이아스의 집은 아직 그리스 군의 손길이 닿지 않았다. 아이네이아스는 좀처럼 잠을 이룰 수 없는 불안한 잠 속에 하데스의 말을 몰고 있는 헥토르가 나타났다.

"아이네이아스여, 잠에서 깨어나게. 트로이가 멸망하고 있으니 어서 가족들을 데리고 도망쳐야 하네. 내가 우리 트로이의 성물을 갖다 놓았으니 그것을 가지고 떠나길 바라네. 자네는 여신의 아들이기에 또 다른 트로이를 건설하여야만 하네. 그러니 지금 벌어진 비극적 참상에 괴로워 말고 어서 이곳을 떠나게."

아이네이아스는 생생한 꿈속 외침에 눈을 번쩍 떴다. 그리고 그의 시야에는 빛나는 트로이의 성물이 들어왔다. 그는 자리에서 급히 일어나 트로이 왕궁을 바라보았다. 이미 그곳에는 화염에 휩싸여 불길이 일고 있었다.

아이네이아스는 늙은 아버지 안키세스를 등에 업고 어린 아들 아스카니우스의 손을 잡고 불타는 트로이 성을 탈출하였다. 뒤를 따르던 아내 크레우사의 모습이 보이지 않자 아이네이아스는 다시 성으로 들어가 찾았으나 아내의 망령이 나타나 더 이상 찾지 말 것을 당부하였다.

아이네이아스 조각상_ 트로이를 탈출하는 조각상 모습이다.

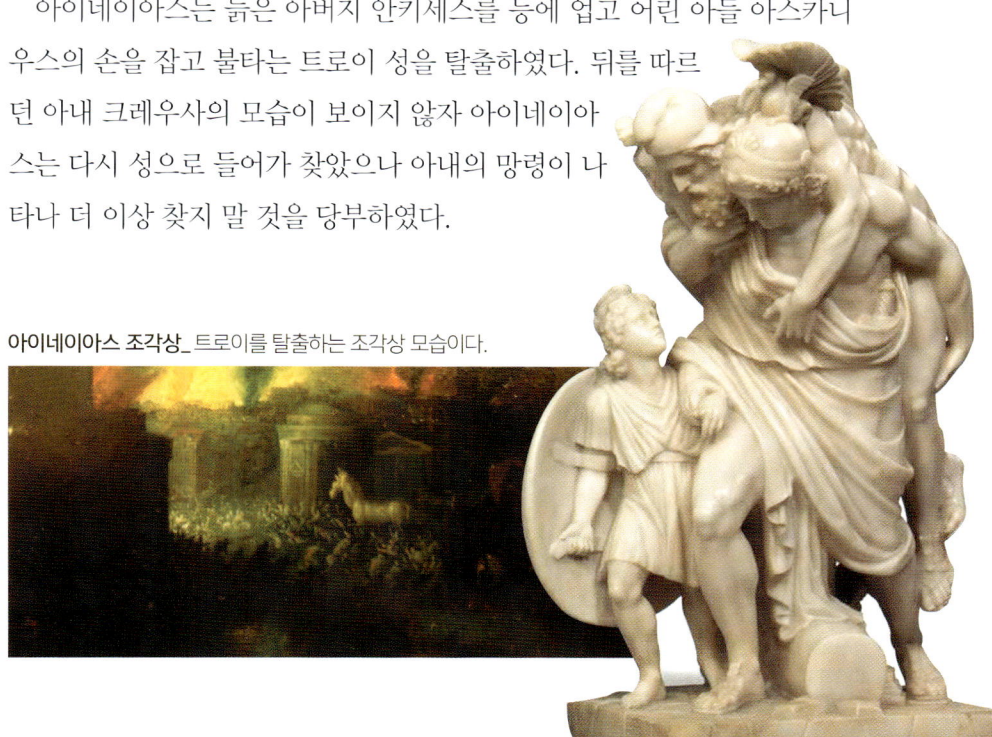

아이네이아스는 다른 트로이 유민들과 이다 산에 잠시 머물며 배를 만든 뒤 새로운 정착지를 찾아 항해를 떠났다.

항해 도중에 하피들과 한바탕 싸움을 치렀고 오디세우스처럼 스킬라의 유혹에서 탈출하였다. 그리고 트라키아와 마케도니아 연안을 지나서 카르타고에 이르렀다.

트로이에 적개심을 갖고 있는 유노(그리스 신화의 헤라) 여신은 트로이가 함락된 후 목숨을 건져 아이네이아스 지휘 아래 시칠리아로 피신하는 트로이 함대를 파멸시키려고 하였다. 바람의 신 아이올루스는 유노의 명령으로 트로이 함대가 풍랑에 휩쓸리도록 하지만 넵투누스의 개입으로 함대는 구출되어 카르타고항으로 피신을 하여 디도 여왕을 만났다. 디도 여왕은 현재 투니시아인 카르타고의 창건자이자 첫 여왕이다.

유피테르(그리스 신화의 제우스)는 비너스에게 트로이 유랑민이 라비니움에 정착한 후 알바 롱가를 거쳐 로마를 건설하게 되리라 예언하였다. 메르쿠리우스(그리스 신화의 헤르메스)는 카르타고의 여왕 디도가 트로이 유랑민에게 호감을 갖도록 유도하였다.

디도 여왕에게 자신을 소개하는 아이네이아스_ 아이네이아스가 트로이 일행 중에 섞여 디도 여왕에게 자신을 소개하고 도움을 청하는 장면이다. 조슈아 레이놀즈의 작품.

디도와 아이네이아스_동굴 속에서 디도와 아이네이아스가 사랑을 나누는 장면을 묘사한 그림이다. 피에르 라쿠르의 작품.

한편, 아이네이아스는 사냥꾼으로 변장한 어머니 비너스를 만나 카르타고와 디도에 관해 정보를 얻었다. 얼마 후 아이네이아스와 그가 이끄는 유랑민은 디도로부터 환영을 받음과 동시에 디도는 비너스의 영향으로 아이네이아스에게 호감을 갖게 되었다. 환영 만찬회에서 디도는 트로이의 최후와 아이네이아스의 7년 간에 걸친 유랑생활에 대해 이야기해 줄 것을 청하였다.

디도는 비너스의 아들 큐피드(그리스 신화의 에로스)의 장난으로 아이네이아스를 사랑하게 되었다. 그녀는 죽은 전남편에 대한 맹세를 지키기 위해 수절하고 있었으나 아이네이아스를 만나 서로 사랑에 빠졌다. 그리하여 왕홀을 아이네이아스에게 내주며 카르타고를 함께 다스리려고 하였다.

하지만 새로운 나라를 건국하라는 신탁을 받은 여신의 아들 아이네이아스는 디도의 곁을 떠나야 했다. 디도 여왕은 떠나지 말 것을 애원했지만 거절당했다. 이에 그녀는 자신의 자손과 아이네이아스의 자손은 적이 될 것이라 저주했으며, 이 말대로 훗날 로마와 카르타고가 싸우게 되는 포에니 전쟁이 발발하게 된다.

디도는 차라리 아이네이아스와 함께 떠날까 등 수많은 고민을 했으나 결코 혼자서는 제대로 된 부인으로 존중받지 못할 것, 간신히 정착한 백성들에게 다시 떠나자고 할 수도 없는 등 답을 찾지 못하고, 아이네이아스가 떠나자 화장용 장작을 쌓고 아이네이아스가 준 칼에 몸을 던져 자살한다.

이후 아이네이아스는 시칠리아를 거쳐 이탈리아 연안을 거슬러 라티움에 상륙했다. 라티움의 왕 라티누스는 원래 자신의 딸인 라비니아를 투르누스에게 시집보내려 했으나 죽은 아버지가 꿈속에 나타나 "라비니아와 결혼할 사람은 먼 곳에서 오는데 이 결혼을 통해 온 세계를 정복할 민족이 태어날 것이다"라고 하여 마침 도착한 아이네이아스에게 라비니아를 결혼시키려고 하였다.

파혼으로 격분한 투르누스는 아이네이아스와 전투를 벌이게 된다. 유노 여신은 이에 투르누스를 돕는데, 이는 아이네이아스의 어머니 비너스에게 황금사과를 빼앗긴 데 대한 복수였다. 그러나 결국 아이네이아스는 투르누스와의 일대일 싸움에서 투르누스를 죽이고 승리를 선포하였다.

이후 라비니아와 결혼하여 라비니움을 세우는데 이는 로마의 전신이 되었다. 트로이 전쟁 당시 아폴론은 "아이네이아스의 자손이 트로이를 지배할 것이다"라고 예언했는데 그 예언대로 아이네이아스의 자손인 로마제국이 그리스는 물론 트로이가 있는 소아시아까지 지배하게 되어 예언이 맞았다.

◀**디도의 죽음**(520쪽 그림)_ 디도의 자결을 표현한 그림이다. 세바스티앵 부르동의 작품.
투르누스의 죽음_ 아이네이아스는 투르누스를 살려 주려고 했으나 그가 팔라스의 무구를 걸친 것을 보고 흥분하여 죽인다. 피에트로 베레테니의 작품.

|99| 로물루스 신화

■ 로마 건국 신화 ■

로물루스는 알바 롱가의 왕 누미토르의 딸 레아 실비아의 아들 형제 중 형으로 팔라티노 언덕에 세력을 구축했다. 아벤티노 언덕에 자리를 잡은 레무스와 경쟁한 끝에 기원전 753년 4월 21일 레무스를 죽이고 다른 5개 언덕의 동맹체로서 로마를 건국한다. 로물루스는 조세와 징병을 위해 시민들을 세 개의 부족으로 나누고, 상비군 친위대인 켈레레스를 창설하고, 여성 인구 부족 해결을 위해 사비니 여인들을 약탈하는 등 로마라는 국가의 기틀을 세웠다.

    투르누스와의 전쟁에서 승리한 아이네이아스는 라비니아와 결혼하였다. 그리고 이미 라티누스 왕으로부터 라티움의 통치권을 물려받았다. 그는 트로이 유민과 라틴족을 결합시킨 새로운 나라를 건설하고 라비니아의 이름을 따서 나라의 이름을 라비니움이라고 명명하였다.

    라비니아와 아이네이아스 사이에서는 아들 실비우스가 태어났다. 하지만 아이네이아스는 실비우스의 탄생을 보지 못하고 그 전에 숨을 거두었다. 실비우스는 유복자로 태어난 것이다. 아이네이아스가 죽은 뒤 라비니움의 왕위에 오른 사람은 아이네이아스와 전장(戰場)에서 생사를 넘나들며 고투했던 트로이에서 데려온 아들 아스카니우스였다. 그러자 실비우스를 임신 중이었던 라비니아는 아스카니우스가 자신의 아들을 해칠까 두려워 숲으로 피신하여 티루스라는 목동의 집에서 아이를 낳았다.

    라비니아는 티루스와 모의하여 아스카니우스에 대한 라티움 원주민들의 미움을 부추기면서 자신의 아들인 실비우스의 세력을 키웠다. 이에 아스카니우스는 이복형제 실비우스에게 라비니움을 양보하고 로마의 남동쪽에 위치한 알바 산 기슭으로 옮겨 새로운 나라를 건설한다.

아폴론 신에게 제물을 바치는 아이네이아스_아이네이아스는 라비니아와 결혼 후 나라의 이름을 라비니움이라 명명하고 신에게 제물을 바친다. 코라도 지아갱토의 작품.

이 나라가 훗날 로마제국의 모태가 되는 알바 롱가였다. 그 후 아스카니우스가 후손을 남기지 못하고 눈을 감게 되자 이복형제인 실비우스를 불러들여 자신의 뒤를 이어 알바 롱가의 왕에 오르게 하였다.

실비우스는 알바 롱가를 29년 동안 지배한 후 할아버지의 이름을 따서 아이네이아스 실비우스라고 불린 아들에게 왕위를 물려주었다. 실비우스 이후로 알바 롱가의 왕들은 모두 실비우스라는 이름도 함께 물려받았다. 알바 롱가 왕조는 실비우스의 혈통에 의해 계속 이어지다가 누미토르의 대에 이르게 된다.

누미토르는 알바 롱가 왕국의 13대 왕 프로카스의 맏아들로, 부왕이 죽은 뒤 왕위를 물려받았지만 동생 아물리우스가 형 누미토르에게 모든 것을 똑같이 나누자고 제안하고, 왕국을 선택하겠느냐 아니면 트로이에서 가져온 황금과 보물을 갖겠느냐고 물었다. 그러자 누미토르는 왕위를 선택했다.

하지만 아물리우스가 그 후 재물을 이용해 손쉽게 왕위를 찬탈했다. 그는 누미토르의 딸이 아들을 낳게 되면 자신에게 복수하리라 생각하고 그녀를 베스타 여신의 신녀로 만들어 버렸다. 그녀의 이름은 레아 실비아였다.

그런데 신을 섬기는 레아 실비아는 강가에서 잠깐 잠이 들었다. 이 모습을 본 군신 아레스가 그녀를 보고는 한눈에 반하고 말았다. 아레스는 하늘에서 내려와 그녀를 겁탈하였다. 그러나 레아 실비아는 자신이 겁탈당하는지 몰랐다. 그녀가 잠에서 깨어나기 전에 모든 일이 이루어졌기 때문이다. 그 결과 레아 실비아는 임신하였다.

이 사실을 안 아물리우스는 레아 실비아를 극형에 처하려고 했다. 그러나 아물리우스의 딸 안토가 탄원해 왕은 레아 실비아의 목숨을 살려 주고 몰래 해산하는 것을 방지하기 위해 감금시켰다.

이윽고 레아 실비아는 몸집이 크고 잘생긴 두 아들을 낳았다. 그러자 아물리우스는 사람을 시켜 아이들을 갖다 버리게 했다. 쌍둥이 형제를 바구니에 담아 강으로 데려간 사람은 강이 세차고 사납게 흐르는 것을 보자 가까이 가기가 두려워 바구니를 그냥 강둑에 내려놓고 돌아갔다.

레아 실비아와 아레스_ 군신 아레스는 레아 실비아를 사랑하여 그들 사이에 쌍둥이 아들인 로물루스와 레무스를 낳는다. 루벤스의 작품.

로마 신화는 모두 그리스 신화를 베낀 것일까?

신화 하면 자동적으로 떠오르는 '그리스-로마 신화'를 읽어 본 독자들은 늘 한 가지 의문점을 갖는 게 바로 '왜 이 내용이 그리스 신화지 그리스-로마 신화'인가 하는 점이다. 그만큼 그리스-로마 신화에서 하늘의 별을 헤는 것만큼이나 헤아리기 어려울 만큼 로마 이야기는 별로 나오지 않는다. 그렇다면 자연스럽게 드는 생각이 로마인들이 자신들의 신화는 별게 없어서 자신들이 정복한 그리스 신화만 잔뜩 늘어놓고 거기에 로마 신화는 슬쩍 얹어놓은 게 아닌가 하는 의심을 멈출 수 없는 것이다.

그런데 로마 역사에서는 실제로 그런 추측이 가능하다는 역사적 사실을 내놓고 있다.

로마는 사실 세상에 그 이름을 알리기 전에는 이탈리아 반도에 있는 조그만 나라에 불과했다. 당시 테베레 강가에서 장차 로마가 건설될 장소 근처에 살던 인도-유럽어족의 한 종족이 서서히 힘을 키우고 있었지만 기원전 300년경만 해도 그리스를 비롯한 주변국을 정복하리라고 생각한 나라는 그 어디도 없었다. 그러다 300년에 걸쳐 사상 유례없는 대제국을 건설하여 지중해 전 지역과 그 너머의 지역까지 지배하게 된다. 이들은 기원전 229년에 처음으로 그리스를 침공했고, 기원전 146년에는 코린토스를 유린했으며, 얼마 후에는 그리스 전역을 로마의 속령으로 삼았다.

그런데 여기서 로마의 문화복속 정책이 세계제국을 꿈꾸는 나라답게 그 나라만의 독특한 문화정책을 펴게 된다. 바로 점령지역에 자신들의 신화와 신을 강요하지 않고 현지의 사상과 문화를 재빨리 로마화시키는 것이 그것이다. 그 중에서도 오늘의 그리스-로마 신화의 형태를 유지하게 된 사례가 바로 그리스의 전설과 신화를 로마의 것으로 받아들이는 정책이었다.

얼핏 보면 로마엔 그들만의 독자적인 신화는 존재하지 않는 것처럼 보인다. 그보다는 로마 신화는 대체로 그리스 신화를 그대로 베낀 것처럼 보인다. 하지만 로마인에게도 오랜 옛날부터 전해져 내려오는 그들만의 신화가 있었다. 라틴 민족은 기원전 1500년경에 이탈리아 반도에 정착했으며, 장차 로마가 들어설 지역에는 기원전 1200년경에 당도한 것으로 보인다. 로마인 원주민은 많은 신을 섬겼는데 그 중에서 중요한 신은 '고대의 3신'으로 부르는 유피테르, 마르스, 키리누스였다. 유피테르는 세상을 통치한 하늘의 신으로 제우스와 동일시되었고, 마르스는 전쟁의 신으로 로마 신화에서는 그리스 신화의 아레스보다 훨씬 중요한 비중을 차지한다. 카리누스는 농업의 신이었으나 그리스의 신들에 흡수되어 그 이름이 사라진다. 로마 신화와 그리스 신화가 기본적으로 비슷한 면이 많은 이유는 둘 다 인도-유럽어족 문화에서 유래했기 때문일 것이다. 그리스 문화와 접촉하기 이전에 로마인은 직계 조상인 라틴 민족의 신들을 숭배했다.

기원전 6세기 후반에 이르러 로마인은 고대의 3신을 '카피톨리네 3신'인 유피테르, 유노, 미네르바로 대체한다. 이 새로운 3신 중 유피테르는 최고 신의 자리를 그대로 지켰다. 유노는 그리스 신화의 헤라, 미네르바는 아테나에 각각 해당한다. 기원전 4세기에 들어 그리스 사상과의 접촉이 더욱 많아지면서 로마인은 그리스의 신들을 숭배하기 시작했고 신들에 로마식 이름을 붙이며 그들을 기리는 신전과 성소를 지었다.

그리스인이나 다른 고대 민족과 마찬가지로 로마인도 신전을 방문하여 제물을 바치고, 미신과 점을 믿고, 점성술에 빠지고, 집안의 신들을 숭배했다. 그러나 로마인은 신화나 신학보다는 권력과 질서와 로마의 영광(팍스 로마나, 군사적 힘과 법의 통치)을 더 숭배했다.

암늑대의 젖을 먹는 로물루스와 레무스 청동상

그 후 강물이 점점 불어나자 마침내 바구니가 흘러내려가 팔라티누스 언덕 기슭에 있는 무화과나무 아래까지 밀려내려가면서 웅덩이에 걸렸다. 전설에 따르면 두 아이는 이때 방금 새끼를 낳은 암늑대에게 발견되었다고 한다. 암늑대는 두 아이를 자기 새끼들과 함께 젖을 먹여 돌보았다. 또 딱따구리도 날아와 암늑대와 함께 아이들을 돌보았다. 일설에 따르면 이 늑대와 딱따구리는 아레스가 자기 자식을 위해 보낸 것이라고 한다.

하지만 어떤 사람들은 아이들의 양어머니 이름에서 이런 전설이 생겼다고 생각한다. 루포이라는 라틴어는 늑대뿐만 아니라 몸가짐이 헤픈 여자를 의미하기도 하는데, 이 쌍둥이를 기른 파우스툴루스의 아내 아카 라렌티아가 바로 그런 여자였다는 것이다.

아무튼 아물리우스의 돼지치기인 파우스툴루스가 두 아이를 자기 집으로 데려가 자식처럼 키웠다.

두 아이는 늑대의 젖을 먹고 컸기 때문에 각각 로물루스와 레무스(젖꼭지를 뜻하는 '루마'에서 유래되었다)라 불렸다. 두 형제는 모두 자라면서 불굴의 용기와 남자다운 면모를 보여 주었지만 로물루스 쪽이 더 총명하고 지략이 뛰어났다. 두 사람은 친구나 후배들로부터 사랑을 받았지만 아물리우스의 신하들은 두 형제를 무시하고 얕보았다. 그러나 그들은 개의치 않고 사냥이나 달리기, 도적 물리치기 등에 몰두하며 억압받는 사람들을 도와주었다. 이리하여 쌍둥이 형제는 점차 유명해져 갔다.

어느 날 누미토르와 아물리우스의 소치기들 사이에 다툼이 일어나서 누미토르의 목동들이 아물리우스의 소들을 끌고 달아나 버렸다. 그러자 이에 분개한 아물리우스의 목동들이 곧 쫓아가 도로 빼앗고 다른 것들도 많이 약탈해 갔다. 이 소식을 들은 누미토르는 크게 분노했지만 아물리우스는 조금도 신경쓰지 않았다. 그 후 누미토르의 목동들이 친구들과 길을 가고 있는 레무스를 사로잡아 누미토르 앞으로 데려왔다.

로물루스와 레무스_ 파우스툴루스에 의해 구해지는 로물루스와 레무스. 코라도 지아갱토의 작품.

누미토르는 레무스가 자신의 손자인 줄 모르고 아물리우스가 두려워 그를 찾아가서 정당하게 판결을 내려 줄 것을 요구했지만 아물리우스는 민심이 두려워 누미토르에게 레무스의 처벌을 맡기기로 했다. 그리하여 레무스를 데리고 돌아온 누미토르는 그의 늠름한 체격과 품위, 얼굴에서 풍기는 용기와 드높은 기상을 보고 어떤 신성한 힘이 작용하고 있다고 느꼈다. 그래서 네가 누구이며 어떻게 성장했느냐고 물었다. 그러자 레무스는 이렇게 대답했다.

"저희는 길러 주신 분들의 자식들로 생각해 왔습니다만, 들리는 소문에 따르면 저희 형제의 출생은 비밀에 싸여 있다고 합니다. 그리고 젖을 먹고 자란 이야기는 더욱 신기합니다. 늑대가 와서 젖을 먹여 주고 딱따구리가 먹을 것을 물어다 주며 길렀다고 합니다. 저희를 담아 강에 버렸던 바구니가 지금도 남아 있고 그것을 묶었던 놋쇠띠에는 글자가 새겨져 있습니다. 그것이 부모를 알아낼 수 있는 단서가 될지도 모르지만 지금 죽게 된다면 그게 무슨 소용이 있겠습니까?"

로물루스와 가축 도둑_ 팔라초 마그나니의 프레스코 그림. 안니발리 카라치의 작품.

그 말을 들은 누미토르는 뭔가 짚이는 것이 있어 아직도 감금되어 있는 딸을 어떻게든 만나야겠다고 생각했다.

한편, 레무스가 잡혀갔다는 소식을 들은 파우스툴루스가 로물루스에게 출생의 비밀을 이야기해 주고는 바구니를 들고 즉시 누미토르를 찾아갔다. 이때 성문을 지키던 왕의 보초들이 그를 수상하게 여기고 체포한 뒤 몸을 수색하다가 바구니를 발견했는데, 우연히도 그들 가운데 쌍둥이를 내다 버린 사람이 있었다. 그 보초가 바구니를 알아보고 곧 이 사실을 아물리우스에게 알려 진상조사가 시작되었다.

그래서 파우스툴루스는 어쩔 수 없이 아이들이 살아 있다고 자백하긴 했지만, 그들은 평범한 양치기로 아주 멀리 떨어진 곳에서 살고 있고, 또 자신은 누미토르의 딸 레아 실비아가 아이들이 잘 있으리라는 희망을 간직하기 위해 종종 그 바구니를 만져 보고 싶어 해서 그것을 갖고 가던 중이라고 말했다.

아물리우스 왕 앞에 끌려간 레무스_ 팔라초 마그나니의 프레스코 그림. 안니발리 카라치의 작품.

그리스 · 로마 문명의 신화를 찾아서 529

아물리우스의 죽음_ 팔라초 마그나니의 프레스코 그림. 안니발리 카라치의 작품.

 그러자 아물리우스는 황급히 누미토르에게 전령을 보내어 아이들로부터 무슨 소식을 듣고 있는지 알아보게 했다. 누미토르와 가까웠던 그 신하는 레무스와 누미토르를 만나자 그들이 서로 할아버지와 손자 관계라는 확신을 심어 주고, 자신도 도와줄 테니 어서 빨리 행동에 나서라고 충고했다. 게다가 사태가 더 이상 망설일 수 없는 지경에 이르고 있었다. 로물루스가 이미 아물리우스를 증오하는 많은 사람을 이끌고 다가오고 있었기 때문이다. 결국 이 사태는 걷잡을 수 없이 커져서 레무스는 성안에서 폭동을 일으키고 로물루스는 성밖에서 공격을 가하는 바람에 폭군 아물리우스는 어떻게 손을 써 볼 사이도 없이 우왕좌왕하다가 붙잡혀 죽임을 당하고 말았다.
 그 후 모든 문제가 처리되자 두 형제는 더 이상 평민으로 알바 롱가에 머무르고 싶지도 않고, 또 살아 있는 외할아버지에게서 왕위를 물려받고 싶지도 않아 통치권을 외할아버지에게 넘겨 주고 어머니의 명예를 회복시켜 준 뒤에 자신들은 어릴 때 지냈던 곳에 도시를 세우기로 결심했다.
 새 도시의 기반을 닦은 뒤에 쌍둥이 형제는 도망자들을 위한 성소를 개방하고 그곳을 아실레우스 신의 신전이라고 불렀다. 그들은 어떤 사람이든 환

독수리 점을 보는 로물루스와 레무스_ 로물루스와 레무스는 도시가 세워질 장소로 이견이 생겨 독수리 점을 이용하여 승자를 가린다. 18세기 채색 판화.

영하고, 노예도 주인에게 돌려보내지 않으며, 채무자도 채권자에게 넘기지 않고, 살인자도 판사에게 인도하지 않겠다고 선언했다. 그리하여 그곳에 사람들이 몰려들기 시작해 도시가 짧은 시간에 크게 번성했다. 초기에 이미 1천 가구가 넘었다고 한다.

그런데 이 무렵에 도시를 건설할 장소를 둘러싸고 두 형제가 의견 차이를 보이게 되었다. 로물루스는 로마 퀴드라타 혹은 스퀘어 로마라고 불리는 장소를, 레무스는 아벤티네 산 위에 있는 평평한 땅을 고집했다. 그래서 두 사람은 새들이 날아오는 것을 보고 점을 쳐 결정하기로 하고 서로 약간 떨어져 있었다. 그러자 곧 레무스가 있는 쪽으로 여섯 마리의 독수리가 날아오고, 로물루스가 있는 쪽으로 열두 마리의 독수리가 날아왔다.

하지만 일설에 따르면 로물루스가 숫자를 거짓으로 꾸며냈다고 한다. 레무스가 그에게 다가갔을 때에야 비로소 열두 마리의 독수리가 보였다는 것이다. 로마인이 새를 보고 예언하고, 특히 독수리를 중시하는 것은 이 일에서 비롯된 것이다.

레무스는 자신이 속은 것을 알고 몹시 기분이 나빠 로물루스가 성벽을 쌓기 위해 땅을 팔 때 이것을 방해하다가 맞아 죽었다. 일설에 의하면 로물루스의 부하인 켈레르는 로물루스에 의해 성벽 건설의 책임자로 임명되었는데, 누구든 성벽을 가로넘는 자는 죽음을 면치 못할 것이라고 선언하였다. 그럼에도 화가 난 레무스는 한창 건설 중인 성벽의 낮은 곳을 뛰어넘었다.

"이런 성벽으로 어떻게 적의 침략으로부터 시민을 안전하게 보호할 수 있겠느냐?"

레무스의 조롱에 화가 난 켈레르는 곡괭이를 내리쳐 일격에 그를 살해하였다. 이때 파우스툴루스와 그의 형제인 플리스티누스도 살해당했다.

로물루스는 레무스와 양부 및 양숙부를 레모니아 산에 묻고 도시를 건설하는 일에 착수했다. 사람들은 먼저 오늘날 코미티움이라 불리는 곳 주위에 둥글게 도랑을 파고 모든 물건의 첫 열매와 자신들의 고향 흙을 던져 넣었다. 그리고 이곳을 중심으로 도시의 윤곽을 둥글게 표시하고, 로물루스가 암수 한 쌍의 소에 청동제 쟁기를 매달고 경계선을 따라 땅을 갈았다. 사람들은 뒤따라가며 갈아 놓은 흙이 밖으로 나가지 않게 안쪽으로 모았다. 이 선이 성벽의 윤곽이 되었다.

이 도시가 창건된 날짜를 일반적으로 4월 21일로 보고 있다. 로마인은 이날을 도시의 탄생일로 삼고 해마다 신성하게 기리고 있다.

로물루스는 도시를 세운 뒤 군대를 조직하고, 가장 뛰어난 백 명을 뽑아 정무회를 만들었다. 또 그들을 파트리키안, 즉 귀족으로 삼고 그 모임을 원로원이라 명명했다.

레무스의 죽음_ 샤를 아메데 필립 반 루의 작품.

|100| 사비니 여인들의 납치 ■ 로마 건국 신화 ■

로물루스가 로마를 건국하고 나서 제일 시급했던 것은 인구 증강이었다. 특히 많은 군인에게 가정을 꾸려 주는 것이 시급했다. 하지만 로마에서는 여인들이 턱없이 부족하였다. 고심 끝에 사비니족의 여인들을 납치하고 사비니족과 전쟁을 벌였다. 로물루스는 사비니족의 유력자들에게 원로원 의석을 내주었고 두 부족은 하나가 되었다.

로물루스는 세력이 있고 부유한 사람들은 아버지와 같은 사랑과 관심을 갖고 아랫사람들을 돌보아야 하고, 평민들은 그들을 아버지처럼 사랑하고 존경해야 한다고 생각하고 파트리키안으로 부르기를 원했다. 이렇게 원로와 평민을 구분하고, 또 귀족과 평민을 구별해 전자는 보호자라는 뜻의 파트론이라 부르고, 후자는 피보호자라는 뜻의 크리엔트라 불렀다.

로물루스는 이런 방법으로 두 계급이 서로 화합하며 친근하게 지내도록 만들었다. 그리하여 파트론은 언제나 크리엔트의 법정 변호인과 친구가 되어 주고, 크리엔트는 파트론을 존경하며 충실하게 섬겼다.

파비우스의 기록에 따르면 로마인은 도시를 건설하고 나서 4개월 뒤에 사비니 여자들을 납치해 왔다고 한다. 새로 이주해 온 사람들에게 아내가 없기 때문이기도 했지만 그들 대다수가 천하거나 신분이 확실치 않은 사람들이라서 도시가 경멸당하고 정복될 위험성이 있어서 로물루스는 납치해 온 여자들을 잘 구슬려 사비니와 동맹을 맺고자 했던 것이다.

로마의 우월한 문명을 주변국가에 과시하기 위해 로물루스는 어떤 제단을 땅속에서 발견한 것처럼 소문을 낸 뒤 그것을 기념해 제사를 지내고 여러 가지 경기와 볼거리도 제공했다. 그러자 많은 사람이 벌떼처럼 몰려들었다. 그때 로물루스가 자리에서 일어나 외투를 폈다가 다시 거두어들이는 것을 신호로 그의 부하들이 칼을 뽑아들고 함성을 지르며 사비니의 처녀들을 찾아가 겁탈했다. 로마인은 오직 30명의 처녀만 붙잡았다고 한다. 하지만 발레리우스 안티아스는 527명을 납치했다고 전하고, 주바는 673명을 납치했다고 기록하고 있다. 그런데 그 중 딱 한 명, 헤르실리아만 유부녀인 줄 모르고 납치했다고 한다. 그녀는 로물루스와 결혼해 두 명의 자녀를 두었다고 한다.

사비니인은 인구도 많고 호전적인 민족으로 성벽도 두르지 않고 살았다. 그들은 두려움을 모르는 스파르타의 후손으로, 그렇게 사는 것이 당연하다고 생각했다. 그럼에도 불구하고 그들은 딸들이 볼모로 잡혀 어쩔 수 없이 로마에 그녀들을 돌려보내고 앞으로 평화롭게 지내자고 제의했다. 그러나 로물루스는 단지 서로 동맹만 맺자고 제안했다. 이 대답을 듣고 다른 부족들은 망설였지만, 로물루스를 질투하던 케니넨시아족의 왕 아크론은 그를 응징하지 않으면 나중에는 손도 댈 수 없는 상대가 될 것이라고 생각하고 전쟁을 일으켰다.

사비니 여인들의 납치_ 조반니 다 볼로냐의 조각 작품과 니콜라 푸생의 그림 작품이다.

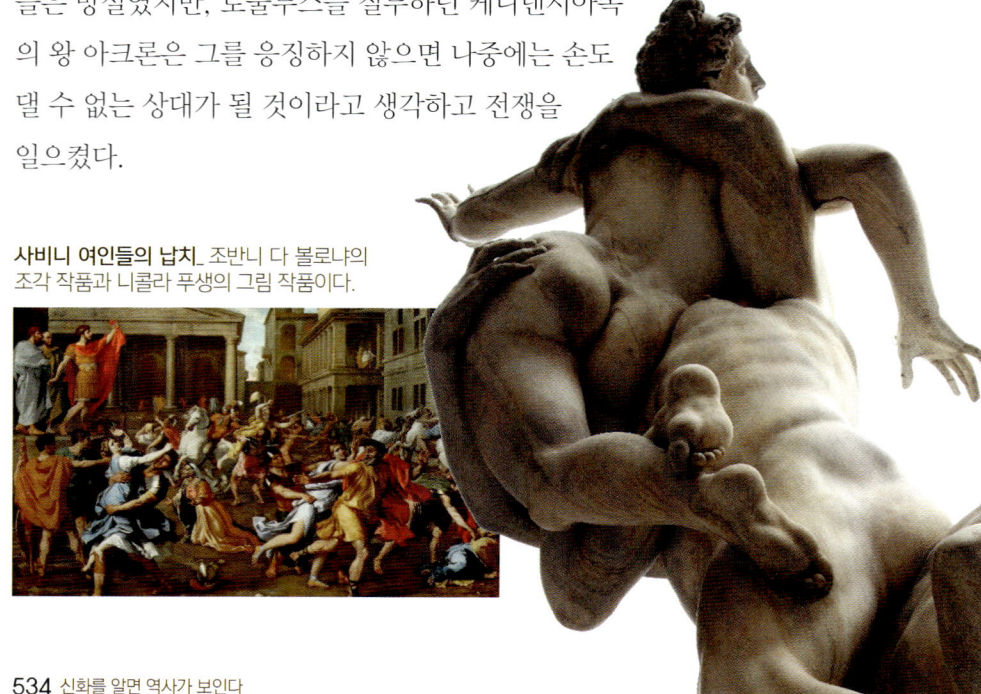

로물루스의 승리_아크론의 승리자 로물루스를 나타낸 그림이다. 장 오귀스트 도미니크 앵그르의 작품.

　로물루스 군도 즉각 출전해 양군이 서로 바라볼 수 있을 정도의 거리에 이르자 로물루스와 아크론은 일대일로 싸우기로 했다. 이 결투에서 로물루스는 아크론을 죽인 다음 적군을 물리치고 그 도시를 점령했다. 하지만 주민들은 해치지 않고 다만 집을 허물고 로마로 이주해 평등한 시민이 되라고 명했다. 이러한 동화정책이 뒷날 로마를 번영시킨 원인이었다.

　전쟁을 승리로 이끈 로물루스는 머리에 월계관을 쓰고 오른쪽 어깨에는 나무로 만든 트로피를 메고는 승리의 행진을 하였다. 로마의 시민들은 기쁨과 환희로 가득찬 마음으로 로물루스를 환영했다. 이것이 그 뒤 개선 행진의 모범이 되었다. 그 뒤에도 피데나이, 크루스투메리움, 안템나에 사는 부족들이 힘을 합해 공격해 왔지만 모두 패하고 로마 시민으로 흡수되었다. 그러자 남은 사비니 부족들이 분노해 타티우스를 장군으로 삼고 공격해 왔다. 하지만 로마에는 요새가 있어 공략하기 어려웠다. 그런데 로마의 장군 타르페이우스의 딸 타르페이아가 적군의 금팔찌가 탐나 그것을 받는 조건으로 밤중에 성문을 열어 주었다. 타티우스 장군은 타르페이아에게 한 약속을 지키기 위해 자신의 금팔찌를 무거운 방패와 함께 그녀에게 던졌다. 그러자 모든 병사가 방패를 던져 무거운 방패더미에 깔려 죽고 말았다.

로마 군 내부의 분열로 인해 사비니 군이 쉽사리 카피톨리누스 언덕을 점령하자 로물루스는 분개하여 평지에서 싸우자고 도전했다. 타티우스는 자신만만하게 그 도전에 응했다. 그리하여 작은 산으로 둘러싸인 골짜기에서 수십 차례에 걸쳐 간헐적인 싸움이 벌어졌다. 마지막 싸움에서 로물루스가 돌에 맞아 쓰러지자 로마 군은 팔라티움 산으로 후퇴하였다.

이때 약간 정신이 돌아온 로물루스는 용기를 내어 맞서 싸우라고 외쳤지만 숫자에서 밀리는 로마의 병사들은 감히 돌아설 용기가 없었다. 로물루스는 두 손을 높이 들고 제우스 신에게 위험에 빠진 로마를 구해 달라고 기도했다. 로마 병사들은 이 모습을 보고 부끄러워 더 이상 달아나지 않고 전열을 가다듬었다. 그리하여 로마 군은 베스타 신전까지 적을 격퇴했다.

이곳에서 양군이 다시 격돌하려 할 때 사비니인들의 딸들이 소리를 지르며 여기저기서 달려나와 양군을 향해 애원했다.

사비니 여인들의 중재_ 로마 군과 사비니 군 사이에 끼어들어 중재를 이루는 사비니 여인들을 묘사하였다. 자크 루이 다비드의 작품.

로물루스와 타티우스의 만남_ 사비니 여인들의 중재로 로물루스와 타티우스는 서로 화해를 한다. 무명의 작품.

 "우리에게 무슨 죄가 있어요? 어째서 우리가 이렇게 심한 고통을 받아야 하는 거죠? 우리는 억울하게 납치되었고, 또 부모 형제와 친척들로부터 오랫동안 버림받아 왔어요. 그런데 지금 너무 늦었어요. 로마 군은 증오스러웠지만 이제는 아이들의 아버지랍니다. 제발 우리를 보아서 사위와 손자가 되는 사람들에게 손을 대지 마세요."

 사비니의 딸 헤르실리아의 중재로 인해 양군은 휴전할 것을 약속하고 양쪽 대표인 로물루스와 타티우스가 만났다. 여자들은 남편과 자식들을 아버지와 형제에게 소개하고 음식을 대접했다. 결국 휴전 협정이 맺어져, 남편과 같이 살고 싶은 여자는 그대로 살되 실을 잣는 일만 하기로 했다. 그리고 로마인과 사비니인은 시내에 함께 살되 시의 이름은 로물루스의 이름을 따서 로마라 하고, 주민은 타티우스의 출생지 이름을 따서 쿠리테라 부르기로 하는 한편, 로물루스와 타티우스가 공동으로 나라를 다스리기로 했다.

 이로 인해 갑자기 시의 인구가 두 배로 늘어나자 사비니인 가운데서 백 명의 원로를 더 뽑고 군대도 더 늘렸다. 그리고 시민을 람넨세스, 타티엔세스, 루케레스 등 세 부족으로 나누었다.

 부족을 가리키는 '트리베'란 단어가 이때의 부족 숫자가 셋이었음을 가르쳐 준다. 사비니인은 로마인의 달력을 채택하고, 로물루스는 아르고스풍의 둥근 방패를 버리고 사비니인의 긴 방패를 사용하기로 했다.

타티우스가 왕이 된 지 5년째 되는 해에 그의 친구와 친척 몇 사람이 라우렌툼 사절단을 습격하고 강도질을 하려다가 사절단이 저항을 하자 그들을 죽여 버렸다. 로물루스는 이들을 처벌해야 한다고 주장했지만 타티우스는 그 사실을 감추고 범인을 도주시켰다. 그런데 살해된 사람들의 친족이 원한을 품고 두 왕이 라비니움에서 제사를 지낼 때 타티우스를 죽여 버렸다. 로물루스는 타티우스의 시신을 갖고 돌아와 후히 장례지내고, 피를 피로 갚았다며 그를 죽인 자들을 중벌로 다스리지 않았다. 하지만 사비니인은 반항하지 않고 로물루스 왕을 존경하며 즐겁게 살았다. 또 로마 시보다 역사가 더 오래된 여러 라틴 지방에서도 사절단을 보내 우호조약을 맺었다.

그 후 로물루스는 로마 인근에 있는 피데나이 시를 점령하고 합병시킨 뒤, 4월 15일 2,500명의 로마인을 그곳으로 이주시켰다. 이 일이 있고 나서 로마에 질병이 생겨 많은 사람과 가축이 죽고, 피가 소낙비처럼 쏟아져 내렸다. 그리고 라우렌툼 시에서도 이런 변이 생겨, 타티우스와 사절단의 살해범을 처벌하지 않아 신이 노여워하고 있는 것이 분명하다는 결론을 내렸다. 그래서 두 도시에서 범인을 잡아 처형하자 재앙이 물러갔다. 그런데 그 전에 라메리움인이 로마인이 재앙에 시달리고 있어 막아내지 못하리라 생각하고 습격해 왔다. 그러나 로물루스는 곧 나가 싸워 600명을 죽이고 그 도시를 빼앗았다. 그곳의 주민 반은 로마로 이주시키고, 남은 주민의 두 배나 되는 로마인을 그곳으로 이주시켰다. 로마를 세운 지 16년째 되는 해의 일이었다.

로마가 이렇게 강성해지자 이웃의 약한 나라들은 복종하고 침범하지 않겠다고 약속했지만, 강한 나라들은 로마가 더 강해지도록 그냥 두어서는 안 되겠다고 생각했다. 맨 먼저 영토도 넓고 도시도 큰 베이엔테스가 로마에 선전포고를 하고 피데나이 시를 돌려 달라고 요구했다. 그러나 패망할 때는 그냥 지켜만 보고 있다가 이제 와서 돌려 달라는 그들의 요구는 부당한 것이었다. 로물루스가 이를 거절하자 베이엔테스에서는 군대를 둘로 나누어 피데나이와 로마를 동시에 공격했다. 그들은 피데나이에서는 로마 군을 격파하고 2천 명을 죽였지만 로마에서는 로물루스 군에 대패해 8천 명을 잃었다. 그 후 피데나이에서 다시 한 번 더 싸웠는데, 이때 로물루스가 훌륭한 전략과 용기, 힘과 신속성을 발휘해 가장 큰 공을 세웠다고 역사가들은 전하고 있다.

이 전투에서 승리한 로물루스는 패주하는 적군을 쫓지 않고 곧장 셈템파기움으로 진군했다. 그곳 시민들은 저항하지 않고 휴전을 제의하면서 100년 간의 동맹을 요구하고, 영토의 일곱 지구와 소금 공장 및 명사 50명을 볼모로 주었다. 이것이 로물루스의 마지막 전쟁이었다. 그 뒤 그는 자만심에 도취돼 독재자의 오만한 태도를 취했다. 그는 정사를 누워서 보고, 행차할 때에는 지팡이를 든 사람들로 하여금 군중을 물리치게 하는 한편, 자신의 명령만 떨어지면 누구든지 체포할 수 있도록 포승줄을 갖고 다니게 했다.

로물루스 군의 전투_ 로물루스는 사비니족과 화해하여 합병을 하고 로마 전역을 향해 세력을 펼친다.

외조부 누미토르가 세상을 떠나자, 로물루스는 알바 롱가를 직접 다스리지 않고 해마다 지사를 새로 임명했다. 이렇게 하여 그는 왕일지라도 민중의 자유를 침해해서는 안 된다는 본보기를 보여 주며 로마의 귀족들로 하여금 그 자유를 존중하는 제도를 만들게 했다.

로물루스의 가장 큰 실정(失政)은 전쟁으로 획득한 토지를 군인들에게 나누어 주고 베아이에서 보낸 볼모를 자기 마음대로 돌려보낸 일이었다. 이것은 원로원을 모욕하는 행위로 받아들여졌다. 그래서 그 후 로물루스가 갑자기 7월 7일 행방불명되자 원로원이 죽인 것이 아닐까 의심받게 되었다. 이 날짜 외에는 전혀 알려진 사실이 없다. 예나 지금이나 이처럼 까닭 모르는 일이 종종 일어난다. 그러므로 로물루스가 어떻게 해서 사라지게 되었는지 알지 못해도 그리 이상할 것은 없다. 어떤 사람들에 따르면 원로들이 불의 신전에서 그를 죽이고 시신을 동강낸 뒤 제각기 옷 속에 감추어 갖고 갔다고 하고, 다른 사람들에 따르면 교외에 있는 염소못이라는 곳 근처에서 회의를 할 때 행방불명되었다고 한다.

햇빛이 사라지고 밤처럼 어두워지더니 번개가 치고 바람이 불면서 소낙비가 쏟아져 내려 사람들이 도망쳤지만 귀족들만은 그대로 모여 있었다. 다음날 사람들이 그 자리로 돌아가자 로물루스는 보이지 않고 귀족들이 "그는 하늘로 올라가 수호신이 되었을 테니 숭배하라"고 말했다. 사람들은 이 말을 믿고 그에게 기도하며 기쁜 마음으로 돌아갔지만 개중에는 귀족들이 왕을 죽이고 백성들을 농락하고 있다고 화를 내는 사람도 있었다고 한다.

로물루스_ 로물루스의 죽음은 현재까지도 밝혀지지 않고 있다.

팔라티노 언덕_아이네이아스가 세운 알바 롱가는 로물루스에 의해 지배되었고, 팔라티노 언덕 위에 정방향의 로마를 세워 영토를 확장해 나갔다.

그러던 어느 날 로물루스와 동향(同鄕)인 덕망 높은 귀족 율리우스 프로쿨루스가 법정에 나타나 맹세하며 말했다. 그는 어느 날 로물루스가 찬란한 갑옷을 입고 나타나 깜짝 놀라면서 "어째서 저희가 억울하게 저희를 의심하게 만들고 시민들이 슬픔 속에 잠기게 하셨습니까?" 하고 물었다고 한다. 그러자 로물루스가 "내가 살 만큼 살고 권세와 영광으로 가득찬 도시를 세웠으니 하늘로 돌아가는 것이 마땅하다는 것이 신의 뜻이었소. 나는 퀴리누스라는 신이 되어 로마인을 영원히 보호할 것이오"라고 대답하고는 총총 사라졌다는 것이다.

그곳에 모여 있던 사람들은 종교적 감흥에 휩싸여 모든 의심을 버리고 로물루스가 퀴리누스 신이 되었다고 믿으며 기도했다.

퀴리누스는 군신 아레스를 의미한다고 보는 사람도 있고 그의 족속을 뜻하는 퀴리테스에 그 어원이 있다고 생각하는 사람도 있다. 또 옛날에는 창날이나 창을 퀴리스라고 부르고, 레기안 안에 있는 창을 군신과 같은 이름으로 부르며, 전쟁에서 큰 공을 세운 사람들에게는 창을 주었으므로 전쟁의 신이라는 뜻이라고 해석하는 사람도 있다.

그 이름을 붙인 퀴리누스 산에는 그를 모신 신전이 있고, 그가 승천한 날은 사람이 없는 날이라고 한다. 이날이 되면 사람들이 모두 염소못으로 제사를 지내러 가기 때문이다.

로물루스가 세상에서 사라진 것은 그의 나이 53세, 왕으로 즉위한 지 38년째 되는 해의 일이었다고 한다.

세계 신화 100선
신화를 알면 역사가 보인다

초판 2쇄 인쇄 | 2020년 7월 10일
초판 2쇄 발행 | 2020년 7월 15일

지 은 이 | 최희성
펴 낸 이 | 박효완
기획경영 | 정서윤
아트디렉터 | 김주영
책임주간 | 맹한승
마 케 팅 | 최문섭
물류지원 | 오경수

발 행 처 | 아이템하우스
출판등록번호 | 제2001-000315호
출판등록 | 2001년 8월 7일

주   소 | 서울 마포구 동교로 12길 12
전   화 | 02-332-4337
팩   스 | 02-3141-4347
이 메 일 | itembooks@nate.com

ⓒITEMHOUSE, 2019, Printed in Korea

ISBN 979-11-5777-110-3

■파본이나 잘못된 책은 구입하신 곳에서 바꿔드립니다.

이 도서의 국립중앙도서관 출판예정도서목록(CIP)은 서지정보유통지원시스템 홈페이지(http://seoji.nl.go.kr)와 국가자료공동목록시스템(http://www.nl.go.kr/kolisnet)에서 이용하실 수 있습니다.(CIP제어번호 : 2019046003)